監獄學

——犯罪矯正原理與實務

增訂第10版

林茂榮、楊士隆 著

五南圖書出版公司 印行

自 序

　　監獄主要工作內涵為刑罰之執行，具有應報、嚇阻、隔離與矯正犯罪人之多重功能，為刑事司法體系重要且不可或缺之一環。往昔，由於監獄之工作領域為一般民眾，甚至法界視為囚禁人犯之粗糙行業，因此長期受到忽視與貶抑。今日之獄政，則在行為科學突飛猛進及大量專業與研究人員之投入下，逐漸脫離往昔之黑獄形象，而邁入專業化之里程。它尤其涉及各類專業人員，如精神科醫師、諮商及臨床心理師、教誨師、個案工作員、社工師及各層級管理人員……等，運用現代行為科學技術與各類輔導、處遇技術，對人犯進行矯正。職是之故，監獄學之高度專業與學術性實不容置疑。

　　《監獄學——犯罪矯正原理與實務》之探討範疇甚廣，為使讀者通盤瞭解，本書盡可能涵蓋各領域。第一章首先對犯罪矯正之歷史淵源與發展做一回顧；第二章著重於探討犯罪矯正與刑事司法各部門之關係及其定位；第三章介紹犯罪矯正收容現況；第四章列舉當前犯罪矯正之主要哲學（模式）；第五章介紹犯罪矯正行政與處遇；第六章以社會學之觀點剖析犯罪矯正機構內之生活樣態與特性；第七章敘述犯罪矯正紀律與戒護；第八章討論在犯罪矯正機構內較具成效之輔導處遇技術；第九章對社區性犯罪矯正加以論述與介紹；第十章探討特殊類型犯罪人處遇對策；第十一章研討行政管理理論在犯罪矯正行政上之應用；第十二章檢視國際間之犯罪矯正現況；第十三章犯罪矯正業務現況與展望；第十四章嘗試勾繪並推測未來犯罪矯正之發展趨勢。本書持續更新第十三章，特別感謝法務部矯正署黃署長俊棠惠予提供最新獄政業務現況與展望供參考。

　　本書於1993年出版後，分別於1997、1998、2001、2003、2006、2008、2010、2014、2016及2021年予以修訂，以配合監獄行刑法與相關授權子法之修訂及國際公約之發展。本書之付梓要感謝犯罪防治諸位先進之指導、鼓勵及助理許俊龍之協助。作者二人多年來秉持對獄政學術研究與實務工作之執著與熱忱，實為撰寫本書之原動力。惟監獄學——犯罪矯正之領域至廣，其知識博大精深且日新月異，非筆者所能領略於萬一，本書雖經百般思索、斟酌與校勘，掛漏謬誤之處仍在所難免，尚祈先進不吝賜正。

林茂榮、楊士隆

2021年5月吉日謹誌於

國立中正大學犯罪防治學系暨研究所

目錄

Contents

第六章　犯罪矯正機構生活之社會學透視　153

第十三章　犯罪矯正業務現況與展望　447

第一章　犯罪矯正之歷史淵源與發展

第一節　獄政之誕生與演進[1]

一　早期之歷史（2000B.C.～1700A.D.）

　　對於人類早期社會法治文明之探討，有助於瞭解現代獄政之誕生與演進。在古世紀時期，人類對犯罪者之懲罰均以報復（Retaliation）為主，而此項行為為當時各部落種族所普遍接受，但因報復本身常衍生至氏族間流血之報復衝突，造成永無止境之殺戮，故逐漸發展共通刑法相關法制，以茲規範、約束。

　　在古代以閃族法典（Sumerian Codes）及漢摩拉比法典（Hammurabi Codes）（西元前18～20世紀）之規定最稱代表性。此二法典均以嚴厲聞名，並蘊含應報之思想，刑罰類型包括死刑、肢解四肢、溺刑、焚刑、鞭打、公開羞辱、苦役等，部分刑罰並規定由受害之一方執行。在將犯罪人之懲罰逐漸交由國家執行之同時，宗教之力量擴大而介入司法審判與執行。在中世紀期間犯罪人贖罪之對象一般包括社會及上帝。此時期宗教界認為對犯罪人之殘酷懲罰為免於惡魔污染之必要方法。

　　隨著時光之消逝，世俗領導者（國王、君主）之權力擴大，希冀限制宗教權力之作為乃逐漸展開，14世紀期間許多學者相繼倡議君主應與教皇分隔，並且由君主統治國家，義大利詩人但丁是代表人物。

　　在形成前述國家法律體制之時期，以監禁之方法對犯罪人加以懲罰之觀念並不受重視，早期大多僅將罪犯暫予拘禁以待確定刑罰之執行。但對於那些被科以懲役的犯罪人而言，其在夜間必須將其安置、監禁，令人

1　Harry E. Allen and Clifford E. Simonsen (1989), "History and Evolution of Corrections," Corrections in American. Macmillan Publishing Company, pp. 3-61; Todd R. Clear and George F. Cole (1986), "The History of Correctional Thought and Practice," American Corrections. Brooks/Cole Publishing Company, pp. 58-91.

遺憾的是，迄今我們並不知曉此類監禁設施之型態。最早可能是檻欄鳥籠（Cages）形式，其後為鑿石場監禁格式，在文獻上有關監獄之較早記載為西元前64年，義大利羅馬Mamertine監獄，其係以地窖土牢之形式呈現。隨著古羅馬文明之沒落，堅固的城堡、橋墩拱洞等相繼在中世紀間被援用，基督教循此傳統而將犯罪者囚禁於修道院之獨居室中，以促犯罪人懺悔。

除前述監禁之設施外，16世紀期間，英國另成立Bridewell遊民習藝所（Work House）以收容都會中日益增加之遊民、流氓及輕微罪犯。可惜的是此類遊民習藝所至17世紀、18世紀間並未對各類罪犯，依年齡、罪名、身心狀況等加以分類，致衍生不少監禁問題。在18世紀期間，英國及歐洲諸國之遊民習藝所、監獄或其他矯正設施如Houses of Correction，其有關犯罪人之各項處遇與設施均至為匱乏，呈現缺乏仁道之境況。

二 理性與興革時代（1700～1800 A. D.）

18世紀在獄政發展史上係思潮劇烈變動與成長之時代，此一時期後被稱為啟蒙世紀（Age of Enlightenment），許多傑出且具人本思想之哲學大儒包括孟德斯鳩（Chales Montesquieu）、福爾泰（Voltaire）、貝加利亞（Cesare Beccaria）、邊沁（Jeremy Bentham）等相繼發表重要論著而影響及刑罰思潮，關心獄政人士諸如霍華德（John Howard）、威廉・潘（William Penn）、羅素（Benjamin Rush）及布蘭德福（William Brandford）等大力倡議獄政興革，使得獄政之發展出現了曙光，分述如後：

首先，孟德斯鳩在《Persian Letters》一論著當中，將當時缺乏刑法規範之情形廣泛提醒大眾的注意。福爾泰則親身參與了多次之罪犯審判過程，對於當時合法化之凌虐刑罰予以強烈的質疑。

貝加利亞（1738～1794）此位犯罪古典學派之父，在《犯罪與懲罪論文集》（*An Essay on Crinmes and Punishment*）中，主張嚴屬、過於殘酷之刑罰是沒有必要的，刑法應有更仁道化的表現，法官不應擁有太多的權

限以解釋法律，對於犯罪人之懲罰須依其對社會造成之傷害，迅速而確定的執行，而非以嚴刑峻罰為主。有關犯罪人之刑罰必須提供良好的監禁環境，並依年齡、性別、犯罪之程度予以妥適分類。

英國哲學大儒邊沁則主張「享樂主義計算」（Hedonistic Calculus）原則，認為人類大多追求最大的快樂及最少的痛苦，故以此概念對英國刑法進行改革。他認為懲罪的痛苦必須與犯罪得到的快樂相當，始具有嚇阻力。但刑罰絕不可漫無限制或趨於殘酷，邊沁特別主張應對監獄體系加以改進，終結殘酷、野蠻不一致之刑罰，廢止將罪犯流放之政策，其對於日後現代監獄之建立具有重大之貢獻。

除前述哲學大儒之帶引外，另一群關心獄政發展之人士亦先後對原陳舊、野蠻之刑罰制度大肆批評，並倡議興革。在其中以被譽為現代獄政之父（Father of the Penitentiary）——約翰·霍華德（John Howard, 1726～1790）的努力最令人注目。霍華德在西元1773年擔任Bedfordshire之治安官（Sheriff）時，目睹當時英國獄政之落伍與缺乏仁道情形，如人犯囚禁於戰船，衛生醫療之匱乏、飲食之簡陋等，因而大力倡行獄政興革。他同時訪問歐陸諸國，如比利時、荷蘭、德國、義大利、法國等，發現類似之悲慘境況。1777年，其在《監獄之狀況》（*State of the Prisons*）一書中，為文倡議獄政興革，1779年通過之監獄法案，即依據霍華德之強調安全、衛生、作業、禁止濫用刑罰原則而改革。而在此法案訂定之同時，第一個現代化之懲治監獄（Penitentiary）正式在英國Norfolk, Wyndomham成立，為獄政之發展奠立重要之里程碑。

此外，英國奎克教派領導人威廉·潘（1644～1718）之強調人道化之處遇，亦對當時獄政之殘酷情形如體罰、枷刑、死刑等帶來一線曙光。在1718年以後，奎克教派的「he Greet Law」強調應對大部分之罪犯監禁於矯正機構（House of Correction），透過勞動苦役以促其改悔向善，對於紓緩酷刑之負面發展有著重要貢獻。

三 監獄矯正時代之來臨（1800～1960 A. D.）

在工業革命後，19世紀急速來臨，在獄政史上亦有進一步之發展，在19世紀初葉，以美國之賓夕凡尼亞制（The Pennsylvania System）及奧本制（The Auburn System）之試行最引人注目。

賓夕凡尼亞制又稱隔離制（Separate System），或稱嚴正分房日夜獨居制，主要強調以獨居監禁（Solitary Confinement）之方式，對犯罪人加以隔離，不互相接觸，所有活動如教化、作業、康樂活動等均在舍房內進行，藉此予以感化，避免惡習傳染，並作為反省之用。其實施以1829年之州立東方懲治監獄（Eastern State Penitentiary）最為盛行。

其建築型態呈現放射形，舍房則以外線舍房（Outside Cell）配置。相對於賓夕凡尼亞制，為經改良之紐約奧本制，此制又稱寬和分房制或沉默制（Silent System），強調罪犯可在日間雜居作業，但須保持沉默，不准交談，夜間則維持獨居監禁。奧本制之舍房配置係屬內線舍房（Inside Cell），舍房空間狹小，僅作為休憩之用，而非作業場所。

除前述發展外，犯罪人可茲教化之理念在Maconochie及Crofton等之倡議不定期刑制下而日受重視。1870年一群獄政首長及興革者在美國集會討論獄政之發展方向，特別主張感化之理念，也因此在紐約建立了第一個感化機構——艾爾米拉感化院（Reformatory in Elmira），其收容對象為16歲至30歲之初犯，其屬軍事管理型態，但特別強調學科教育並運用不定刑期制及累進處遇制以感化犯罪人。Elimira之首長為Zebulon Brockway（1829～1920），其並將該機構之各項制度廣泛推展至其他監獄，對美國獄政發展有著重大影響。

在20世紀初葉至1940年間，各監獄之發展似有走向實業之型態（The Industrial Era for Prisons），但因與民爭利，復因奴工問題，在經濟不景氣下逐漸在1935年間走回懲罰（Punishment）與監禁（Custody）之目的。

但值得注意的是，此一時期由心理學者所導引之個案工作與調查分類技術卻逐漸萌芽，為作業勞役型態之獄政發展帶來希望。

犯罪矯正之發展乃逐漸朝向仁道化與科學化之道路邁進。此一時期

最重要的發展是個別化處遇（Individual Treatement）之應用，教化矯治（Rehabilitation）正式成為1930年代至1950年代監禁之重要目標，而矯治措施並從機構式之處遇（Institutional Treatment）逐漸走向社區犯罪矯正（Community-based Corrections），使得獄政之發展走向另一嶄新境界。

第二節　臺灣獄政之沿革與發展

一　清代以前之獄政

我國監獄制度始於夏，夏以前雖有刑罰，但除生命刑（大辟）與身體刑（墨、劓、荊、宮）外，並無禁錮之規定。夏代稱監獄為夏臺或均臺，臺為遊觀之用，顯示當時之監獄對人犯管理非如後代監獄之黑暗；殷改稱為羑里，意指人犯處於獄中如居閭里；西周則有稱之為圄圉，即令人犯幽閉思愆改過遷善之所，又有名之為圜土者，對居其中之人犯皆施以職事，能改過者，令其返於國中，即在使其善心自生，足見當時之處遇措施已有如現今之作業、技能訓練、假釋等制度，寓有教化之行刑目的[2]。按西洋刑罰理論由報應思想演變為預防思想，乃18世紀、19世紀以後之事，我國在西元前即在人犯處遇上蘊富教化思想，在時間上遠較外國為早。

秦代圄圉成市，獄政腐敗黑暗，已變為專制帝王摧殘庶民之工具。漢代沿襲秦制，置延尉掌理監獄事務，後改為大理。當時繫囚場所，始有以獄命名。監獄管理極為嚴酷，獄吏對待人犯極盡凌辱，毫無教化矯正可言。

晉代置廷尉主管刑法獄訟、獄政之管理，雖晉令所規定者至為周密，諸如獄屋、給養及醫療等均有詳盡規定，惜未能貫徹執行，徵之晉代俗諺：「廷尉獄，平如砥，有錢生，無錢死。」可見當時獄吏之貪污黑暗。南朝監獄管理至為不善，囚人有疾，獄吏常伺機毒死，梁律有刻囚面事與

2　丁道源，《監獄學》，臺北：作者，民國76年增訂8版，頁7-8。

測囚法之規定，深受後人批評。北朝除北魏世祖時設地牢以控制犯罪者外，對囚犯均從寬處遇，每年改進獄屋，監獄管理較為嚴密。

唐朝京師各州府縣均設獄，獄之長官五日一慮囚，每月沐熱水浴一次，夏給漿飲，疾病給醫藥，疾重者釋械並由家人入獄照料，每年正月刑部遣使巡覆各地之獄與視察囚犯生活，治其不如法者，此時監獄管理良好。俟武則天竊權，刑罰自此趨濫，犯人驟增，監獄管理至為殘酷。

宋代初年，御史專門治理獄事，後改由大理寺接管。至於獄政管理，太祖命獄掾五日一檢視，灑掃獄戶，洗滌枷杻。太宗令每十日具文報告囚犯罪名，繫禁日數，並由刑部糾舉不法，一面派侍御史視察監獄親自決獄，一面普設囚犯病院及復置提點刑獄司，督察州府獄政。神宗下詔嚴禁人犯獄中瘐死或病死。哲宗令獄房置氣樓涼窗，設漿飲與舖席，繫囚以時沐浴，遇寒給薪炭。高宗規定各獄下鎖開鎖之時刻，並廢獄吏動用訊囚之非法刑具；寧宗申嚴獄囚瘐死之罰；理宗嚴禁私自繫囚及施用非法之獄具。以上足證宋代獄政制度尚稱完善，惟管理較為鬆懈，時有瘐死之事發生。

唐宋以前，監獄設於大理寺，元代因不設大理寺，故於刑部設司獄司，下設監獄，我國刑部設監獄，即從此開始[3]。元代獄政管理均詳細規定於大元通制「恤刑門」，其大要如下：獄囚之監禁應按科刑輕重分別收容，男女囚須分別處室；無親屬或貧困囚犯由公家供給給養，油炭席薦各以時具；囚犯生病應發給醫藥妥善醫療，病重者去枷杻聽家人入獄服侍；在禁囚徒饑寒，衣食不時，病不督醫看候，不脫枷杻，不令親人入侍，則嚴懲獄吏；司獄受財縱犯姦囚人，在禁疎枷飲酒者，以枉法科罪除名等，足見元代獄政制度完善，管理良好。

明代司法案件分由刑部、都察院與大理寺分別執掌。刑部及都察院分別設置監獄，刑部設提牢廳，各省置提刑按察司司獄一人，各縣亦置司獄司專辦監獄事務。大理寺專責掌審讞平反，凡刑部、都察院、五軍斷事官所推問之獄訟，皆送大理寺覆審，故不設置監獄，最高審級法院不設置監

獄即從此開始[4]。

明代對監獄之管理極為重視，並力求改善。凡禁繫囚徒，老幼廢疾必散收，輕重以類分，獄屋與刑具必潔淨，席薦常鋪置，涼漿暖匣必以時備，無家屬者給衣糧，夜給燈油，病給醫藥，獄官不時點視以及嚴懲違背「斷獄門」之律典者，諸如囚應枷杻不枷杻及脫去者，凌虐罪囚、與囚金刃解脫，教令囚犯反異，剋扣獄囚衣糧，禁親人入視，原告事畢仍留獄，擅決死囚等，足見明代監獄管理法令規定完善，惟未能嚴加奉行，姦吏悍卒多倚獄為市，時有扼奪囚犯飲食，或將囚犯徙往溷穢之處。

清初刑部設獄庫及南、北所兩處監獄，獄庫置提牢主事，南北兩獄各置司獄。州縣亦設監，以吏目典史為管獄官。在獄政管理方面，規定重刑犯、死囚監禁於內監，徒罪、流罪以下人犯監禁於外監，婦人犯罪應禁者監禁於女監，刑部司官日夜分班巡查牢獄，明定獄具種類；確定重囚刺字法，禁止木籠，訂定監犯病斃獄官處分例，監獄設置循環監簿，嚴懲賄縱監犯越獄及頒訂囚犯之囚衣制度。

清末國勢開始衰弱，各國對清室百般威嚇壓迫，指責司法黑暗。光緒28年乃倡言改良司法，在改良獄政方面，兩江總督劉坤一、湖南總督張之洞向清廷奏請變法，請求「恤刑獄」，提出下列建議：(一)監獄房舍務須寬敞、整潔，一洗從前積弊；(二)羈所須宜寬整潔淨，不准虐待犯人，違者從嚴懲治；(三)專職稽查監羈之事，如有監羈未善與凌虐人犯者，比照濫刑例參處；(四)監羈囚犯應優加口食，冬夏調理各費，以示體恤。光緒32年將刑部改為法部，設典獄司，主管監獄事務。為改良司法監獄，不但創辦監獄學校，造就人才，設立女看守所收禁女犯，開辦習藝所，訓練罪犯技藝，而且仿照外國監獄制度，於京師及各省城建立模範監獄，高大其獄舍，豐美其獄食，以為改良監獄之基礎。

4　同前註，頁116。

二 政府遷臺前之獄政

清末國勢日弱，弊竇叢生，為列強擁有領事裁判權之藉口。光緒年間，始有改良監獄之議。迨至武昌起義民國肇造，對獄政興革，尤加注意。北京政府依臨時約法，改法部為司法部，典獄司為監獄司，掌理全國獄政。惟此時行政監督體系係委任監督時期，北京政府曾委任司法籌備處、道尹公署、京兆尹公署、高等檢察廳及縣知事等機關指揮監督監獄。至於監獄之設立，除將京師模範監獄改設北京監獄外，成立清宛監獄及重建宛平監獄，各省亦相繼成立新監，總計北京政府時期，共成立新監80處[5]。除設立新監外，並陸續制定各種監獄法規，重要者計有，監獄處務規則、監獄建築圖式、監獄專科學校規程、看守所暫行規則、假釋管理規則、出獄人保護事業獎勵規則、監獄官制、管收民事被告暫行章程、作業規則、監犯保釋暫行條例等。民國13年收回領事裁判權之議大倡，但各條約關係國藉口司法監獄未盡改善，因此，司法部乃命各省財政廳撥款實行改進計畫，一時各監大加整飭，煥然一新。惜民國15年革命軍興，各省皆忙於軍事，獄政改善大受影響。

民國16年北伐成功，國民政府奠都南京，遵照 國父遺教，實行五權分立制度。司法部於民國17年公布監獄規則，明定全國監獄，皆屬司法行政部管轄。但司法行政部處務規程規定：司法行政部得委任各高等法院院長為各該省監獄之中間監督長官，部中設監獄司，掌理監獄一切事務。民國17年修正公布之「各省高等法院院長辦事權限條例」第4條規定監督所屬各監所一切事項及任免獎懲監所職員事項。民國24年6月28日公布之「高等法院及分院處務規程」中，明定院長有監督監獄、看守所之權，並規定書記室設監獄科及其職掌。民國35年1月19日公布之「監獄條例」規定：「監獄隸屬於司法行政部……。」司法行政部於民國37年2月24日發布「視察監所規則」，附監所行政監督權劃歸令，明定監所行政監督權劃歸院方，嗣後各監所應由該院長派員或委託該管直接監督長官，每旬視察一次。足見國民政府遷臺前，獄政乃係委任監督體制。

5　法務部，《法務部史實紀要》，民國79年7月，初版，頁711-712。

　　國民政府時期制定之監獄規則明定：監獄為監禁刑法被處徒刑、拘役者之處所；未滿18歲，須監禁於幼年監，男監、女監、徒刑監、拘役監等，在同一區域內者，嚴為分界。其他關於教化、作業、給養、衛生醫療、累進制等處遇措施，均有細密之具體規定。至監獄之組織，置典獄長一人，綜理全監事務，下設三科及教務、醫務兩所，各科置主科看守長，各所置主任，分別主管各項事務。國民政府成立以來，此項新式組織之監獄共增設十八處，分監計四處。至於看守所，依看守所暫行條例之規定，為高等以下法院羈押刑事被告人之處所。國民政府時期，全國各法院均設看守所，此外另有管收民事被告人之處所[6]。

　　除上揭監獄規則、看守所暫行條例及民事管收被告人規則外，國民政府先後制定監獄處務規程、監獄教誨師、教師、醫士、藥劑士處務規則、視察監獄規則、監獄作業規則、保護管束規則、監犯保外服役暫行辦法、徒刑人犯移墾實施辦法、移墾人犯累進辦法及移墾人犯減縮刑期辦法。由此可知，訓政時期國民政府仍在監獄組織及監獄行政方面不斷充實法規。

　　民國34年抗戰勝利，司法行政部為整頓全國監獄，35年制定監獄行刑法、監獄條例、行刑累進處遇條例、羈押法及看守所條例等五種新法律。36年6月10日施行，乃先就上海、北平等處監獄實施，方期按次普及全國，旋以戰火擴大，惜未能全部實現。迨政府遷臺後，改革獄政實施新法，始著手積極進行。

三　政府遷臺後之獄政

　　日據時代，臺灣計有四個刑務所及四個支所，光復初期改為四個監獄及四個分監。每個監獄及分監均收刑事被告及民事管收人。民國36年間司法行政部令全國各地監獄均應冠以地名，臺灣各監獄及分監亦遵令更改，成為八個監獄。此時監所房舍殘破不堪，空氣光線不足，教誨堂兼做教室，門窗鐵柵堅厚矮小，廁所多用便桶，露天沐浴，無運動場所，監所

不分，受刑人與被告雜禁一處，主副食用費極其低微，並分飯等，醫療簡陋，作業甚少機器設備，管教人員存有昔日鎮壓威嚇思想，缺乏現代行刑觀念，對人犯打罵凌虐已成習慣，且攏頭囂張。

司法行政部（後改名法務部）鑒於上述種種之缺失，乃謀積極加以改善，一方面逐年編列預算修葺建物，另方面樹立現代行刑觀念與制度，茲就主要者摘要如下：

（一）加強管教人員之訓練

獄政革新，首重人才，獄政人員負有矯正受刑人之重責，如無專業智能，實不足膺此重任。因此，司法行政部於民國41年籌設監獄官專修班，52年於中央警官學校設立獄政學系，59年於中央學校警政研究所設立犯罪矯正組，造就獄政高級專業人才。至於對基層管理人員則分期舉辦管理人員訓練班，施予專業訓練。其次，法務部為提升各級矯正人員素質，加強其專業知識與實務經驗，除設南北兩處管理員訓練中心外，並於80年以任務編組方式設立法務部矯治人員訓練中心，86年8月11日正式成立法務部矯正人員訓練所。

（二）監獄、看守所分立

監獄為自由刑之執行處所，看守所為羈押刑事被告之處所，前者之目的在於使受刑人改悔向上適於社會生活，後者之任務係為保全證據，協助刑事訴訟程序以使偵查或法院審理工作得能順利進行。足見兩者性質互異，因此，司法行政部於民國41年至43年間分三期將九處監所分劃獨立，其後又陸續成立幾處看守所，時至今日各地方法院所在地均設有獨立之看守所。

（三）改善監所設施

臺灣監所均建造於日據時代，設備陳舊簡陋。政府遷臺後，遂逐年編列預算修葺。至47年政府為推行現代行刑措施，始有監所遷建、新建、整建之議。74年以前計畫遷建臺北、花蓮、臺南、高雄等監獄及臺北看守所，新建基隆、雲林、綠島、武陵外役等監獄及雲林、臺東、彰化、桃

園、士林等看守所,整建新竹少年監獄及桃園、彰化、高雄等少年輔育院。74年時,由於監所收容人數劇增,容量不敷,加上監所建造於日據時期者尚有臺中、嘉義、宜蘭等監獄,以及臺中、臺南、高雄等看守所,房舍逾齡,設備陳舊,已不合現代行刑及羈押業務之需要。因此,法務部乃訂定「改善監所設施六年計畫」,遷建新建及擴建監所共十四項工程[7]。後因財源籌措困難及人力短缺,至79年度止,原計畫所列十四項工程中有五項工程仍須繼續執行。為應事實需要,爰再訂定「改善監所設施三年計畫」共計十項工程[8]。嗣以收容人數仍不斷劇增,為紓解擁擠,遂再訂定「改善監所設施中程計畫」[9]。

(四)建立調查分類制度

為因應受刑人個別化處遇需求,世界各國相繼推行調查分類制度。我國監獄行刑法及行刑累進處遇條例中,雖亦有原則性之規定,但為實施此一矯正制度,司法行政部曾於46年間邀請學者,制定受刑人入監調查分類實施暫行辦法(後修正為受刑人調查分類辦法),根據調查所得之資料,擬定個別處遇計畫,以為分類管教之依據。

(五)加強教化工作

教化工作分為教誨與教育兩項,前者由教誨師劃定區域專責施教,區分為個別、類別及集體教誨三種,並實施宗教教誨。教育係就受刑人之教育程度,分初級、高級及補習三類施教。民國53年設立「學力甄試教育組」,辦理受刑人之補習教育,61年起改制為補習學校,時至今日,補校

---

7 法務部改善監所設施六年計畫,係自74年度起至79年度止,計遷建臺灣臺中、宜蘭、澎湖、屏東、基隆等五處監獄及臺灣臺中、臺南、高雄等三處看守所,新建臺灣明德外役、彰化及自強外役等三處監獄,擴建臺灣雲林、嘉義、綠島等三處監獄,共十四項工程。
8 法務部改善監所設施三年計畫,係自80年度起至82年度止,計遷建臺灣臺中、屏東、基隆、嘉義等監獄,臺灣屏東、嘉義等看守所及臺灣臺中少年觀護所、新建臺灣彰化監獄、臺灣桃園及新竹少年觀護所共十項工程。
9 法務部改善監所設施中程計畫,係自83年度起至86年度止,計遷建臺灣基隆、臺東二處監獄、臺灣臺北士林、雲林二處看守所及臺灣臺中少年觀護所,新建臺灣彰化監獄、臺灣綠島技能訓練所、臺灣桃園看守所及臺灣桃園、新竹少年觀護所,擴建臺灣明德外役監獄及臺灣臺北看守所共十二項工程。

存在之價值與成效，已廣受社會各界之肯定。

（六）改進作業

　　政府遷臺時，各監獄雖有作業設備，但未能有效運用，司法行政部遂於39年確定作業方針，受刑人除因罹患疾病者外，須一律參加作業，作業以技能訓練為目的，並充實設備擴建工場及增設作業科目等。數年之間，監獄作業頓呈蓬勃之氣象。民國46年修正監獄行刑法，對受刑人作業者給予最低勞作金，提高補助受刑人飲食費用，並實施重點作業與機器作業，以及舉辦人犯作業成品展覽。47年發展監外作業，51年制定外役監條例，實施外役作業。

　　監獄行政監督在委任監督時期，雖委任司法或有關機關監督，但最高監督機關仍為司法部或司法行政部。其乃因政府遷臺前，因地域條例（後修正為監獄組織條例）規定，監獄隸屬於司法行政部，但司法行政部仍因襲過去委任監督體系，委由臺灣省高等法院監督。直至民國61年10月11日司法行政部為加強獄政監督，提升監獄功能，始收回行政監督權，由法務部直接行使。民國69年7月1日實施審檢分隸，司法行政部改制為法務部，部內設幕僚單位監所司（後修正為矯正司），掌理全國獄政。惟鑑於矯正業務已日趨繁雜與專業化，除監獄行刑外尚包括刑事羈押、保安處分戒治處分及感訓處分等業務。為加強行政監督及因應專業化需要期以發揮矯正功能，法務部於民國100年1月1日正式成立法務部矯正署，以建全矯正行政監督體系。

第三節　結　論

　　獄政之發展與當時社會之風俗、習慣、法律與政治體制密切相關。在早期，刑罰多以應報為基礎，獄政偏向殘酷、專橫，至18世紀理性啟蒙時代來臨，獄政逐漸拋棄酷刑，以罪刑均衡為原則，19世紀以後，實證主義興起，獄政措施更趨於仁道，並扮演傳統應報、嚇阻、隔離以外之教化矯

治功能，為獄政之發展奠立新基。

　　至於我國獄政之發展，三代夏商周期間，行刑觀念即首尚教化，惜秦漢以迄明清，獄政管理迄未盡改善。迨至民國，為收回領事裁判權，一時大倡獄政興革。北伐成功後，不斷充實獄政法規，但因戰火致未能全面實施，直至政府遷臺後，全面實施新法，獄政革新始積極進行。今日，以往若干積弊與缺失，大致次第清除，朝科學化矯治作為與強化人權保障邁進。

第二章　犯罪矯正與刑事司法

　　犯罪矯正基本上乃大型刑事司法體系警察、法院及刑罰執行之一部分。雖然在學理上刑事司法體系並不必然係一具整合性、業務分明之系統，本章為分析探討之方便，仍將刑事司法體系中各部分，如偵查、逮捕、起訴、審判及犯罪矯正視為一具整合性之實體而予探討。本章首先對刑事司法體系之概況（特色、流程及構成要素）做一扼要介紹。其次，側重犯罪矯正與體系內外各部門關係之探討。最後，並嘗試瞭解刑事司法問題對整體犯罪矯正之影響。

第一節　刑事司法之特徵

　　往昔，學者將刑事司法體系之各部分分開予以研究，這些研究取向往往忽略了刑事司法體系各部門間可能產生之互動關係，例如警方屬行罪犯逮捕行動，則法院以及犯罪矯正之運作皆將受其影響。部分學者乃認為各體系間之任何運作（動作），皆將對各機構產生效應。將刑事司法視為一體系，非常有助於吾人瞭解各部門（如犯罪矯正）在整個體系中之地位及扮演的角色，並且瞭解部門之各項行政運作並未如想像中之順暢，甚至面臨諸多問題。擷取自學者Clear與Cole之部分見解，刑事司法體系之主要特徵如下[1]：

一　自由裁量

　　在刑事司法體系之運作中，往往存有高度之自由裁量權。這些自由裁量（Discretion）很可能是基於個人之判斷亦或基於法律、規定而形成。事

1　Todd R. Clear and George F. Cole (1986), American Corrections. Brooks/Cole Publishing Company.

實上，執法人員經常面臨此項問題，而其中尤以在第一線工作之執法人員擁有最大之自由裁量權。例如對罪犯之逮捕工作大都係由第一線執法人員負責，而非警察局局長或檢察首長。刑事司法執法人員行使自由裁量權之情形詳如表2-1。

二 資源依賴

與其他政府機構雷同，刑事司法並沒有獨立之資源，而係依賴他人。這些人包括握有政治決策權力之立法委員等民意代表，例如，臺灣各級法院之預算係由司法院所編列，而受立法院立法委員所監督。各地檢察與矯正機構之預算則係由法務部所編列，受立法院監督。換句話說，刑事司法之資源來源主要係受民意所監督。

三 銜接性之工作

刑事司法體系之每一部門皆有其獨特之任務與工作，且每一部門之輕微運作皆影響及另一部門之施政，例如，法院之審判罪犯人數則係依賴警方及檢察機構追訴犯罪之成果而定。犯罪矯正亦是如此，犯罪矯正部門並

表 2-1　刑事司法執法人員行使自由裁量權一覽表

執法人員	必須決定是否？或如何進行？
警　察	執行特殊法令 犯罪偵查 逮捕罪犯
檢察官	犯罪偵查、逮捕、起訴
法　官	羈押權、免刑、免訴、科刑、刑度
監獄官員	指定服刑地點 給予獎賞、懲罰 決定假釋日期（撤銷假釋）
觀護人	指定保護管束人應遵循事項 建議撤銷保護管束

資料來源：參考自Todd R. Clear and George F. Cole (1986), American Corrections. Brooks/Cole Publishing Company, p. 53.

無權力決定是否犯罪人應予懲罰，換句話說，它只能消極的接受由法院審判定罪之犯罪人。倘使在前段之犯罪認定有瑕疵（例如歧視或做錯誤之裁判），將使犯罪矯正之效果大打折扣。

四　漏斗效應

刑事司法機構並未以相同之方式處理每一案件，在實務上只有部分（較少數）之案件到達法院判決或量刑入監執行之階段。尤其在各部門執法人員之裁量下，案件經過篩檢，最後以漏斗型之方式，將部分案件留住，而其他則可能因證據不足或案件負荷過重等因素而被排除之。刑事司法之漏斗效應，詳如圖2-1。

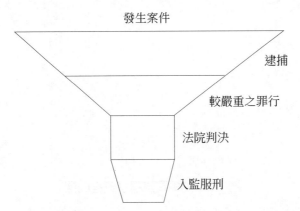

資料來源：The President's Commission on Law Enforcement and Administration of Justice (1967), Task Force Report: Science and Technology. Washington D. C.: U. S. Government Printing Office, p. 61.

圖 2-1　刑事司法漏斗效應圖

第二節　刑事司法體系之流程及構成要素

在對犯罪矯正部門進行進一步介紹前，有必要對刑事司法系統之流程及構成要素做扼要介紹，以使讀者能有全盤性之瞭解。

一 流 程

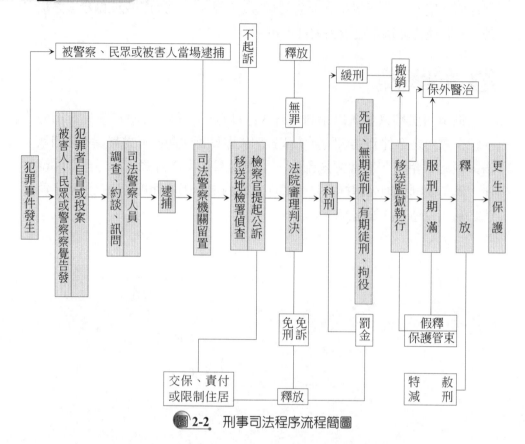

圖2-2 刑事司法程序流程簡圖

　　圖2-2為作者編制之刑事司法程序之流程簡圖。從表面觀之，刑事司法體系係一遞歸式之體系（Recursive System），即先前之事件（或運作）對後面事例（運作）產生影響。例如，犯罪事件發生後，被害人、警察或一般民眾即可能察覺而予以當場檢舉、告發或逮捕，而司法警察人員及檢察官即可能據此進行偵查，進而由檢察官提起公訴，而進入法院審理之階段。最後，法院則依罪證而將犯罪嫌疑人定罪科刑，並交由檢察官將犯罪人移送適當刑罰執行場所執行。惟仔細觀察之，刑事司法流程反映於實務並非如此順暢、簡易，而係一複雜（Complex）並具有反輸回饋（Feedback）特性之體系。例如，在刑事司法體系流程中，往往有許多外

力之介入，如關說、賄賂、其他政治勢力之介入，或法律變更……等，而影響其流程，甚至使進入流程之人與事中斷。而刑事司法呈現之反輸回饋現象亦再度證實刑事司法流程之互動與複雜性。例如，倘使犯罪矯正之成效欠彰，即可能影響整體之犯罪率並連帶牽涉其他司法部門，如警察、法院之運作。此外，警方執法之鬆嚴，檢察官是否屬行起訴，法院量刑之輕重……等，皆關係及整體犯罪之數量。因此刑事司法體系為一複雜且各部門發生互動、交互影響之實體。

二　構成要素

（一）警　察

　　刑事司法體系首先之構成要素為警察。尤其罪犯透過警方執法人員之逮捕行動，而逐步進入刑事司法流程，可見警察在刑事司法體系中扮演著守門員之角色，具有強大之自由裁量權以決定是否進行刑事司法之初步程序。值得注意的是現代警察之任務，除犯罪之鎮壓、逮捕、預防外，亦包括失去財物之收回及民眾各種行為之指導與管理等[2]。我國警察法第2條規定，警察之任務在於維持公共秩序，保護社會安全，防止一切危害及促進人民福利。足見，政府及民眾對警察有著深度的各類期許，警察之責任相形乃更為吃重。

　　警察之各項任務，須由專業化之警察組織體系以進行業務之推展。目前，內政部警政署承內政部部長之命，執行全國警察行政事務，並統一指揮全國警察機關執行警察任務。根據內政部警政署組織條例，警政署設有行政組、保安組、教育組、戶口組、安檢組、外事組、民防組、交通組、經濟組、後勤組、秘書室、督察室、保防室、法制室、公共關係室、資訊室及勤務指揮中心、人事室、會計室、統計室、政風室等部門，以辦理各項警察之指揮、監督、審核業務。警政署之所屬機關包括：刑事警察局、航空警察局、國道公路警察局、鐵路警察局、港務警察局、保安警察總隊、以及臺北和高雄市政府警察局等。（參閱圖2-3）

2　梅可望編著，《警察學原理》，中央警官學校印行，民國76年12月再版。

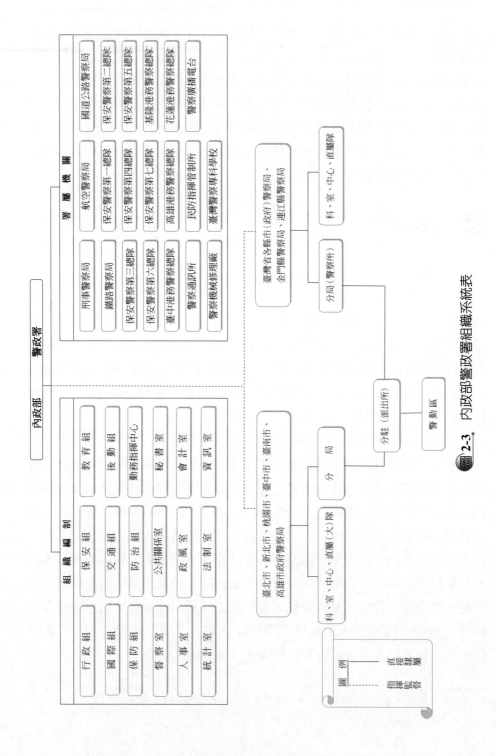

圖2-3 內政部警政署組織系統表

　　警察局為推動與執行警察業務之主要機構，故擬扼要介紹之。以臺北市警局為例（詳圖2-4），除設有行政、保安、訓練、後勤、保防、外事等科室，以及秘書、保防、會計、統計、公共關係、督察及人事等室，刑事鑑識中心、民防管制中心、勤務指揮中心外，所屬包括各分局、刑警、保安、交通三個大隊、少年警察隊及婦幼警察隊、捷運警察隊、通信隊等單位。分局以下設有派出所，並劃分為若干之警勤區。一般而言，警察分局除執行既定之警察任務外，其工作重點大致包括維護社會治安，防止青少年犯罪，改善交通秩序，加強為民服務等。

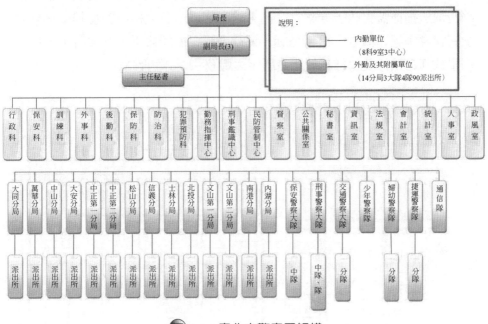

圖2-4　臺北市警察局組織

（二）檢察機關與法院

　　我國檢察與審判權分別隸屬於法務部與司法院，劃分上採行審檢分隸與分立。檢察官依法院組織法之規定對於法院，獨立行使職權。更按司法改革國是會議之決議，院檢應分離。於107年5月8日三讀通過增訂法院組織法第114條之2條文，去除原各級檢察署全銜內之法院名稱。

1.檢察機關

　　為防衛國家安全，維護社會秩序，政府設有檢察機關專司偵查犯罪，提起公訴，代表國家行使刑事訴訟權[3]。根據我國法院組織法，檢察官依法實施偵查、提起公訴、實行公訴、協助自訴、擔當自訴、指揮刑事裁判之執行，並執行其他法令所定之職務[4]。因此，與警察雷同，檢察官之業務權責皆重，為檢肅犯罪，伸張正義之關鍵。

　　目前，我國檢察機關依法院審級，設最高檢察署、臺灣高等檢察署、臺灣高等檢察署臺中、臺南、高雄、花蓮檢察分署、福建高等檢察署金門檢察分署及二十二個地方檢察署，基於檢察一體原則，由最高檢察署檢察總長依法指揮監督該署檢察官及高等檢察署以下各級檢察署及其檢察分署檢察官實施犯罪偵查、提起公訴、實行公訴、協助自訴、擔當自訴、指揮刑事裁判之執行及執行其他法令所定之職務。（詳如圖2-5）

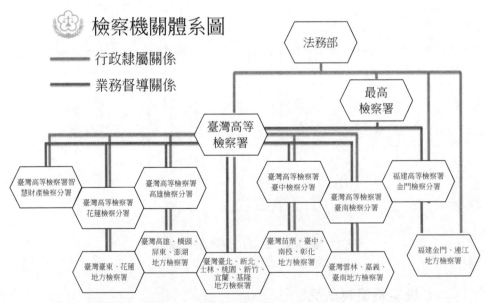

資料來源：中華民國法務部簡介，民國108年4月25日。

圖2-5　檢察機關指揮體系簡圖

3　管歐著，《法院組織法論》，臺北：三民書局，民國77年12月。
4　法院組織法，民國78年12月22日。

2.法院

當罪犯由檢察官依法提起公訴後，即進入法院之審理階段。根據法院組織法，我國法院可區分為地方法院、高等法院、最高法院三級，各有所司，司法院則為法院之行政監督機關。（詳如圖2-6）

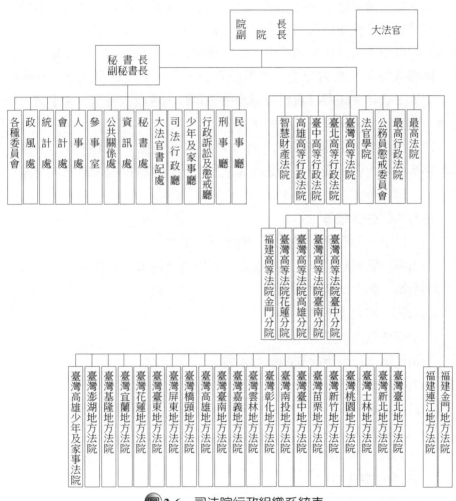

圖2-6 司法院行政組織系統表

　　為使讀者進一步瞭解法院行政，各級法院之組織編制、審理程序及管轄分述如後[5]：

1.地方法院及其分院

　　地方法院置院長一人，由法官兼任，綜理全院行政事務。分設民事庭、刑事庭及簡易庭。並得設立少年、家事、交通、財務、勞工等法庭，及專辦違反社會秩序維護法抗告案件之普通庭，各庭置庭長一人，監督各該庭行政事務。另設民事執行處、公設辯護人室、公證處、登記處、提存所、觀護人室。又設書記處，置書記官長一人，下設民事紀錄、刑事紀錄、文書、總務、研考、資料及訴訟輔導等科，並設法警室、人事室、會計室、統計室及資訊室。（詳如圖2-7）

　　地方法院審判及簡易訴訟程序案件通常以法官一人獨任行之，但訴訟程序案件重大者，或簡易訴訟程序上訴或抗告案件則由法官三人合議行之。

　　地方法院之管轄為：

　　(1)民事、刑事第一審通常、簡易訴訟案件。

　　(2)不服簡易庭判決、裁定而上訴或抗告之民事、刑事案件。

　　(3)第一審少年事件。

　　(4)第一審家事事件。

　　(5)交通裁決異議案件。

　　(6)民事、行政訴訟強制執行事件。

　　(7)財務案件。

　　(8)非訟事件。

　　(9)流氓感訓案件。

　　(10)勞資爭議事件。

　　(11)選舉罷免事件。

　　(12)違反社會秩序維護法案件。

　　(13)其他法律規定訴訟案件。

5　節錄自中華民國司法院簡介，民國98年。

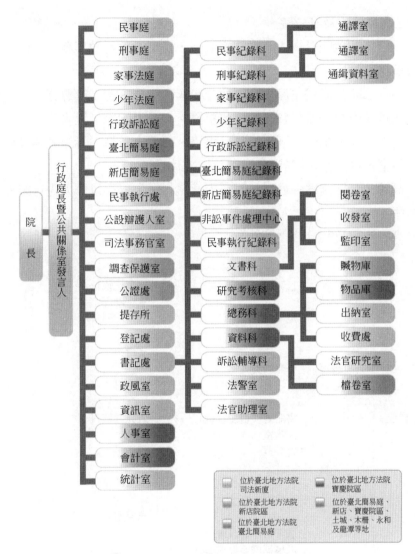

圖 2-7 臺灣臺北地方法院組織圖

目前我臺澎金馬地區，計有臺北、新北、士林、桃園、新竹、苗栗、臺中、南投、彰化、雲林、嘉義、臺南、高雄、高雄少年及家事法院、橋頭、屏東、臺東、花蓮、宜蘭、基隆、澎湖、金門、連江等地方法院23所。各地方法院並分設簡易庭33所。

2.高等法院及其分院

高等法院置院長一人，由法官兼任，綜埋全院行政事務，並監督所屬行政事務。

高等法院分設民事庭、刑事庭及少年、交通、勞工等專庭，各庭置庭長、法官，由庭長監督各該庭行政事務。另設書記處，置書記官長一人，分設文書、民事紀錄、刑事紀錄、總務、研考、資料、訴訟輔導等科，並設人事室、會計室、統計室及資訊室（詳如圖2-8）。

高等法院審判案件，以法官三人合議行之，但得以一人先行準備或調查程序。

高等法院及其分院之管轄為：

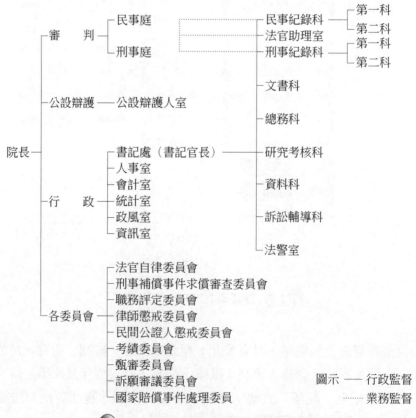

圖2-8　高等法院及其分院組織系統表

(1)不服地方法院及其分院通常訴訟程序第一審判決而上訴之民事、刑事、選舉罷免訴訟案件。

(2)不服地方法院及其分院通常訴訟程序裁定而抗告之案件。

(3)審理內亂、外患及妨害國家之刑事第一審訴訟案件。

(4)其他法律規定之訴訟事件。

目前臺灣地區有高等法院1所，臺中、臺南、高雄、花蓮各有高等法院分院。福建地區有高等法院金門分院，分別管轄臺灣及金馬地區上訴、抗告案件。

3.最高法院

最高法院置院長一人，特任，綜理全院行政事務。

最高法院分設民事庭、刑事庭，現設有民事八庭、刑事十二庭。各庭置庭長一人，法官四人，並分設書記科辦事。另設書記廳，置書記官長一人，分設文書、民事、刑事、資料、研考、事務科、法警室及訴訟輔導科，並設人事室、會計室、統計室、資訊室及政風室。（詳圖2-9）

最高法院為法律審，上訴於最高法院之案件，非以原判決違背法令為理由不得為之。最高法院不自行認定事實，故以書面審理為原則，言詞審理為例外。

最高法院審理案件，關於法令上之見解，認有變更判例之必要時，就分別經由院長、庭長、法官組成之民事庭會議、刑事庭會議或民、刑事庭總會議議決後，報請司法院備查。

最高法院審判案件，以法官五人行之，並以兼庭長之法官為審判長。裁判評議時，以審判長為主席，並以過半數之意見決定之。評議程序均不公開。

最高法院管轄案件如下：

(1)不服高等法院及其分院第一審判決而上訴之民、刑事訴訟案件。

(2)不服高等法院及其分院第二審判決而上訴之民、刑事訴訟案件。

(3)不服智慧財產法院第二審判決而上訴之民、刑事訴訟案件。

(4)不服高等法院及其分院裁定而抗告之案件。

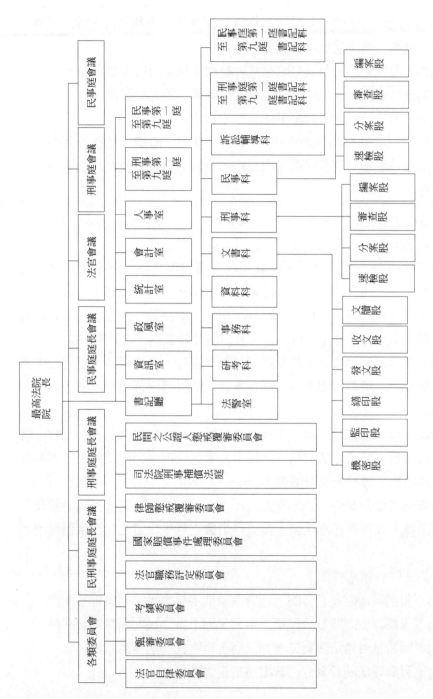

圖2-9 最高法院組織系統表

(5)不服智慧財產法院第二審裁定而抗告之案件。

(6)對於民事簡易訴訟程序之第二審裁判，其上訴利益逾新臺幣一百五十萬元，並經依法許可，逕向最高法院提起上訴或抗告之案件。

(7)對於第一審法院依通常訴訟程序所為之終局判決，就其確定之事實認為無誤者，當事人得合意逕向最高法院提起上訴。

(8)第三審法院管轄之民、刑事再審案件。

(9)非常上訴案件。

(10)其他法律規定之訴訟案件。

第三節　犯罪矯正與其他部門之相關

　　在前述章節中，本章已提及犯罪矯正為刑事司法體系中重要之構成要素之一，雖然其具有相當之獨特性。由於業務上之需求，目前犯罪矯正亦與警察、法院及其他政府、民意或民間機構產生密切之互動。本節即嘗試探討犯罪矯正與這些機構產生密切之互動。

一　犯罪矯正與警察行政

　　雖然犯罪矯正與警察行政各有所司，不發生隸屬關係，甚至在許多方面（如對犯罪人之看法）抱持迥異之看法。例如，許多警察人員認為應將罪犯迅予繩之以法，俾以實現正義。矯正實務工作者則大都希冀付出心血，以協助犯罪人改悔向上。兩者間雖存有南轅北轍之見解，惟其彼此間仍存有多重之互動關係。首先，警方之行動即可能影響及矯正之各層面。例如，警方屢行逮捕罪犯亦或製造罪犯之同時，無形中亦促成犯罪人數之增加，導致犯罪矯正之許多壓力。當然，警方之漠視（如睜一隻眼，閉一隻眼），亦將影響犯罪之數量及未來之矯正活動。其次，犯罪矯正實務亦可能影響警察行政。例如，倘使犯罪矯正之功能不彰，犯罪人大量湧出無

從悔改，則警方勢必付出更多人力、財力、物力，以抗制犯罪。而矯正實務之協助警方，則有助於整體治安維護。例如，提供警方辦案之線索等皆是。因此犯罪矯正與警察之相關應為雙向互動並且相互扶持，倘任何一方未能有效發揮功能，皆將造成另一方之負面影響。

二 犯罪矯正與檢察機關

　　犯罪矯正與檢察機關間之關係，可從檢察官之具有指揮刑事裁判之執行，及考核矯正機構之權限而一窺端倪。法院組織法第60條規定檢察官有指揮刑事裁判執行的權力，其中與犯罪矯正關係較為密切者為對有罪判決之刑的執行，即死刑、自由刑與財產刑之執行。同時，根據監獄行刑法第2條第4項規定，檢察官並就執行刑罰有關事項，隨時訪視監獄。惟值得注意的是，檢察官雖具有訪視權限，然而由於目前犯罪矯正之許多處遇如返家探視、與眷屬同住、縮短刑期、報請假釋、移監……等，均無待於檢察官之指揮[6]，加上目前犯罪矯正已走向專業化，因此雖然法令有事項規定，惟已形同具文。事實上，犯罪矯正擔負犯罪人更生重建之神聖使命，而檢察官之主要任務為犯罪之追訴（與警察之任務頗近），兩者在任務上已井然有別，發生隸屬關係似屬牽強。相對的監獄由於直屬法務部，故法務部始為監獄實質之上級指揮監督機關。

　　其次，檢察官與犯罪矯正之另一層面關係涉及違法之舉發。與自由社會其他政府部門相同，矯正機構之工作人員在日以繼夜與犯罪人接觸中，難免發生貪瀆或違法亂紀行為。而檢察官則為這些違法行為之終結者，其屬行檢舉、告發不法情事。有助於確保刑罰執行之公平、正義。

　　最後，與警察機構雷同，檢察官之屬行或放鬆犯罪追訴，皆將對犯罪矯正產生衝擊，尤其，起訴率之提高或偵察對象（方向）之選定，皆將為未來犯罪矯正人口及業務產生影響。

---

6 李清泉著，《監所法規》，民國81年5月，4版。

三　犯罪矯正與其他部門及非政府機構之關係

　　犯罪矯正機構之許多業務經常與其他政府部門及民間機關發生密切關聯。例如，為加強少年監獄、少年輔育院學校化之目標，法務部即分別與教育部、臺灣省教育廳、高雄市教育局等政府部門協調，將監、院現行附設補校改為附近所在地國中、高級進修補習學校之分校，分校畢業生由學校發給畢業證書並由校長署名，以袪除監、院補校之不良標記。另外，為強化監獄之作業，法務部並編列預算，委請行政院勞工委員會職業訓練局代訓所屬之作業導師。另為克服監所醫師之不足，法務部正與各公立醫院洽談簽訂契約，由其提供醫師以協助監所醫療事宜。至於人犯移監押解之委請保警支援，或因騷動或遭示威抗議，而與當地憲兵隊或警察局等情治單位訂定兵、警力支援協定……等，皆為犯罪矯正與其他政府機構相互聯繫之具體表現。

　　與其他非政府機構（民間）之關係可從許多方面一窺端倪。例如，監所之衣物、飲食、民生用品，修繕、興建工程……等，經常須與自由社會公司、行號簽約或從事交易行為，以確保矯正行政之品質。因此，雖然監獄本身係一相當封閉之體系，惟在交流趨於頻繁之今日，其與外界社會之關係並不疏遠。尤其，在社區性犯罪矯正之旗幟方興未艾之際，犯罪矯正事實上亦與外界社會產生密切關聯，而亦唯有如此，犯罪矯正之品質始能獲得維持並進一步拓展。

四　犯罪矯正與各類壓力團體之關係

　　由於犯罪矯正係依法行政，因此其政策之施行不免受各類政治力（Political Forces）之影響。關鍵乃在於犯罪矯正行政之工作須對公共政策之行政加以設計與執行，而此須對社會各類不同之價值需求做抉擇，如受刑人之權力、犯罪控制、自由與司法正義等之需求即是，而令人訝異的是，不同之團體（勢力）對這些不同價值體系之看法卻呈現巨大之差異。

　　政治（或各類壓力團體）對犯罪矯正之影響可從法案之制定、首長之

任命及預算、資源之分配而窺其端倪。例如，行政部門首先即握有鉅大之權限以決定犯罪矯正方針，而矯正政策之制定，除參酌學者、專家之意見外，行政部門本身基於當前社會犯罪及收容人情況，以專業知識加以判斷而擬定之改革方案，則為矯正政策之基本來源。而行政部門自行任命之矯正首長，對於矯正預算之分配、編列，以及施政之優先順序享有絕對之權限，此皆為行政機構本身權限之具體呈現。

其次為來自立法部門之影響。由於立法委員握有訂定、修改法案之權限，因此行政部門有義務依其決議而執行政策。矯正行政之預算復須由立法部門審議，因此行政部門受立法院之影響係直接的。綜合言之，立法院對矯正行政日常實務之影響並不比行政部門本身大，惟立法院因握有制定法案、修改法令、審核預算……等權限，並且經常對行政首長質詢施壓，因此其影響不容忽視。

此外，來自各種社團、協會或民間組織等勢力，亦對矯正政策構成強大壓力。例如，人權協會、國際特赦組織、再生受刑人協會或美國之犯罪矯正協會、被害者權利促進會……等，皆對行政部門矯正政策之制定與擬定構成壓力。類似此之團體經常透過立法部門而對行政機構施壓，惟部分壓力團體亦企圖直接影響矯正部門之決策，因為許多民意代表並不比行政部門更具憐憫心，如圖2-10。

綜合言之，許多來自不同之勢力團體對犯罪矯正政策產生正式與直接之影響。其中，行政部門本身可任命首長，編訂預算，並且研擬矯正決策；立法部門則可訂定法律、修改法令及審核預算；另外，來自民眾以及各類壓力團體則亦對矯正政策之形成與施行構成極大壓力。

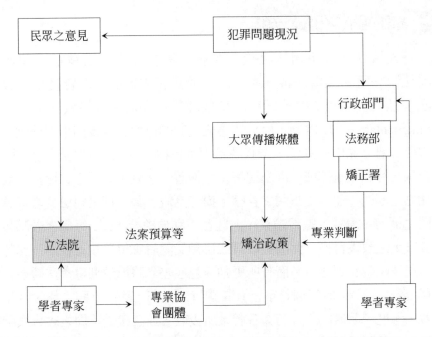

資料來源：節錄自Todd R. Clear and George F. Cole (1986), American Corrections. Brooks/Cole Publishing Company, p. 53.

圖2-10　矯正政策之形成及制定過程流程圖

第四節　刑事司法問題及其對犯罪矯正之影響

體系破碎支離（Fragmentation），效能發揮面臨限制（Capacity Limitations）及貧窮、無權勢者之接受不公平處遇（Injustice to the poor and powerless）為刑事司法中所面臨之嚴重問題，對犯罪矯正之影響至鉅[7]。

7　Clemens Bartollas (1981), Introduction to Corrections. New York: Harper and Row.

一 體系組織之破碎分離

吾人皆期待刑事司法之流程順暢，即犯罪人皆被逮捕、起訴，接受法院公正、適當之裁（判）決，並且在入監服刑後皆獲得完美之矯正。然而刑事司法實務卻顯示這些理想常為體系內組織之破碎分離（Fragmentation）所阻礙，而無法達成具體的目標。導致刑事司法體系組織破碎分離之原因有許多，舉其犖犖大者包括：(一)對於犯罪人之一致、聯合性之行動很難達成，因為警察、地檢署、法院，甚至犯罪矯正當局皆係獨立之部門，並接受不同之管轄。換句話說，每一刑事司法實體皆具有不同之權力、溝通、監督體系，而此並不利於整合；(二)每個次級體系皆有其既定之政策目標，而這些政策或目標又隨著每位警政首長、法務部部長、司法院院長等之更易而有所更動。這些差異將導致刑事司法體系之緊張與混亂；(三)由於每個體系皆有其獨特之任務，許多不同人格、背景、教育、態度、價值感之人乃為各體系所吸收，並且接受不同之教育與職能訓練。這些因素導致成員對於法律、犯罪現象及犯罪人抱持獨特之看法，而此可能促成各次級體系人員之溝通障礙，造成刑事司法行政之不一致、分歧，甚至各行其事[8]。

二 矯正效能發揮之限制

許多因素使得犯罪矯正無法充分發揮其效能。例如，我們都期待罪犯皆被有效的逮捕、起訴、審判並接受適當之刑罰，然而刑事司法實務卻顯示許多案件並未如預期般的進入刑事司法程序，即使進入刑事司法程序，亦並不必然獲致適當之刑罰，這些不順暢因素為犯罪矯正之效能大打折扣。其次，許多犯罪人入監服刑後，對監獄各項人性改造之矯正措施極端排斥，雖然表面上順從，然而實際上卻懷恨在心，僅求以各種手段早日離開監獄。此種排斥與厭惡獄方之心理使得犯罪矯正之效果趨於浮面[9]。

8　Gerald D. Robin (1980), Introduction to Criminal Justice System. New York:Harper and Row.
9　Anthony J. Mannocchio and Jimmy Dunn (1970), The Time Game. Beverly Hills, Cali: Sage.

另外，犯罪之激增，人犯之大量湧入，在犯罪矯正各項硬體、軟體措施無法充分配合下，亦使犯罪矯正工作更加困難，無法全力推展。最後，來自社區民眾之排斥、拒絕以及阻撓，使得許多社區犯罪矯正方案因而面臨困難，無法達到預期之效果。

三　貧窮、無權勢者之不公平處遇

學者哈特曾指出，司法對有權勢者及貧苦無依者有二條不同之傳送帶（Transmission Belts）[10]。貧窮、無權勢者傳送帶之運作相當的順暢，並且在極短的時間即可能將犯罪嫌疑犯傳送到監獄。另一有權勢、富有者之傳送帶的傳送速度則顯得較為緩慢，即使傳送，其最後之停泊點亦較舒適（如外役監）。雖然此項比方略帶情緒性，卻也生動的描繪出世界各國刑事司法實務之部分事實。美國學者瑞爾蒙即指出，以相同的偏差或犯罪行為為例，貧窮者較中上階級容易受到警方逮捕；假如被逮捕，其較可能受到檢察官起訴；假如被起訴，其較可能受到法院定罪；假如被法院判決，其罪行則較容易受到刑期較長（嚴厲）之判決[11]。假如這些激進派之看法是正確的話，吾人瞭解犯罪矯正之真正成效，恐更難加以評估，蓋有權勢者往往利用各種可資運用的管道以逃脫法律之制裁；相對的，貧困無依者因先天性之弱勢（如貧窮、懶惰或缺乏向上之機會），而極可能遭致歧視性之刑事司法處遇。倘加上外界自由社會之排斥，其更生與矯正恐將難上加難。

第五節　結　論

刑事司法體系之主要構成部門包括警察、檢察、法院與犯罪矯正機構

10 Philip A. Hart (1972), "Swinding and Knavery, Inc.," Playboy, p. 158.
11 Jeffrey H. Rriman (1984), The Rich Get Richer and The Poor Get Prison (2nd ed.). New York: Macmillan Publishing Company.

等。各部門間或因業務或隸屬（指揮執行）等關係，而發生不同程度之互動，甚至接觸頻繁。犯罪矯正則因負責刑罰之執行任務，其乃刑事司法體系中最後之環節，其運作之良窳不僅關係刑罰之有效執行，同時亦與整體社會治安休戚相關。與其他刑事司法機構雷同，犯罪矯正之運作經常受到許多壓力團體之掣肘，加上刑事司法體系本身存在之破碎支離、效能發揮之限制、不公平處遇等問題，犯罪矯正乃面臨諸多問題與挑戰。

第三章　犯罪矯正收容現況

第一節　臺灣犯罪矯正機關收容人數與現況

根據法務部之法務統計，2020年底，臺灣犯罪矯正機關收容人數達58,362人，其中毒品收容人占了27,886人，而矯正機關核定容額人數為58,677人，雖為近年首度未超收年度，但整體收容比率仍呈現接近滿載狀態。

2020年，臺灣犯罪矯正機關新入監人數有32,547人。2020年實際出獄人為35,446人，假釋出獄人為11,381人，年底在監受刑人有53,493人，非本國人有452人。（詳表3-1）

根據法務部之法務統計，2021年1月底，臺灣各類別收容人總計有57,577人，其中在監受刑人共有52,146人，受保安處分人及押候執行者536人，強制工作受處分人185人，學生720名（含矯正學校感化教育受處分人），被告及被管收人2,190人，收容少年282人，受戒治人457人，受觀察勒戒人1,061人。（詳表3-2）

表3-1 臺灣犯罪矯正機關收容人數現況

項目別	矯正機關 月(年)底總收容人數 (9) 人	監禁率 (9)/月(年)人口數×100,000 人/十萬人	毒品收容人 人	月(年)底核定容額 (10) 人	超額收容 人數 (11)=(9)-(10) 人	超額收容 比率 (11)(10)×100 %	監獄(含矯正學校執行刑罰之學生)(少年受刑人)[1] 新入監人數 總計 (12) 人	男 人	女 人
106年	62,315	264.4	30,570	56,877	5,438	9.6	36,298	32,901	3,397z
107年	63,317	268.4	30,625	57,573	5,744	10.0	36,161	32,692	3,469
108年	60,956	258.3	29,446	57,573	3,383	5.9	34,771	31,428	3,343
109年	58,362	247.7	27,886	58,677	-	-	32,547	29,275	3,272
1月	58,875	249.4	28,662	57,573	1,302	2.3	2,155	1,937	218
2月	59,808	253.4	28,960	57,573	2,235	3.9	2,707	2,446	261
3月	59,664	252.9	28,971	57,573	2,091	3.6	3,180	2,852	328
4月	59,326	251.5	28,834	57,573	1,753	3.0	2,680	2,399	281
5月	59,358	251.7	28,735	57,573	1,785	3.1	2,814	2,544	270
6月	59,047	250.4	28,571	57,573	1,474	2.6	2,756	2,464	292
7月	59,446	252.1	28,878	57,573	1,873	3.3	3,018	2,718	300
8月	59,019	250.4	28,612	57,573	1,446	2.5	2,741	2,496	245
9月	58,763	249.3	28,419	57,573	1,190	2.1	2,840	2,537	303
10月	58,990	250.3	28,313	57,573	1,417	2.5	2,532	2,274	258
11月	58,703	249.1	28,167	57,573	1,130	2.0	2,584	2,328	256
12月	58,362	247.7	27,886	58,677	-	-	2,540	2,280	260
110年1月	57,577	244.5	27,437	58,677	-	-	2,157	1,935	222
較上年同期±%	-2.2	{-4.9}	-4.3	1.9	-100.0	{-2.3}	0.1	-0.1	1.8

表3-1　臺灣犯罪矯正機關收容人數現況（續）

項目別	實際出獄人數[2]	死刑執行人數	假釋出獄人數	核准撤銷假釋人數	假釋出獄受刑人在監執行有期徒刑率 %	監獄（含矯正學校執行刑罰之學生（少年受刑人））月（年）底在監受刑人數				月受押候執行者人數[3] 月（年）底在監受保安處分人及
	人	人	人	人	%	總計 人	男 人	女 人	非本國 人	人
106年	36,292	-	11,563	2,312	72.4	56,560	51,668	4,892	411	624
107年	35,399	1	10,052	2,213	74.0	58,059	52,985	5,074	429	675
108年	37,126	1	11,643	2,114	74.7	56,289	51,308	4,981	433	554
109年	35,446	1	11,381	1,855	72.7	53,493	48,714	4,779	452	379
1月	3,914		1,659	155	73.4	54,516	49,691	4,825	408	570
2月	2,155		305	161	73.7	55,126	50,244	4,882	403	737
3月	3,360		1,345	222	72.5	55,034	50,146	4,888	409	532
4月	3,010	1	962	174	72.0	54,752	49,890	4,862	411	513
5月	3,014		1,031	172	71.6	54,603	49,765	4,838	410	614
6月	3,129		1,145	187	72.3	54,293	49,422	4,871	419	674
7月	2,709		731	200	72.2	54,713	49,795	4,918	443	500
8月	3,174		1,201	111	72.1	54,304	49,457	4,847	445	568
9月	2,855		898	191	73.9	54,300	49,391	4,909	465	445
10月	2,554		611	109	73.6	54,293	49,418	4,875	457	551
11月	2,808		780	84	72.9	53,938	49,101	4,837	477	480
12月	2,764		713	89	74.2	53,493	48,714	4,779	452	379
110年1月	3,175		1,188	110	73.5	52,146	47,534	4,612	439	536
較上年同期±%	-18.9	-	-28.4	-29.0	[0.1]	-4.3	-4.3	-4.4	7.6	-6.0

說明：1.新入監人數（12）係指經法院判決確定後，由檢察官簽發「執行指揮書」，移送監獄執行之罪犯人數。

　　　2.實際出獄人數含執行死刑、刑期執行完畢及假釋出獄之受刑人。

　　　3.收容在監獄之受保安處分人含強制治療及暫時收容之監護、禁戒者。

資料來源：法務部法務統計資訊網，法務統計摘要（110年2月），頁33，訪於2021/2/22，http://www.rjsd.moj.gov.tw/rjsdweb/book/Book_Detail.aspx?book_id=471。

表3-1 臺灣犯罪矯正機關收容人數現況（續）

項目別	技能訓練所		少年輔育院及少年矯正學校（受感化教育學生）		看守所		少年觀護所		戒治所		
	新入所人數	月(年)底在所人數	新入院(校)人數	月(年)底在院(校)人數	新入所人數	月(年)底在所人數	新入所人數	月(年)底在所人數	新入所人數	月(年)底在所人數	月(年)底暫收受戒治分所之人數
	人	人	人	人	人	人	人	人	人	人	人
106年	41	113	738	1,064	8,383	2,497	4,208	332	620	423	-
107年	73	119	475	791	8,682	2,536	3,511	302	481	341	-
108年	64	133	473	662	8,164	2,374	3,443	303	397	272	-
109年	105	176	475	706	7,434	2,245	3,507	318	346	255	-
1月	6	144	38	659	467	2,172	198	260	32	271	-
2月	6	144	27	654	563	2,244	246	272	21	246	-
3月	6	144	38	664	733	2,365	317	304	17	227	-
4月	9	149	37	676	577	2,362	255	327	25	220	-
5月	9	152	41	689	680	2,400	320	356	13	200	-
6月	12	156	29	686	566	2,315	327	404	26	194	-
7月	10	164	39	659	933	2,491	372	435	28	189	-
8月	6	174	45	665	536	2,418	285	374	15	181	-
9月	5	167	50	655	609	2,310	333	385	23	183	-
10月	9	171	27	662	585	2,389	310	402	25	177	-
11月	12	175	53	688	577	2,311	270	369	28	187	-
12月	15	176	51	706	608	2,245	274	318	93	255	-
110年1月	11	185	43	720	565	2,190	242	282	225	457	-
較上年同期±%	83.3	28.5	13.2	9.3	21.0	0.8	22.2	8.5	603.1	68.6	-

表3-1　臺灣犯罪矯正機關收容人數現況（續）

項目別	成年勒戒處所 新入所人數 人	成年勒戒處所 實際出所人數 人	成年勒戒處所 有繼續施用傾向移送戒治 人	成年勒戒處所 無繼續施用傾向出所 人	成年勒戒處所 月(年)底在所人數 人	少年勒戒處所 新入所人數 人	少年勒戒處所 實際出所人數 人	少年勒戒處所 有繼續施用傾向移送戒治 人	少年勒戒處所 無繼續施用傾向出所 人	少年勒戒處所 月(年)底在所人數 人	少年矯正學校 新入所人數 人	少年矯正學校 月(年)底在所人數 人
106年	6,674	6,823	598	6,222	695	46	48	6	42	7	160	429
107年	5,001	5,140	474	4,664	494	10	17	-	17	-	160	423
108年	3,784	3,859	383	3,475	369	2	2	1	1	-	121	375
109年	3,675	3,203	339	2,864	788	7	5	-	5	2	127	335
1月	198	282	31	251	282	1	-	-	-	1	2	365
2月	334	231	21	210	383	1	1	-	-	2	11	365
3月	305	288	16	272	394	-	2	-	2	-	15	363
4月	254	316	24	292	327	-	-	-	-	-	8	376
5月	255	237	14	223	343	1	1	-	1	1	12	377
6月	240	256	26	230	325	-	-	-	-	-	11	363
7月	255	282	27	255	295	-	1	-	1	-	9	345
8月	255	214	14	200	334	1	-	-	-	1	17	344
9月	270	282	23	259	318	-	1	-	1	-	15	337
10月	264	233	25	208	345	1	-	-	-	1	6	337
11月	434	215	28	187	554	2	1	-	1	1	10	337
12月	611	367	90	277	788	1	2	-	2	2	11	335
110年1月	751	468	223	245	1,060	1	2	-	2	1	18	334
較上年同期±%	279.3	94.9	619.4	-2.4	275.9						800.0	-8.5

說明：1.勒戒處所實際出所人數含無繼續施用毒品傾向出所、有繼續施用毒品傾向移送戒治、裁定不付觀察勒戒或勒戒逾期不為裁定者。

2.少年矯正學校明陽中學收容執行刑罰之學生（少年受刑人）、誠正中學收容受感化教育之學生。

資料來源：法務部法務統計資訊網、法務統計摘要（110年2月），頁34。訪於2021/2/22。http://www.rjsd.moj.gov.tw/rjsdweb/book/Book_Detail.aspx?book_id=471。

表3-2　各類別收容人現況

項目		時間	統計數	上（109）年同期	說明
矯正機關收容人數	總計(1)	110年1月底	57,577	58,875	較上年同期 -2.2%
	受刑人（含矯正學校之少年受刑人）	110年1月底	52,146	54,516	較上年同期 -4.3%
	受保安處分人及押候執行者	110年1月底	536	570	較上年同期 -6.0%
	強制工作受處分人	110年1月底	185	144	較上年同期 +28.5%
	學生（含矯正學校感化教育受處分人）	110年1月底	720	659	較上年同期 +9.3%
	被告及被管收人	110年1月底	2,190	2,172	較上年同期 +0.8%
	收容少年	110年1月底	282	260	較上年同期 +8.5%
	受觀察勒戒人	110年1月底	1,061	283	較上年同期 +274.9%
	受戒治人（含戒治分所）	110年1月底	457	271	較上年同期 +68.6%
矯正機關核定收容人數(2)		110年1月底	58,677	57,573	較上年同期 +1.9%
超額收容	人數 (3)＝(1)－(2)	110年1月底	-	1,302	較上年同期 -100.0%
	比率 (3) / (2)×100	110年1月底	-	2.3%	較上年同期 -2.3 個百分點
實際出獄人數	總計(4)	110年1月	3,175	3,914	較上年同期 -18.9%
	減刑出獄人數（96年罪犯減刑條例）	110年1月	35	45	較上年同期 -22.2%
	死刑執行人數	110年1月	-	-	
	執行完畢期滿出獄人數	110年1月	1,987	2,255	較上年同期 -11.9%
	假釋出獄人數(5)	110年1月	1,188	1,659	較上年同期 -28.4%
	假釋出獄人數所占比率 (5)/(4)×100	110年1月	37.4%	42.4%	較上年同期 -5.0 個百分點
核准撤銷假釋人數		110年1月	110	155	較上年同期 -29.0%

資料來源：法務部法務統計資訊網，法務統計摘要（110年2月），頁7，訪於2021/2/22，http://www.rjsd.moj.gov.tw/rjsdweb/book/Book_Detail.aspx?book_id=471。

第二節　監獄受刑人在監收容現況

　　根據法務部之法務統計，2021年1月底，臺灣監獄各類型受刑人總計有52,146人，其中違反毒品危害防制條例受刑人共有25,070人，施用毒品者6,282人，暴力犯罪案件有7,699人，其中公共危險罪4,437人，不能安全駕駛

3,656人，竊盜罪3,642人，違反槍砲彈藥刀械管制條例2,516人。（詳表3-3）

表3-3　監獄受刑人收容現況

項目		新入監人數			月（年）底在監人數		
		110年1月	109年1月	本期較上年同期增減%	110年1月底	109年1月底	本期較上年同期增減%
監獄受刑人人數		2,157	2,155	+0.1	52,146	54,516	-4.3
違反毒品危害防制條例		444	642	-30.8	25,070	27,294	-8.1
	施用	242	467	-48.2	6,282	8,810	-28.7
暴力犯罪案件	總計	100	55	+81.8	7,699	8,128	-5.3
	殺人罪（不含過失致死）	18	12	+50.0	1,808	1,867	-3.2
	重傷罪	13	6	+116.7	680	655	+3.8
	強制性交罪	31	14	+121.4	1,898	1,979	-4.1
	強盜及海盜罪	16	12	+33.3	2,550	2,718	-6.2
	搶奪罪	12	3	+300.0	339	405	-16.3
	恐嚇取財得利罪	10	8	+25.0	143	157	-8.9
	擄人勒贖罪	-	-	-	104	117	-11.1
	懲治盜匪條例	-	-	-	177	230	-23.0
違反著作權法		-	-	-	8	11	-27.3
違反商標法		-	-	-	2	1	+100.0
公共危險罪		614	524	+17.2	4,437	4,632	-4.2
	不能安全駕駛罪	583	496	+17.5	3,656	3,717	-1.6
偽造文書印文罪		25	26	-3.8	429	482	-11.0
殺人罪（含過失致死）		28	18	+55.6	1,918	1,974	-2.8
傷害罪（含重傷害）		99	72	+37.5	1,007	970	+3.8
竊盜罪		284	290	-2.1	3,642	3,842	-5.2
詐欺罪		244	168	+45.2	4,144	3,290	+26.0
妨害性自主罪（含強制性交罪）		53	41	+29.3	2,603	2,707	-3.8
違反槍砲彈藥刀械管制條例		66	82	-19.5	2,516	2,588	-2.8

說明：1.毒品危害防制條例含87年5月20日修正施行前之肅清煙毒條例及麻醉藥品管理條例。
　　　2.「強制性交罪」係指88年4月21日修正刑法「妨害性自主罪章」之第221條、第222條、第225條第1項及第3項、第226條、第226條之1及修正前「妨害風化罪章」之第221條、第222條、第223條、第225條第1項及第3項、第226條。
　　　3.海盜罪無收容人數。
　　　4.懲治盜匪條例自91年1月廢止後，原適用該條例之犯罪行為，改引用刑法論罪處刑，如強盜罪、擄人勒贖罪等。
資料來源：法務部法務統計資訊網，法務統計摘要（110年2月），頁7，訪於2021/2/22，http://www.rjsd.moj.gov.tw/rjsdweb/book/Book_Detail.aspx?book_id=471。

　　近十年間，在監受刑人人數以違反毒品危害防制條例之人數逐年成長（詳圖3-1），其餘各類別受刑人大致呈現下降現象。

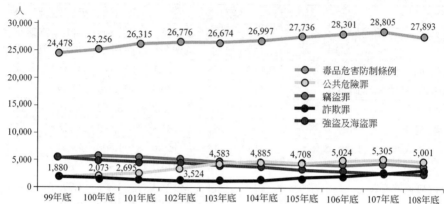

資料來源：法務部全球資訊網，在監受刑人主要罪名（99年底-108年底），訪於2020/2/22，http://www.rjsd.moj.gov.tw/RJSDWeb/common/WebListFile.ashx?list_id=14&serial_no=2。

圖3-1 在監受刑人主要罪名

第三節　毒品受刑人在監收容與再犯現況

　　根據法務部之法務統計，至2020年底，毒品在監受刑人數有25,937人，占在監受刑人的49.7%，其中製作、販賣及運輸的人有18,256人，占總人數的70.4%，施用的人數有6,949人，占總人數的26.8%（詳表3-4）。

表3-4 毒品在監受刑人人數

項目別	總計	製賣運輸	百分比	施用	百分比
	人	人	%	人	%
106年底	28,301	16,622	58.7	10,779	38.1
107年底	28,805	17,535	60.9	10,316	35.8

表3-4 毒品在監受刑人人數（續）

項目別	總計	製賣運輸	百分比	施用	百分比
	人	人	%	人	%
108年底	27,893	17,863	64.0	9,177	32.9
109年底	25,937	18,256	70.4	6,949	26.8
109年1月底	27,294	17,677	64.8	8,810	32.3
110年1月底	25,070	18,076	72.1	6,282	25.1
較上年同期增減%	-8.1	2.3	{7.3}	-28.7	{-7.2}

資料來源：法務部法務統計資訊網，法務統計摘要（110年2月），頁18，訪於2021/2/22，
http://www.rjsd.moj.gov.tw/rjsdweb/book/Book_Detail.aspx?book_id=471。

　　根據法務部之法務統計，以2019年為例，受觀察勒戒人（第一級）占363人，受觀察勒戒人（第二級）占3,423人，總計3,786人。受戒治人（第一級）占167人，受戒治人（第二級）占230人，總計397人。（詳圖3-2）

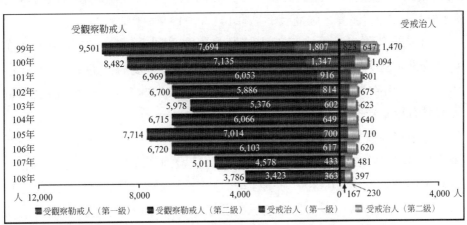

資料來源：法務部全球資訊網，新入所受觀察勒戒人及受戒治人人數（99年-108年），
訪於2021/2/22，http://www.rjsd.moj.gov.tw/RJSDWeb/common/WebListFile.ashx?list_id=15&serial_no=2。

圖3-2 新入所受觀察勒戒人及受戒治人數—按毒品級別分

近十年間，新入所受觀察勒戒人及受戒人人數略有減少，部分係受2008年毒品危害防制條例第24條條文修訂，對於施用毒品之行為，包含「初犯」、「五年內再犯」、「五年後再犯」，檢察官均得以緩起訴附命戒癮治，因而人數呈現減少現象。

近五年（2015年至2020年2月）毒品罪出獄受刑人計5萬6,467人，截至2020年2月底止經檢察官偵查終結，已起訴且判決確定有罪、緩起訴處分及職權不起訴處分確定者2萬674人，再犯毒品罪比率為36.6%。觀察出獄後各期間之再犯比率，六個月以內再犯者為12.8%、逾六月至一年未滿者11.1%、一年以上至二年未滿者9.3%。出獄後兩年內再犯者占毒品罪再犯者的90.7%，顯示隨著出獄時間拉長，再犯比率逐漸降（如表3-5）。

第四節　暴力犯罪受刑人新入監與在監收容現況

近十年新入監暴力犯罪受刑人呈減少趨勢，占全體新入監受刑人之比率亦自99年6.8%降至108年3.1%最低；其中男性以犯強制性交罪4,450人占27.9%最多，強盜及海盜罪3,164人占19.8%居次；女性則以恐嚇取財得利罪179人占25.2%最多，強盜及海盜罪141人占19.9%居次。

而依罪名觀察，近十年新入監暴力犯罪受刑人1萬6,672人中，以強制性交罪4,527人（占27.2%）最多，其次為強盜及海盜罪3,305人（占19.8%），再次為恐嚇取財得利罪2,660人（占16.0%），三者合占全體新入監暴力犯罪受刑人的63%。

近十年在監暴力犯罪受刑人呈減少之勢，自2010年底1萬3,810人逐年減至2019年底8,355人最少，2019年底以強盜及海盜罪2,791人（占33.4%）最多，強制性交罪2,038人（占24.4%）次之，殺人罪（不含過失致死）1,895人（占22.7%）再次之，前三大罪名合占80.5%。在監暴力犯罪受刑人占全體在監受刑人比率自99年底24.2%逐年降至108年底14.8%，呈下降之勢。

表3-5　毒品罪受刑人出獄後再犯毒品罪情形

項目別	毒品罪受刑人出獄人數	出獄後再犯人數及比率－按再犯經過時間分						
		計	六月以下	逾六月一年未滿	一年以上二年未滿	二年以上三年未滿	三年以上四年未滿	四年以上
人數（人）								
104年至109年2月	56,467	20,674	7,245	6,247	5,265	1,497	350	70
104年	9,752	5,758	1,459	1,508	1,687	744	290	70
105年	10,547	5,844	1,774	1,675	1,738	597	60	-
106年	11,403	5,254	1,881	1,734	1,483	156	-	-
107年	10,990	3,296	1,673	1,266	357	-	-	-
108年	11,919	522	458	64	-	-	-	-
109年1月至2月	1,856	-	-	-	-	-	-	-
比率（%）								
104年至109年2月	100.0	36.6	12.8	11.1	9.3	2.7	0.6	0.1
104年	100.0	59.0	15.0	15.5	17.3	7.6	3.0	0.7
105年	100.0	55.4	16.8	15.9	16.5	5.7	0.6	-
106年	100.0	46.1	16.5	15.2	13.0	1.4	-	-
107年	100.0	30.0	15.2	11.5	3.2	-	-	-
108年	100.0	4.4	3.8	0.5	-	-	-	-
109年1月至2月	100.0	-	-	-	-	-	-	-

說明：1.本表再犯人數為毒品罪受刑人出獄後再犯毒品罪，至統計截止日止經檢察官偵查終結，已起訴且判決確定有罪、緩起訴處分及職權不起訴處分確定者。
　　　2.「再犯經過時間」係指自出獄日至偵查案件新收分案日之時間。而再犯人數則僅限於統計截止日前已偵結處分確定或執行裁判確定者，爰各年再犯經過時間之最後一個區間組，恐未能涵括該區間全部實際再犯人數。
資料來源：法務部法務統計資訊網，毒品案件統計分析，頁11，訪於2021/2/22，https://www.rjsd.moj.gov.tw/RJSDWeb/common/WebListFile.ashx?list_id=1679。

表3-6 新入監受刑人人數─按罪名及性別分

項目別		全體受刑人	暴力犯罪受刑人									
			計	占全體新入監受刑人比率	殺人罪（不含過失致死）	重傷罪	強制性交罪	強盜及海盜罪	搶奪罪	懲治盜匪條例	恐嚇取財得利罪	擄人勒贖罪
99年至108年 結構比（%）		353,420	16,672 100.0	4.7	2,363 14.2	1,672 10.0	4,527 27.2	3,305 19.8	1,948 11.7	12 0.1	2,660 16.0	185 1.1
性別	男性 結構比（%）	320,600	15,963 100.0	4.5	2,223 13.9	1,583 9.9	4,450 27.9	3,164 19.8	1,871 11.7	12 0.1	2,481 15.5	179 1.1
	女性 結構比（%）	32,820	709 100.0	0.2	140 19.7	89 12.6	77 10.9	141 19.9	77 10.9	- -	179 25.2	6 0.8
年別	99年	37,179	2,524	6.8	336	201	510	601	349	4	479	44
	100年	36,479	2,221	6.1	276	194	549	520	272	3	367	40
	101年	35,356	2,161	6.1	294	205	623	428	246	-	338	27
	102年	34,193	2,033	5.9	267	230	656	364	235	3	266	12
	103年	34,446	1,582	4.6	210	167	461	294	196	-	238	16
	104年	33,951	1,438	4.2	215	156	398	245	188	2	221	13
	105年	34,586	1,249	3.6	206	103	334	211	156	-	232	7
	106年	36,298	1,227	3.4	192	129	361	240	119	-	168	18
	107年	36,161	1,161	3.2	185	155	332	212	102	-	170	5
	108年	34,771	1,076	3.1	182	132	303	190	85	-	181	3

說明：1.本表係依最重罪統計。
    2.懲治盜匪條例自91年1月廢止後，原適用該條例之犯罪行為，改引用刑法論罪處刑，如強盜罪、擄人勒贖罪等。

資料來源：法務部法務統計資訊網，暴力犯罪受刑人概況分析，頁1，訪於2021/2/22，https://www.rjsd.moj.gov.tw/https://www.rjsd.moj.gov.tw/RJSDWeb/common/WebList2.aspx?menu=AYA_SPECIAL_REPORT。

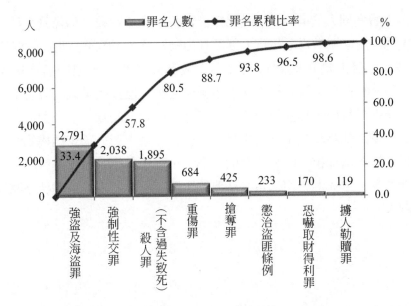

說明：懲治盜匪條例自91年1月廢止後，原適用該條例之犯罪行為，改引用刑法論罪處刑，如強盜罪、擄人勒贖罪等。

資料來源：法務部法務統計資訊網，暴力犯罪受刑人概況分析，頁6，訪於2020/5/1，
https://www.rjsd.moj.gov.tw/https://www.rjsd.moj.gov.tw/RJSDWeb/common/
WebList2.aspx?menu=AYA_SPECIAL_REPORT。

圖3-3　在監暴力犯罪受刑人主要罪名（108年底）

第五節　結　論

　　截至2021年1月底，目前我國矯正機構收容人數共有57,577人，其中受刑人計有52,146人，占全體收容人的90.5%。其中違反毒品危害防制條例受刑人共有25,070人，施用毒品者6,282人，暴力犯罪案件有7,699人，其中公共危險罪4,437名，不能安全駕駛3,656人，竊盜罪3,642人，違反槍砲彈藥刀械管制條例2,516人。

　　值得注意的是，近年來在監受刑人中較令民眾感到恐慌的暴力犯罪受刑人人數呈現持續下降的趨勢；但毒品犯罪受刑人卻未有緩減下降的趨

勢，占全體受刑人的48%，且其出獄後再犯率高達四成，仍需透過持續精進的處遇措施來協助毒品受刑人能順利復歸社會，遠離毒品犯罪的泥淖。

另外，目前矯正機關核定收容人數為58,677人，但收容人數卻有57,577人，雖收容人數近年首次未超過核定額，但接近滿載的收容仍將對矯正作業造成負擔，無論是矯正工作者亦或收容人的壓力，及對於協助收容人改過賦歸都將具有不利的影響。因此，在國人對於矯正機構的嫌惡臨避，導致極難增加核定收容人數的情形下，刑事政策的執行與修訂、矯正處遇功效等，這些刑事司法系統功能的發揮將是不可否認且需持續關注的重要關鍵。

第四章　犯罪矯正模式

　　社會民眾對於犯罪與犯罪人處遇之態度，乃為對任何國度文明最佳之試金石。

　　　　　　　　　　　　　　　　　　　　　　　——英國首相邱吉爾

　　人們被關進於監獄已是處罰，而不是為了處罰。

　　　　　　　　　　　　　　　　　——英國監獄委員會主席派特森

　　犯罪矯正模式大致係指矯正犯罪人應如何達成及朝何方向努力而言。當然，犯罪矯正模式亦蘊含犯罪處遇之哲學以及如何達到矯正之目標。一般而言，將犯罪矯正模式予以分類，除可釐清犯罪矯正模式之複雜與分歧性外，亦有助於吾人對該模式矯正哲學之認識。據學者Bartollas之看法，矯治模式（Rehabilitation Model）、正義模式（Justice Model）及懲罰模式（Punishment Model）為犯罪矯正之三大主流哲學[1]，這些模式各有其關切之焦點，並且經常是固守己見、毫不讓步。大體上，在犯罪矯正思潮的極左端屬不定期刑及假釋委員會範疇之矯治模式，強調經由各類矯治方案的推展促使犯罪人早日獲得更生重建。在犯罪矯正思潮之中央部分屬正義模式，此套哲學揚棄不定期刑或假釋委員會之採用，但接受受刑人自願參與各類矯治方案。最後，犯罪矯正思潮之極右端則屬懲罰模式，其特色為倡議廣泛使用監禁策略以懲罰觸法者，此套具壓抑性（Repressive）的模式完全揚棄矯治理念[2]。值得注意的是此三種犯罪矯正哲學如搖擺的鐘錘（The Swing of Pendulum），隨著思潮之更迭而可能相互變動更換。例如，美國犯罪矯正即反應出此類思潮，仍以儒家仁道化矯正思想為指導原則。本章擬依前述模式分類，對犯罪處遇模式作扼要介紹與評析，此外美國紐約州立大學O'Leary與Duffee（1971）之獨特矯正政策分類將一併述及以供讀者參考。

1　Clemens Bartollas (1985), Correctional Treatment: Theory and Practice. Prentice-Iall Inc., pp. 21-76.
2　John P. Conrad (1981), Justice and Consequences. Lexington, Mass. Heath, pp. 156-157.

第一節　懲罰模式

懲罰模式（Punishment Model）是社會控制的一種型式及為維持社會秩序所採行之手段。學者Wilkins指出，藉著對某些異常行為之預防與限制，非常有助於維持與強化為該社會所認可之正常行為[3]。學者Donald Black進一步指出當社會的非正式社會控制減弱時，正式之社會控制力（例如社會秩序維護法、集會遊行法及其他法規等）之使用將更趨於頻繁[4]。為維繫社會正常運作，懲罰相關法令之執行雖在各國中略有差異，但卻是普遍被認可之行為，並且是透過行政及立法部門所制定。本節擬對懲罰之內涵及種類等作一概要介紹。

一　懲罰之內涵

在對懲罰作初步說明後，進一步瞭解懲罰之主要內涵為何似有必要。換句話說，懲罰之作用何在？其可達成哪些目標？這些疑點有待澄清。學者大致認為懲罰具有應報、嚇阻、隔離，甚至陰謀之作用。

（一）應　報

應報可說是最古老的懲罰思想，它的內涵並未隨著時間之轉移而有所改變，應報思潮之產生主要為對犯罪行為之嚴厲性及損害性所衍發之反應。其不僅強調犯罪人在道德上應受責難，同時亦認為不守法者應予適當之懲罰。換句話說，犯罪人之罪有應得及罪罰之成比率（相稱）為應報思想之核心要素。無論如何，應報（以牙還牙）為被害人對犯罪人的一種自然回應，雖然應報並不必然可達成嚇阻犯罪或維繫良好社會秩序的目標（事實上應報模式倡議者並未有此項主張），然而支持者卻認為懲處犯罪人，並給予一定之苦難是必須的，因為它滿足道德上之訴求[5]。

3　Leslie Wilkins (1965), Social Deviance. Englewood Cliffs, NJ: Prentice-Hall.

4　Donald Black (1976), The Behavior of Law. New York: Academic Press.

5　Hugo A. Bedau (1978), "Retribution and the theory of Punishment," Journal of Philosophy (75): 601-620.

（二）嚇　阻

當然，懲罰並不必然只侷限於對犯罪人危害之回應，其亦可著重於未來犯罪之危險性，理由不外乎許多人在採行犯罪行為前經常必須對行為之結果做估算。假如犯罪之利益大於被逮捕、懲罰之危險性，行為人極可能冒險一試。懲罰之作用即在於影響（嚇阻）這種對犯罪風險的認知，而使得潛在犯罪人認為犯罪之風險性高，且很可能是不值得的。一般而言，懲罰嚇阻作用可區分為一般嚇阻（General Deterence）及特別嚇阻（Specific Deterence）二大類。前者係指「懲罰威嚇之效果影響及非犯罪人成為犯罪人而言」[6]；換句話說，一般嚇阻乃欲使一般人瞭解犯罪行為將被懲罰，進而影響及潛在之犯罪抉擇。特別嚇阻則乃指藉著對犯罪人之懲罰，使其懼怕，進而影響其未來可能衍發之犯罪行為。雖然，嚇阻之效果迄今仍然備受爭議（例如可能只有暫時的效果，甚至因犯罪類型而異），然而倡議者卻深信倘能在下列三項要素配合下，嚇阻仍將產生一定之效果。即刑罰迅速性（Swiftness）（指犯罪與刑罰回應時間應縮短）、確定性（Certainity）（指觸法者將受到應有的懲罰）與嚴屬性（Severity）[7]。

（三）隔　離

懲罰之另一項手段（作用）是隔離（Incapacitation）。隔離大體上係指藉著監禁（如自由刑）之使用，將犯罪人與社會隔離[8]。支持者認為隔離政策之採行有助於減少犯罪者再度犯罪的機會。事實上，隔離之手段甚為民眾所歡迎，所謂眼不見為淨（Out of sight, out of mind）。一般民眾大多不願意與犯罪人住在一起，而情願將其隔離至看不到且較安全的監獄內。此項隔離政策一度在1980年代美國獲得鉅大迴響。許多研究紛紛指出，將具高度再犯危險性之人予以監禁，有助於確保社會安寧秩序之功

6　Ernest Van den Haag (1982), "Could successful rehabilitation reduce the Crime rate?" Journal of Criminal Law and Criminology 73(3): 1022-1035.

7　Charles W. Thomas (1987), Corrections in American: Problems of the Past and the Present. Sage Publications Inc., p. 42.

8　Alfred Blumstein (1983), "Selective incapacitation as a means of Crimecontrol," American Behavioral Scientist 27(1): 87-108.

效[9]。雖然如此，隔離政策之採行卻也引起爭議，尤其隔離可能面臨兩項挑戰，例如，可能將犯罪者視為不會犯罪者；亦可能將不至於犯罪者預測為犯罪者[10]。假如預測之技術不周延或有所偏差，前述隔離之效果將大打折扣。儘管如此，倡議者仍認為以較科學的方法辨識犯罪危險性高之人，如將具「心理病態人格之犯罪者」（Psychopaths或Sociopaths）予以隔離，以減少犯罪之發生。

（四）懲罰是一項陰謀

與傳統對懲罰之看法不同，激進派學者認為懲罰已為資本社會主義強權、資本家所利用，以達成社會控制與維護既得利益之用[11]。對激進學者而言，懲罰是一項陰謀，也是一項罪惡。Reiman指出，監禁之使用，不僅可維護強權者之利益，同時亦可使一般民眾誤解為，只有那些中下階層者才是我們必須畏懼的人，間接的促使中下階層之人遭遇被控制的命運，而強權者則藉此穩固政權、賺取利益[12]。雖然，前項觀點帶有濃厚之批判色彩與意識型態，甚至可能無法通過科學之驗證，然而此項激進之觀點，卻提供我們對監禁懲罰看法之另一省思。

二　懲（刑）罰之類型

根據刑法第32條之規定，刑罰之種類可區分為主刑及從刑。主刑之種類包括：(一)死刑；(二)無期徒刑；(三)有期徒刑：二月以上十五年以下。但遇有加減時，得減至二月未滿，或加至二十年；(四)拘役：一日以上，六十日未滿。但遇有加重時，得加至一百二十日；(五)罰金：新臺幣一千

9　Brian Forst, "Selective incapacitation- An idea whose time has come," Federal Probation 47(3): 19-23.

10　John Blackmore and J. Welsh (1983), "Selective incapacitation: Sentencing according to risk," Crime and Delinquency 29: 504-528.

11　Michael J. Lynch and W. Byron Groves (1986), A primer in Radical Criminology. Harrow and Heston Publishers.

12　Jeffery H. Reiman (1984), The rich get richer and the poor get prison (2nd ed.). Macmillan Publeshing Company.

元以上，以百元計算之（同法第33條）。從刑則為：褫奪公權（同法第36條）。當然，隨著社會的多元化，刑罰的種類亦有日漸多樣化之趨勢，以因應實際上之需求。茲僅就較為常見者舉例扼要介紹。

（一）死　刑

雖然為刑罰中較少使用的一種，死刑一向是最引起爭議的主張。贊成者認為死刑合乎應報原則，滿足道德上之需求，並且對於嚇阻犯罪具有功效。持反對意見者則認為死刑缺乏人道、殘忍、可能導致無法彌補的錯誤，對減輕（回復）被害者之傷害毫無益處，同時亦無嚇阻犯罪之效果[13]。令人遺憾的是，由於研究方法的欠缺周延，部分科學實證研究的結果，死刑是否具有威嚇效果仍然眾說紛紜。例如，Ehrlich在美國的研究指出，在1933年至1969年間，在每一年中多執行一名死刑，即大約可減少7人至8人的謀殺[14]；但Bailey之研究則顯示，對於部分人口而言，死刑的確可減少殺人事件之發生，然而對其他的人卻也可能引起更多之殺戮[15]。相反的，Forst的研究發現死刑之施行根本無法預防犯罪，甚至可能激發更多的殺人案件[16]。無論如何，吾人認為死刑之執行可能對部分人產生短暫或長遠的嚇阻效果，但不一定適用於每一個人。雖然迄今對死刑之嚇阻效果並不甚明朗，然而倡議者卻認為其乃維持社會正義之重要支柱。中正大學調查發現近十年間台灣民眾不贊成廢除死刑者約為八成左右[17]。

（二）自由刑

一般提及之刑罰乃指剝奪、隔離人犯之自由刑而言，包括拘役、科以二月以上至十五年以下之有期徒刑及無期徒刑而言。根據法務部統計處之

---

13 參閱Amnesty Internation（1987）出版之*United States of American: The Death Penalty*.

14 Isaac Ehrlich (1975), "The Deterrent Effect of Capital Punishment: A Question of Life and Death," American Economic Review 65: 397-417.

15 William Bailey (1983), "Disaggregation in deterence and death penalty research: The case of murder in Chicago," Journal of Criminal Law and Criminology 74(3): 827-859.

16 Brian Forst (1983), "Capital Punishment and Deterence: Conflicting Evidence?" Journal of Criminal Law and Criminology 74: 927-942.

17 楊士隆、鄭瑞隆、許華孚、陳慈幸，《一百零九年全年度台灣民眾對司法與犯罪防制滿意度之調查研究》，國立中正大學犯罪研究中心，民國109年2月。

資料，2020年臺灣地區各地方法院檢察署及其分署執行自由刑之人數中，有期徒刑之人數約占七成三，資料顯示二年未滿之受刑人占有期徒刑人數九成四左右，顯示被法院判處五年以上有期徒刑者僅占約1.8%，刑罰已甚寬鬆。加上許多受刑人仍可經由假釋、縮短刑期等，而減少服刑的期限。

此外，徒刑、拘役之執行並不必然於監獄之刑罰執行機構內為之。我國刑法第41條規定，犯最重本刑為五年以下有期徒刑以下之刑之罪，而受六個月以下有期徒刑或拘役之宣告者，得以新臺幣一千元、二千元或三千元折算一日，易科罰金。且依前項規定得易科罰金而未聲請易科罰金者，得以提供社會勞動六小時折算一日，易服社會勞動。此為我國刑罰中人道化、富彈性的一個例子。

（三）罰金及易服勞役

輕微罪行者，實務上各國皆以罰金以避免自由刑（監禁）之弊。然而罰金之執行亦常為學者專家所批判。例如，假如罰金之金額過高，受處分人可能因此無力償還，甚至造成收入卑微者之鉅大負擔。其次，倘罰金之金額過低，很可能無法對握有權勢、富有之非法行為人產生威嚇、警示作用。為減輕前述問題，實務上為便利罰金之執行，分別採下列各項措施以為因應：

1.分期繳納

其用意為以分期付款的方式，協助受處分人繳納罰金。刑法第42條後段指出：但依其經濟或信用狀況，不能於二個月內完納者，得許期滿後一年內分期繳納。

2.以工易罰

其用意為以令服勞役的方式，協助受處分人解決無力繳納罰金之事實。雖然如此，此項措施明顯地屬換刑處分，並且具有濃厚之刑罰色彩。我國刑法第42條規定：「罰金應於裁判確定後二個月內完納。期滿而不完納者，強制執行。其無力完納者，易服勞役。」即屬之。

3.酌定金額

為使罰金懲罰對受處分人產生威嚇作用，酌定罰金金額有其必要。而罰金亦應隨著國民所得之變化而做適度調整。依刑法第33條規定，罰金為新臺幣一千元以上，以百元計算之。

另外，刑法第43條進一步規定：「受拘役或罰金之宣告，而犯罪動機在公益或道義上顯可宥恕者，得易以訓誡。」此項規定係由檢察官以言詞或書面行之，執行完畢後，其所受宣告以已執行論，立意甚佳。

（四）褫奪公權及沒收

褫奪公權係屬我國刑罰種類從刑之部分。根據刑法學者陳樸生之看法，褫奪公權為「能力刑之一種，或稱為資格刑、名譽刑、權利刑，乃指剝奪罪犯公法上之權利能力」而言[18]。刑法第36條規定褫奪公權者，喪失下列資格：1.為公務員之資格；2.為公職候選人之資格。一般而言，褫奪公權於裁判時宣告之。宣告死刑或無期徒刑者，宣告褫奪公權終身；宣告一年以上有期徒刑，依犯罪之性質認為有褫奪公權之必要者，宣告一年以上十年以下褫奪公權（刑法第37條）。

沒收為財產刑之一種，刑法第38條規定違禁物，不問屬於犯罪行為人與否，沒收之。供犯罪所用、犯罪預備之物或犯罪所生之物，屬於犯罪行為人者，得沒收之。但有特別規定者，依其規定。

（五）保安處分

保安處分，乃指「刑罰以外，用以補充或代替刑罰之功能，所為之特種處分」[19]。其目的為對具有犯罪特殊危險人，施以適當處分，以預防其再犯及維護社會安寧秩序為目的。我國刑法上規定保安處分可區分為下列七種：

1.感化教育

感化教育係以培養少年優良品性，變化氣質，預防再犯為目的，其適

---

18 陳樸生，《實用刑法》，臺北：三民書局，民國77年8月，12版，頁277。
19 劉作揖，《保安處分執行法論》，臺北：黎明文化事業公司，民國72年10月。

用對象包括未滿14歲而不罰者及未滿18歲而減輕其刑者，其執行期間為三年以下（刑法第86條）。

2.監護

係指對特定人施以監禁保護處分而言，其適用對象包括行為時因精神障礙或其他心智缺陷，致不能辨識其行為違法或欠缺依其辨識而行為之能力不罰者或有第19條第2項及第20條之原因，其情狀足認有再犯或有危害公共安全之虞時，於刑之執行完畢或赦免後，令入相當處所，施以監護。但必要時，得於刑之執行前為之。監護處分一般為五年以下（刑法第87條）。

3.禁戒

係指對施用毒品成癮者，於刑之執行前令入相當處所，施以禁戒。另因酗酒而犯罪，足認其已酗酒成癮並有再犯之虞者，於刑之執行前，令入相當處所，施以禁戒（參閱刑法第88、89條）。前述禁戒期間為一年以下。但執行中認無繼續執行之必要者，法院得免其處分之執行。

4.強制工作

係指對特定犯罪人，有犯罪之習慣或因遊蕩或懶惰成習而犯罪者，於刑之執行前，令入勞動場所，強制工作，俾以培養其勤勞習慣，學習技能，避免再犯（參閱刑法第90條）。其執行期間為三年。但執行滿一年六月後，認無繼續執行之必要者，法院得免其處分之執行。執行期間屆滿前，認為有延長之必要者，法院得許可延長之，其延長之期間不得逾一年六月，並以一次為限。

5.強制治療

係指針對性侵害犯罪者，而有下列情形之一者：(1)徒刑執行期滿前，於接受輔導或治療後，經鑑定、評估，認有再犯之危險者；(2)依其他法律規定，於接受身心治療或輔導教育後，經鑑定、評估，認有再犯之危險者。得令入相當處所，施以強制治療。處分期間至其再犯危險顯著降低為止，執行期間應每年鑑定、評估有無停止治療之必要（參閱刑法第91-1

條）。本處分目的在於針對再犯風險未顯著降低者，進行相關治療處遇，以降低犯罪者對於性犯罪的再犯危險，避免其再犯。

6.保護管束

保護管束大體上係對特定犯罪人進行各項保護、監督與輔導，俾以協助其社會適應，防止再犯為目的。刑法第92條規定，第86條至第90條之處分，按其情形得以保護管束代之。前項保護管束期間為三年以下。其不能收效者，得隨時撤銷之，仍執行原處分。目前保護管束工作委由各地方檢察署觀護人（成人觀護）及地方法院少年保護官（少年觀護）執行。

7.驅逐出境

外國人受有期徒刑以上刑之宣告，得於刑之執行完畢或赦免後，驅逐出境（刑法第95條）。此項保安處分對於維護國家安全與確保國格、尊嚴特具意義。

綜合言之，倡議者認為各項懲罰措施之交互運用，有助於減少與嚇阻犯罪之發生[20]，尤其刑罰之確定性與嚴厲性對於一般傳統犯罪仍深具威脅作用[21]。事實上，支持前述看法之學者認為對犯罪行為之懲罰乃一公正、可行並具效率之抗制犯罪手段。

令人遺憾地，許多人士卻對於懲罰在抗制犯罪上之嚇阻成果感到懷疑。尤其犯罪率之居高不下，更對懲罰措施是一大諷刺。批評者更指出懲罰模式忽視了導致犯罪之社會結構因素；一味地懲罰除忽略了社會之不公平層面外，甚至替強權統治階層鋪路，作為維護其利益之用[22]。這些缺點使得懲罰模式面臨諸多責難，遭到許多人道主義者之抨擊。

---

20 Ernest Van Den Haag (1975), Punishing Criminals: Concerning a Very Old and Painful Question. New York: Basic, p. 196; James Q. Wilson (1975), Thinking about Crime. New York; Basic.

21 Jack Gibbs (1968), "Crime, Punishment and Deterence," Social Science Quarterly 48: 515-530. George Antunes and A. Lee Hunt (1972), "The Impact of Certainty and Severity of Punishment on Level of Crime in American States: An Extended Analysis," Evanstn Ⅳ: Center for Urban Affairs, Northwestern University.

22 Richard Quinney (1977), Class, State, and Crime: On the Theory and Practice of criminal Justice. New York: David Mckay, pp. 16-17.

第二節 矯治模式

　　與懲罰模式相對的是矯治模式（Rehabilitation Model）。矯治模式之源起可回溯至希臘聖哲柏拉圖（Plato）之改善中心（Reform Center）的提議，即罪犯必須靜待其犯罪病況痊癒後，始取得釋放的機會[23]。矯治模式之興起大體上和19世紀之臨床與行為科學之突飛猛進密切相關。而犯罪學研究領域之發展（如犯罪實證學派之興起）及醫藥科學之進步（如精神醫學）亦具有推波助瀾的作用[24]。倡議者認為罪犯在政府有關單位的細心照顧之下，可接受適當之處遇與治療，而在行為態度與品性上獲得寶貴的成長與改善。

　　在傳統以應報懲罰哲學為取向之同時，矯治哲學之竄起無疑地是一項挑戰，其旋風甚至瀰漫整個犯罪矯正實務並歷久不衰。例如，我國監獄行刑法第1條指出監獄行刑矯治處遇之目的乃在於促使受刑人改悔向上，培養其適應社會生活之能力，即為明證。相對地，矯治哲學雖盛況空前，但在1960年代、1970年代美國卻被揚棄並且遭致嚴厲評判。理由大致是大部分矯治處遇方案對於累（再）犯捉襟見肘，毫無能力加以防範。儘管如此，矯治模式之支持者近年來卻也不諱疾忌醫而勇敢地接受評判與責難，並嘗試開發嶄新矯治方法與技術，以因應諸多新興犯罪類型的挑戰[25]。與矯治模式幾乎同步的是醫療模式（Medical Model），此套模式強調犯罪人乃因其在社會、心智及生理上具有缺陷的結果。倘透過適當的治療，將使這些社會適應不良者獲得實質成長與改善。

---

23 Todd R. Clear and George F. Cole (1986), American Corrections. Brooks/Cole Publishing Company, p. 102.

24 Charles W. Thomas (1987), Corrections in American: Problems of the Past and the Present. Sage Publications, Inc., p. 92.

25 Clemens Bartollas (1985), Correctional Treatment: Theory and Practice. Prertice Hall, Inc.

一　矯治哲學之範疇

矯治哲學雖然並非完美無缺，但在犯罪矯正實務上卻仍非常的盛行，其在矯正機構運作之情形如下：

（一）**博愛主義**：以少年法庭為例。少年法庭之任務在於擔任代理父母的角色，俾以拯救並矯正觸法少年。

（二）**不定期刑及假釋委員會之運作**：假釋委員會之功能乃在於決定案主（受刑人）是否已改悔向上並適合社會群體之生活。

（三）**診療性的研究與調查分類**：診療及調查分類的目的乃在於鑑別受刑人之獨特需求以提供適當之服務。

（四）**社會調查**：假釋官或觀護人負責調查案主之社會背景、家庭狀況、行為、態度，並據此擬定案主將來復歸社會所需之處遇方案。

（五）**個人、家庭及團體治療**：犯罪人可在矯正機構社區內接受各項心理治療，以減輕其情緒上的衝突及協助案主改善其態度與人際關係。

（六）**轉向計畫**：經由轉向計畫，案件負荷可因而減輕。

（七）**醫療服務**：包含修補外形損傷的整型外科或者使用化學藥物以去除烙印之刺青，以矯治犯罪人心理的不平衡狀態。

（八）**求生訓練**：野外求生方案之採行，可引導觸法少年獲得生存技術並且激發起自尊，引導其改悔向上。

（九）**損害賠償**：犯罪人以金錢償付對社會所造成的損害，亦是可行方案，因為觸法者可因此而減輕罪疚感。

（十）**復歸社會計畫**：如釋放前外出、監外作業、就學外出、返家探親、社區協助計畫；這些方案將可增進犯罪人之工作技術、與家人團聚，並且獲取社區民眾的支持，以避免再度犯罪。

（十一）**對於受保護管束者之居住與處遇之安置**：例如中途（內）之家，提供保護管束者另一樣態之生活的機會，以代替監禁的實施。

（十二）**監獄及輔育院內之教育、職業、自我成長與服務性方案**：這些方案提供受刑人獲取技術與經驗的機會，並有助於其改悔向上。

（十三）**監獄及少年輔育院之接見**：例如普通的接見乃至於與眷屬同住皆

屬之[26]。

三 矯治哲學之評判

1970年代左右，矯治哲學（Rehabilitation Philosophy）面臨史無前例的挑戰。尤其是以1974年Martinson發表矯治處遇「完全無效」（Nothing Works）之震撼性聲明後，矯治成效乃引發一連串之爭論[27]。矯治哲學面臨之批判包括：

（一）矯治模式在理論及實務上存有鉅大缺陷

矯治哲學之倡導者認為犯罪人之所以觸法乃因「生病」的結果，犯罪之症狀可經由各項矯治處遇措施而加以治療。然而，許多證據顯示，大多數犯罪人並非病人，其病態亦往往是在相當理性的情況下顯現出來[28]。MacNamara亦指出，犯罪人甚至比許多非犯罪人更加正常。這些社會適應不良者大都經歷負面的社會化歷程，任何教育、職業訓練、醫藥或心理措施均不易改變犯罪人二十年至三十年以上的反社會行為[29]。其次，當前臨床與行為科學尚未發展出一套令人信服的人性處遇技術，以轉化犯罪人成為一守法的善良公民，犯罪的原因錯綜複雜，至今仍處於黑盒子狀態，醫療效果仍屬有限，缺乏具體之發展。

（二）矯治模式根本行不通

往昔犯罪矯正機構之權力結構分配至為明顯，管理者類似統治者，被管理者如受刑人則大都無任何人格尊嚴與地位。在此具強制權威性（Power-Coercive）的機構內，矯治處遇顯然受到明顯地限制與阻礙。Hall等學者即指出，在完全以戒護管理取向為重心，忽視受刑人需求之矯正環

---

26 Bartollas, 前揭書, pp. 29-30.
27 Robert Martinson (1974), "What Works?-Questions and Answers about Prison Reform," Public Interest 35: 22-54.
28 Charles W. Thomas (1987), Corrections in American. Sage Publications, p. 95.
29 Donald E. J. MacNamara (1977), "The Medical Model in Corrections: Requiescat in Pace," Criminology: 439-440.

境內，受刑人（案主）是很難改悔向上或行為上獲得實質的改進[30]。David Rothman指出：當良心遭遇便利時，便利獲取勝利；當處遇與強制力碰頭時，強制力成了大贏家（When conscience met convenience, convience won; when treatment and coercion met, coercion won.）[31]。因此部分學者在觀察矯正實務後，對於矯治目標之達成卻不甚樂觀。更進一步地，部分文獻資料指出，受刑人是否獲得矯正當局之釋放，常端賴於其參與各項矯治方案之熱忱與否[32]。而受刑人亦可能虛偽、表面地接受任何處遇方案，俾以操縱、控制將來早日獲取假釋之機會。事實上，暗地裡只將這些行動當成一種時間遊戲，在觀念上卻與獄政管理者南轅北轍[33]。因此，矯正目標之達成不易[34]。

（三）矯治處遇無法獲取實證研究之證實

　　Bailey於審慎評估一百件之研究報告後指出，矯治處遇之效果並不理想[35]。學者Greenberg之研究亦指出矯治處遇之最終結果總是令人沮喪[36]。Ward在加州矯正機構長達六年的研究（包括為期三年對一千個案主之追蹤研究）顯示，處遇對於參與者有著負面的影響，因為他們1.比控制組的成員，對工作人員更具敵意；2.違反更多的監獄規則；3.違反假釋之頻率甚高；4.出獄後在極短的時間即再犯；5.在假釋期間違反更嚴重的罪刑[37]。雖然這些研究發現尚待進一步驗證，這些研究大致認為，投資無限的時

---

30 Jay Hall, Martha Williams, and Louis Tomaino (1969), "The Challenge of Correctional Change: The Interface of Conformity and Commitment," in Lawrence Hazelrigg ed., Prison Within Society. Garden City, NJ: Doubleday.

31 David Rothman (1980), Conscience and Convience. The Asylum and Its Alternatives in Progerssive America. Boston: Little, Brown.

32 American Friends Service Committe (1971), Struggle for Justice. New York: Hill & Wang, p. 36.

33 Anthony J. Manocchio and Jim Dunn (1970), The Time Game. Sage Publications.

34 Norval Morris (1974), The Future of Imprisonment. Chicago: University of Chicago Press.

35 Walter C. Bailey (1967), "Correctional Outcome: An Evaluation of 100 Reports," Journal of Criminal Law, Criminology, and Police Science 57: 153-160.

36 David F. Greenburg (June 1974), "Much Ado about Little: The Correctional Effect of Correction Processed. Department of Sociology," New York University.

37 David A. Ward (1973), "Evaluative Research for Corrections," in Lloyd E. Ohlin ed., Prisoners in America. Englewood Cliffs, N.J.: Prentice Hall, pp. 190-191.

間、精力與金錢在犯罪人身上是不值得的。蓋矯治處遇對於預防、降低及控制再犯而言是毫無能力的。

（四）矯治本身造成實務工作之困境

Von Hirsch指出，在矯治哲學名詞之掩護下，許多處遇措施皆被合法化，診療人員之權力擴大，無形中造成許多無謂、過當的懲罰，而非基於善意矯治處遇[38]。例如不少人員建議使用嫌惡制約、電擊療法、精神外科或行為矯治等技術，以「治療」病人即為一例。其次矯治處遇之施行亦可能引發更多非人性化的矯治過程，例如許多尚未治療痊癒之受刑人將被迫延長監禁時間，而面臨假釋之焦慮，這對受刑人而言是一項苦難。

三 矯治哲學倡議者之反擊

儘管來自多方面的挑戰與責難，矯治哲學倡議者亦展開強烈反擊，而非消極的防禦其主張。其重要主張包括[39]：

（一）Martinson指稱矯治處遇「完全無效」之主張與事實不相符

學者Palmer檢視Martinson（1974）之文章後發現，在其所謂「完全無效」（Nothing Works）之聲明中，許多研究仍存有正面之矯治效果，而並不是Martinson以偏概全之說法。例如，在個別諮商、團體治療、社區心理治療、環境等處遇方案，Martinson仍認為存有希望[40]。簡言之，Palmer認為Martinson致命性之主張具有許多矛盾，蓋許多處遇方案仍呈現有利的情況[41]。學者Gendreau與Ross檢視出版於1973年至1978年之九十六項研究計畫發現86%仍屬成功的個案[42]。換言之，適度規劃與執行之矯治處遇方

---

38 Andrew Von Hirsch (1976), Doing Justice. New York: Hill and Wang.

39 同註1，pp. 30-34。

40 Ted Palmer (1978), Correctional Intervention and Research: Current Issue and Future Prospects. Lexington, Mass: Health, pp. 18-19.

41 Ted Palmer (1975), "Martinson Revisited," Journal of Research in Crime and Delinquency 12: pp. 133-152.

42 Paul Gendreau and Rober Ross (1979), "Effective Correctional Treatment: Bibliotherapy for Cynics," Crime and Delinquency 27: 463-489.

案，對於預防犯罪及再犯仍具有相當的效力。

（二）矯治處遇方案並未真正地被執行

學者Halleck與Witte指出，許多矯治計畫經常未被認真地執行，甚至方案常受時間之限制及品質的影響，而無法產生令人滿意之結果[43]。其次，許多矯治計畫可能為戒護管理人員所阻擾，例如，許多戒護之規定而無法讓受刑人積極地參與處遇計畫，甚至隨意指派人員參與活動而非基於受刑人之需要。

（三）犯罪矯治是刑罰機構之重要任務

我國學者林山田教授曾指出，「監獄就像是個洗衣場，將之洗淨洗白，不希望洗了半天卻洗壞了洗丟了，洗白之後，回到社會上須防止再度被染黑……。」[44]倡導矯治處遇之學者堅信，受刑人之矯治對於社會之安定具有正面之效果，倘不對犯罪人進行適當之處遇，被害人數目將遽增。

（四）矯治處遇遠景甚佳

許多學者指出，今日之犯罪矯治事業已非往昔之「法庭煉鋼」，許多處遇方案已甚為周延、精進，並且已有令人鼓舞的結果。事實上，經由適當對象遴選與處遇之品質管制，矯治處遇是可行且充滿希望的。

四　結　語

有關矯治處遇之成效，由於評量標準（Criteria）之不同，當前之研究仍無法獲致一致之結論。極端的學者認為矯治處遇完全無效，尤其在減少再犯率上更是毫無辦法。部分持相反意見者卻認為許多矯治方案在一定的情境下，對於大部分之案主具有正面之功效，尤其案主之心理成熟度將獲得成長。最後亦有學者認為，無論矯治處遇之效果如何，矯治之各項措施

---

43 Seymour L. Halleck and Ann D. Witte (1997), "Is Rehabilitation Dead?" Crime and Delinquency 23: 375.
44 林山田，《犯罪問題與刑事司法》，臺北：臺灣商務印書館，民國65年。

仍應予以維持，因為它至少支持合乎人道的處遇環境。筆者認為，無論爭議之結果如何，下列諸點值得參酌。

（一）矯治處遇對特定犯罪人仍具一定效果。充分的證據顯示出，矯治處遇儘管可能對某些犯罪人效果不大，然而仍有許多犯罪人獲得益處，而在行為、態度上有著成長。例如，筆者曾使用「優點轟炸」之團體諮商輔導技術應用於受刑人團體中，結果顯現出許多正面之效果。受刑人於接受同儕彼此之適度讚美後，人際關係似乎大有改善。

（二）強迫受刑人參與矯治方案應嚴予禁止。受刑人與一般人相同，具有一定之行為型態，倘以強迫之方式促其參與處遇方案，極易獲致反效果，受刑人可能喪失自由與尊嚴，甚至產生怨恨。因此，矯正機構必須提供充分之處遇方案，讓受刑人做更多自由的選擇，而非強迫其參與。

（三）審慎選擇、推動合適之處遇方案。處遇方案何其多，如何審慎選擇、開發、推動適合受刑人需求方案似屬努力之重點。例如，由楊士隆引進，法務部矯正署推動之「科學實證毒品犯處遇模式」大致符合前項需要。該項方案經初步評估證實有助於強化毒品犯戒癮動機與信心，改善受刑人之家庭依附人際關係，並促使受刑人生活態度之改善[45]。

（四）良好的處遇方案有賴優良處遇環境的配合。在完全以戒護為取向之矯正機構內，矯治方案經常未受到應有的重視。許多個案顯示，強制性處遇環境由於未能尊重案主之需求下，換來的常僅是表面、虛偽的服從，受刑人在長期之壓抑下，極易養成依賴與怨恨之心理（例如：你怎麼說，就怎麼對，我就無可奈何地做），一旦復歸社會，在缺乏適當約束、規範、指導下，受刑人極可能無法做自我判斷與抉擇，終究造成再犯或其他悲劇。

---

45 吳憲璋，〈內觀法——日本監獄受刑人教誨的特別方法——心理治療的探究〉，《獄政管理專刊論文集》，法務部，民國78年4月。

第三節　正義模式

在1970年代，犯罪矯治缺乏指引並陷入混亂局面時，正義模式（Justice Model）竄起成為犯罪矯正思潮之主流。基本上，正義模式強調以公平實現正義，主張揚棄不定期徒刑及假釋，倡議定期刑及建立自願式之矯正參與等[46]。正義模式之代表人物David Fogel強調假如犯罪處遇效果不佳，在矯正實務上吾人至少可依公平、理性、人道化、法治精神對人犯施以適當處遇[47]。前述主張在1980年代獲取廣泛之重視。

一　正義模式之內涵

正義模式之內涵可以下列五點加以說明。

（一）**強調自由意志為犯罪之決定因素**：犯罪之啟動乃行為人自由抉擇的結果，而非受環境所支配，犯罪人必須對其行為負責。

（二）**倡議應報（Just Desert）哲學**：應報為實現正義之基本支柱，倘使觸犯法律，任何人皆應被懲罰。

（三）**主張限制自由裁量權**：正義模式倡議認為刑事司法人員經常濫用其自由裁量權，導致犯罪人權益受損，因此主張對自由裁量權加以限制。

（四）**認為犯罪矯正處遇不切實際**：正義模式認為犯罪乃個人自由抉擇的結果，而非生病或受外界環境因素所支配，因此矯治處遇是不切實際的，而且矯治經常被濫用，產生許多不良副作用，而非良方。

（五）**避免對犯罪人過度之懲罰**：應秉持公平、合理的原則，使罪行與懲罰相稱（均等），進而使犯罪人有尊嚴地接受合適之懲罰。懲罰並

---

46 David Fogel (1979), "...We are the Living Proof," The Justice Model for Corrections (2nd ed.). Cincinnati: Anderson Publishing Co.

47 David Fogel and Joe Hudson eds. (1981), Justice as Fairness: Perspectives on the Justice Model. Cincinnati: Anderson, p. 8.

不必然是嚴厲的，只要符合公平原則即可[48]。

二 正義模式之範疇（構成要素）

學者Bartollas於綜合正義（應報）哲學倡導者Fogel等之主張，指出其範疇如下：

（一）不定期刑及假釋委員會將為定期刑（Determinate Sentence）所取代。對於各種程度之觸犯重罪者應給予固定的刑期，不可給予過多或過少的寬待。正義哲學量刑乃基於限制最少的替代性措施（Least Restrictive Alternative），亦即量刑之長短依犯罪行為之嚴厲性而定，犯罪情節輕微者僅給予訓誡之處分。但是當法官認為監禁是適當的處分時，法官將使用定期刑制，其結果為，當犯罪人離開法院時，他們即可知道一定的刑期必須執行。

（二）保護管束仍屬刑事處分之範圍而非放棄處罰。觀護人應盡可能地協助被保護管束人成為負責任之人，觀護人提供的協助是自願的，與撤銷假釋或保護管束的長短無關。

（三）刑事司法之工作人員對於被害與犯罪人應同樣寄予關切。科以金錢上的賠償或參與社會服務，對於回復被害者之原狀是必須的。換言之，此類制裁提供機會給犯罪人作為其贖罪及回復損害之用。

（四）受刑人自治必須充分地在各矯正機構中進行。監獄走向民主化的思想方法需要工作人員與受刑人共同參與，並授與受刑人部分權限。

（五）應在矯正機構內建立正式之申訴程序。此項行動將有助於提供受刑人與影響其權益之決定者相互溝通、協調。

（六）矯正機構內應提供法律諮詢服務給受刑人。換言之，社會應協助提供此項服務，以使受刑人合法地改進其情況。

（七）矯正首長應確保監獄成為法治之場所，尤其首長不可以反覆無常及模稜兩可的態度對待受刑人。正義公平（Justice as Fairness）涉

---

48 同註1，pp. 48-49。

及明確的規定、公信力，並且在決定懲處受刑人時確保適正程序（Due Process）之執行。

（八）決策參與管理（Participatory Management）技術對於激發工作人員之士氣甚有助益。區域管理（Unit Management）是達成此項目標的技術之一。

（九）處理人民陳情之人權擁護者，是確保獄政行政走向更公平之有效方法，此類人員乃由立法委員所任命，並且提供民意代表有關矯正運作之各項訊息，這些人員同時對於受刑人權益之保障有利，亦可提供當局許多興革之意見。

（十）監獄內各項處遇計畫之執行應基於受刑人之需求與自願，並且與刑期之長短無關。在受刑人選擇可促使自我成長之計畫後，應與受刑人訂定教育課程與職業訓練之契約。嶄新的處遇計畫應充分地予以提供，陳舊的處遇方案隨時代的需要予以揚棄。

（十一）管理人員必須具有優良專業化的訓練、安全的工作環境，以促使將來的工作、待遇與其惡劣的工作環境相配合。

（十二）以處遇取向為主之監獄作業走向商業化，受刑人須要良好的工作環境與工作。薪資的標準如下：

　　1.待遇應至少足以激發成就動機，以維持正常的生產水準。

　　2.金額應依據作業的績效而定。

　　3.最低之薪資應至少在機構之起碼的「社會福利水準」以上，以確保正常的工作力。

　　4.獲取之薪資應足以優利存款，以作為將來社會復歸之用。

　　5.薪資的發放應兼顧機構及政治之實際狀況。

（十三）殘渣犯罪人如危險性高、有組織或者習慣犯仍必須接受公平適當的保護。換言之，心理藥物或行為控制技術可適當使用以加以保護，另安全環境亦應予以提供。

（十四）過度擁擠、暴動、毫無人性且堅硬如城堡般之監獄應予拆除，小型、新穎、收容額超過300人之機構應代替前述之監獄。它們必須興建於接近都市之地點，因為許多犯罪人來自都市，而工作亦

將與犯罪人更加地接近，這些矯正設施除依安全管理等級而加以區分外，它們應再細分為三十個區位。

（十五）確保少年司法體系更加地公平，應注意下列各點：

1.少年司法體系工作人員之自由裁量應予限制。

2.少年犯之處遇應逐漸經由轉向計畫走向自願性服務性質的特色。

3.適正程序（Due process）應妥善應用以使少年司法體系更加地公平。

4.少年法庭不定期刑的使用應予禁止，少年犯應科以固定的刑期。

5.身分犯（Status Offender）應予除罪化。

6.量刑的原則應該依比例計算。換言之，犯罪行為的嚴重性及刑罰的嚴屬性應相稱。

7.輔育院更加地安全與人道化。

8.輔育院內各項處遇計畫應基於案主自願性之參與，其與假釋或釋放無關。

9.對於少年犯應多科以損害賠償及社區服務，這些制裁似乎比較公平，因為它們提供少年犯贖罪及賠償的機會[49]。

三 正義模式面臨之挑戰

雖然正義模式之主張頗具說服力。例如，強調以適正程序法則（Due Process of Law）保障犯罪者之權力，減少刑事司法自由裁量之濫權，及犯罪人行為接受「恰當」懲罰等皆為其思想之核心。然而，與任何犯罪矯正模式相同，其仍面臨諸多評判與挑戰。茲分述如下：

（一）公平、公正之應報懲罰難以實現

法律之前，觸犯同一罪名之人須接受相同的懲罰，雖頗符合實現正義

---

49 同註1，pp. 50-52。

之需求，然而卻未考量犯罪之動機、心理與社會環境因素。在此情況下，真正的公平正義仍無法實現。換句話說，不公平的社會與獨特的個別因素，公平、公正之應報懲罰在執行上有其困難[50]。

（二）正義模式亦無法建立合乎理想之刑事司法體系

正義模式雖以建立公平、合理之刑事司法體系為目標，然而許多措施卻適得其反。以美國為例，定期刑之使用雖使得罪犯無從逍遙法外，卻製造了另一更具壓制性（Repressive）之刑罰體系，甚至造成日後美國監獄人口擁擠之不良情況。

（三）刑事司法自由裁量權並非罪惡

正義模式強調為避免刑事司法人員裁量權之濫用，主張對其裁量權加以限制。然而，刑事司法實務顯示，縮減體系某部分之自由裁量權，很可能導致其他自由裁量之擴大，因此限制自由裁量並不是恰當的。例如，限制警察權雖可減少其濫權，卻增加法院檢察官、法官之權責，濫權之機會亦因司法獨立辦案原則無法有效監督而增加。一般認為，合理的運用自由裁量權比加以限制更為重要[51]。

（四）正義模式之自願參與處遇方案措施很難在實務上運作

正義模式強調對犯罪人應做最少的干預，處遇方案以受刑人志願參加為原則。雖然此項觀點對於獄方之行政權限加以約束，並且充分保障犯罪人之權益，然而在實務上卻面臨挑戰。例如，在具強制性（Coercive）之監獄環境內，前項措施將使得管理階層備感困擾，甚至無法對受刑人做有效之管理。其次，雖宣稱志願之參與，受刑人為博取獄方好感，很可能偽裝志願參加，而使得成效欠佳。事實上，監獄社會學之研究顯示，受刑人之任何決定（行動）很可能係以獲取早日假釋為目標，事實上暗地裡與獄方玩時間遊戲。

---

50 許春金，〈論現代新古典犯罪學派〉，《法學叢刊》，第128期，民國76年10月。
51 同前註。

第四節　O'Leary─Duffee之矯正政策分類模式

美國紐約州立大學刑事司法研究院教授O'Leary與Duffee教授於1971年提出犯罪矯正政策模式（Models of Correctional Policies）[52]。他們依據對個人、社區著重程度之不同，將犯罪矯正政策區分成下列四大模式，茲分別簡述如下：

一　鎮壓模式

鎮壓模式（Restraint Model）對於犯罪人與社區向度皆缺乏重視。此模式之倡議者認為，除非犯罪人願意，否則他們根本不想改變，因此犯罪矯正人員並沒有責任積極地去改變任何人。鎮壓模式強調例行性地監督受刑人，並使他們安靜服刑、不製造麻煩。刑罰的目的並不在於改變犯罪人，而僅在於控制與鎮壓。

鎮壓模式的處所可能包括大型並荒涼的監獄，但它亦可能以社區矯正處遇的方式呈現。不管如何，鎮壓模式經常是其他模式失敗後的產物，或是其他模式衝突下而衍發之狀態。鎮壓模式的哲學是「維持門面、隨波逐流」。職員與受刑人兩者皆一起鬼混，缺乏主動積極向上的精神。

矯正職員的主要工作為監督與控制受刑人，任何懲處的實施大都以上面長官的意思、機構的要求或規定……等理由加以搪塞。職員並不需要接受高等教育，除非是技術人員。另外，除了公開場合，職員多缺乏相互合作、協助之精神。

適正程序及其他司法的行動在鎮壓模式中並不受歡迎，因為這些舉動並未維繫機構之穩定狀態。換言之，更多來自受刑人的挑戰與聽證會的召開，將造成更多的文書報告與說明。

假釋委員會之各項決議，完全以民眾之意見為準。倘民眾反對，受刑

---

52 Vincent O'Leary and David Duffee (1971), "Correctional Policy: A Classification of Goals Designed for Change," Crime and Delinquency 17(4): 373-386; David Duffee (1980), Correctional Management: Change and Control in Correctional Organizations. Prentice Hall Inc., pp. 89-102.

人將沒有被假釋的機會。當然，在社區中交付保護管束之假釋出獄人如未能守法，亦無法逃避被撤銷假釋的厄運。假釋委員會對於現行體系之安定非常的關心，大部分的措施仍以保護成員，避免遭致外界批判為原則。在此鎮壓模式中，行政效能的提升僅為維繫機構的正常運作。

鎮壓模式雖不如改善模式或矯治模式那麼熱門，但可能是執行最為頻繁的犯罪矯正政策。近年，鎮壓模式已以新穎的型態呈現。矯正界、學術社群相繼地對矯治模式投不信任票，學者如Fogel、Morris、Van Den Haag及其他人士皆指出，犯罪處遇成功的機率甚低。尤其，有效率的矯治技術並不可能適當地在具強制性的監禁環境實施。因此鎮壓模式的宣言，如犯罪人並不輕易地被改變，乃因而為實務工作者及外界人士所歡迎。假如犯罪矯正人員能妥善執行鎮壓政策並顧及適正程序，鎮壓模式仍可躍升為犯罪矯正政策之要角。

■ 改善模式

改善模式（Reform Model）對於社區向度的重視程度較高，對犯罪人重視程度最低。機構的任務強調犯罪人不應對社區造成任何的不便、花費或傷害。受刑人則被期待具有順從的良好品性，將來除應成為一守法的公民外，同時亦須是標準的丈夫、妻子與市民。

改善模式著重於行為的改善，更清楚地說是行為的塑造。減少犯罪的標籤並非其關切的重點，相對地，烙印的威脅恰可用來控制犯罪人。大體上，犯罪矯正人員嘗試教導受刑人養成良好的生活習慣，而受刑人亦須順從地接受各項指示，以獲取必要之謀生技能。康樂活動及諮商服務則被認為是次要的，其目的僅止於減輕工作的煩悶。在此模式中，管理員甚至教誨師則大都具有警察之工作性格。

犯罪矯正職員對於人犯至為嚴厲但卻相當地公平。除了類似矯正專業人才外，職員並不需要具有高程度的教育及接受嚴格的社會科學訓練，但他們必須是良好的行政人員，可規劃一般行政並計畫受刑人之各項活動。換言之，倘犯罪矯正人員之工作原則與方法，符合大型社會之理念與價

值，那將是值得鼓勵的。

在此改善模式中，受刑人明顯地缺乏權力。根據其順從的程度，受刑人僅享有由州政府單方所賦予之各項權利。同樣地，倘表現欠佳，這些權利即有隨時被剝奪的可能。有關受刑人之配業與假釋經常是不予公開。職員享有絕對仲裁的權力，並且不容質疑。改善模式反對「與合法體制對立」（Adversary Legal System）之干預，因為其強調削弱權威當局之必要控制，並且鼓勵受刑人與之對抗，將間接促使受刑人不願學習嶄新之行為模式。

假釋委員會在此模式中，經常影射出社會大眾所駕馭的態度與價值。他們強調，只有那些將來在社會上具有生產力的人，才可以獲得假釋。

預先釋放（Pre-Release）、監外就業（Work Release）等計畫並不經常地被使用。監獄的課程雖可授與受刑人一些符合社區生活的品性與技能，但大體上，削弱戒護控制之任何計畫並不被鼓勵，因為這些計畫很可能因此無法促使受刑人改變不良生活習慣。一般而言，這些計畫的施行，乃因受刑人服從性高，而作為一種酬賞之用。

三 矯治模式

矯治模式（Rehabilitation Model）對於犯罪人的改善特別重視，而較不強調與社區之關係。矯治模式洋溢著醫療的氣質，「病人」的標籤則取代「犯罪者」的頭銜。類似診斷（Diagnosis）、預後（Prognosis）等名詞大都從醫學中借取而來。調查分類則特別強調受刑人之態度，技能與習慣僅是次要的。激發受刑人自我表達與創造力的各項方案則為工作的重點所在。

通常矯治模式之監獄乃一獨立的部門，來自社會之壓力無法對其產生具體的影響。理想上，假釋官乃一精通諮商的專家，他們定期地訪問受刑人，並商研如何解決假釋出獄人的各項問題。

在矯治模式中，心理治療師是一理想的職員角色，戒護與教化人員劃分得相當清楚。此乃基於治療是專業人員的職責，戒護人員僅負責維持寧

靜、和諧的服刑氣氛，並且監督受刑人參與各項活動，假釋官常基於心理治療的意識型態，協助出獄受刑人自我接受與瞭解。

與改善模式相同，矯治模式同樣地反對司法干預。他們認為受刑人之更生重建不應任由他人加以操縱，治療人員之專業權威應受到尊重。

假釋委員會成員大體上乃受過醫療與行為科學之專業訓練。他們基於受刑人所接受處遇的結果，審慎地檢視受刑人的紀錄，並做出最後決定。更清楚的說法是，受刑人必須具備已矯治可復歸社會之基本條件，始能獲得假釋。同樣地，假釋的撤銷，雖然並不一定是違反規定的結果，但通常乃因受刑人須接受進一步處遇的需要。

監外作業與預先釋放方案在此模式下有不同的路徑，描述受刑人返回工作崗位後所面臨之心理感受的課程將受到鼓勵與贊助，而假釋官與假釋出獄人間之健全親密關係經常是被強調的。

四　社會復歸模式

社會復歸模式（Reintegration Model）對個人與社區向度皆同等重視。與改善模式不同，社會復歸模式並不單方地強制受刑人遵循各項規定；相反地，受刑人有許多選擇的機會。與矯治模式看法不同，受刑人與職員間之情感關係並非為本模式強調的重點。職員與受刑人之情感乃經理性的判斷，端視是否影響及情境或受情境之影響而定。短視地加以動用情感也許可使受刑人較能面對現實，但社會復歸模式強調的是改變社區資源結構。並且藉著詳述受刑人許多不切實際的目標與做法來糾正並矯正受刑人。

社會復歸模式嘗試清除受刑人因受犯罪烙印而無法復歸社會的障礙。對社區的強調不僅止於維護社區之價值感，同時強調改變機構之結構以提供更多的機會給受刑人，減少因經濟或文化因素可能產生的歧視情形。

在社會復歸模式中，監禁具有特殊的意義，並且盡可能地不加以採用。一般認為較好的方案是社區性的監督，而更合乎意境的是，矯正機構與返回社區之機構並無二致，觀護人大都居住在臨近假釋出獄人工作與生

活的鄰里中，觀護人從事一般社區輔導工作，亦對出獄人之生活予以指導，更積極地參與各項社區組織，如商業、宗教、學校……等活動。在此模式中，觀護人是假釋出獄人之辯護人、諮商員及仲裁者。

社會復歸模式中並沒有所謂「理想型」的職員，倘犯罪矯正人員能將行為改變技術導入群體的努力中，他們是會令人讚賞的。戒護人員在此模式中亦被期待如專業人員一般積極地參與人性改造工作。更進一步地，專業人員與戒護人員間並沒有嚴格的區別，社會工作者與自願服務者則為社會復歸模式爭取的目標。

在社會復歸模式中，適正程序與犯罪矯正業務之改進並不相悖，各項犯罪矯正方案乃由受刑人與職員共同研商發展而成。

假釋委員會之成員來源甚廣，除審核各項假釋事宜外，委員會亦充任受刑人申訴之機構。撤銷假釋乃萬不得已下，最後的一個手段。事實上在此模式下，政策非常地清楚，各項規定亦詳細，但卻不繁瑣。假釋之準則乃由教誨師、矯正機構其他成員、委員會及假釋出獄人共同研擬而成，預先釋放、監外作業與社會復歸模式之核心思想甚為接近。換句話說，復歸社會之障礙將被清除，溝通的管道則經常是暢通的。

值得注意的是，前述四項犯罪矯正模式並不必然是互斥的，它們可能併置而以組合的型態出現，例如鎮壓模式與社會復歸模式在某方面即可併合運用，即除維持機構之控制外，並可同時運用社區資源、參與社區活動等。

第五節 結 論

懲罰、矯治、正義或其他犯罪矯正模式各有其基本內涵與主張，並且在不同的時代背景中展現以滿足社會民眾之需求。雖然，每一犯罪矯正模式皆有其盲點，並且遭致批判，然而仔細推敲，這些模式亦各有特色。懲罰與正義模式大致認為自由意志為決定犯罪行為之關鍵，犯罪人應對其行

為負責而接受懲罰。前者（懲罰模式）強調藉著各項懲罰，可滿足應報之需求，並且有助於嚇阻犯罪及重建社會秩序，因此倡議以嚴厲之刑罰對付罪犯，而非使用效率欠佳之矯治處遇。後者（正義模式）則認為犯罪人宜接受合乎公平、理性及罪罰均等之懲罰，並揚棄強迫式之矯治處遇措施。相反地，矯治模式植基於決定論，認為犯罪是個人生理、心理上的缺陷所造成或由其他社會因素所決定，因此主張採行不定期刑制及假釋，並提供（運用）各項犯罪處遇方案促使犯罪人改悔向上。其次，社會復歸模式強調運用社區資源，清除受刑人復歸社會之障礙，重建犯罪人與社區已斷絕之關係。總之，犯罪矯正模式之更迭與該國社會現況息息相關，而學理上之驗證及實務之考驗，亦使得犯罪矯正模式之適用性更加明朗。倘以21世紀文明之標準衡量之，懲罰模式似顯冷酷，並非萬靈丹；矯治、社會復歸及正義模式，則仍頗富發展之空間。

第五章　犯罪矯正行政與處遇

　　近年來由於人類行為科學之積極發展，犯罪矯正之領域逐漸擴及刑事執行、羈押、少年觀護等機構，及保安處分之執行處所。因此，犯罪矯正機構係包括：監獄、少年矯正學校、少年輔育院、技能訓練所、戒治所、觀察勒戒所、看守所及少年觀護所。隸屬於法務部矯正署，受該署直接指揮監督。各犯罪矯正機構之設置目的如後：

一、監獄為執行徒刑或拘役之機構，即犯罪者經法院依法判處徒刑或拘役確定後，由檢察官指揮監獄執行。而徒刑、拘役之執行，其目的在使受刑人改悔向上，適於社會生活。

二、少年矯正學校為執行少年犯徒刑及感化教育之處所，其目的在使少年受刑人及感化教育受處分人，經由學校教育矯正不良習性，促其改過自新，適應社會生活。

三、技能訓練所係執行強制工作及感訓處分之處所，其目的在於訓練受處分人謀生技能及養成勞動習慣，使具有就業能力。

四、看守所為羈押刑事被告之處所，刑事被告於訊問後，檢察官或法官認為有脫逃或湮滅、偽造、變造證據，或有勾串共犯或證人之虞，或所犯為死刑、無期徒刑或最輕本刑為五年以上有期徒刑之罪刑，必要時乃予羈押之。因此看守所之任務，係為保全證據，協助刑事訴訟程序，以使偵查或審理工作能順利進行。

五、少年觀護所係以協助調查依法收容少年之品性、經歷、身心狀況、教育程度、家庭情形、社會環境及其他必要之事項，供法院審理時之參考，並以矯正其身心，使其適於社會生活為目的。

六、戒治所係執行戒治處分之處所，其目的在增進毒品犯戒毒之信心，戒除其對毒品之心理依賴，協助其復歸社會生活。

七、觀察、勒戒所係執行觀察勒戒處分之處所，其目的在觀察研判受觀察、勒戒人有無繼續施用毒品之傾向，供檢察官或少年法院（庭）裁定時之參考。

第一節　調查分類

　　調查分類制度（Classification System）首創於1519年之西班牙。該國係基於戒護安全之觀點，首先將男女犯加以分類。美國於1790年提倡獄政革新，即仿效西班牙之制度將男女犯分類。之後，德國於1824年，美國於1825年相繼將成年犯與少年犯分類，此為該制度之濫觴。現代調查分類制度之概念始於法國，法國於1904年啟用智力測驗，以作為決定少年犯處遇之工具。1911年美國新澤西州維蘭少年感化院（Vineland Training School）採用法國智力測驗對少年犯實施調查分類。迨至1930年代，美國聯邦監獄局主張運用調查分類方法實施個別化處遇，乃促使該制度益形完美。時至今日，該制度已成為各國犯罪處遇上必備之基本制度[1]。

　　我國早在民國35年，國民政府制定公布監獄行刑法及行刑累進處遇條例中，即就受刑人之調查分類設有原則性之規定，惟因係行憲後訂頒，為時短暫，尚未見諸實施。政府遷臺後，對於獄政革新愈加重視，前司法行政部為貫徹行刑個別化之理念，遂於民國46年間邀請學者，制定受刑人入監調查分類實施暫行辦法，64年並將之修正為受刑人調查分類辦法。同時，另於57年修正監獄組織條例，增設調查分類科。從此，我國受刑人調查分類制度，乃日益具體與詳盡。

　　調查分類制度常被誤為係一種僅將收容人分門別類，而後加以分別監禁之方法，這種觀念事實上與今日矯正機構所採行之調查分類制度大異其趣。調查分類係一種使個案之鑑別分析、處遇計畫、設計與執行配合一致之方法，並非侷限於將收容人分門別類或分別監禁，亦非一種訓練與處遇。它是一種使處遇計畫隨時配合個案需要之方法，亦是一種過程，以促使矯正機構之感化或行刑設備更能有效地解決個案呈現之問題[2]。近代學者咸認為調查分類制度，即研究並瞭解案主個別需要及提供實施處遇的一種行刑過程之謂。因此，調查分類制度之重心在於個案之研究，其方式期

1　Vernon Fox (1972), Introduction To Corrections. Englewood Cliffs, N. J: Printice-Hall, Inc., p. 173.
2　R. G. Calldwell (1956), Criminology. N.Y.: Ronald Press, p. 590.

在瞭解個案之個別需要，並以供給自新計畫為目的，其性質純屬一種行政過程[3]。監獄行刑法第11條規定：對於新入監者，應就其個性、身心狀況、經歷、教育程度及其他相關事項，加以調查。監獄應於受刑人入監後三個月內，依第1項之調查資料，訂定其個別處遇計畫，並適時修正。

一　調查分類制度之種類

從行為科學研究中，吾人獲悉犯罪者之犯罪原因及人格特質互異。因此，有效之矯正過程，首應探求個案之犯罪原因與人格特質，而後加以分析研判，擬訂具體之個別化處遇計畫，始能發揮矯正之效果。換言之，調查分類制度係因應行刑個別化之要求而產生。茲就各國採行之調查分類制度分述如後：

（一）調查分類診療所制度（Classification Clinic System）

即於矯正機構內設有專業人員之鑑別分析單位，負責個案之鑑別分析，並就鑑別分析之結果，向管教人員提供個案處遇計畫之制度。此制可謂是一種分析與顧問單位[4]。但此制雖有一完整之鑑別分析工作，然因管教人員未參與其事，以致鑑別報告和建議常成理想而不適於現有之矯正設備，管教人員亦常常輕視此報告和建議，導致鑑別分析單位形同虛設，目前各國乃因此很少採用此制。

（二）整合調查分類制度（Integrated Classification System）

即由專業人員和管教人員組成一個調查分類委員會，共同負責鑑別分析工作和擬定處遇計畫之制度。委員會以矯正機構首長為主席，是故，委員會之決議即是行政上之決定，它不再是一個顧問單位，非經委員會之決定，不得輕易變更個案之處遇計畫。此制對管教人員和專業人員提供一教育經驗，溝通彼此之意見。亦即促使專業人員對事務之看法更合乎實際，

3　丁道源，《各國監犯調查分類制度》，臺北：臺北監獄印刷工場，民國47年7月，頁12-14。

4　Frank Loveland (1951), "Classification In The Prison System," in Paul W. Tappan ed., Contemporary Correction. N. Y.: McGRAW-HILL Book Company, Inc., p. 92.

並承認管教人員之能力；而管教人員亦重視專業人員之專業知識，彼此承認並瞭解雙方，對改進處遇計畫皆有所貢獻。此制出於優點頗多，故現為各國普遍採用，我國依行刑累進處遇條例第11條第2項規定訂定之受刑人調查分類辦法，即採行此制。

（三）接收中心制度（Reception Center System）

接收中心之設置為一新興之調查分類制度，係先將犯罪者集中於一鑑別分析中心，進行調查分類，以便決定適合個案個別需要之處遇計畫，以及應移送之專業矯正機構。是故，接收中心可謂一種集中研究犯罪者案情及分析之特別機構[5]。這種制度強調鑑別分析與矯正不應中止，雖然犯罪者遠離接收中心，專業矯正機構亦應置專業人員繼續加以鑑別和修正處遇計畫，以應個別化之處遇。同時接收中心亦應和專業矯正機構密切合作及配合一致，冀收感化或行刑處遇一貫之原則。

二　調查分類之實施

調查分類計畫之成敗，視矯正機構首長是否熱心支持和主動領導而定，因此首長應瞭解調查分類之目標，並重視其對矯正機構之價值。茲就調查分類期間及其實施程序分述於後。

（一）調查分類之期間

矯正機構對新收收容人除登記和認明之過程外，應予其一段時間之隔離，以利個案調查分類之進行，調查期間至少應有一個月，但不得逾二個月，其目的有四：

1.於未確定新收收容人並無傳染病前施以隔離，以保護其他收容人及維護職員之安全和健康。

2.管教人員可藉此期間實施新收講習，使收容人瞭解矯正機構之政策、規則及處遇措施，進而接受處遇計畫。

5　Glenn Kendall (1951), "Reception Centers," in P. W. Tappan ed., Contemporary Correction, p. 107.

3. 使調查分類委員會成員能藉晤談、身體檢查、精神狀態鑑定、心理測驗、行動觀察，以及社會背景和社會關係之調查，對收容人加以全面研判分析，以便擬訂具體之個別處遇計畫。

4. 大多數新收容人對矯正機構懷有不正確之觀念，尤其持有敵對、不信任、怨恨、緊張、焦慮等態度和情緒。管教人員可藉此期間，運用各種技術或方法以消除或緩和這些負面現象，蓋收容人於調查分類期間所形成之態度和行為模式，將影響其爾後對矯正機構之適應和處遇計畫之接受程度。

（二）調查分類之程序

1. 新收講習

新收容人大致懷著一般社會之觀念，咸認矯正機構為懲罰場所，導致焦慮不安、緊張及其他心理上之疑慮，這些情緒極易影響收容人服刑之態度。因此，矯正機構對新收容人，除發給「新收講習要點」人手一冊外，且指定專人為之講習，俾使每位收容人瞭解矯正機構之處遇，進而接受處遇計畫，以期達成改悔向上適於社會生活之目的。

2. 初步調查分類

新收講習後，應就收容人之個性、能力、身心狀況、教育程度、職業經歷、家庭環境、社會背景、宗教信仰、娛樂志趣、犯罪經過及原因，分別進行初步調查分類，其實施方式如下：

(1)直接調查：即以直接晤談方式瞭解有關收容人之教育程度、職業技能、犯罪經過及身體狀況等事項，並參考現有資料或紀錄，如判決書、體檢表等。

(2)間接調查：即以問卷向收容人家庭及居住地之警察機關，或其他有關機關查詢有關其家庭狀況、社會背景等事項。

(3)心理測驗：即採用儀器或問卷調查收容人之人格、性向、能力、智力等事項。

(4)行動觀察：新收容人均收容於接收中心，接收中心擁有各種設

備，以作為個案診斷、心理治療及文康活動之用。接收組人員在此期間應詳加觀察記錄受刑人之行狀表現，並與其他資料相互核對校正，以期建立完整之個案資料。

3.製作調查分類報告

實施初步調查分類後，應將調查、測驗及觀察之結果，製成調查分類報告送交調查分類委員會審議，其內容包括下列基本資料：(1)本案事項；(2)前科及其以前在矯正機構執行情形；(3)家庭情形；(4)身體狀況；(5)職業興趣、能力和經歷；(6)教育程度和學行；(7)宗教背景；(8)文康活動之興趣；(9)心理特徵；(10)調查分類期間之行狀；(11)對輔導諮商及其他處遇方式之反應。調查分類報告應於調查分類委員會開會前一、兩天影印送發該會成員，使其預先審閱，以得開會時充分討論和議決。

4.調查分類委員會審議

調查分類委員會之成員應包括各部門之代表，方能使診斷分析和擬定之處遇計畫更趨完整。其組織依各矯正機構編制而不同，但至少須有五人，俾以對所有問題加以適當考慮。反之，成員切忌太多，以免阻礙其功能。最適當之人員應包括：(1)機關首長；(2)副首長或秘書；(3)各科（組）長；(4)資深教誨師、導師和作業導師；(5)精神科醫師；(6)心理師；(7)負責接收組之人員；(8)社工員；(9)宗教師[6]。各監獄可設置調查分類會議，由典獄長或副典獄長、秘書、各科科長、女監主任、資深之教誨師、作業導師各一人，並遴聘有關專家組織之。惟矯正實務運用較少遴聘學者專家參與，似宜加改進。

調查分類委員會主席可由首長或副首長擔任，借重其行政權威可促使委員會之決議或建議付之實施。首長之主要功能在於促進調查分類委員會順利進行，因此應主動促使調查分類計畫各方面配合一致，繼續充實和改進設備、人員和過程。調查分類科長應負起籌備開會事宜，檢討調查分類報告之資料，協調各部門有關調查分類計畫之工作，以及委員會決議之實施情形。

---

6 R. G. Caldwell (1956), Criminology, p. 593.

調查分類委員會討論個案調查分類報告之資料後，應著手設計一整合之處遇計畫，其內容包括有關戒護管理、精神和心理處遇、醫療處遇、作業（習藝）分配、職業訓練、教育、康樂活動和宗教教誨等建議。此外，委員會尚應決定何種社會服務應擴及收容人家庭，以及是否應將收容人移送其他矯正機構，以因應收容人之需要及合乎戒護管理之要求。

為取得收容人的合作和接納，應使收容人有機會參與調查分類委員會決議之處遇計畫。因此，委員會作決議後須與收容人個別晤談，使其瞭解委員會之用意乃以幫助收容人為出發點，故於討論時應著重於解釋處遇計畫之內容和理由，以及將來之計畫。計畫決定後，若非經委員會變更處遇，不得任意加以修改。

5.再分類

或稱複查，倘欲使個別處遇計畫更為有效，則調查分類工作應是一種持續性之過程。調查分類工作不應侷限在調查分類期間做初步之調查分析和擬定處遇計畫而已，它亦是收容人刑期中繼續調查分析、計畫和處遇之過程。因此，各部門似應繼續隨時觀察收容人之言行，並記錄其改善之情形，作成進展報告，遞送調查分類委員會作為再分類之依據。

調查分類委員會應負起再分類之責任，但矯正機構可在調查分類委員會裡分設小組委員會處理。再分類之期間，各國規定雖互異，但此乃必要之過程，愈多愈佳，尤其短期刑及青少年犯罪者更為需要。除定期再分類外，更重要地，管教人員認為收容人之處遇計畫有修正之必要時，應隨時提出再分類。至於收容人之直接要求，亦應加以考慮。

開會前，再分類負責人應將須接受再分類之收容人及其理由通知各部門，各部門應準備資料，作為會議之參考。再分類不但保證不忽視罪犯，同時保證任何人不得破壞處遇計畫之持續性和完整性。

行刑或保安處分之中心目的，在於使收容人重新適於社會生活。因此，調查分類之持續性應伸展至假釋之過程，審查委員會應參考調查分類報告，俾使所作決定和擬定處遇計畫更能適合收容人個別需要。

第二節　教　化

　　對於受刑人，應施以教化。教化工作應參酌受刑人之入監調查結果及個別處遇計畫，施以適當之輔導與教育。輔導內容，得委由心理學、社會工作、醫療、教育學、犯罪學或法律學等相關領域專家設計、規劃，並得以集體、類別及個別輔導等方式為之[7]。

一　輔　導

　　收容人因監禁於矯正機構，致自由、自主性、安全感、隱私權及物質與受服務等權利受到剝奪[8]，普遍具有痛恨法律過分嚴苛及判決不公之心態，並對權威者存有敵對之意識，就推動教化工作而言，必然造成相當程度之阻礙。因此，教化人員宜先體察收容人內心之感受，以愛心、耐心之胸懷，給予勸慰、關切，增強收容人自新意願，以期達到矯正之目的。輔導工作可區分為品德及宗教輔導二大類，分述如後：

（一）品德輔導

　　實施輔導以著重國民道德之教誨，陶冶收容人品行為主要目的。其實施方式如下。

1.集體輔導

　　收容人之集體輔導係於例假日、紀念日或其他休息日行之。其方式以教輔區為單位，集合收容人於教誨堂或其他適當處所實施，分別由各科主管人員及教誨師輪流擔任主講，並經常敦請當地賢達來監專題演講，其時間每次以一小時為原則，收容人除因疾病或重大事故外，依現行規定均應參加聽講。

7　參閱監獄行刑法第40條。
8　Gresham M. Sykes (1958), The Society of Captives: A Study of a Maximum Security Prison. Princeton Uaiversity Press, pp. 63-83.

2.類別輔導

係指依調查分類之結果，按收容人之罪名、罪質於適當日期分類實施。先前各監獄大致將收容人分類為經濟犯、秩序犯、風俗犯、侵害身體、妨害自由、侵害財產等類，每週以其中一類實施輔導，每次以不超過一小時為原則。

3.個別輔導

個別輔導係對於某一收容人以個別談話方式，瞭解各種實情，把握時機，無分時地，予以施教。個別輔導分為入監、在監及出監輔導三種。入監輔導於收容人入監時行之；在監輔導分普通輔導與特別輔導兩種，於收容人入監執行中，或於收容人受獎、受懲、晉級、編級、疾病、親喪或家庭變故時行之。在監輔導每人每月至少一次，遇有特殊事故發生時，適時行之，談話內容應先確定並把握要點，闡明人生大義，啟發人性良知；出監輔導於收容人受刑期滿、保釋、假釋、赦免、移監、保外或其他釋放時行之。

（二）宗教輔導

矯正機構之宗教服務，英國早於1488年業已開始，1716年瓦德海監獄（Waldheim Prison）職員編制內，即有1位傳教士，1733年國會授權法院指派傳教士至各矯正機構服務[9]。時至今日，傳教士已成為歐美各國矯正機構不可或缺之一員。

歷史記載，宗教對歐美矯正機構之改革始終扮演非常重要之角色，早期之傳教士即是第一位監獄教師、個案工作和諮詢者。他們領導矯正機構改革，各地教會和宗教團體均呼籲少年犯、女犯應分監管理並建立假釋和觀護制度[10]。誠如美國前聯邦監獄局長貝納特（James V. Benett）[11]所言：

9　Frederick C. Kuether, "Religion and the Chaplain," in P. W. Tappan ed., Contemporary Correction, p. 255.

10　R. G. Caldwell, Criminology, p. 612.

11　Harry Elmer Barnes and Negley K. Teelers (1952), New Horizons in Criminology. N. Y.: Prentice-Hall, Inc., p. 663.

「傳教士是最先將社會個案工作技術引進矯正機構，及最先瞭解罪犯個別處遇感化價值之人士。」可見宗教對於矯正機構改革貢獻至鉅。

宗教輔導不但供給收容人新希望與勇氣，於疾病或困難時給予安慰，同時安定其精神，恢復其完整之人格，使其樂於接受處遇計畫，實實在在改過遷善，重作新民。事實上，今日世界各國矯正當局早已重視宗教輔導，認其為矯正計畫之一環及其在矯正機構生活之要素。是故，聯合國「在監人處遇最低標準規則」（Standard Minimum Rules for the Treatment of Prisoners），又稱「曼德拉規則」（Nelson Mandela Rules）第65條規定：「矯正機構內收容信仰同一宗教之在監人，達相當數時，應指派或許可該宗教合格之宗教師一人在機構內服務，如信仰同一宗教之人數眾多或在監人需要時，該受指派或許可之宗教師，應以全部時間專在該機構內服務，機構應准其舉行正式儀式，並在適當時間，私自前往同一宗教之在監人處所進行宗教訪問。對於任何在監人不得禁止其與任何宗教傳教士接觸，在可能範圍內，應容許在監人參加機構內任何宗教活動，並准其持有所屬教派之經典書籍，以滿足其宗教生活上之需要。反之，如在監人拒絕任一宗教傳教士之訪晤時，其態度應予充分尊重。」及第66條規定：「在允許範圍之內，收容人應得參加監獄舉行的儀式並得持有所屬教派宗教戒律和教義的書籍，以滿足其宗教生活的需要。」足見各國對宗教輔導之重視。

宗教計畫實施之成敗，視管教人員之合作及對宗教師信任程度而定。因此，宗教師不但應熟悉矯正機構各部門之運作，同時應與各部門建立密切關係，俾能促使宗教計畫順利進行。另一方面，宗教師之責任應僅限於宗教活動事宜，包括各宗教之禮拜、聖事和儀式、宗教教育、團體工作、布道工作和諮詢工作，不應參與紀律委員會或成為假釋審查委員會之一員，否則將難以達成任務。蓋受刑人會認為宗教師對矯正機構所做之不適當處罰及假釋被駁回應負一部分責任，在此情形下，對其今後工作之進行將是一大障礙，對其尊嚴亦是一大損失。

宗教輔導堂為一神聖場所，應隨時充滿神聖之氣氛，為達此目的，各矯正機構應設置宗教輔導堂，專作宗教活動之用。最好每一宗教各有其宗

教輔導堂,以避免不必要之衝突和困擾。假如宗教師被迫使用臨時建築物從事宗教活動,將是宗教計畫一大絆腳石,不但減損宗教計畫之價值,同時將導致誤解宗教服務之性質。每位宗教師似應擁有一間辦公室及私室,作個別談話之用,以期發揮宗教教誨之功能。

二　教　育

犯罪矯正之目的,在使收容人悔改向上,適於社會生活。因此,矯正機構之教育計畫,應在促使收容人社會化,使其對生活具有一正確態度,並給予工作技能和知識,俾便其出獄、院、所後能適應社會生活,成為一健全國民。為達此一目標,收容人教育計畫應包括各級學校教育、職業教育及社會教育。

(一) 學校教育

收容人智力和教育程度各異,倘統一施教,非但難收教育效果,且有礙教育之推行。職是之故,擬定收容人教育計畫時,宜與調查分類相互配合,編班授課,俾能因材施教。學業成績應作為累進處遇之依據,以期達成再教育之目的。再者,聯合國「在監人處遇最低標準規則」第104條規定:「在可行範圍內,收容人之教育應同本國教育制度結合,以便收容人出獄後得以繼續接受教育而無困難。」可見當今世界各國矯正機構之學校教育計畫,均力求與教育制度相貫通,不但教師應由教育當局審查合格人員任之,其教育內容、方法及證書皆由教育當局明定。

我國法務當局為使未完成學校教育之收容人,不致因受刑罰或感化教育之執行而中斷學業,以致影響出監院後之就學、就業,乃分別於監院設立補習學校,使矯正機構之教育與一般正規教育相銜接。補習學校之課程均與一般各級學校相同,學生結業後發給結業證明書,由主管教育行政機關舉辦資格考驗,及格者發給資格證明書。倘在學期中,因假釋、停止或免除感化教育或期滿釋放者,得轉入同性質之補習學校繼續就讀。目前監、院附設補校,經逐年編列預算,不斷充實教學設施,結業學生不論參加資格考驗或各級學校聯招,均有優異之表現,為社會各界所肯定,但仍

存在下列二大問題：

1.無專任師資

教師均洽聘所在地鄰近學校之教師兼任，並商請主管教育行政機關核准放寬兼課時數，以暫時紓解師資問題。惟因屬兼課性質，教師有課方來，下課即去，無法投注額外時間及精神於學生身上，不但影響教學成效，亦非長久之計。

2.監院之標記作用

補習學校附設於監獄、輔育院，學生學籍難以避免標籤影響，縱能順利結業，當其重返社會就學、就業之際，每因具有此項標籤，難為社會大眾或學校所接納。

法務當局為改進上述二大問題，乃推動監獄、輔育院學校化。此項方案係經主管教育行政機關同意，將少年監獄、少年輔育院附設補校，改制為監、院所在地附近之國民中學、高級進修補習學校之分校，亦設置專任教師及增加資源輔導教師，以宏教學與輔導之功能。分校結業生之結業證明書，由本校校長署名，以期袪除標記作用之不良影響，提高收容人升學意願及釋放後能順利就學、就業。惟補校分校業務獨立於監、院之外，致使業務監督難以一貫。再者，有關分校教師之待遇、福利等相關問題一直無法澈底解決。因此，遂於88年7月起將少年矯正機構之補校分校陸續改制為少年矯正學校。目前成人矯正機構之學校教育亦擴至大專教育，凡高中畢業有志繼續升學之受刑人，均準予就讀空中大學及空中行專，或外出就讀大專院校。

（二）職業教育

職業訓練應與學科課程配合，始能傳授職業技能。完善之職業教育計畫能訓練收容人職業技能及充實收容人有關職業之智識，而有助於收容人之社會化。惟收容人參與職業訓練計畫時，應考慮下列事項：1.教育程度；2.能力和需要；3.刑期或矯正期間；4.出監後謀職之機會；5.配合累進處遇制度。

　　矯正機構應增設實習工場，或與廠商建教合作以利收容人實習，增進職業教育之效果。其次，為使矯正機構之職業教育與國民經濟相配合，職業訓練應與外界社會之教育性和職業性機構相同，於訓練完畢後，給予同等資格之證明書，使收容人有資格參加各種資格檢定測驗，俾出監後易於就業，不致再犯。

　　職業教育不但可訓練收容人職業技能，使其出監後易於就業，最重要的是，它可影響其本身之觀念和態度，改變其出監後之社交接觸層面，不再回到原來之犯罪環境，無形中產生感化和行刑之效果。我國矯正機構對職業教育日復重視，各監獄及技能訓練所雖依法附設技能訓練中心，辦理技能訓練及檢定業務，但受限於主客觀條件，致績效不顯著。茲臚列其缺失如下：職種不符產業需求且重疊性高、訓練場地狹小、技能檢定術科場地不符評鑑標準、機具設施老舊、師資欠缺、符合本機關職類之參訓資格者有限、經費不足，及出獄後運用習得技能之就業率低。為提升技能訓練之績效及提高收容人參訓比例，似可成立技能訓練專區，蓋成立專區可集中資源（師資、預算、職種、設備）增開班次，參訓者可採聯合招訓方式，將各監獄有意參訓之受刑人，依各職種參訓條件予以遴選，再移送專區施訓，以因應訓練需求。其次，可推展外出技訓制度，協調各公共職訓中心於各職類開班時保留名額，供監獄遴選行狀善良且符合外出條件之受刑人參加，以增加受刑人參訓之比例[12]。另外，可研究設置延教班之可行性，使參與職業訓練之收容人，一方面可學習謀生技能，並取得高職之學歷，俾利出監後就學、就業。

（三）社會教育

　　收容人面臨最大問題之一為，有關其社會適應問題。近幾年來矯正機構教育課程頗多改變，最為重要者，厥為加強「社會教育」。社會教育以發展收容人人際關係及社交技巧，促進思考及計畫能力為標的，俾以使收容人社會化，出監後適於社會生活。我國監獄行刑法及少年輔育院條例明

---

12 參閱監獄行刑法第29條。

定應以品德教育為主，及施以社會生活必需之知識，即為施行社會教育之例。今後，矯正當局似應充實其內容，並大力推廣之。

現在人心充滿貪嗔癡慢疑，情緒表現出怨恨惱怒煩，所作所為皆是殺盜淫妄，因而感召當今社會動亂治安敗壞之果報。準此，矯正機構之社會教育最應先充實因果教育，教化收容人善惡因果之道理，人若瞭解及深信善惡因果，不但不敢為惡，起心動念亦不敢不善。矯正機構除可以道家太上感應篇為教材外，現前現世果報案例之說服力強，應多加蒐集與宣揚。

第三節　文康活動

具建設性之文康活動乃個人正常身體發育和社會化之重要關鍵，而文康活動在矯正機構對於收容人再教育和再適應過程更具意義。有經驗之管教人員極為重視其價值，認為它是維持紀律及培養團隊精神之有效方法，是收容人身心健康之積極因素。它能使收容人將精力發洩於建設性之思想和行為，緩和單調之生活，減輕其壓抑情緒，同時有助其面對和解決人格缺陷之問題。基於上述實務上之益處，文康活動獲得社會廣泛之支持。

文康活動計畫之設計，須視收容人需要和興趣而定，且應鼓勵各個收容人於計畫中，發現自己有興趣之活動，切忌強迫參與。茲將完善之文康活動計畫主要因素，說明如下[13]：

一　專業人員之參與

文康活動之成敗端賴一合格之領導者和足夠之助理，以便配合室內外之活動計畫。其人選以大學文康活動或教育學系或有關行為科學方面畢業者為宜。通常矯正機構宜置有一位藝術或工藝老師，一位音樂老師和一、兩位康樂或體育老師。由行政人員負責文康活動並不適當，但在無法獲得

---

13 American Correction Association (1974), Correctional Standrads. N.Y: The American Correctional As-sociation, pp. 519-537.

合格人才時，負責文康活動之行政人員亦應接受嚴格之在職訓練，不可利用收容人主持其事，但收容人公平選出之所謂組長，可作為助理。其次，可運用社會資源方式，商請專業人員前來支援。

文康活動所需之經費應列入正規之預算，不應依靠其他社會機構資助，但可將此資助作為正規預算之補助款。經費應善加管理，平均運用於各種活動上，不宜偏重於某一活動而忽略其他活動。其次，為滿足收容人各種興趣，文康活動計畫應有各種場所、設備及足夠之器材，否則文康活動將形同虛設。

二 文康活動之多樣化

完善之文康活動計畫應予拓展包括：個人、雙人、組隊三種文康活動項目，方能滿足收容人之需要和興趣。同時矯正機構內應經常舉行各種文康活動比賽，甚至經常與機構外機關團體或學校舉行友誼賽，以助收容人建立自尊和自信，增進社會適應。

矯正學者和實務人員已公認，文康活動是感化處遇之重要一環，試觀聯合國「在監人處遇最低標準規則」第102條和第105條所規定，所有監獄均應提供文娛活動，以利收容人身心健康。而工時應準許每週休息一日，且有足夠時間依規定接受教育和進行其他活動，作為對收容人所施待遇及其恢復正常生活的一部分。另外又如第23條所規定，青少年和其他在年齡和體力方面適宜的收容人，在鍛鍊時間應獲得體育和文娛訓練。應為此目的提供場地、設施和設備。上述規定均對於世界各國矯正機構對收容人文康活動之推展甚有裨益。

我國矯正機構亦相當重視文康活動之價值，定期實施作文、演講、歌詠、壁報、書法、繪畫、體育或技藝競賽，並舉辦有益於收容人身心之文康活動。惟目前規劃有關文康活動事宜，大致由未接受專業訓練之行政人員負責，致活動計畫欠完善，活動項目有限。當務之急，應修法設置文康活動專業人員，負責文康活動之規劃和管理，並明定收容人文康活動之實施，得在監院外行之，以助收容人建立自尊和自信，增進社會適應能力；

其次，每年政府亦應寬列經費，充實設備或器材，以期拓廣活動項目，滿足收容人之需要和興趣。又少年矯正機構可擴人運用社會資源，商請大專院校社團前來支援。

第四節　作　業

收容人應施予作業，已為學者、矯正人員及社會大眾所公認和強調，綜其理由有下列七種不同概念：一、作業緩和矯正機構生活之厭倦；二、利用辛勞之作業抑制犯罪行為之發生；三、作業有助於培養受刑人責任觀念；四、藉作業生產增加國庫之收入；五、作業為實施教化之重要手段；六、以作業為維持紀律之工具；七、以作業為收容人鍛鍊身心之方法[14]。我國監獄行刑法第31條規定：「受刑人除罹患疾病、入監調查期間、戒護安全或法規別有規定者外，應參加作業。」保安處分執行法第37條規定：「感化教育處所，應設置簡易工場，使受處分人從事適當之作業。」

一　作業計畫

（一）作業計畫之範圍

矯正機構內之作業計畫，大致包括準作業、農業作業與工業作業三種。

1.準作業

矯正機構之準作業已被公認為與許多重要行政、安全和經費有密切之關係，因此近年來逐漸被發展，即準作業亦與其他作業相同，須加以計畫、組織和實施，以便從事準作業之收容人有職業訓練之機會。

---

14 查良鑑譯，《犯罪及刑罰學》，臺北：臺灣商務印書館，民國66年版，頁641；黃書益、黃建裕、林世英，《監獄作業之研究》，臺北：法務部監所司，民國80年9月，頁6-9。

2.農業作業

農業作業具有職業訓練和教化之潛力，其對收容人和矯正機構益處甚多。農業作業可增進收容人身心健康，易與教育和職業訓練計畫相配合，且遭遇農民之反對遠較工業作業遭遇私人企業和自由勞工之反對為少。

3.工業作業

工業作業可獲得經濟利益，且極具職業訓練之潛力，倘能實際地設計，有效的組織和適當地變化和實施，對於協助收容人出獄後之就業甚有助益。

（二）作業計畫之原則

良好之作業計畫必須考慮下列原則：

1.受刑人須參加作業

從社會復歸之觀點言之，作業者，乃監獄用以訓練受刑人謀生技能，養成勤勞習慣，陶冶身心，與教化交互運用，為促使受刑人得以復歸社會最具體之矯正處遇方法，因此，「聯合國在監人處遇最低標準規則」第96條說明受刑人應有機會參與作業，並提供恰當工作供受刑人參與；各國矯正法規亦多作如是規定，綜其理由，不外係基於如下考量：

(1)勞動是日常生活之基本要素，作業提供受刑人勞動機會，免其終日無所是事，滋生管理問題。

(2)參與作業可使受刑人體會到勞動生產之意義，從而認知到自己所存在之社會價值。

(3)參與作業可使受刑人從消費者成為生產者，減少國庫之支出，增加國庫之收入。

(4)作業活動可改變受刑人原有好逸惡勞之行為習慣，確立形成勤奮有益之習慣。

(5)作業活動可培養受刑人責任觀念及堅強之意志力。

(6)藉由作業技術之學習，可培養受刑人謀生技能，有利其復歸社會。

被告之罪刑尚未判決確定，僅是犯罪嫌疑人，不是徒刑之執行，就人權而言，應假設其為無罪，不得強制其作業；且被告羈押期間，正需要時間準備訴訟資料，如強制其作業，將有侵犯其基本訴訟權之嫌。是故「聯合國在監人處遇最低標準規則」第116條明定不得強制被告作業，惟仍應提供有意願的被告有作業機會，並支給報酬。各國矯正法規亦多有類似之規定。

2.應與職業訓練及教化計畫配合

作業之種類應詳加研究，以便使各種作業能符合職業訓練之功能。作業計畫應密切與教化計畫配合，著重於收容人之教化，不在於經濟利益之增加或取得。

3.建立完善之配業過程

收容人之配業應依照調查分類委員會之建議，盡可能以其建議為配業或變更作業之重要決定依據。蓋調查分類過程之目的，在於發展一完整之個別化處遇計畫，因此配業應被併入該項計畫，成為其功能之一部分。

4.作業科目多樣化

矯正機構發展多種作業，始能適應收容人之各種需要及市場需求，同時可防止與任何私人企業競爭程度之升高。

現行監所作業型態以委託加工作業為主，委託加工作業之特色為勞力密集，不但符合監所環境而且具作業勞動之價值。因此各國監獄受刑人參加委託加工作業均居大宗。惟委託加工作業缺乏技術性，無法訓練受刑人一技之長，同時存在有許多危機，諸如訂單受限於他人，隨時有被取消危機，僅賺取生產工資，利潤偏低，有被疑官商勾結等，因此，有必要同時發展具技術取向之自營作業，藉以提供多元化的作業方向與價值。惟自營作業將面臨人才、銷售、品管、機具折舊、與民爭利等問題，同時何種作業較適合監所，這是監所發展自營作業所面臨的最大抉擇。根據一篇由法務部委託國立中央大學進行「監所作業企業化評估」之研究報告指出，適合未來監所自營作業發展之產業如下：糖果及烘培食品製造業、針織成衣業、非金屬家具及裝設品製造業、家具及裝設品表面塗裝業、紙容器製

造業、印刷業、裝訂及印刷品加工業、印刷有關服務業、自行車及其零件製造業、餐飲業、園藝業、其他調味品製造業及洗車業。以上這些產業均屬勞力密集度較高、資本設備投資額較低的產業，其所需的有形及無形資源的條件，亦較符合國內監所所擁有的資源。因此，監所作業未來應以此十三個產業為發展之標的[15]。

5.經營企業化

往昔矯正機構之作業，絕大多數為代工作業，均由承攬商人解決企業管理問題，如今矯正機構之作業，除代工作業外，經營許多自營作業，因此，作業經營方式應企業化，以解決面臨之企管問題。惟監所作業企業化時，須有下列配合措施才能順利推展[16]：

(1)塑造有利的企業化作業環境：銷售是監所作業企業化遭遇到的最大問題，為避免「與民爭利」之抗爭，應於相關法規明定政府機關的某些物品及設備，應向監所購買，以扶持監所之自營作業。其次，應加強對景氣波動的觀察，提早做因應，以求監所作業之永續經營。同時亦應加強宣導，改變社會大眾對受刑人之觀念，以期改善社會大眾對監所作業產品之接受度。最後應修訂折舊法規，讓監所能適時更換新機器設備，以提升競爭力。

(2)監所作業與技訓應相互配合、相輔相成：當監所作業企業化後，其所需人力量多質精，因此，技訓與作業應相互配合，藉由技訓來培育高素質的勞動力，藉由作業來提升受刑人的工作滿意度，如此相互配合下，不但可提高受刑人成就感，進而發揮教化之功能，亦可提高作業層次與品質。

(3)改善廠房及機器設備與增進倉貯設備：許多自營產業都需要講求產品品質、衛生、安全，因此，在人力資源方面，監所應朝強化受刑人品質觀念著手；在硬體設施方面，監所則應改善廠房及機

---

15 李誠、林明杰，《監所作業企業化評估之研究》，法務部監所作業基金管理委員會，民國87年6月，頁79-81。

16 同註17，第74-84頁；參閱〈法務部新加坡考察報告〉，民國84年8月，頁43。

器設備，使其能符合消費者及政府法令的規定。其次，應興建倉貯設備，使得廠商每日運送至監所之商品數不受限，以提高監所代工的業務量，同時可大量貯存完成品。

(4)讓受刑人認同企業化作業：監所作業企業化過程中，首先必須與受刑人溝通與協調企業化的理念及目標。未來生產自營作業產品時，最需要與受刑人溝通及協調的觀念就是品質，沒有良好品質的產品很難在市場上開疆拓土。監所可將品管圈概念引入監所作業當中，將受刑人由3人至25人分為一組，每日作業完畢後，一起討論今日作業當中所發現的問題，並尋求解決之道。這種品管圈概念不但可提升產品的品質，同時可增強受刑人的成就感，有助於發揮教化的功能。

(5)與廠商策略聯盟，避免「與民爭利」之質疑：監所未來作業的發展，應與外界廠商進行策略聯盟，雙方分別就專長部分進行價值鏈分工。監所可專司生產及運籌部分，外界廠商負責對外銷售及行銷部分，雙方各自專司於本身的優勢，以期達到監所與廠商雙贏的境界。

(6)成立專責機構推動監所作業：我國監所雖已成立「作業基金管理委員會」，惟以作業基金之性質（循環基金）及委員會之組織而言，其功能實難以發揮。因此，整體作業管理制度似應改弦易轍，以期健全管銷體制，發揮企業經營之功能。

新加坡於1976年成立「新加坡矯正企業公司」（SCORE）負責推動矯正作業，該公司隸屬於內政部，其主要目的在提供收容人作業、技能訓練以及更生保護工作，以協助收容人復歸社會，成為有用之人。該公司除設有主任委員及執行秘書外，下設行政及會計部門、矯正服務部門以及生產部門，其主管及職員中有公務員亦有民間人士，該公司由於組織完整及功能健全，無論是在提升作業、技能訓練及更生保護工作，均卓有績效。美國亦於1978年成立「聯邦監獄作業公司」（UNICOR），以企業化經營矯正機構之作業，績效斐然，均值得我國參考。

6.實施工廠化

假如矯正機構作業之目的在使收容人接受一有價值之訓練，為其適應自由社會而準備，則必須比照社會上職業之標準，亦即要實施同樣預防意外之標準，收容人同樣地接受工廠法及自由勞工賠償法之保護，工作時間不能超過自由勞工之時數，但其多寡因環境而異，通常收容人以一日工作三小時至四小時為最理想，其餘時間則參加建設性之課程活動，相信遠較一日工作八小時更能達到作業目的。

三　作業制度

矯正機構作業制度，各國援用分類不一，依日本法務省矯正局綜合各國之報告，及國際勞動局出版之資料，作業制度可區分為與民間企業發生關聯者，及與民間企業無關聯者之作業兩大類。茲分述如下[17]：

（一）與民間企業發生關聯之作業

1.合約業制（The Contract System）

即矯正機構與廠商訂定契約，廠商不僅應供給材料、器械和派遣監工人員監工外，且依合約按人數每天給付矯正機構一定金額之制度。至於收容人食、衣、住、紀律和戒護安全管理則由矯正機構負責，該制與國人所謂之小承攬業制相似。

惟該制合約者往往只顧本身利益，強制收容人長期勞役，工作不力者即被懲罰。廠商派遣人員可直接與收容人接觸，易於輸入違禁品，破壞矯正機構之紀律，且官員常與合約者勾結，發生貪贓枉法之情事。

2.委託業制（The Piece Price System）

係合約制之改良制度，廠商僅供給材料與器械，按照成品數目支付工資。至於場所及收容人之食、衣、住、紀律和戒護管理和課程等均由矯正機構負責之制度。該制仍受外界委製成品，監獄僅須注意品管，不浪費材

---

17 周震歐譯，〈各國行刑設施之作業制度〉，《刑事法雜誌》，第1卷第8期，頁92-94。

料，器械妥為使用，按時交付成品，以維信譽即可，是作業制度中最簡便之一種，目前我國監獄亦有採此制者。

委託業制之缺點，在矯正機構尚未接受委託時，則收容人無事可做。相反地，若委託作業積多時，則有日夜加班趕製成品之弊端。且因工資低於當地同業者，以致常遭受自由勞工之攻擊。又該制度雖將監督收容人及有關作業一切事宜改由矯正機構負責，同時避免廠商直接與收容人接觸，減少發生弊端之或然率，但還是無法避免官商勾結、貪贓枉法情事之發生，是故美國犯罪學家Sutherland謂：「委託業制實是合約業制之一種託辭而已[18]。」

3.租賃業制（The Lease System）

即將收容人租於廠商，讓廠商帶離矯正機構，由其負起收容人食、衣、住、紀律及戒護管理各方面之責任，廠商按收容人人數給付矯正機構一定金額之制度。

該制雖可使國家用於收容人之經費，減至最低限度，然因在租賃期間，租賃者有使役收容人之權利，容易發生虐待和剝奪收容人之情事，例如長時間之苦役、殘酷之刑罰、營養不良，忽視住宿和工廠之保健條件等，而且容易發生官員貪贓枉法之情事。

（二）與民間企業無關聯之作業

1.國營業制（或稱官司業制）（The Public Account System）

此制得視為合約業制與委託業制之替代制度，由矯正機構扮演廠商之角色自己經營，負責一切作業事務之制度。諸如作業導師之遴選，器械材料之購買，成品之發售及其他相關作業事務，均由矯正機構自行辦理，一切收入依法處理。西歐各國及我國監獄原則上多採此制。

國營業制常因缺乏生產設備、資本、運輸工具及產品品質低劣，加以外界工廠均用機器生產，成本較低，致使矯正機構作業無法與外界競爭，

---

18 E. H. Sutherland and D. R. Cressey (1955), Principles of Criminology. N. Y.: J. B. Lippincott Company, p. 516.

直接影響作業之維持。同時作業項目，亦僅選擇適合於矯正機構設備之作業，未能針對收容人之需要以及出獄就業之機會加以設計。

2.官用業制（The States-use System）

官用業制和國營業制相同，均由矯正機構自行經營生產事業。惟其產品只能生產給公務機關消費，不能直接與私人廠商競爭，以維民商利益。

官用業制由於需要各式各樣之技能和生產設備，因此在技能訓練方面，能使收容人有較多選擇餘地，同時有抑制市價高漲之功能。惟該制雖能得到自由勞工組織之支持和合作，然因產品質劣價高，導致公務機關不願購買，影響矯正機構作業之推展，形成收容人懶散之現象，直接影響紀律之維持。

3.公共事業制（The Public Works and Ways System）

即從事建築公共建築物、公園、道路、橋梁之修築、防洪、造林、保護土壤、墾荒及其他富有公益價值之工程等修建造護工作之制度，該制係官用業制之一種。

公共事業制不僅可增進收容人身心健康，且給予收容人為社會服務之機會，藉其勞力增進公共福利，改變社會大眾對收容人歧視之態度，是故基於行刑角度和經濟觀點言之，頗值倡導和推行。

以上六種制度，均有其優劣點，至於何種制度較為理想，其衡量標準有五：(一)能否增進收容人之健康；(二)能否影響收容人之改悔向上及訓練其謀生技能；(三)能否助於有效之管理；(四)能否給予政府之經濟利益；(五)能否避免與自由勞工和私人企業競爭[19]。私營制度，對於收容人之健康和改善，損害頗大，根本無法訓練謀生技能，更難達成改悔向上之效果，以及緩和私人企業和自由勞工激烈競爭。且此制易使作業受商人和貪吏所控制，造成貪贓枉法及虐待剝奪收容人之不法行為。然而私營制度卻能供給收容人固定而恆久之作業，給予政府經濟之利益和易於管理。公營制度最大之缺點，乃在無法解決懶惰之問題，蓋由於自由勞工和私人企

---

19 R. G. Caldwell (1956), Criminology, p. 628.

業之壓力，不得不加以限制，另由於私人廠商產品和推銷方法優越，以致矯正機構作業成品無法與之競爭。但公營制度作業產品各異，能適應收容人個別之興趣和需要，且因產品不供給公共市場，可避免與私人企業競爭，在交易過程不影響價格下，容易獲得工商團體之支持。矯正機構為使收容人出獄（院、所）後適於社會生活，因此，對於收容人之保健、教化和訓練均應視為第一要務。明顯地，私營作業制度無法達成上述行刑目的，公營制度較能顧及，如能挹注足夠專業人力資源於矯正機構，並加以興革，仍以公營制度較為妥適。

三 勞作金之給付

依我國監獄行刑法第36條規定：參加作業者應給予勞作金。所謂勞作金即受刑人參加作業之報酬，與社會一般勞動者之工資，並無二致；其與在初公布之監獄行刑法（民國35年1月19日制定公布）中所稱之賞與金，含有國家恩給之意思者，截然不同。實務者王濟中氏（民74）曾整理學者見解，將勞作金之給予性質，歸為四類：

（一）**國權主義說**：此說認為監獄作業乃國家經營之事業，作業收益自應歸屬國庫，監獄令受刑人作業，乃基於公權力之作用，非私法上之契約關係，故不生報酬之問題。

（二）**權利主義說**：此說認為監獄作業，除國家資本外，尚需受刑人之勞力，作業收入概歸國庫，難謂公平，受刑人有請求給予工資之權利。

（三）**均利主義說**：此說認為監獄作業，除國家資本和受刑人之勞力外，監獄官員之經營亦為重要因素，為使權利義務相等，作業盈餘應由三者均分，而國家所得之三分之一，尤應用於保護事業方面。

（四）**獎勵主義說**：承認監獄作業為國家事業，收入概歸國庫，惟為鼓勵受刑人勤勞工作，由監獄對每一從事作業之受刑人，規定一相當之課程，課程內之盈餘概歸國家，課程外之盈餘則歸自己。

「聯合國在監人處遇最低標準規則」第76條指出：「（一）對於受執行

人之作業，報酬應有公平合理之制度。(二)在前項報酬制度下，應准許受執行人至少先用一部分作業報酬所得，以購買奉准之物品供自己之用，並准其寄送一部分所得，供給家用。(三)報酬制度並應規定受執行人所得之一部分報酬，由機構當局予以劃撥保管，作為儲金。於其釋放時交其本人。」依此最低標準規則，即係採權利主義說。我國立法原採國權主義，規定為給予「賞與金」，現則受權利主義說之影響，改稱「勞作金」，本質上視同工資。

第五節 衛生醫療

收容人衛生醫療工作一向為矯正機構工作之要項。由於醫學和社會科學之進步，使人更瞭解有機體之組織，增加許多有關行為和疾病之知識，同時提供有效之衛生保健技術和方法。近年來更由於人道主義之盛行，改變社會人士對罪犯之態度，雖偶爾憂慮，若過於重視犯罪保健工作，反而將促使罪犯甘願犯罪而入矯正機構享受。但當今學者均認為政府一旦剝奪犯罪之自由，就應負起罪犯之衛生保健，同時承認罪犯在矯正機構執行時，倘能保持身心健康，則將增加罪犯釋放後改悔向上之機會。因此，罪犯衛生醫療工作為行刑或感化措施中不可或缺之要目。

一 疾病之預防

收容人在矯正機構執行時，其大部分時間皆消磨於舍房、工場及其他建築物之內。建築物之良否，對收容人之身心保健關係密切，故矯正機構對於建築應力求合乎保健之需要，對於收容人起居或工作場所之光線、熱度及通風設備等，更應特加留意。一座合乎保健要求之矯正機構建築，其建築地基宜求平坦而稍高，土質乾燥及飲水方便之處，位置不宜於人煙稠密之地區，以免空氣污濁，影響收容人之呼吸，起居及工作場所之窗牖宜寬闊，務使空氣流通且無遮蔽光線之現象。

給養是人類生活之要件，收容人給養不足或不得宜，不僅無益於保健，反而有害於身體，少則疾病滋生，大則陷於夭亡，故矯正機構對給養工作須加重視。給養應斟酌其保健必要而給與，衣被應合於氣候並應定期洗曬，永保清潔，不得任其污濁。食物之營養價值，應足敷維持健康及體力之需要，品質須合格，調製應適宜，使收容人按時進食。

保健工作，必須合乎衛生要求，俾以保持清潔使菌類無法棲止，預防疾病之發生。換句話說，倘衣被時常洗濯，身體按時沐浴，起居及工作處所隨時保持清潔，則疾病自可預防。因此，「聯合國在監人處遇最低標準規則」第15條至第18條明文規定：在監人應按時沐浴，並經常供給其清潔衛生所必須之用水及盥洗用品，廁所衛生設備應合乎清潔條件，對於起居使用之處所，亦應妥為管理，儘量保持清潔。以上數語，揭示清潔衛生之重要。

工業社會時代，人人較易忽略身體輕微之症狀，並常常延至發覺異狀時，始行求診，此刻病勢已見嚴重，甚至無藥可救。「聯合國在監人處遇最低標準規則」第30條規定表明，對於每一新收之在監人，應儘速實施檢查，以後如必要時並須隨時為之。其目的在於發現收容人身體及精神上之隱疾，以為適當之治療或隔離，並可作為處遇之參考。

近幾年來，雖醫學日益昌明，然仍有不治之症，且未能盡起沉痾，因此，疾病宜防患於未然。古諺：「聖人不治已病，治未病。」意指預防重於治療，尤其以傳染病之預防，更為世界各國所重視。因此，矯正機構應對收容人宜按季實施健康檢查，並採行預防接種等傳染病防治措施。另於急性傳染病流行時，應與地方衛生機關協商預防。

■ 疾病之醫療

有效醫療計畫，首先需要一適當之醫院建築，包括病房和門診兩部門，其建造應注意五點[20]：(一)位置應選定中心地區，並注意與戒護管理

---

20 丁道源，〈論美國監獄推行受刑人保健措施之原則〉，《刑事法雜誌》，第6卷第4期，頁28-29。

配合；(二)病舍與門診部門應加隔離；(三)醫師辦公室宜接近病舍，以便就近監督或為病患服務；(四)病房門診之設備，應符合現代醫學標準；(五)病房以單人房為宜，並應有隔離傳染病和精神病之隔離房，以防止各種傳染病之傳播，或精神病之個別治療之用。

醫務人員應求其敷用，容額500人之矯正機構通常應有醫師、心理師、牙醫師和精神科醫師之設置，技術助理人員和護士若干人[21]。此外，矯正機構應斟酌實際之需要，設置兼任醫師若干名，以應收容人醫療之需要。

醫務人員除對患者須每日診視外，對於收容人下列事項亦應時加考察，並向長官提出建議：(一)飲食之數量、品質、製備及食用情形；(二)矯正機構內之環境衛生及收容人之保健清潔情形；(三)矯正機構內之保暖、透光、通風及廁所之設備情形；(四)收容人之衣著和寢具之適宜清潔情形；(五)關於收容人體育及娛樂活動等規則之遵守情形。機構長官對於醫務人員所為之報告及建議，應加予考慮，倘表同意，應即付諸實施，倘建議事項不屬其權力所及，則應立即連同建議陳報上級核辦[22]。

收容人疾病應盡其可能在矯正機構內治療，但經醫師診斷，認為在機構內殊難給予適當之醫治時，應准予保外醫治或移送醫院。「聯合國在監人處遇最低標準規則」第27條第1款即規定：「所有監獄均應確保在緊急情況下立即提供醫療照顧。需要專科治療或手術的囚犯應當移往專業醫療院所。如監獄有自己的醫院設施，這些設施應配備充足的工作人員和設備，為送來的囚犯提供適當的治療和護理。」

我國矯正機構對收容人疾病之預防，雖符合「聯合國在監人處遇最低標準規則」之規定，惟對於疾病之醫療，囿於醫療設施及醫護人力向極不足，致無法提升品質。為有效提升收容人疾病醫療品質，確保收容人身體健康，經法務當局與衛生主管機關協調遂於2011年1月26日修正「全民健康保險法」，將收容人納入全民健保。自2013年起收容人之疾病醫療責任

---

21 同前註。
22 丁道源，《監獄學》，中國文化學院法律系，民國67年9月版，頁653-674。

由法務部矯正署與衛服部健保署共同承擔，共同遴選醫療院所至矯正機關內提供各類科別之健保門診服務。至此，矯正機關收容人之疾病醫療大致獲得改善。

我國收容人健保醫療制度之設計，不論在國家責任、醫療品質、診療設施與環境及提供之醫療機制，均與各先進國家矯正醫療制度之理念相同。其中醫療提供機制我國更為多元。茲就我國收容人健保醫療制度之設計理念簡述如下[23]：

（一）收容人之保險費由國家全額補助。

（二）收容人之醫療權與一般民眾無異，但無就醫選擇自由。

（三）醫療提供機制多元化，收容人可經由「機關內診治」、「戒護外醫」、「移送病監」及「保外就醫」等方式接受健保醫療。收容人亦可申請自費延醫。

（四）收容人醫療費用比照一般民眾，須繳納部分負擔之設計，避免醫療資源之浪費。惟矯正機關另有補助措施，使收容人不致因經濟無力負擔而無法就醫。

（五）矯正機關須提供符合「醫療機構設置標準」規定之診療設施與環境。

第六節　接見與通信

收容人面對失去自由及監禁環境所帶來之痛苦，如能許可其與外界接見與通信，藉由親情、友情之慰藉與支持，將有助於減輕收容人因監禁所產生之壓力及調適其苦悶之監禁生活，對其情緒穩定及改悔向上，應有莫大之助益。準此，「聯合國在監人處遇最低標準規則」第58條明定：囚犯應準在必要監督之下，通過書面、通話與接見方式經常同親屬和朋友聯絡。各國矯正法規亦皆有類似之規定。

---

23 鍾志宏，〈收容人健保醫療制度與推行成效之探討〉，《矯政》，第4卷第2期，頁80-107。

一　接見之方式

（一）家庭接見（Family visits）

家庭接見有各種不同形式，東歐和中亞許多監獄在監獄範圍內設有懇親宿舍，讓來監接見之家人能與收容人同住，最長以七十二小時為限。懇親宿舍置有臥室、廚房、客廳、盥洗設施等，凡符合資格之收容人，每年均可申請與家屬同住四次。加拿大和美國有些州是以可移動房屋作為懇親宿舍，雖不是正式家庭生活，但它可加強家庭成員與收容人之凝聚力。

印度有專為長期刑受刑人設立之外役監，對長期刑者服刑一段期間後，經評估危險性低，即可與家人同住於個人住宅，白天外出工作，晚上返回個人住宅，與我國外役監實施之與眷屬同住制度類似。

（二）配偶接見（Conjugal visits）

歐洲許多國家如丹麥、瑞典、西班牙、荷蘭等國，允許收容人之配偶、長期伴侶在隱密小房間接見，時間以三小時為限，小房間備有床、盥洗及其他衛生設施。拉丁美洲許多國家亦有類似之夫妻接見制度，允許週末在舍房輪流接見，僅以掛上毛毯作為隔離，以維持些許隱私。

（三）一般接見（Public visits）

實務運作上，確實無法讓所有收容人都享有家庭接見機會，因此，有些國家會以大房間作為接見場所，房間設計力求戒護安全與維護家庭接觸相互平衡，通常會安排收容人與接見家屬面對面直接談話，無任何障礙物隔離，除非有特別理由外，不禁止收容人與家屬身體接觸。有些國家之接見室，僅能透過有阻隔鐵柵或格柵談話，時間有所限制。甚至有些國家之接見室，收容人與接見者間置有障礙物阻隔，如強化玻璃，僅能藉著電話聽筒談話，此種接見方式對收容人與家人正常關係助益不大，除非絕對必要否則不能適用於所有收容人，應依收容人個別之危險性作為考量。

以上三種接見方式，監獄為防止接見者走私違禁物品入監，確有必要加強一些合理之安全措施，例如，接見前後對收容人檢身，同時對來監接

見者進入接見區前，有必要加予檢身，但要尊重接見者之隱私。

（四）律師／辯護人接見

監獄行刑法第72條規定，受刑人與其律師、辯護人接見時，除法律另有規定外，監獄人員僅得監看而不與聞，不予錄影、錄音；除有事實上困難外，不限制接見次數及時間。且為維護監獄秩序及安全，除法律另有規定外，監獄人員對受刑人與其律師、辯護人接見時往來之文書，僅得檢查有無夾藏違禁物品。此為針對受刑人其律師、辯護人接見時之特殊規定。

（五）遠距接見（Video conferencing）

目前許多國家利用視訊設備讓收容人與家人遠距接見，這是收容人被監禁在邊遠地區或家人無法親自到監獄接見時之一種接見方式，但這種科技設備之運作，絕不可成為收容人與家人直接接觸之替代方案。

（六）電話接見（Telephone calls）

電話接見是收容人與外界接觸方式之一，監獄基於人權考量，應予准許。目前有些國家准許收容人撥打受話者付費之電話，有些國家則准收容人購買電話卡片，但電話接見受話者都應事先報准。電話接見對那些被監禁離家較遠之收容人，以及家人來監接見困難或有緊急事故之家屬而言，是非常重要之接見方式。

為求收容人和家人隱私與機關安全需求之平衡，監獄可先讓收容人立即接聽電話，但監獄為確定收容人非利用電話從事不合法行動，監獄可先行錄音，再保留錄音帶一段期間。只有對那些經評估高危險之電話接見，始由管教人員監聽。

（七）志工接見（Volunteer visits）

由於各種原因，許多收容人沒有親友接見，因此，有些國家建立一種志工接見制度，請社區志工定期來監接見，幫助那些無親友接見之收容人維持與外界社會接觸之機會。

二 通信之方式

（一）一般書信

除接見外，書信是收容人與親友保持聯繫之另種方式。實務矯正機關對親友來信都無法加予限制，但有些矯正機關對收容人寄信卻有所限制。雖然聯合國公約規定收容人有與親友通信之權利，但各國基於監所安全、紀律秩序及收容人更生，都規定書信得予檢閱。實務上為節省人力，對那些被評估高危險群之收容人或許有必要全部檢閱其書信和篩檢其通信之人，但對其他收容人之書信則不必全部檢閱，只要隨機抽檢即可。

（二）電子郵件

有些國家允許收容人利用其他溝通方式，包括電子郵件，對某些收容人而言，尤其是外國籍收容人，這是他們與家人維持接觸唯一可靠且省錢之方式。

收容人與親友接見及通信，不僅關係收容人之人權，且能維持收容人與親友良好之接觸關係，因而更能遵守道德規範及監所生活之規定，對整體管教有很大助益。準此，矯正機關在環境及安全許可下，接見處所應儘量自然、隱密，書信應不予限制，同時應認識收容人與親友尤其是家屬之接觸，不可視為特權，應視為一種基本人權。

第七節 累進處遇

一 累進處遇制度之沿革

早在1787年，英國將受刑人流放於殖民地澳洲，澳洲獄政當局為促使囚情穩定，預防騷動，遂將受刑人之處遇分為四個階段：(一)新收受刑人一律收容於刑罰殖民地（Penal Settlement），嚴飭從事勞動作業；(二)作業成績優良者，編入受刑人開墾地，予以相當自由；(三)行狀善良者，改

配於自由殖民；(四)一段時間後，如無不良行為，得於一定條件下予以假釋。此辦法為累進處遇制度之最原始型態。1757年勞役刑罰制度（Penal Servitude）興起，上述累進方法演變為自由刑執行方法之一種，並經Walter Crofton（1815～1897）加以修正後，施行於愛爾蘭，此即著名之愛爾蘭制。嗣後1870年、1890年及1905年相繼舉行國際監獄會議及國際刑務會議，均承認累進處遇之價值，自此各國獄政當局相繼採行[24]。

中華三代夏商周，行刑觀念首尚感化，故當時即有累進處遇制度之雛形，惜秦漢以迄明清，行刑制度再無累進處遇之方法[25]。直至民國23年間，始有山東小年監獄訂頒階段處遇規程。24年間，上海第二特區監獄亦訂頒階段特遇表，惟施行範圍僅限於各該監獄。29年7月15日，行政院與司法院會銜公布施行移墾人犯累進辦法，施行於全國各地，但亦非正式立法。35年3月6日國民政府始公布「行刑累進處遇條例」，並於翌年6月10日施行。嗣後該條例復經六次修正，並於64年8月18日頒訂施行細則，至此我國行刑累進處遇制度乃逐步確立。

二　累進處遇之內涵

累進處遇制度（Progressive Treatment System）係指將受刑人之處遇，分為數個階段，按其在矯正機構執行期間之表現，漸次進級，級數愈高，處遇愈優，以促其改悔向上適於社會生活之矯正制度。茲就我國累進處遇之重要內涵簡述如次。

（一）編級要件：依監獄行刑法第18條及行刑累進處遇條例施行細則第15條之規定，受刑人編級要件如下：

　　1.宣告刑為有期徒刑六月以上或有二個以上之刑期，經合併計算刑期為六月以上者。

　　2.經入監調查之結果，認為無不予編級或暫緩編級之情形，而適宜累進處遇者。

---

24 李甲孚，《監獄制度之比較研究》，中央文物供應社，民國72年4月，頁136-137。
25 蔡保勳，《行刑累進處遇條例》，民國46年9月，初版，頁63。

（二）**編級數**：依行刑累進處遇條例之規定分為四級，自第四級依次進至三、二、一級。惟受刑人如富有責任觀念，且有適於其同生活之情狀時，經監務委員會議之議決，得使其進列適當之階級，但不得進列二級以上。

（三）**責任分數**：乃依據受刑人之刑期，科以應盡之責任，而以分數表示之謂。累進處遇之責任分數，依受刑人之刑期及級別訂定之。受刑人之級別愈高，其責任分數亦隨級別之漸進而遞增。

（四）**成績分數**：係以受刑人在操行、教化與作業三方面表現之成果，用分數表示之謂。成績分數是責任分數之對稱，有類債權與債務之關係。受刑人所得之成績分數，不僅可以抵銷其應負擔之責任分數，同時也是縮短刑期、返家探視和報請假釋之依據。

（五）**進級**：各級受刑人之責任分數，以其所得成績分數抵銷之，抵銷淨盡者令其進級。本級責任分數抵銷淨盡後，如成績分數有餘，併入所進之級計算。

（六）**假進級**：責任分數雖未抵銷淨盡，而其差數在十分之一以內，操行曾得最高分數者，典獄長如認為必要時，得令其假進級，進級之月成績佳者，即為確定，否則令復原級。

（七）**留級**：受刑人違反紀律時，得斟酌情形，與二個月內停止進級，並不計算分數。停止進級期間，不得縮短刑期。

（八）**降級**：停止進級期間，受刑人再違反紀律者或留級受刑人有紊亂秩序之情事者，得令降級。受降級處分者，自當月起，六個月內不予縮短刑期。在最低級之受刑人有紊亂秩序情事，認為不適宜於累進處遇者，得不為累進處遇。

第八節　縮短刑期制度

　　縮短刑期制度係對在監執行，行狀善良之受刑人，縮短其應執行之刑期，促其改悔向善之行刑處遇制度，又稱之為善時制度（Good Time

System）。該制創始於西元1817年美國紐約州通過善時法（Good Time Law），實施善時制度，因其效果甚佳，各州及歐洲各國先後相繼採行[26]。我國善時制度之實施，始於民國29年7月15日公布施行之「徒刑人犯移墾實施辦法」，其第12條規定：「移墾人犯，依累進處遇辦法進級者，有期徒刑得縮短其刑期，無期徒刑得減為有期徒刑，減縮刑期辦法另定之。」現行外役監條例及行刑累進處遇條例均有縮短刑期之規定，一般監獄受刑人之縮短刑期，係依據後者之規定辦理，外役監受刑人則依前者之規定辦理。

（一）縮短刑期制度之優劣點

縮短刑期制度除可緩和法律之嚴厲性，促進監獄紀律之維持及鼓勵受刑人改悔向上外，尚有下列缺失[27]：

1.有侵犯司法權，破壞權力分立之法治原理。

2.受刑人為達縮短刑期之目的，易偽裝善行，養成表裡不一之雙重人格。

3.初犯較累犯不易適應監獄生活，反而無法享有縮短刑期制度之美意。

（二）與假釋制度之異同點

縮短刑期與假釋制度雖均基於同一理念而產生，但仍有其相互異同之處，茲分述之：

1.相同之處

(1)均以受刑人在監行狀善良為適用條件。

(2)均為自由刑之行刑權宜措施，屬司法行政上之處分。

2.相異之處

(1)後者適用對象，包括無期徒刑及有期徒刑之受刑人。惟前者一般僅適用於有期徒刑之受刑人。

(2)前者依法縮短受刑人之刑期，除非剛好期滿，否則無立即釋放之結果。後者一經適用，則立即釋放受刑人。

---

26 林山田，《刑罰學》，臺灣商務印書館，民國64年12月，初版，頁242。
27 謝瑞智，《犯罪學與刑事政策》，臺北：作者，民國91年。

第九節 返家探視制度

返家探視制度意指收容人在矯正機構因行狀善良或遇有重大事故，得許其於一定期間回家探親之謂。學者研究指出：除對收容人反社會行為有影響之家庭外，維持和加強收容人與家庭之凝結力，是矯正收容人改悔向上之一種利器。蓋收容人與家庭之凝結力愈強，則其再犯率愈低。同時，返家探視制度亦可用於測驗收容人能否成功地假釋出監，或是否能成功地免除與停止執行保安處分，復入社會的一種試金石。

返家探視制度通常可分為特別返家探視制與定期返家探視制。前者係指家庭有特別事故或有特別獎賞時，得給予一定期限之探視假；後者係指在矯正機關執行一定期間後，行狀善良者，得給予一定期限之探視假。茲就各國實施情形分述如下：

一、**我國**：我國矯正機構兼採特別與定期兩制，惟後者僅限於外役受刑人，至於一般監獄之受刑人，除合於監獄行刑法第84條第2項特別獎賞之規定者外，並無給予定期返家探視之規定。

二、**韓國**：依返家探親施行規則第2條規定，受刑人服刑在一年以上，所服刑期逾總刑期二分之一，其累進處遇三級以上，且行狀善良者，得申請返家探視。

三、**中國大陸**：受刑人家屬死亡、重大疾病時，如認為有緊急讓受刑人外出之必要且無安全顧慮者，得准返家探親。勞動改造效果特別顯著者，過年等重要國定假日准其返鄉休假（返家探親）。

四、**瑞典**：受刑人在監獄執行逾刑期四分之一後，即可申請返家探視。受刑人家庭有任何重大事故時，亦得申請返家探視。

五、**法國**：法國為維持受刑人家族關係或準備復歸社會，准許受刑人在短期內離開矯正機構。中度戒護機構之受刑人，在刑期服刑三分之一時，即可成為暫時返家制度之審查對象，高度戒護機構之受刑人，則須刑期服刑到二分之一時，始可成為審查對象。再者，當親屬死亡或重病時，亦得申請暫時返家之處遇措施。

六、義大利：受刑人家庭遇有緊急情況，得許可五天之返家探視，外出許可之權限屬刑事監督法官，而非屬監獄首長。受刑人返家探視不加戒護，但須事先照會警察機關，並且通報檢察官。

七、日本：日本刑事執行法第86條規定，接受開放式機構處遇之受刑人符合法務省令所定之事由者，為期順利復歸社會，得於訂定七日之時間內，准予在外住宿。

八、美國：受刑人直系家屬死亡或病危，得准予返家探親。

第十節　與眷屬同住制度

　　與眷屬同住制度（Family Visiting Program）意指收容人於矯正機構執行期間，行狀善良，得准其於一定期間與家屬在指定之處所（懇親宿舍）同住之謂。其目的在維持和加強收容人與家庭之凝結力，以期收容人更能接受矯正機構之處遇計畫，達到矯正之目的。據研究結果顯示：與眷屬同住較配偶接見（Conjugal Visiting）易被社會大眾及收容人配偶接受，已漸漸成為各國所採行之制度[28]。

　　我國矯正機構對外役監受刑人，每月給予與眷屬同住之機會，惟對一般監獄僅限於第一級及受特別獎賞之受刑人，且依監獄行刑法第84條第2項訂定之受刑人特別獎賞辦法亦規定嚴苛，致一般監獄實施與眷屬同住之成效不彰，似宜修法或立法，大幅度放寬對象及條件，擴大實施，但懇親宿舍之位置可依受刑人安全分類設於監內及監外兩種，期間不宜太長，以二天為宜，讓更多之受刑人有機會與眷屬同住，深信對矯正目的與戒護管理定有很大之助益。

---

28 Paul W. Keve (1981), Corrections. N. Y.: Jorn Wiley and Sons, Inc., pp. 239-240.

第十一節　外出制度

一　工作外出制度

工作外出制度或監外就業制度（Work Release Program）為美國威斯康辛州議員Henry Huber所倡，該州於1913年通過休博法（Huber Act），首先立法明定對於輕罪短期受刑人實施工作外出制度。至1950年代始廣泛地為美國各州所採行，1959年美國北卡羅萊納州立法擴大施用於成年重刑犯。由於1960年初期南加州、馬里蘭州及其他各州實施工作外出制度成功之經驗，1965年美國國會始制定受刑人更生法（Prisoner Rehabilitation Act），明定聯邦矯正機構受刑人之工作外出制度[29]。歐洲諸國中，以瑞典於1945年最先立法實施工作外出制度。1947年蘇格蘭以16歲至21歲者為實施對象，1952年擴及於成年人。其後，英國於1953年、挪威於1956年、法國於1959年分別立法實施。其他國家諸如比利時、丹麥、德國、荷蘭等國亦相繼實施[30]。迄今，該制度已為世界各國普遍所採行。

工作外出制度係准許收容人白天在無戒護之下外出到自由社會中工作或上班，下班後以及其他非工作時間則回（在）矯正機構服刑之制度。其目的可加強收容人與大社會之凝結力，增加其自尊心與成就感，改善其合法觀念，鼓勵其自力更生與接濟親屬之責任感，促使收容人改悔向上適於社會生活，同時減輕國庫負擔。

工作外出制度通常可分為兩種[31]：

（一）司法性工作外出

係由法官於判決時視為一種刑罰而宣判之工作外出，故可謂為緩刑及徒刑之中間性刑罰。美國所實施的大部分即是此一類型，該類型之適用對

---

29 U. S. President's Commission on Law Enforcement and Administration of Justice (1967), Task Force Report: Juvenile Delinquency and Youths Crime, p. 11.

30 林世英，〈英美的監外通勤制度〉，《法務通訊——獄政管理專刊》，民國80年5月，第57期，3版。

31 張甘妹，〈開放式犯人處遇制度〉，《法論月刊》，第13期，頁28。

象以短期受刑人為原則,特別是那些已有職業者,可避免因短期自由刑之執行而中斷其職業,且可維持其與大社會之凝結力。就刑罰之目的而言,該類型非但不影響受刑人出獄後之適於社會生活,同時可達到威嚇及贖罪之目的。

(二)行政上工作外出

係由行政當局或假釋委員會等行政機構作為行刑之一種措施。歐洲諸國及我國即採此類型。該類型以受刑人為適用對象,因為人類長期的監禁生活,將減低社會適應性,為期受刑人出獄後,能適應社會生活,凡受刑人服刑或釋放前或假釋前一定期間,即可遴選為實施對象。因此,該類型可謂是機構性監禁處遇與復歸社會之中間性處遇。

監獄實施該制度時,除法律依據外,應考慮下列問題:

1.實施之對象

諸如(1)刑期;(2)罪名;(3)危險性;(4)累進處遇;(5)殘餘刑期;(6)執行期間與行狀等。

2.遴選過程

諸如(1)由受刑人或家屬申請監獄陳報監督機關核准;(2)由監獄直接遴選,陳報監督機關核准。

3.謀職

諸如(1)由受刑人自己或家庭負責;(2)由監獄、更生保護會、就業輔導中心負責等。

4.工作種類

諸如(1)在監外協助監獄經理之事務視同作業之科目;(2)或獲得技能之工作;(3)有雇主證明之任何工作;(4)協助家屬經理之事務;(5)公司行號上班等。

5.時間與地點

諸如(1)距離監獄所在地幾里之內;(2)外出與回監時間視實際情形而定等。

6.工資之分配與處理

諸如(1)除支出交通費、膳食費和雜費外,其餘按監獄行刑法處理;(2)繳付罰金;(3)償還債務;(4)接濟其家屬;(5)儲蓄;(6)工資直接付給受刑人或監獄等。

7.監督與獎懲

諸如(1)由管教人員或觀護人負責監督;(2)遵守規定者給予探親假;(3)違反規定者撤銷其工作外出之資格,撤銷是否應通知雇主;(4)未於指定時間內回監者以脫逃論;(5)每日填寫報告;(6)定期集合討論所遇之問題等。

8.宿舍

諸如(1)在監外空地成立社會處遇中心;(2)在監內成立社會處遇中心,惟應與其他受刑人確實隔離;(3)工作所在地之中途之家等。

9.與雇主之關係

諸如(1)契約由監獄為之陳報監督機關核准;(2)由受刑人或家屬為之,經監獄同意後陳轉監督機關核准;(3)監獄應讓雇主瞭解該受刑人個案資料;(4)撤銷該受刑人工作外出假無須通知雇主等。

10.應遵守之秩序

諸如(1)不能飲酒或去其他場所;(2)不能攜帶任何東西出入監;(3)禁止與有前科者接觸;(4)如遇天災或其他不可避免之事變應與監獄連繫等。

　　工作外出制度起初僅施用於短期刑者,因成效良好,目前已逐漸擴大施用於重刑犯與青少年犯。我國目前依受刑人外出實施辦法第4條第3款之規定,工作外出制度僅限於參與公益服務。我國監獄行刑法第29條規定:受刑人在監執行逾三月,行狀善良,得報請監督機關核准其於一定期間內外出。

　　依受刑人作業實施辦法第28條之規定,受刑人從事自主監外作業,應就具有下列各款條件者遴選之:

（一）符合第27條第1項第2款、第3款規定。即健康情形適於監外作業。

最近六個月內無妨害監獄秩序或安全之行為而受懲罰。

（二）於本監執行已逾二個月。

（三）刑期七年以下，殘餘刑期未逾二年或二年內可達陳報假釋條件；或
刑期逾七年，殘餘刑期未逾一年或一年內可達陳報假釋條件。

（四）具參加意願。

拘役或易服勞役之受刑人具有前條第1項第2款、第3款及前項第2款與
第4款之條件，得遴選其從事自主監外作業。受刑人自主往返作業及監禁
處所，監獄無須派人戒護。

二 就學／職業訓練外出制度

就學外出制度（Study Release Program）意指允許收容人白天離開矯
正機構外出求學，夜間及其他非上課時間回矯正機構或在矯正機構接受矯
正之謂。我國監獄行刑法第29條第1項及受刑人外出實施辦法第4條之規
定：受刑人在監執行逾三個月，行狀善良，無期徒刑執行逾十五年，有期
徒刑執行逾三分之一，為就學者，得報請監督機關核准其於日間外出，即
是就學外出制度。往昔少年輔育院之院外寄讀與少年監獄之監外寄讀均屬
之。鑑於收容人終歸要回到自由社會，矯治之目的在促使受刑人改悔向
上，培養其適應社會生活之能力，此制可謂是一種良制，有擴大實施之必
要。

三 暫行外出制度

暫行外出制度（Furlough Program）係指那些非參與工作或就學外出
制度之收容人，准予一定期間內，在無管理人員戒護下，離開矯正機構而
言。這是一種暫時性的釋放，其目的在協助收容人達到矯正目標，它並非
是種權利，而是在規定的條件下，給予收容人之特權。同時，它亦非是善
良行為的獎賞，或是縮短刑期的方式。

暫行外出制度通常可分為單日外出與連續外出兩種型式，以下列情形

時為之[32]：

（一）收容人之家庭遭受重大事故或其他緊急情況時，諸如返家奔喪、返家探視病危之親人等。我國行刑累進處遇條例第29條規定第一級少年受刑人返家探視，及外役監條例第21條第2項規定之返家奔喪屬之。

（二）參與更生處遇方案或其他特殊訓練課程，諸如參與更生保護團體之技能訓練、就業、就學輔導等。

（三）重整與家庭和社區之凝聚力或外出謀職。

（四）參與具有教化意義之教育性、社會性、宗教性及康樂性活動。

（五）移監執行或院檢要求給予外出以便出庭。

（六）受刑人現罹患疾病，在監內不能為適當醫治時，須外出接受必要之醫療處遇。

四　釋放前外出制度

釋放前外出制度（Pre-release Program）意指對於將期滿出監之收容人，提前釋放於一低度安全設施之謂。學者與實務人員一致認為，出監人再犯危險期為剛釋放一年內，這段期間出監人須面對尋找工作、與家庭親友重建關係，以及適應與監禁生活不同之生活方式等種種壓力，這些壓力往往是難以克服的，倘無一般緩衝時期，極易導致出監人再犯[33]。因此釋放前外出制度即在扮演這種緩衝期之角色，對於行將屆滿出獄出監之收容人，提前釋放於一低度安全設施，諸如中途之家、釋放前輔導中心（Prerelease Guidance Center）等，提供心理及職業諮商與其他支持性服務，以期協助行將出監人度過再犯危險期，達到預防再犯之目的。

惟無論是哪一類型之外出制度，依據109年7月15日實施之受刑人外出實施辦法，監獄行刑法第29條第1項得報請監督機關核准外出之受刑人，

---

32 H. G. Moeller (1975), "The Continuum of Corrections," in D.M. Petersen and C. W. Thomas eds., Problems and Prospects. N.J.: Prentice-Hall, Inc., p. 272.

33 Claude Pepper (1972), "Prisoners in Turmoil," Federal probation 36: 6.

應具下列資格條件：

（一）無期徒刑執行逾十五年，或有期徒刑執行逾三分之一，且在監執行期間逾三個月以上。

（二）行狀善良，指受刑人執行中最近六個月內無妨害監獄秩序或安全之行為而受懲罰。

（三）無下列情形之一者：

1.因撤銷假釋而入監執行。

2.犯刑法第161條所列之罪。

3.犯毒品危害防制條例之罪。但初犯或犯同條例第10條及第11條之罪，不在此限。

4.犯刑法第91條之1第1項所列之罪。

5.犯家庭暴力防治法第2條第2款所稱之家庭暴力罪或同法第61條所稱違反保護令罪。

第十二節　假釋制度

假釋制度始自西元1790年間Captain Arithur Philip試行於澳洲，對於行狀善良，作業成績良好之人犯赦免其刑期，為附條件之釋放。爾後假釋計畫之執行曾稍停緩，迄至1840年Alexander Maconochie（1787～1860）在歐洲實施計點記分制（Marks System），以勞動刑代替時間刑，而以點數為測定勞動之方法。即人犯經由嚴格之監禁到附條件之釋放或最後完全自由之階段，其晉升全憑所得點數而定。該計點記分制為假釋計畫中不可或缺之制度，故Maconochie被世人譽為假釋之父（Father of Parole）。1855年Walter Crofton在愛爾蘭實行階級之制，後來成為愛爾蘭制度，其最後階段即是假釋之規定。該制度乃由管理人犯之實務所得，非完全取之於理論，故能發揚光大而普及於世界各國[34]

---

34 丁道源，《中外假釋制度之比較研究》，中央文物供應社，民國72年，頁16-19。

一 假釋制度之作用與性質

就刑事政策之觀點而言，假釋制度為一極具價值之制度，其存在理由或作用及其性質分析如下：

（一）假釋制度之作用

1.可配合累進處遇制度，以達改善受刑人之目的。

2.可紓解監所之擁擠，改善行刑環境。

3.可節省國家公帑，達到刑罰經濟原則。

4.可救濟長期自由刑之缺失，鼓勵受刑人自新。

5.能發揮中間處遇之功能，促使受刑人逐漸適於社會生活。

（二）假釋制度之性質

1.符合刑罰經濟原則

若受刑人業已改善，實無繼續監禁之必要，同時保護管束之費用亦遠比監禁少。

2.符合刑罰仁慈原則

長期自由刑之執行倘在毫無希望之中，極易自暴自棄，精神因長期折磨之痛苦更甚於死刑。

3.符合刑罰謙抑主義原則

刑罰謙抑主義原則係指排除刑罰萬能思想，假釋是體現刑罰謙抑主義及達到刑期無刑目標之刑事政策之一。

4.為特別預防主義之具體表徵

特別預防思想乃企圖自罪犯之個別矯治而達成預防犯罪之目的。因此，對於犯罪人之矯正，如已使其改過遷善，當然無繼續監禁之必要，可透過假釋制度，使其早日返回社會。

5.開不定期刑之先河

假釋制度雖無不定期之名，但在執行中准其假釋出獄，因此，卻有不

定期之實，不啻為實施不定期刑之起始。

6.為行刑社會化之象徵

假釋出獄之受刑人，在假釋期間仍具有受刑人之身分，僅易監獄為社會，使社會兼負行刑責任，因此，假釋制度具有行刑社會化之效果。

二 各國假釋政策之比較

各國假釋政策常隨著國內社會治安、社會輿論而調整，茲就各國假釋法定要件及審核機制分述如下（參見表5-1）[35]：

（一）假釋法定要件（成年犯）

1.應執刑之期間
（1）有期徒刑之執行
①逾三分之一之國家：日本、韓國、美國、加拿大、丹麥、泰國（特優級受刑人）。
②逾二分之一之國家：英國、德國、中國大陸、義大利（累犯須逾四分之三）、我國與法國（累犯須逾三分之二）、奧地利（一年以下短期刑須逾三分之二）。
③逾三分之二之國家：瑞士、波蘭、瑞典（八月以下短期刑須逾六分之五）。
④逾四分之三之國家：荷蘭、泰國（優良級受刑人）。
⑤逾五分之四之國家：泰國（良級受刑人）。
（2）無期徒刑之執行
①美國、法國、德國、奧地利、瑞士、波蘭須經十五年。
②日本與韓國須經十年。
③我國須經二十五年（初、累犯均同）。

---

35 鍾志宏，《假釋政策與參考指標之評估研究》，中央警察大學犯罪防治研究所碩士論文，民國93年，頁32-36。

④義大利須經二十八年。

⑤加拿大第一級殺人須經二十五年，第二級殺人須逾十年至二十五年。

2.在監執行之最低期間

(1)義大利初犯須執行滿三十個月、累犯須執行滿四年，排斥短刑期適用假釋之規定。

(2)荷蘭須執行滿九個月。

(3)波蘭須執行滿八個月。

(4)美國、瑞典、奧地利、我國等國須執行滿六個月。

(5)瑞士須執行滿三個月。

(6)德國須執行滿二個月。

(7)日本、韓國、泰國、加拿大、法國，均無最低執行期間之規定。

(8)丹麥之一般受刑人無最低執行期間之規定，惟在工業監獄服刑之受刑人須執行滿二年。

（二）假釋審核機制

各國假釋審核機制，大致可分為下列三種型態：

1.法院審核制（司法權審核）

如德國之行刑執行法院、中國大陸之人民法院。

2.委員會審核制

如美國、英國、加拿大之假釋審查委員會、日本之地方更生保護委員會。

3.主管官署審核制（行政權審核）

如我國、韓國由法務部負責審核。

表 5-1　各國假釋制度彙整表

國名	假釋要件	假釋審核機制
中華民國	非屬重罪三犯者，即曾犯最輕本刑5年以上有期徒刑（如殺人、強盜、海盜、擄人勒贖等罪）的累犯，於假釋期間、受徒刑之執行完畢，或一部之執行而赦免後，5年以內故意再犯最輕本刑為5年以上有期徒刑之罪者（即第三犯）不得假釋。 無期徒刑逾25年，有期徒刑執行6月以上並逾二分之一、累犯逾三分之二。無期徒刑裁判確定前逾1年部分之羈押日數算入已執行之期間內。 少年受徒刑之執行，無期徒刑逾7年，有期徒刑逾執行三分之一。 性侵害犯罪受刑人於執行有期徒刑期間接受治療後，經評估其再犯危險有顯著降低者。	監獄受刑人之假釋事項，應經假釋審查委員會之決議後報請法務部核准。 假釋審查委員會對假釋案件，應就管教小組及教化之意見，受刑人在執行中之有關事項，並參酌受刑人假釋後社會對其觀感詳為審查，認為悛悔有據，始得決議報請假釋。
日本	曾犯最輕本刑5年以上有期徒刑的累犯於假釋期間受徒刑之執行完畢，或一部之執行而赦免後，5年以內故意再犯最輕本刑為5年以上有期徒刑之罪者，不得假釋。 少年受刑人無期徒刑逾7年；犯罪時未滿18歲而被科處有期徒刑年以上15年未滿者逾3年；受不定期刑宣告者逾刑的下限（短期）三分之一。 成年犯有期徒刑逾刑執行三分之一。無期徒刑逾10年。	假釋核准權屬成人及少年各地方更生保護會。 審理假釋的更生保護委員會是經由委員三人所組成，並以合議體方式行使其權限。委員依職權或矯正設施長官的申請，審理假釋。原則上，主查委員須親赴矯正設施，與收容人本人面談，並審理受刑人是否適合假釋？假釋的時期？假釋期間應遵守的特別事項等。 有關「悛悔實據」的判斷基準有四：(一)足認有悔悟的情形；(二)足認有更生的意願；(三)指定居住地；(四)假釋出獄尚符合社會的情感。
美國	少年犯無論判決刑期之長短，均隨時得許假釋。 青少年之假釋無執行時間上之限制。青年受刑人殘餘刑期僅2年者，不問其已否改悔向上，皆須予以假釋，假釋委員會無斟酌之權。 成年犯定期刑之判決、宣告無期徒刑、或45年以上之有期徒刑者，執行已逾15年，有期徒刑6月以上執行已三分之一者，均得獲許假釋。	聯邦政府設有假釋委員會，隸屬於聯邦司法部，行政體系並受司法部長之指揮監督，對於假釋案件之准駁或撤發，依法獨立行使職權，不受任何干涉。 假釋案件審理時，監獄應準備受刑人有關資料如犯罪事實報告、身家調查報告以及受刑人在監悔改情形之紀錄等，並註明對受刑人之印象及建議是否予以假釋，將之送假釋委員會。假釋審查委員會在審查符合假釋條件的人犯時，會參

表 5-1　各國假釋制度彙整表（續）

國名	假釋要件	假釋審核機制
美國	成年犯不定期刑：法院宣判最高之執行期，同時諭知執行若干期間後得許假釋，但其諭知得許假釋之期間，不得超過宣告最高刑期三分之一以上。或法院僅宣告最高執行刑期，但將得許假釋之期間，亦不得超過宣告最高刑期三分之一以上。	考以下十點標準：(一)服刑期間的違規情形；(二)前科的危害程度；(三)以往保護管束、假釋及拘禁適應情形；(四)本次犯罪惡質程度與犯後態度；(五)任何本案有關加重及減輕刑期的因素；(六)參與機構內所舉辦的自我成長計畫；(七)自我概念改變書面資料；(八)守法行為的自我目標強化與動機的書面資料；(九)人犯未來行為評估及人犯本身假釋計畫；(十)當時犯罪調查的報告及判刑的理由。
加拿大	假釋之最低服刑時日要件以刑期的三分之一或刑期執行7年，兩者中以期間較短的日期為準。 在上述要件下，無法獲得假釋的受刑人，在經過刑期的三分之二時，仍可獲得法定釋放，但須接受保護觀察官（觀護人）的監督輔導。並且，假釋委員會得設定保護觀察期間的應該遵守事項，而擁有撤銷法定釋放的權限。	加拿大負責審核假釋的機構為全國假釋委員會，須向議會報告，其意思決定方面，則是具獨立性的司法機關。 加拿大聯邦司法警察部的矯正保護局負責實施「假釋準備調查」，針對成為假釋者或依據服刑超過刑期三分之二的法律規定而必須釋放者，進行指導監督。
中華人民共和國	有期徒刑執行二分之一以上，無期徒刑實際執行10年以上。但是，如果有特殊情況，經最高人民法院核准，可以不受上述執行期的限制。 對於累犯及因殺人、爆炸、搶劫、強姦、綁架暴力性犯罪被判處10年以上有期徒刑、無期徒刑的犯罪分子，則不得假釋。	對犯罪分子依法予以假釋時，應由各執行機關，依實際情形，向中級以上人民法院提出建議，基層人民法院無權審理假釋條件，人民法院審理假釋條件，應組成合議庭進行。合議庭對執行機關提出的資料和建議認為受刑人確有認真遵守監規，接受教育改造，並已悔改，假釋後不致危害社會，則可以假釋。
義大利	有期徒刑之受刑人須執行逾宣告刑二分之一，且須執行至少30個月；累犯之受刑人須執行逾宣告刑四分之三，並執行滿4年；無期徒刑之受刑人則須執行超過28年，始得報請假釋。	1970年以前之假釋核准權在司法部長，但1975年後改為刑事監督法庭。
英國	須執行逾刑期的二分之一，才可提報假釋，此時稱之為「符合假釋資格日期」（Parole Eligibility Date, PED），但在逾刑期的三分之二時，則為「非假釋釋放日期」（Non-Parole Release Date, NPD），即在服完刑期的三分之二時，	假釋的審核仍由假釋委員會處理，這個委員會是一個獨立的作業體，委員則來自多方面的社會背景，負責審理受刑人的假釋，而且必須做出准駁的決定，然而如果受刑人的徒刑超過15年者，決定釋放權必須由內政部長決定（The

表 5-1　各國假釋制度彙整表（續）

國名	假釋要件	假釋審核機制
英國	法律要求受刑人必須被釋放（Must be Released），但是仍然需要接受保護管束直到屆滿刑期之四分之三，此為「假釋資格認可終止日期」（LED）。	Secretary of Home office，相當於我國法務部長），而假釋委員會僅具有建議權。 假釋的程序乃是透過一些審核與調查，調查單位包括警察、法官、監獄調查員與觀護人，這些調查報告包括犯罪史、犯罪類型、動機、居家狀況、釋放後的生活計畫、獄中行為表現，以及在處理情緒問題上的表現，這些種種的考慮因子皆蒐集列入假釋的審核卷宗裡。
奧地利	執行所宣告有期徒刑三分之二，或因赦免而執行確定有期徒刑三分之二；且其執行已滿6個月以上者。而受無期徒刑之宣告者，則須受15年以上刑之執行，方得假釋之。 但是，雖僅執行所宣告刑之二分之一，但其執行刑期已滿1年以上，因有特殊理由足堪保證其處於自由之狀態中，亦不再實施可科處刑罰之行為時，亦得假釋。	就人格、素行、誠實謀生之可能性，及刑之執行中之行狀觀之，足認其處於自由之狀態中，亦將不再犯罪，若欲阻止其繼續犯罪，已不以執行剩餘刑期為必要時，則可予以假釋，並應定考驗期間，對其剩餘刑期宣告假釋。
法國	初犯服刑應逾刑期二分之一，累犯服刑應逾刑期三分之二；如為習慣犯其獲准假釋之最低標準，應逾執行刑期四分之三，設為無期徒刑受刑人，則在監執行至少應逾15年，始得申請假釋。 重罪法院宣告無期徒刑之際，能宣告不得為任何假釋特別旨趣的判決。但是，得在經過30年之後，由五名法官組成的「合議體」，重新檢討重罪法院的宣告，在徵得三名精神醫師的意見下取消不得假釋的宣告。	假釋審查應考慮受刑人是否有悛悔實據，並具社會適應性之真摯徵候，有期徒刑逾3年以上者，由司法院長核准假釋；若有期徒刑為3年未滿者，由行政裁判官核准其假釋。
德國	(一)執行法院基於下列條件對有期徒刑執行中之殘餘刑期予以假釋而付保護管束：a.宣告刑已執行達三分之二，且至少已滿2月；b.受刑人在假釋期間是否不再犯罪，有切實之考察途徑可資依賴。 (二)有期徒刑執行已達二分之一，並具下列條件者，執行法院得裁定假釋並付保護管束：a.至少執行徒刑1年；b.受刑	假釋審核機關為法院，而法院裁定是否假釋時，應特別注意受刑人之性格、生活經歷、犯罪情況、執行中之態度、生活關係及因假釋可期待之效果。

表 5-1　各國假釋制度彙整表（續）

國名	假釋要件	假釋審核機制
德國	人之犯罪行為及性格有特別情況。無期徒刑的受刑人則須受15年以上刑之執行，始可報請假釋。	
瑞士	有期徒刑已執行三分之二；惟須至少已執行3個月以上；無期徒刑須已執行15年始得報請假釋。	假釋審核機關為主管官署。主管官署依職權調查受刑人可否假釋並應聽取典獄長之意見。

三　我國假釋制度之缺失與改進對策

　　我國為改善假釋制度，已提高假釋要件，及於各監獄增設假釋審查委員會，惟尚存在一些缺失：諸如假釋審核機制欠缺嚴謹、再犯預測參考指標未能建立、悛悔有據之認定流於形式、假釋前過渡性處遇付之闕如等，亟待加強與改進。茲針對上述缺失，提出下列幾點改進對策：

（一）強化假釋審核機制

　　目前各監獄已成立假釋審查委員會，加強各監獄假釋陳報之審查，而握有核准權之法務部仍由矯正署負責審核，似有強化之必要。宜比照美、英、加拿大等國亦成立假釋審查委員會，以強化假釋案件之審核機制。

（二）建構本土化假釋預測量表

　　國外運用假釋預測量表審核假釋案件，已行之有年。我國若能發展預測率良好之預測量表，而有效區分受刑人之再犯危險性時，才能將再犯組與非再犯組間執行率之差距增大，以符合假釋制度之意旨。

（三）從嚴從實考核累進處遇成績

　　目前假釋制度之問題，其關鍵在於悛悔有據之認定過程已流於形式，累進處遇成績分數考核制度，已淪為服刑期間之機械式計算，累進處遇級別及成績未必能真正反應受刑人改悔向上之情形，準此，要改善假釋制度，基本上，應從嚴從實累進處遇成績分數考核制度著手，使真正改悔向

上之受刑人，經累進處遇成績考核而獲得假釋機會，以達預防犯罪，防衛社會之目的。

（四）假釋前實施社會性處遇

監獄對即將符合假釋要件之受刑人，應盡可能實施社會性處遇，如外出制度，一方面強化其社會適應能力，另方面可作為准駁假釋之重要參考依據。

第十三節　監獄建築

一　監獄建築之原則

矯正機構硬體設施的良窳，直接影響矯正業務推動；矯正理念的趨向，亦直接引導矯正機構建築的規劃，兩者關係至深且鉅。往昔報復主義下的監獄，重門深鎖陰森恐怖，現今刑事政策以教育刑理念為先導，監獄必須塑造成一個多功能的矯正機構，方能達到矯正處遇目標。又監獄建築乃百年大計，應有前瞻性的規劃，甚至預籌未來發展的彈性空間，因此，規劃時應注意下列原則[36]：

（一）監獄建築應切合時代的需求，配合矯正的理念。

（二）建築規劃設計時，以能達到最人性化及安全的管理為主要考量原則。

（三）為避免犯罪伎倆的學習，應著重個別化及分類處遇的設計。

（四）建築空間應考量，以能獲得最佳的物理環境品質（如採光、通風、噪音等等）為原則。

（五）監獄的戒護工作壓力及危險性都相當大，且位置都較為偏遠，因此，空間配置應以能提供員工最舒適的工作環境為最主要的考量因素。

---

36 吳憲章、賈孝遠編，《監獄建築概論》，群品股份有限公司，民國83年12月，頁3-4。

（六）規劃時須有前瞻性，不宜遷就預算因陋就簡，或盲目建築浪費公帑。

（七）各項設施材料須符合環保標準，尤其排污水設施應預留彈性空間，避免抗爭。

（八）應考量無障礙空間，便利殘障收容人或家屬進出。

（九）監獄人口密度高，規劃時應考量地震、火災之防範設計。

二　監獄建築型態

（一）臺灣監所舍房主要建築型態

目前臺灣監所舍房建築型態，主要有下列幾種[37]：

1.放射型或扇面型

係以中央控制臺為中心點，舍房從中央控制區呈放射狀向四周延伸之建築型式。一般放射狀舍房多為三組至五組，每組舍房採面對面方式建築，教化及作業場所即設置於放射線盡頭或於舍房外單獨設置。其優點在便於控制全局，節省戒護人力，惟空氣光線不足，收容人時時感覺受到監視，喪失自尊心。目前臺灣監所已不採用此型態之建築。

2.電桿型

係以中央走道為軸線，舍房對稱分布於中央走道兩房之建築型式，宛如電線桿上之瓷瓶一樣，一般教化及作業場所多設置於周邊。這種建築型態適用於中度管理監獄，其優點在於空氣、光線充足；收容人覺得受到尊重，惟戒護視線不若放射型一目瞭然；戒護人力要多加配置；遇事聯繫支援較為不便。目前採用此型態監所有：臺北監、臺南監、基隆監、綠島監、臺北少觀所、泰源技訓所等。

3.菱型

以中央走道配合中央控制臺為軸線，各菱形區為軸線呈45度角菱形

---

37 周殿修，《監所建築之研究》，司法行政部，民國62年6月，頁28-32。

排列之建築型式，各菱形區由內圍牆構成四個獨立之戶外運動場所。這種建築型態適用於最高度管理監獄，以不超過四個菱形區及各區容額不超過300人為宜。其優點在於分區明確且各區規模小，易於控制；場舍和運動場所獨立性強，不易串聯，有利於戒護安全；分區明確和場舍獨立性強，易於分類管理與處遇。惟運動場地較不方正，須注意規模，以利團體活動。目前採用此型態之監所有：東成技訓所、岩灣技訓所等。

4.回字型或口字型

係以相互連接之數棟場舍，構成一封閉方形之建築型式，各區中央為廣場，可供收容人活動之用。這種建築型態適用於高度管理監獄，以不超過四個回字型區及各區容額不超過600人為宜。其優點在於分區明確且各區規模適中，易於控制；各回字形區宛如一小型獨立監獄，易於分類管理與處遇。惟僅有一大型運動場地，似嫌不足，倘遇不同單位同時運動，有不利戒護安全之虞。目前採用此型態之監所有：臺中監、嘉義監、屏東監、高雄女監、彰化監、臺中女監、臺東監、金門監、武陵監、臺北所、臺中所、臺南所、高雄所、南投所等。

5.日字型

係以相互連接之數棟場舍，構成一日字型之建築型式。各日字形區二個廣場，可供收容人活動之用。這種建築型態適用於中度管理監獄，以兩個日字形區及各區容額不超過1,000人為宜。其優點在於各日字形區宛如一中型監獄，易於分類管理與處遇；運動場地較回字型多，有助戒護管理，惟應注意運動場地規模，以利團體活動。目前採用此型態之監所有：高雄監、桃園監、雲林監、宜蘭監、澎湖監、嘉義監、屏東監等。

6.十字型

係由兩組相互交叉成十字型的舍房所構成的建築型式，交叉點即為中央控制臺，其他設計一如放射型的建築，教化及作業場所即設置於十字線盡頭。其優缺點與放射型建築類似。目前僅花蓮監採用。

7.鄉村型

係相互連接成傳統四合院農莊之建築型式，這種建築型態不設崗哨

和圍牆，適用於低度安全監獄，其優點在通風採光充足；開放性及環境優美，有利於教化工作，惟戒護動線較長，自由度高，較易發生脫逃事故。目前採用此型態之監所有：明德外役監、自強外役監等。

8.學校型

係一般學校建築方式，設有一般教室、專科教室及運動場等，強調教育與教化環境之配置，為中低度安全建築型式。這種建築型態適用於少年矯正機構，其優點在通風採光佳；配置有利於教化工作，惟應注意戒護安全。目前採用此型態之監所有：新竹監、桃園少輔院、彰化少輔院、少年矯正學校、高雄少觀所等。

（二）監所舍房建築之內部型式

開關監所舍房建築之內部型式，約有下列幾種：

1.中央走道式（外線舍房）
舍房採面對面方式建築，中央為一走道，戒護視線單一簡捷。

2.背對背式（內線舍房）
舍房採背對背方式建築，戒護安全性高，如於空中加設巡邏道，室內可一覽無遺。

3.單邊走道式
舍房單一邊方式獨立建築，戒護動線安全簡捷，其窗戶之建築形式則各有不同。

4.雙側走道式
單一舍房兩側均置走道之建築方式，戒護安全性高，通風光線良好。

5.外役宿舍式
配合四合院農莊方式興建，通風採光良好。

6.學校宿舍式
如一般學校之宿舍，有床鋪及書桌等設備供收容人使用，強調教化之功能。

第十四節　收容人之基本權利

　　承認收容人在某種程度下仍擁有若干自由與權利，乃為近代犯罪矯正之必然趨勢。然而收容人應擁有多少權利，何種權利得受限制或被禁止？一般民主國家通常都從憲法基本權利之規定，及從收容人收容關係所設定之目的，兩相比較權衡其利害（"Balance of interest" test），並做合理之檢討。如因矯正業務之需要，對收容人權利有加以禁止或限制之必要時，亦應有具體之法律依據，且須在必要之最少限制內實施之。

　　從聯合國公約及各國矯正法規得知，矯正機構收容人之權利主要有：宗教自由權、言論自由權、接觸大眾傳播媒體之權利、接觸法庭與律師之權利、維護健康之權利、隱私權、受安全保護之權利、不受酷刑或其他不人道處分之權利、與家屬親友保持聯繫之權利、參與矯正處遇計畫之權利、選舉權及財產權等。

一　收容人之基本權利

（一）宗教自由權

　　宗教自由之最基本範疇，係個人對宗教事務之信仰權，這項自由包括信不信教之自由以及參與或不參與宗教活動之自由。前者屬於內在之信仰自由，應受絕對保障，不受任何干預；後者屬於結社自由，可能涉及其他人民之自由與權利，應受相當法律約束，不得濫用，不得假宗教自由之名，無限上綱而行犯罪之實。

1. 聯合國公約之規定

　　聯合國「世界人權宣言」（Universal Declaration of Human Rights）第18條及「公民權利及政治權利國際公約」（International Convenant on Civil and Political Rights）第18條第1項規定：每個人均有宗教自由權。因之收容人當然亦應有宗教自由權。依「聯合國在監人處遇最低標準規則」第65條及第66條之規定，矯正機構應允許收容人有下列權利：

(1)收容人信仰同一宗教達相當人數時，監所應指派或許可該宗教宗教師在監所從事宗教服務；信仰人數眾多時，該宗教師應專職在監所服務。

(2)准許宗教師為信教收容人舉行正式宗教儀式。

(3)准許宗教師在適當時期，私自前往同一宗教之收容人場舍進行宗教訪視。

(4)不得禁止收容人與任何宗教師接觸，但收容人拒絕宗教師訪視時，其態度應予以充分尊重。

(5)在可能的範圍內，准許收容人參加監所內之任何宗教活動。

(6)准許收容人持有所屬教派之經典書籍及宗教文件。

2.宗教權保障之範圍

宗教自由權涉及某些事務是否為宗教之問題，決定收容人之信仰是否為一宗教？是一件困難之事。因為一個宗教、它的信仰與活動不必與傳統宗教一樣，應以類比方式去瞭解這種信仰與活動及其功能是否類似傳統之宗教信仰。因此，應著重下列三項一般問題加予查詢[38]：(1)此信仰體系是否論及基本的與終極的宗教問題，諸如對或錯、善與邪？(2)此信仰體系是否為理性的？是否追求至真？(3)此信仰體系是否有結構特徵，諸如組織與儀式？根據以上標準，即使是收容人自創之宗教，亦應受宗教自由權之保障。至於某一事物是否為宗教，非基層管教人員要確認之問題。但必須瞭解宗教權保障範圍已超乎傳統宗教之種類，如果管教人員對在監所內流行之某種不熟悉宗教活動，除非經過詳細調查，否則不可隨意禁止。

3.實務運作時應注意之事項

我國對收容人之宗教權向極重視，監獄行刑法第41條第1項規定，「受刑人有信仰宗教之自由，不得限制或禁止之。但宗教活動有妨害監獄秩序或安全者，不在此限。」同條第2項規定，「監獄得依受刑人請求安排適當之宗教師，實施教誨。」同條第3項亦規定，「監獄得邀請宗教人

---

38 American Correctional Association (1987), Legal Responsibility and Authority of Correctional Officers, p. 18.

士舉行有助於受刑人之宗教活動。」此外，同條第4項指出，「受刑人得持有與其宗教信仰有關之物品或典籍。但有妨害監獄秩序、安全及管理之情形，得限制或禁止之。」其他監所法規亦有類似之規定，惟實務運作時，尚須注意下列數點：

(1)不能僅為管理方便而不實施收容人宗教自由權。

(2)不得拒絕或禁止任何宗教申請來監所從事宗教宣導。

(3)對任何宗教人士或團體來監所從事宣導時，應予平等之待遇，不可有厚此薄彼之情事。

(4)避免以教輔區（工場）為單位，強制收容人參與宗教活動。

(5)不宜以收容人參與宗教活動作為累進處遇考核之依據或假釋之條件。

(6)定期來監所舉行宗教活動之宗教師，監所應避免聘請為假釋審查委員會之委員。

(7)允許收容人遵守其宗教之飲食法規及配戴宗教獎章與其他榮譽之標幟。

(8)准許同一宗教之收容人配住同房，並在不妨害紀律之情形下，允許收容人在舍房內舉行靜態之宗教儀式活動。

(9)每一宗教應各有其宗教教誨堂，以避免不必要之衝突和困擾。

(10)准許收容人與他們之宗教領袖通信，其次數應不予限制。

（二）言論自由權

言論自由在監所裡是一個非常敏感之問題，是否應該允許收容人在監所或教區廣場做政治演說？是否允許收容人鼓動其他收容人向監所權威挑戰？是否允許收容人爭論統獨或族群問題？這些問題應視收容人之言論自由與法定之監所業務有無衝突而定。

1.超乎「信念」之情形下進行限制

壓抑或限制收容人言論自由，必須在超乎「信念」之情形下進行。收容人不得因政治、宗教或其他信念而受懲處，亦不得因僅僅表示這些信念而受懲處。例如：收容人編寫政治思想文件，監獄擔心這些文件若被散

發，將引起騷動，則監獄只有沒收該文件即可，而不能藉此懲處編寫文件之收容人。

2.放棄「明確且立即危險之言論」之規定

正常情況下，政府當局只能限制那些「明確且立即危險」之言論，在言論提出之前即予禁止（否定某人表達其觀點之權利），是很不應該的。但在監所裡連「明確且立即危險之言論」之規定亦被迫放棄，即不得隨意發表言論，這些決定取決於言論自由權是否符合收容人之身分及法定之監所刑罰目標，即安全、秩序及更生。1977年美國有一案例，最高法院支持北卡羅萊納州之監獄管教人員禁止受刑人教唆其他受刑人參加受刑人協會，他們禁止所有受刑人協會之開會，拒絕遞送協會出版物之包裹，而這些包裹是寄給其他受刑人的。受刑人控訴此種禁止行為，違反言論集會結社之自由權，但法庭確認，如果允許這種活動繼續發展，將影響監獄之秩序與安全[39]。

（三）接觸大眾傳播媒體之權利

監所對收容人接觸大眾傳播媒體之規定，將影響社會大眾瞭解矯正機構裡發生了什麼事之權利，亦將影響收容人向政府請願冤情賠償之權利。傳統上，監所不願允許大眾傳播媒體進入，亦不願允許收容人經由大眾傳播媒體接觸大眾。但隨著大眾對監所興趣之增加，導致收容人日益要求增加直接與大眾接觸，以及大眾傳播媒體日益尋求增加對監所生活活動之報導。

1.採選擇性之溝通交流方式

關於收容人是否有權單獨與大眾傳播媒體人員談話，或大眾傳播媒體是否能與收容人個別面談之問題，雖然聯合國公約並無相關規定，但各國多認為收容人與大眾傳播媒體應無權利面對面接觸，如果允許這樣做將威脅監所安全秩序，同時接受面談之收容人可能會過於強調他在群體中之重要性。然而，為滿足大眾對監所興趣之增加，多採開放一些選擇性之溝通

---

39 同前註，pp. 19-20。

交流方式。這些包括收容人與大眾傳播媒體通信，或透過朋友或家人與大眾傳播媒體聯絡，或允許大眾傳播媒體入監所採訪，其採訪對象為隨機抽樣之收容人等。我國亦於81年4月16日訂定「法務部所屬各監院所受理大眾傳播媒體參觀採訪攝影審核要點」，開放大眾媒體從業人員參訪監所。

2.出版品之檢查與限制

基於監所安全、秩序或更生之考慮，對出版品加予檢查及限制是合理的，但拒絕出版品進入監所則應特加慎重，不可涉及壓抑表達思想與信仰之自由。同時應注意這種禁止是否超過必要之程度。因此，僅因為一篇文章刊登歪曲監獄事實或批評管教人員，並不能作為查禁之理由，除非該雜誌之其他文章亦都是刊登有礙監所安全之文章，否則不能因為該雜誌有一篇這種文章，而將這本雜誌之其他文章全部查禁。一次查禁並不表示就可永遠禁止這份出版品進入監所。

「檢查」含概雙重敏感問題，不但涉及收容人接觸大眾傳播媒體之權利，而且引起新聞自由之問題。因此，檢查之法定權應留給高階層人員或對相關專題有充分瞭解之審查小組，基層管教人員不應個別負責檢查進入監所之出版品。

（四）接觸法庭與律師之權利

1.聯合國公約之規定

訴訟權是各國憲法保障人民之基本權利，依聯合國「公民權利及政治權利國際公約」第9條第4款規定：任何因逮捕或拘禁被剝奪自由之人，有資格向法庭提起訴訟……。可知收容人同樣亦有訴訟權。又依「在監人處遇最低標準規則」第93條規定：刑事被告為達辯護目的，應准其申請現有之義務法律扶助，或准其接見辯護人，以便研商答辯及其他辯護事宜。「保護所有遭受任何形式拘留或監禁者之原則」（Body of principles for the protection of all persons under any form of detention or imprisonment.）第18條第1款亦規定：被拘留人或被監禁人應有權與其法律顧問聯絡和磋商，足見收容人當然有與其律師接觸之權利。為此，監所必須選擇適當方

法，以使收容人能便於接觸法庭，諸如提供適當之法律圖書、律師接見收容人應予方便、運用志工或僱用專業法律人員提供適當之專業法律協助等，以協助收容人準備訴訟文件。

2.實務運作時應注意之事項

為維護收容人與法庭及律師接觸之權利，實務運作上尚須注意下列事項：

(1)管教人員不能不合理地延誤收容人與法庭之聯繫。檢查信件或訴狀必須快速、不得延誤。

(2)收容人不得因為維護合法權利或請求司法協助而受到處罰。

(3)律師有權接見其委任人，監所不得拒絕。接見時間與次數不得嚴加限制，並盡可能設置律師專用接見室，以維護收容人與律師接見之權利。

(4)收容人不僅有權與律師聯繫，同時有權與法律顧問組織（如人權協會）聯繫，其信件之檢查規則應與檢查律師信件相同。

(5)監所必須允許委任律師之法律助理訪視委任人。

(6)除非收容人有適當之專業法律協助，否則監所不應禁止收容人請求其他收容人撰寫訴狀或協助。

(7)各教區（含違規房之教區）應設置流動圖書館，購置法律書籍，以使收容人能獲得一般性法律資料。

(8)收容人購買狀紙應予方便，不得延誤。

3.法庭與律師之信件及接見應否接受檢閱及監視

收容人雖有權與法庭、律師接觸，但尚有兩個問題，頗值得探討：

(1)律師接見其委任人時，可否加予監視？依「聯合國在監人處遇最低標準規則」第61條第1款規定，收容人與辯護人之晤談，警察或矯正機構人員宜立於眼可見，而耳不能聞之位置，亦即監所管理人員不得聽律師與其委任人之談話，但可觀察其談話情形。目前我國羈押法第23條規定看守所長官於准許接見時，應監視之，但第23條之1規定被告與其辯護人接見時，除法律另有規定外，看守

所管理人員僅得監看而不與聞。對禁見被告方面仍須全程錄音。

(2)寄至或來自法庭及律師之信件，是否應接收檢閱？一般而言，監所為維護監所安全與紀律，對收容人進出之信件均應檢閱。寄至法庭及律師之信件，可當著收容人之面檢查是否有違禁品。對來自法庭之信件，除非該信件裡有危及監獄安全之明確證據，否則以不檢查為宜，但監所絕對有權當著收容人之面檢查律師之信件，以避免違禁品流入。總而言之，來自法庭及律師之信件，只能檢查是否有違禁品，除非有搜索票，否則管教人員不得拆閱。然而，我國行政規則函示，收容人寄發或收受訴狀應予拆閱瞭解其訴訟原因並予登錄，這項規定頗值得商榷。

（五）維護健康之權利

1.聯合國公約之規定

當政府剝奪個人照顧其自己健康之方法時，則政府即有責任給予此人與於社會上相同的健康照顧，聯合國「在監人處遇最低標準規則」第24條定有明文。因此，矯正機構有義務為收容人提供必要之健康服務，諸如合適之住宿環境、足夠之衣服、寢具與個人衛生設施、營養之飲食、適當之運動與娛樂及必要之醫療保健等。上開維護健康權利，聯合國「在監人處遇最低標準規則」第24條至第35條已有詳細明文規定。各國矯正法規亦都定有明文。

2.醫療專業人員嚴重缺乏，衍生許多違反醫療權之問題

關於維護收容人基本健康權利中，以收容人醫療需求最被各國矯正機構忽視。我國矯正機構對收容人疾病之預防，雖符合聯合國「在監人處遇最低標準規則」之規定，但對於收容人疾病之醫療，長期以來一直無法做合理解決。近十年來雖不斷增置醫療設施，但醫療專業人員仍然嚴重缺乏，導致實務上衍生許多違反收容人醫療權之問題，諸如：

(1)允許非醫療專業之管教人員決定拒絕或限制收容人前往醫務中心看病或戒送醫院診治。

(2)令無執照之人，尤其是收容人，實際從事醫療、配藥及醫療紀錄工作。

(3)醫療紀錄不實或欠缺。

(4)夜間或假日時，未經醫師診治，任由管理人員以成藥或事先配好之藥交由收容人服用。

3.實務上一些有關收容人醫療權益問題，頗值得探討

(1)對於特殊疾病而須外醫特別診治時，矯正機構可否以戒護安全或警力不足或經費不足之理由，否決醫師之醫療命令。依聯合國「在監人處遇最低標準規則」第25條第1款規定：「罹病之在監人需要特殊治療時，應即送於專業病監或普通醫院。」由此可見，矯正機構不得以任何理由，限制外醫特殊診治，對經醫師診斷，認為在機構內殊難給予適當之醫療時，應准予移送醫院或保外醫治。

(2)為避免收容人貯藏藥物或不按規定分量服用。矯正機構可否命令將收容人服用之藥物集中由中央臺或場舍主管保管。有關將收容人服用藥物集中保管雖可避免收容人貯藏藥物，但可能會發生延誤服藥時間或拿錯藥物之情事。因此，除非矯正機構能列舉某人曾經貯藏藥物或舉出貯藏藥物將有明顯之危險外，否則不宜實施該項規定。

(3)關於矯正官員可否加諸收容人醫療行為？特別是精神疾病之治療，早期案例只要是醫師決定即可。由於矯正法律持續發展，這些1960年末期之判決已引起爭論。1980年美國最高法院認為收容人移監至精神病監，若非其志願行為則將產生標誌結果，因此裁決收容人不經適當程序之聽證，不得移監至州立精神病監。上揭適當程序包括收容人書面聲明及答辯之機會，並可有限制地與對其不利證人之對質權利。收容人還可延請律師及顧問，以及監方要提出移監之理由和所持證據之書面報告。

矯正機構之醫療問題，尤其醫療專業人力問題，一直無法突破做合理

解決，近年來政府又制定一些需大量醫療專業人員參與之法律，如毒品危害防制條例、妨害性自主罪等，只見政府各部會相互推諉權責，最後還是要監所自行負責執行，這對監所醫療問題而言無異是雪上加霜，嚴重違反收容人之醫療權。惟自2013年收容人納入健保後，因嚴重缺乏醫療專業人員導致實務上衍生許多違反收容人醫療權益之問題，大致已獲得解決與改善。

（六）隱私權

以往矯正官員認為收容人在矯正機構應無隱私權可言，為安全上需要，檢身與監控已成為對收容人之例行公事。但近年來國際間對收容人之人權極為重視，為此，矯正官員應修正觀點，認定收容人至少應有些許合理之隱私，雖然遠少於一般人之隱私權。

1.執行中檢身應有情資或事先告知

矯正機構於收容人入監所時為防止流入違禁品（含毒品）所為之檢身，一般而言，應屬合理及必要的工作。惟在執行中倘無任何特別理由相信某人正走私違禁品而加以檢身，這種檢身是不必要的，除非收容人事先被告知，因無法嚴密戒護與監控之情形下，事後務必接受檢身，諸如出庭還押、監外作業、外農、外掃之收容人回監所時，特別接見後及收封時，被告知將接受檢身。但當檢身是基於情資顯示某收容人走私違禁物品時，則不必事先告知。因此，監獄行刑法第14條第3項規定，「非有事實足認受刑人有夾藏違禁物品或有其他危害監獄秩序及安全之虞，不得為侵入性檢查；如須為侵入性檢查，應經監獄長官核准，並由醫事人員為之。」

2.安檢舍房及工場應可隨時為之

依監獄行刑法第21條規定，監獄應嚴密戒護，並得運用科技設備輔助之。監獄認有必要時，得對受刑人居住之舍房及其他處所實施搜檢，並準用第14條有關檢查身體及辨識身分之規定。且監獄為戒護安全目的，監獄得於必要範圍內，運用第1項科技設備蒐集、處理、利用受刑人或進出人員之個人資料。惟前第1項、第2項與前項之戒護、搜檢及檢查，不得逾

必要之程度。1984年美國最高法院有兩宗案例，認定收容人在舍房內毫無隱私可言，矯正機構可隨時安全檢查舍房，安檢時收容人不須在場之判決[40]。

3.檢身及安檢舍房、工場時應注意之事項

(1)應於收容人入監所時，告知何種情況務必接受檢身，並於收容人手冊載明。

(2)為維護收容人些許之人身隱私，檢身時須以合理之態度為之，不可對收容人故意侮辱或輕視。

(3)安檢舍房時應注意勿破損收容人物品及物歸原位，以示尊重。

(4)應禁止對收容人身體內部搜檢。

(5)安檢時若違濫用程度或侵擾，可能違反禁止殘酷或異常之懲罰，將面臨被控訴之危險。

(6)檢身工作應由同性管教人員擔任。

(7)收容人著衣、洗澡、如廁時，異性管教人員不可在場。

(8)裸露檢身應在非公開之空間執行，其他收容人及異性管教人員不得在場。

（七）受安全保護之權利

1.收容人完全享有安全保護之權利

收容人監禁時應受安全保護，這是矯正人員之責任。因矯正人員是政府之公務人員，有責任替政府照顧那些被剝奪自由之收容人。他們之職責便是負責供應足夠之飲食、衣著、住宿及醫療保健。除了這些屬於機構之職責外，矯正人員個人還須因疏忽或故意之不當管理而負責任。

矯正人員未能運作合理照護收容人，且因而造成收容人或其他人受到傷害，要負疏忽之責任；若是矯正人員不能保護收容人安全至漠不關心之地步時，將構成殘酷及異常懲罰之要件。雖然保護收容人之職責並非絕對的，監所無法保證做到零缺點地保護收容人，但矯正人員知道潛在性攻擊

---

40 同前註，p. 32。

之危險存在，卻未能採取必要行動以防止其發生，當攻擊事件發生，矯正人員仍須負責。

2.自殺事故之責任端視戒護管理之作為與過程而定

矯正機構有責任照護那些受藥物和酒精影響及精神異常之收容人，預防自傷及自殺。但對那些企圖自殺之正常收容人將另當別論，有謂收容人自殺係故意行為，監所應無責任。目前監所收容人自殺事故已逐漸成為普遍之訴訟案件，自殺事故發生前戒護管理之質與量，及自殺事故發生後處置是否適當（尤其發現時自殺者尚有生命跡象），將遭受到抨擊與質疑。這些案件有可能被判無罪或僅判疏忽責任，亦有可能被認定故意漠不關心，構成人權方面之殘酷及異常懲罰。

一般而言，監所應有篩檢確認收容人潛在自殺之實施方案和流程，以及發生時之應變措施。假如沒有這些實施方案及應變措施，監所將負收容人自殺事故之責任；假如有這些實施方案及措施，且能證明管教人員均有接受訓練具有處理自殺事故之能力，同時管教人員都依上揭方案及措施來處理自殺事故，這將是管教人員避免刑責之最佳保證。

3.強化調查分類之功能，有助於收容人安全保護

有些安全保護之職責可藉健全、有功能之調查分類制度來達成，其實很多收容人戒護安全事件都是由於缺少有效之調查分類制度而發生。就保護收容人而言，調查分類制度扮演很重要的角色。

（八）不受酷刑或其他不人道處分之權利

矯正機構都有一些行為規則來管理收容人，若收容人違反，將受到懲罰，其懲罰範圍從口頭訓誡、隔離監禁到失去一些善時之特惠權益。雖然紀律與懲罰對矯正功能而言是必要的，但對收容人而言，是不受歡迎的，近年來收容人逐漸要求保障其免受監所假借紀律理由而施加虐待，已引起國際人權組織之重視。依聯合國「世界人權宣告」第5條規定：任何人不得加以酷刑，或施以殘忍、不人道或侮辱性之處遇或懲罰。因之，法庭亦從下列兩方面來檢討紀律與懲罰。

1.加諸何種懲罰

　　收容人已向矯正機構內之兩種傳統懲罰模式，即殘酷和異常之處罰挑戰。大多數之處罰方式，如善時制的喪失、特殊權益的剝奪、身分的改變等，如果實施時依循適當程序，將被視為合法的。但收容人卻對矯正機構在任何情況下實施處罰性隔離或獨居監禁及體罰等之權利挑戰。

(1)體罰

　　　　聯合國「在監人處遇最低標準規則」第43條明定體罰禁用作為紀律懲處之方法，因此，在任何情況下，無論何種體罰均是違法。體罰必須與矯正官員基於自衛及維持機構安全所使用之武力有所區別。當使用武力是合理且有必要時，矯正官員才有權力運用武力來保護自己以及阻止機構中之騷亂。但即使在騷亂中，使用武力當作一種懲罰或是對於收容人之一種報復行動，將不但被視為違法，而且要負損害賠償之責任。武力之使用應限於正當自衛、防衛他人及保護財產和脫逃等戒護事故之防止，且應限於程度上之需要時才可使用。

(2)懲罰性隔離或獨居監禁

①聯合國公約之規定

　　　　聯合國「在監人處遇最低標準規則」第45條規定：單獨監禁應作為不得已而採取的辦法，時間能短則短，並應受獨立審查。「在監人處遇最低標準規則」第43條規定：體罰、暗室禁閉、長期或無限期的單獨監禁及所有殘酷、不人道或羞辱之處分，應一律禁止作為紀律懲處之方法。從聯合國公約得知，獨居監禁除特別情況下並非適當之懲處方法，任何時間應儘量避免使用，且應逐步予以廢除。

②獨居監禁之種類

　　　　獨居監禁可分為行政上獨居監禁和懲罰性獨居監禁兩種。後者又有多種形式，最極端者是感官隔離之獨居監禁，係指收容人單獨監禁於缺乏陽光、聲音、新鮮空氣等感官剝奪之暗室。這種形式之獨居監禁絕不可作為懲罰手段，即使多位收容人一起監

禁在這種暗室亦同樣應予禁止。另種形式是收容人監禁於有正常陽光和空氣，能聽到鄰房收容人動靜之獨居房。這種獨居監禁形式，應僅能在特別情形下短期內使用為宜。

③實務運作時應注意之事項

A.各別而論，懲罰性隔離或獨居監禁雖不是違法，但隔離處所或獨居房之設施環境倘係非人道或野蠻之條件，則這種監禁便屬殘酷且異常之懲罰，諸如：舍房內溫度極端悶熱、拒絕或嚴格限制提供食物、拒絕醫療保健、拒絕或嚴格限制活動、舍房極度擁擠、個人盥洗用具之剝奪及其他不合保健之條件（如空氣不流通、光線不足、衛生設施不足、食物不潔、棉被不夠禦寒等）。以上條件若出現頻繁或以極端形式出現，且總時間較長，通常為二星期以上，即可能構成殘酷及異常之懲罰。

B.懲罰性獨居監禁對輕微違規者而言，係違憲之處置。因此，對攻擊管教人員處以獨居監禁應屬適當處置，但對咒罵管教人員而言，獨居監禁或許不適當。法律一般要求嚴厲之懲罰與違規事件之輕重應相平衡，這種規則不僅適用於獨居監禁且適用於所有紀律懲罰事件。

C.監所醫師應每日探視受懲罰之收容人，如基於收容人身心健康，認為有停止或變更懲處之必要時，應向機關長官提出建議。

2.如何加以懲罰──懲處之過程

(1)聯合國公約之規定

有關收容人紀律之懲處，聯合國「在監人處遇最低標準規則」第39條及第41條載明應經下列適當程序，否則不得加予懲處。

①書面通知並做適當調查

當管教人員將違規事件報告陳送紀律監督人員時，應於調查前以書面副知違規收容人，讓他事先瞭解對他之控訴，同時紀律監督人員應迅速展開調查，除非有例外情況，否則不得有不合理之延誤。

②聽證機會俾使提出答辯

A.澈底查明案情後，聽證工作應儘速進行，除給予收容人提出答辯之機會外，應告知其有保持緘默之權。沉默在本質上將不足於支持紀律監督人員或紀律委員所列舉之罪狀，即不能作為有罪之證明。

B.在聽證會中，倘不造成危害矯正機構之安全及行刑目的，應許收容人員提示證人和書面證辭。聽證會可拒絕證人出席，但要提出理由，否則即違反適當程序。

C.如果案件複雜或收容人無法單獨提出答辯，應准許有法律諮詢代理人或其他收容人協助。

總之，監所中紀律之程序可能剝奪收容人實質上之自由權益，因此，當收容人有失去善時或獨居監禁之威脅時，一些適當程序是需要的。即使在緊急情況時，為維持機構秩序而將肇事者隔離，然而，一旦緊急情況不存在時，收容人即不能繼續被隔離，除非有經過適當之程序。雖然違規是收容人漠視規定，但並不意謂管教人員亦可如此，因此，收容人有權期望管教人員必須服從適當程序，否則對於損傷可能負有責任。

(2)實務運作時應改進及注意之事項

目前違規懲罰程序均由各場舍主管依其認定之違規事實簽報，並立即執行懲罰，主任管理員以上人員並未做適當之調查與審理，獎懲報告表雖列有申訴欄，但鮮少給予違規收容人充分陳述辯解之機會。為此，實務運作上確有下列改進與注意事項：

①收容人違規行為規則，雖明確列出構成違規事件之行為及其懲罰方式與期間或次數，但法律位階僅屬於行政規則，不符合聯合國「在監人處遇最低標準規則」第37條之規定，故應提升其法律位階。

②違規行為規則須每年加以檢討修正，尤須注意懲罰方式應與其違規事件之輕重相平衡。

③收容人與管教人員應人手一冊違規行為規則，不但應讓收容人充分瞭解外，管教人員亦須接受在職訓練，以確定熟諳行為規

則。

④應建立一套周延之違規懲罰程序，以及成立紀律委員會專司其事。

⑤同一事件不得重複懲處。

⑥紀律懲罰方式並應儘量避免施以停止接見，以維護收容人與家人接觸之權利。

⑦被認定有違規行為之收容人，於懲罰前，應有向上級申訴之權利。

（九）與家屬親友保持聯繫之權利

1.聯合國公約之規定

收容人除有權與法庭、律師及新聞媒體接觸外，依聯合國「在監人處遇最低標準規則」第58條及「保護所有遭受任何形式拘留或監禁者之原則」第19條規定，在必要監督及限制下，可與其家屬及可靠親友按期通信及接見。又依「公民權利及政治權利國際公約」第23條規定：家庭是社會中自然和基本的團體單位，應受社會和國家之保護。「在監人處遇最低標準規則」第106條及第107條亦載明：凡合乎受刑人與其家庭最大益處之雙方關係，應特別注意維持及改善。協助恢復正常生活並促進其家庭的最佳利益。準此，矯正機構有責任確保收容人與家屬接觸關係之維持與推展。

2.接見與通信應予必要之限制

關於收容人與家屬親友保持聯繫之權利，各國矯正法規亦都有類似之規定，惟各國基於監所安全、紀律秩序及收容人更生，都規定書信應予檢閱，接見應予必要之監視，接見時間及次數得加以限制。但刪除書信部分內容或中途停止接見時，應注意有無侵害言論自由之權利。準此，任何通信檢閱與接見監視之規定，必須是重要且實質的機關利益，並與壓抑言論自由無關；同時，言論自由之限制應與特定機關利益之保護相平衡，不可超逾。

3.實務運作時應改進及注意之事項

(1)目前除外役監外，一般監獄實施與眷屬同住（家庭接見）之成效不彰，似宜修法或立法，大幅度放寬實施對象及條件，擴大實施家庭接見。

(2)目前監所一般接見處所，收容人與接見者間置有強化玻璃阻隔，僅能藉著電話聽筒談話，此種接見方式有礙收容人與家人建立良好正常關係，應予檢討改進。

(3)一般而言，外國籍或無國籍收容人很少，甚至無親友接見，監所應予特別安排，讓他們能維持與家人接觸，或許可增加通信次數，或准許定期電話接見，郵資及電話費由監所負擔，或准許利用電子郵件與其家人接觸，或可提供志工接見服務，讓他們有與外界接觸之機會。

（十）參與矯正處遇計畫之權利

1.聯合國公約之規定

聯合國「在監人處遇最低標準規則」第91條、第102條、第104條、第107條及「公民權利及政治權利國際公約」第10條第3款之規定得知，矯正機構不能僅消極地對收容人施以人性化處遇，尚須積極地對收容人提供建設性處遇措施，以期收容人能改悔向上，走向守法自立之生活。各國矯正法規亦都有類似之規定。由於上述行刑之更生目標，因而導致收容人要求矯正機構給予矯正處遇計畫之訴訟。

2.更生仍然為各國矯正政策之主要目的

儘管1970年代後期，有些學者主張矯治無效論，對罪犯處遇理念趨向正義模式，認為矯正機構基本上乃是為刑罰及保護社會，更生（矯正）處遇計畫在矯正政策上應僅扮演次要之角色。但各國矯正政策仍然強調更生──改悔向上適於社會生活是矯正之主要目標。準此，收容人有權接受更生矯正處遇計畫已是逐漸增強之矯正觀念。

（十一）選舉權

聯合國「世界人權宣言」第21條規定，每個人都有直接或間接參政之權利，但收容人將受到限制。「公民權利及政治權利國際公約」第25條指出，參政權是藉選舉投票來實現。由此觀之，選舉投票權是政治人權之一部分。

目前國際間，有些國家規定尚未判刑確定之收容人均可投票；有些國家規定所有收容人都有資格投票；但亦有國家規定任何被監禁之收容人均無投票權；有些國家規定收容人除被褫奪公權外，仍保有選舉權，如北歐諸國；中國大陸亦規定收容人未被剝奪政治權利者，可行使選舉權；我國刑法則規定褫奪公權從主刑執行完畢赦免之日起算，換言之，亦即監禁期間應仍保有選舉權，何況，並非所有收容人都會有褫奪公權之宣告。但目前人民一旦被監禁，即失去投票權，有無侵害收容人政治權利之嫌，值得商榷。

（十二）財產權

收容人入監所前之合法財產受到法律保護，任何人不得非法侵占和使用。入監所時所攜帶之財物及在監所監禁期間之勞作金，於出監所時應全部發還本人，不得扣留。收容人監禁期間於監所外若有合法所得（如繼承財產），其所有權亦屬收容人。

二 收容人權利被侵害之救濟

（一）聯合國公約之規定

收容人之權利，因受矯正機構之執行或矯正官員之處分而遭受侵害時，必須有依法救濟措施，以確保收容人之權利。茲就聯合國公約之規定分述如下：

1.「在監人處遇最低標準規則」第56條及第57條規定

(1)應許收容人每日皆有機會向機構長官或其授權人員提出請求或申

訴之機會。

(2)視察人員蒞臨視察時，收容人應能提出請求或申訴，並許其有機會在無機構長官或其他人員在場之情況下與視察人員談話。

(3)經由合法之途徑，收容人得向中央矯正主管機關、司法機關或其他適當機關，提出請求或申訴，其內容應不受檢查。

(4)權利應當擴及收容人的律師。如果收容人或其律師皆未能行使那些權利，收容人的家屬或任何瞭解案情的其他人均可予以行使。

(5)申訴或請求，除顯屬瑣碎或毫無理由者外，應予迅速處理及答覆，不得無故稽延。如果請求或申訴被駁回，或有不當遲延，申訴人應有權提交司法主管機關或其他主管機關。

2.「保護所有遭受任何形式拘留或監禁者之原則」第33條規定

(1)收容人或其律師應有權向矯正機構及其上級機關，必要時向擁有復審或補救權力之當局，就所受處遇，特別是受到酷刑或其他殘忍、不人道或有辱人格之處遇提出請求或申訴。

(2)收容人或其他律師均無法行使第1款所規定之權利之情形下，其家屬或任何知情之人均可行使該權利。

(3)經申訴人之要求，應對請求或申訴予以保密。

(4)每項請求或申訴應得到迅速處理及答復，不得有不當稽延。如果請求或申訴被駁回，或有不當稽延情事，申訴人應有權提交司法當局或其他當局。無論是收容人或是第1款所指之任何申訴人都不得因提出請求或申訴而受到不利影響。

（二）實務運作時應注意之事項

我國矯正法規雖訂有不服處分之申訴規定，但實務運作時尚須注意下列事項：

1.監所對收容人日常生活各方面之運作程序，包括收容人對處遇方面之請求及申訴之管道等，應以簡明文字編訂成冊，印發收容人及管教人員人手一冊，作為入監所講習之內容。

2.請求或申訴之處理及答覆期限應於收容人手冊載明，倘因請求或申訴之

事複雜，無法於規定期限內處理或答覆，應事先告知收容人何時可處理或答復。

3. 收容人不得因提出請求或申訴而受到懲處，必要時，得准許收容人私自向上級機關提出請求或申訴。

4. 任何殘酷或不人道處遇之陳述，應立即陳送首長處理，倘陳述之事涉及首長，應立刻陳送上級機關。

5. 對管教人員或收容人犯罪行為之申訴，應移送負責偵查或起訴之司法機關，由司法機關決定是否進行偵查或退回監所依行為規則懲處。

6. 收容人提出有關羈押、刑期、釋放日期之申訴，應速轉送相關司法機關處理。

7. 為儘速解決收容人之請求及申訴，應鼓勵第一線管教同仁與收容人建立良好之個人關係，以預防由單純請求演變成申訴，或由申訴演變成正式冤情，或由冤情演變成向上級機關申訴。

三 結語

總之，往昔法庭對收容人提出之告訴案件，通常採取不干預原則，主要是基於三個假設：(一)當一個人被定罪後，就似乎喪失一切憲法曾賦予之權利；(二)矯正法令與措施通常皆為收容人之利益而設計。矯正人員應知道如何執行方能不僅對收容人有利，亦能對矯正機構有利。因此，如何使監所之需求與收容人之利益獲得平衡，須靠典獄長及其管教人員去執行；(三)矯正機構之某些措施是給收容人「優惠」，而非收容人之權利，因為是優惠，因此隨時可能因為任何理由而取消。近幾十年來，由於人權意識高漲，法庭已不再採不干預原則。準此，矯正當局當加強矯正人員矯正法律問題之訓練工作，讓他們能充分瞭解矯正法令、政策與規則，以及瞭解收容人與管教人員之權利與義務，進而忠實地遵行，才不會直接侵犯收容人之權利，避免使自己、長官及機關面臨被控訴之危險。

再者，矯正機構不僅是收容人之收容與矯正處所，亦是管教人員之工作場所，除強調收容人之基本人權外，亦應重視管教人員之人權，尤其

是安全工作環境。若無限上綱地引用任一國際公約來主張收容人之人權，將帶給矯正機構巨大衝擊與負面影響，諸如：降低紀律的維持、暴力暴動事故的增加等安全管理及侵害管教人員人權之問題。準此，筆者認為針對收容人之基本人權，應以1955年聯合國防止犯罪及犯罪處遇大會之決議及2015年修訂之曼德拉規則為主，其他相關決議或公約為輔，使能保障收容人人權之際，亦能兼顧管教人員之人權與囚情之穩定。

第十五節　結　論

　　犯罪矯正之領域，由於人類行為科學之發展，已逐漸擴大，其處遇措施，亦更加人性化與社會化，無論在教化、作業、醫療衛生及文康活動均力求符合前聯合國「在監人處遇最低標準規則」（現稱曼德拉規則）之規定，尤其擴大監獄受刑人之司法人權保護及採行社區性處遇（Community-based Corrections）等已成為各國犯罪矯正處遇之趨向。我國犯罪矯正機構已於2020年1月15日及7月15日分別修訂公告監獄行刑法及其施行細則與32個授權辦法，刻正逐步實施這些嶄新之矯正處遇制度與作為，企盼政府挹注足夠之專業人力與經費資源，俾強化執行，達監獄行刑矯治處遇之目的，促使受刑人改悔向上，培養其適應社會生活之能力。

第六章　犯罪矯正機構生活之社會學透視

監獄係大型社會之縮影，具有一般社會組織型態與分工。它是社會適應不良者之大雜燴，更是複雜人性之收容所。傳統上，它除被標籤為不潔之地外，更象徵著罪惡之淵藪，一般民眾避之猶恐不及，因此至今仍保持其神秘性。近年來，由於行為科學研究者相繼投入監獄研究，監獄奧秘之面紗始慢慢揭露。

第一節　監獄文化與結構

早期的研究大都認為，監獄乃一社會實體（Social Entity），具有獨特之價值體系、角色扮演、黑話與風俗習慣。它堪稱為人類特異行為之實驗室，可進行研究討論與分析。

一　監獄化與受刑人次文化

1934年，學者Joseph Fishman出版之《監獄性問題》（*Sex in Prison*）為國外首次以較科學的方法，對高度安全管理矯正機構男性受刑人進行之研究[1]。該研究對受刑人如何在矯正機構內形成同性戀及其角色扮演情形曾為清晰之描述，並認為大約30%至40%之美國受刑人具有同性戀行為。在1930年代此項報告堪稱為驚人之舉。

1940年Donald Clemmer所著《監獄社會》（*Prison Community*）一書為其後之監獄社會研究樹立了典範[2]。Clemmer在伊利諾Menard監獄工作

1　Joseoh Fulling Fishman (1934), Sex in Prison. National Liberty Press.
2　Donald Clemmer (1940), The Prison Community. Halt, Rinehart & Wiston.

期間對受刑人之次級文化，包括特殊黑話、團體結構及受刑人之性行為等曾為深入的研究。他並提出監獄化（Prisonization）的概念，評述受刑人進入監獄後對監獄社會風俗習慣價值觀之適應（Accommodation）與同化（Assimilation）概況[3]。在監獄化之過程中由於受刑人隨著歲月之推移逐漸脫離社會關係、逐漸適應監獄生活習慣，加上對監獄社會獨特風俗與價值觀之學習，因而逐漸同化受其不良影響。當受刑人將監獄之生活習慣視為理所當然時，即監獄化之完成。一般而言，受刑人在此情況下將顯現出如下之監獄化徵候：(一)行為上趨於依賴、被動；(二)思想陷於停滯；(三)人際關係缺乏信任感；(四)對監獄內各項事物不關心；(五)較高之受暗示性；(六)勢利取向；(七)不信任管教人員之主張[4]。此外Clemmer氏並認為早期的獄政管理甚為專橫霸道，受刑人並不願在監獄內參與組織甚或結黨、製造麻煩。值得注意的是Clemmer氏的作品（《研究方法論》）包括訪談之3萬名受刑人，分析50份受刑人自傳、評判200位受刑人之短文（Essays），並使用了6套問卷施測了190次，最後以174個評定項目作為民族誌學資料蒐集之用[5]。這是一部對監獄社會做深入剖析之鉅作，Clemmer氏乃因此被譽為現代監獄社會研究之父。

1958年，Gresham Sykes研究紐澤西高度安全管理監獄，發表其著名之《被監禁者社會》（*Society of Captives*）。其描述監獄社會重要內容包括：(一)詳述初入監獄受刑人遭遇監禁之五大痛苦——自由的剝奪、物質與受服務的剝削、異性關係之隔離、自主性之剝奪與安全感的喪失[6]。這些因監禁而來之痛楚與涉及心理層面之苦痛和生活目標的喪失，對受刑人人格與自我價值感構成鉅大的威脅[7]；(二)生動地介紹監獄社會內受刑人所

---

3 有關監獄化之概念及其徵候，請參閱楊士隆撰，〈監獄受刑人適應問題之研究〉，文刊於楊士隆、林健陽主編，《犯罪矯正——問題與對策》，臺北：五南圖書出版公司，民國96年11月，5版。

4 蔡墩銘，《矯治心理學》，新北：正中書局，民國77年7月。

5 同註2，pp. 114-115, 321-329。

6 Gresham M. Sykes (1958), The Society of Captives: A Study of a Maximum Security Prison. Princeton University Press, pp. 63-81.

7 Ibid., p. 64.

扮演之角色（Social Role）與江湖規矩（Inmate Code），此意味著監獄社會內次級文化具有忠誠、寬容、壓抑與兇殘等不同之風貌；(三)清晰地描繪出監獄管理人員放棄其權威，並且被迫與受刑人妥協而產生腐化狀態；(四)指出受刑人社會之主要標的為次級文化凝聚力（Cohesion），蓋次級文化之形成有助於減輕監禁之痛苦[8]。

　　1961年，柏克萊加州大學教授Erving Goffman在《庇護所》（*Asylum*）一書中提出總體機構（Total Institution）之概念，認為在類似監獄、精神病院、修道院或軍事勞改營等具強制性（Coercive）之機構內，案主或病人因長期與外界隔絕因而走向封閉、毫無生氣之生活型態[9]。簡言之，其研究除指出矯正機構對受刑人之社會關係影響至鉅外，並認為形成總體機構病人之最重要因素並不是「病」本身，而是機構之「結構」使然。

　　1970年，Monochio與Dunn所出版的《時間遊戲》（*The Time Game*）一書中，指出受刑人與職員之所以可能產生對立，乃因彼此間在價值觀與認知上存有極大的差距[10]。亦即因角色扮演的不同，雙方各自以自己所處之世界及看法去推敲對方，彼此間毫無相互瞭解、妥協之可能。這些論點對於具悲天憫人胸懷之人道主義者而言是血淋淋的一課。

　　1972年間Zimbardo在史丹福從事之試驗，清晰地描繪出監獄人際動態概況亦廣獲注意。Zimbardo利用自願大專學生模仿監獄之結構與氣氛。學生被分派為受刑人與管理人員的角色，經過數日之模擬實驗進行，擔任管理人員角色者開始產生獨斷、專橫的行為；而擔任受刑人角色者則呈現無助、消極、憂鬱及依賴情形。最後，因某些學生（受刑人）無法忍受，因此才中斷此一創新之實驗[11]。此研究清晰地指出，監獄之所以具破壞性，乃因其不易改變之強制性結構使然，而非人員本身缺失。

8　Ibid., p. 107.

9　Erving Goffman (1961), Asylums: Essays on the Social of Mental Patients and other Inmates, Doubleday.

10　Anthony J. Manocchio and Jin Dunn (1970), The Time Game. Sage Publication.

11　Philip, Zimbardo, "Pathology of Imprisonment," Society 9: 6-8.

值得注意的是自從Clemmer發展監獄化之概念以後，部分的學者如Sykes及Messinger、Goffman認為監獄化或者監獄次級文化乃對「監禁痛苦」反應之結果。這個剝奪模式（Deprivation Model）觀點是受刑人次級文化之本土論（Indigenous Theory）。1962年以後，Irwin、Cressry及Schrag、Jacobs等倡導所謂輸入模式（Importation Model），前述之剝奪模式始受到挑戰。倡導輸入模式之學者認為受刑人入監之適應，並非完全對監禁的反應，蓋許多價值觀、行為型態之前即已形成，而於受刑人入監時被攜入。現今學者主張整合模式（Integration Model），都認為應整合此兩派對立之觀點，以形成較為周延完善的理論，避免產生見樹不見林的偏見[12]。前述有關監獄化或受刑人次級文化研究，使吾人瞭解「監獄暴動」及「受刑人同性戀」可能之情形。例如監獄暴動的原因可能是許多幫會分子在外界社會中因種族、爭奪地盤、暴利或因仇殺等因素造成，而非單純在監獄內生活衝突而形成。監獄內發生同性戀情形，亦很可能是某些受刑人在外界社會中即已是「玻璃圈」的人，亦非由單純的因素，如異性關係被剝奪而造成[13]。學者Irwin則進一步指出監獄具有互動性（Interactive）而非互斥單一，為前項之爭議提供了另一註腳[14]。事實上，在當前監獄與自由社會交流日趨頻繁之下，Irwin之主張頗具說服力。

二　監獄社會之非正式群體

受刑人在監獄裡，不僅毫無選擇地要生活在由監獄為其成立的各種正式管教群體之中，而且還會自發形成各種非正式群體。所謂受刑人非正式群體，係指受刑人在監內互動過程中，基於共同興趣、共同利益、共同情感、共同犯罪經歷或同一地域等，而自發性形成之一種特殊的社會共同體。

---

12 Charles Thomas, op. cit., pp. 130-131.

13 Ibid.

14 John Irwin, "The Changing Social Structure of the Men's Prison," in D. Greenberg ed., Corrections and Punishment. Beverly Hills, CA: SAGE., pp. 21-40.

非正式群體存在於監獄內，乃不爭之事實，而且它對受刑人之教化及正式群體具有雙面性影響，為此，監獄對受刑人非正式群體之處理策略，首先應採取分類處理之策略，準對非正式群體之不同性質，採取不同之對策或措施。受刑人非正式群體依其性質可分為積極型、中間型及消極型等三種型態。積極型非正式群體之價值目標與正式群體一致，在功能上對受刑人正式群體具有重要的補充作用，這類群體不僅對教化無害且有促進作用，諸如受刑人自發組成之讀書會、讀經、繪畫、下棋等學習型群體。因此，對積極性非正式群體應予積極扶持，提供推展活動之必要條件，同時，成員有好的表現時應多予獎勵。中間型非正式群體為自娛性群體，結構較為鬆散。大多為消磨空餘時間而結成，且以閒談、娛樂為主，雖對教化無直接危害，但缺乏明確的群體目標，易被利用且易變質為消極型非正式群體，為此，監獄對這類群體不能一味禁止或放任不管，而應予引導和控制。消極型非正式群體在價值目標上，多偏離正式群體，對正式群體之功能具有削弱作用，這類群體是以混刑度日、反抗權威、拒絕教化、謀取違禁物品等為目的，監獄應予以分化瓦解，尤其對首惡分子應嚴加查處，以維護監獄之秩序與安全。

其次，監獄應落實直接管理之原則。蓋受刑人非正式群體中，以自治員、服務員、雜役為核心之龍頭型或獄霸型群體對監獄秩序與安全之危害最為嚴重，因此，監獄管理絕不假手於受刑人，以切斷此類消極型非正式群體產生和發展之資源。

最後，應落實分監管理與分類處遇之管教措施。目前監獄內以同一地域或以原犯罪幫派分子為基礎而結成之消極型非正式群體，不僅所占比例較大，且對監獄秩序與安全危害較重。為此，矯正當局應速強化接收監獄及各監調查分類之功能，落實分監管理與分類處遇之管教措施，以減少這類消極型非正式群體之產生。

三　監獄社會之權力結構

就監獄權力結構而言，監獄當局為促使受刑人平靜服刑，各類社會控制策略之發展似屬必然。Etzioni於1975年提出順從理論（Compliance

Theory）即詳述當代監獄當局如何運用管理者之權力促使受刑人遵循規定，達成控制之標的[15]。一般而言，管理之三大權力類型為獄政當局彈性之運用，包括規範性的權力（Normative Power），如給予受刑人適當的工作指派、頭銜等，以激勵受刑人對矯正機構產生認同感。報酬性之權力（Remunerative Power），如給受刑人某些顯而易見之獎勵，像增發勞作金，以爭取受刑人之合作。最後，假如受刑人破壞監獄秩序，則可使用強制性的權力（Coercive Power），如將受刑人移送獨居監禁（Solidarity Confinement）以脅迫受刑人[16]。這些權宜措施，社會的控制特色至為突出，並且深具高壓與懷柔的雙重作用，權力完全掌握於獄方。

受刑人次文化有別於管教人員之主文化，從行刑觀念而言，監獄應設法抑制受刑人次文化之發展。大陸學者狄小華[17]在其著作《衝突、協調和秩序》一書中，認為監獄可正當運用行刑權力，有效地來控制受刑人次文化，茲分述如下：

（一）藉懲罰性權力之運用，使受刑人不敢接觸、傳播及創造次文化。假如管教人員違法使用懲罰性權力，包括濫用、借用及轉讓權力，一方面可能因打罵、體罰等濫用而使受刑人產生抵抗及不滿，因而形成對抗管教之消極非正式群體及次文化；另方面，可能因借用及轉讓懲罰性權力，而削弱刑罰之懲戒及威嚇作用，導致管教環境之惡化及受刑人次文化之氾濫。

（二）藉報償性權力之運用，使受刑人增強約束能力，而不去接觸、傳播及創造次文化。假如管教人員不公正使用報償性權力，而使受刑人不能滿足早日陳報假釋出獄之核心需要，受刑人不但無法約束自己，依主流文化之要求接受管教；相反地將強化受刑人已內化之次文化，並導致消極非正式群體及次文化之產生及發展。

---

15 Amitai Etzioni (1975), A Comparative Analysis of Complex Organization, The Free Press, pp. 3-22; Charles Thomas (1987), Corrections in American: Problems of the Past and the Present. Sage Publications Inc., p. 117.

16 Charles Thomas (1987), Corrections in American: Problems of the Past and the Present. Sage Publications Inc., p. 130.

17 狄小華，《衝突、協調和秩序》，北京：群眾出版社，2001年4月，頁105。

（三）藉有效管理及教化，形成制約性權力，使受刑人對次文化產生抗體，不僅使原有內化之次文化逐漸失去對個人價值觀念及行為之消極影響，且能積極維護及傳播主流文化。假如管教人員不能藉有效管理及教化，對受刑人形成強而有力之制約性權力，受刑人即不能對次文化產生抗體，受刑人中之消極非正式群體及次文化將會在監內產生及發展，並影響監獄對受刑人有效地實施懲罰及教化。

　　總之，管教人員倘能正當運用行刑權力，將有效地控制受刑人次文化；倘行刑權力之不當運用，不僅未能有效地消除受刑人次文化，反而能藉次文化在監內之發展，助長消極非正式群體之產生，而非正式群體之存在又為受刑人次文化之產生提供溫床，導致受刑人次文化之滋長蔓延。

第二節　監獄受刑人之生活適應型態

　　監獄由於具有剝削（Deprivation）及身分貶抑（Status Degradation）的特性，因此受刑人入監服刑之生活適應問題乃格外引人注意；某些受刑人可能退縮至自己的世界，並與其他受刑人完全隔離。然而在今天人犯擁擠的情況下，此項策略似乎不太可能達成；部分受刑人亦可能在犧牲其友伴的利益下，劫取私益以換取生存；另外之受刑人則可能完全的投入受刑人組織之團體，經由團體凝聚力及物質聲望的分配，以減輕監禁的痛苦[18]，這些適應心態端視受刑人之價值觀與生活背景而定。

一 國外學者之研究結果

（一）John Irwin

　　根據1970年代著名學者John Irwin之看法，受刑人適應監獄生活之型

---

18 John Irwin (1970), The Felon. University of California Press, p. 67; Sykes, op, cit., p. 131.

態包含：

1.打混型（Doing Time）

許多的受刑人認為監禁對個人生涯而言只是一段小插曲，這些人大都屬於職業竊盜，他們通常致力於尋求最舒適的服刑環境，以避免監禁之痛苦。生活取向大致為：(1)避免招惹麻煩；(2)謀取可以打發時間的活動；(3)享受一些奢侈品；(4)與其他團體之受刑人建立友誼；(5)從事必要的「工作」以儘速的離開監獄。

2.以監獄為家型（Jailing）

對外界社會缺乏認同感之受刑人，傾向於在監獄中形成自己的世界，屬於此種生活型態者大都為自小即在少年矯正機構鬼混之常客。他們大都熟悉監獄之環境及其運作規則，因此他（她）們極易適應環境，並奪取重要職位及權力。大致而言，此類型受刑人之生活樣態傾向於奢侈。奢靡的結果不僅對本身有利，同時亦可藉機抬高身價，並在監獄社會內謀取一席之地。

3.自我改善型（Cleaning）

某些受刑人可能利用服刑之機會以尋求「自我改善」、「心靈的淨化」或「尋找自我」，以澈底改變原有之生活型態。這些人大都廣泛地運用現有的資源，例如善用圖書館並且積極的參與教育職業訓練等課程。平日他們與行為偏差團體較少接觸，惟仍不免受這些團體之次級文化、價值所影響[19]。

John Irwin雖然排除鬆散型或類似隨波逐流型之受刑人（Disorganized Criminals）於前述三類型之外，惟本章仍予探討。此類型之受刑人可安插於前述任何生活樣態中，他們大都缺乏生活目標、毫無認同感。只要符合其利益，可依附於任何一型態而發展。大體而言，這些受刑人在監獄內缺乏地位，並且不成氣候。

---

19 John Irwin (1970), pp. 68-80.

（二）Irvine Goffman

1961年社會學者Irvine Goffman在對總體機構的觀察中，亦認為受刑人具有下列各類型之生活適應呈現，詳述如下：

1.情境退化型（Situational Withdrawal）

此類受刑人具有「自閉」的型態，往往從現實的環境中退縮下來，並且拒絕與外界溝通、聯絡。如在精神病院內，此類型應屬於退化型（Regression）之病人。

2.非妥協型（Intransigent Line）

隸屬此類型者常藉著公開反對犯罪矯正人員而故意向機構的權威挑戰，藉此希冀提升個人的威望並強化其在監獄內之地位與身價。此類受刑人抱持非妥協或具反叛性之態度常只是暫時的反應，根據Goffman（1961）之看法，此乃受刑人轉化或退化成其他類型之先發徵兆。

3.殖民型（Colonization）

某些受刑人將入監服刑視為另一種「旅行」，甚至沉溺於其中。此類受刑人具有隨遇而安的特性。因此，若監獄之生活品質過高，則須注意可能吸引此類殖民型受刑人前來逐水草而居。

4.轉化型（Conversion）

此類型之受刑人一旦進入監獄內，即澈底地轉化成「順民」，以為自保。在戰爭中失敗被擄之囚犯常隸屬於此類型[20]。

Goffman另提及次級適應（Secondary Adjustment）的概念，亦即受刑人有時並不直接地向監獄當局挑戰，而以獲取某些被禁止的事物為滿足，或以非法的手段謀取利益以為適應，避免心靈遭受傷害。此類適應型態所創造出來之特定生活空間類似John Seymour提及之牆壁凹處的活動範圍（Niche），在此活動空間內，受刑人感覺他仍是自己的主人，有屬於自己的生活天地，可以控制自己的環境，不受外界過多的干擾（Contamination）[21]。

---

20 Erving Goffman, op. cit., pp. 60-66.
21 Ibid., pp. 54-55.

（三）Bartollas與Conrad

學者Bartollas與Conrad提及攻擊反應型（Aggressive Reaction）、集體反應型（Collective Reaction）、自我滿足反應型（Self-satisfying Reaction）、法律反應型（Legalistic Reaction）、退縮反應型（Withdrawal Reaction）及正面反應型（Positive Reaction）之受刑人適應型態分類，與前述學者之分類相似，不另贅述[22]。

（四）Sykes與Irwin

依據Sykes與Irwin之分類，監獄內受刑人之生活適應型態如下：

1.吃裡扒外或走狗型（Rat or Center Man）

Rat乃指「吃裡扒外型」的受刑人。表面上此類型人物宣稱站在受刑人一邊，暗地裡卻勾結獄方並且背叛受刑人社會內之次級文化規範。Center Man乃公開地站在獄方並且依附命令行事，他們稱得上是獄方的走狗。此類型人物已嚴重的破壞受刑人社會的江湖規矩，在監獄內雖受獄方倚重，但在受刑人社會內卻毫無地位可言。

2.強盜、流氓型（Gorillas or Hoods）

此類型之受刑人由於監獄社會內物質供應的缺乏，因此常藉著搶奪其他受刑人之財物，以減輕監禁所帶來的痛苦。換言之，隸屬此類型者常使用強暴脅迫之手段，以傷害弱小之受刑人。大體上，這些強盜、流氓型之受刑人極不易與其他受刑人建立親密關係，若有的話，則泰半基於共同利益而交往。

3.生意人或小販型（Merchant or Peddler）

此類型受刑人在我國俗稱「販賣」，除提供物品之販賣外，往往兼做其他違禁品交換、買賣等非法勾當（如走私煙酒、傳遞消息）。他們往往將自己利益置於最優先。另與強盜型受刑人相同，有時亦藉機剝削其他受

---

22 Clemens Bartollas and John Conrad (1992), Introduction to Corrections (2nd ed.). NY: Harper Collins, pp. 508-511.

刑人的權益，獲取暴利。

4.反判型（Ball Baster）

反叛型受刑人往往是監獄內最令人頭痛的人物，不僅經常製造事端，同時亦對管教人員動粗。其具有希臘諸神中普魯米修士的特質，常不在乎自己的弱點而蔑視或反抗獄方的規定。由於其行為具衝動性且未深思熟慮，因此常危及其他受刑人權益，在受刑人心中只是莽夫一個，未必是英雄。

5.強人型（Real Man）

隸屬於Real Man或Right Guy型者在受刑人社會內則是真正的英雄好漢。他們除能保持尊嚴並忍受監禁之痛苦外，對於獄方抱持頑強，不卑不亢的態度（Neither Subser-vience Nor Aggression）乃其主要特色。由於強人型受刑人具有獨立自主之能力，並且不需要他人的施捨，在受刑人心目中被奉為典範（Model）。

6.老實型受刑人（Square John）

此類老實人與其他受刑人有顯著的不同。大體上，他們仍然抱持傳統社會之價值與信仰，對於許多犯罪次級文化並不熟悉。這些老實型受刑人常不具有犯罪的認同感；亦即他們認為自己仍是誠實信用者，並不承認自己為罪無可赦之人。

7.同性戀者（Wolves, Punks and Fags）

由於在監獄服刑被剝奪了性關係，受刑人往往一方面懼怕喪失魅力，另一方面基於發洩情欲之需要，極易形成同性戀。基本上，扮演男性角色者為Wolves，扮演較為柔弱之女性者為Punks及Fags。Punks為部分受刑人入監後，由於原本即缺乏男性「剛強」的特質，因而發展成。Fags則因天生具有女性之特質，並且原本即具有同性戀傾向者[23]。

---

23 Gresham M. Sykes, op. cit., pp. 84-108; John Irwin (1970), op. cit.

（五）Clerence Schrag

Schrag將受刑人之生活適應型態分為親社會型（Prosocial）、反社會型（Antisocial）、偽社會型（Pseudosocial）及非社會型（Asocial），此分類與前述內容有異曲同工之妙，茲不贅述[24]。

（六）Rose Giallombardo

Giallombardo在美國Alderson聯邦女子輔育院之研究即指出：類似強人型（Right Guy）之角色並未在該女子監獄體系內出現。而獨特之角色扮演，如告密者（Snitcher）、長舌婦（Jive Bitch）、把風者（Pinner）、監獄妓女（Chippie）亦與男性監獄截然不同。女子監獄社會內生活重心傾向於監獄內維繫家庭聯結（Kinship Ties）與其他受刑人發展出婚姻及親屬關係並爭取足夠之女性伴侶，以確保因監禁而暫時喪失之異性關係，男性監獄社會則偏重於權力之追求[25]。

（七）Donald Clemmer

Clemmer在《監獄社會》一書中指出，監獄化之重要假設為受刑人服刑之時間愈長，愈可能對監獄職員懷抗拒心理。學者Wheeler對華盛頓Monroe輔育院16歲至30歲受刑人研究即初步證實此項主張[26]。

（八）Bernard Berk

1977年學者Berk所從事之相關研究雖亦證實Wheeler之主張，卻進一步指出各機構之不同目標取向、受刑人服刑之長短與職員之關係呈現交互影響。在戒護取向（Custodial Oriented）之監獄內，受刑人服刑的時間愈長，愈可能對職員產生負面態度，然而在教化處遇取向（Treatment Oriented）之監獄內，受刑人停留之時間愈長，比服刑期間較短者，愈可能對職員抱持正面的態度（詳圖6-1）。

---

24 Clerence Schrag (1961), "A Preliminary Criminal Typology," Pacific Socillogical Review 4: 11-16.
25 Rose Giallombardo (1966), Society of Women: A study of a Women's Rrisom. John Wiley & Sons, pp. 105-132.
26 Stanton (1961), "Wheeler, Socialization in Correctional Community," American Sociological Review 26: 697-706.

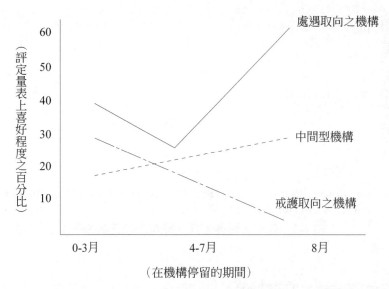

資料來源：Bernard B. Berk (1997), "Organizational Goals and Inmate Organization," in Robert
　　　　 G Leger and John. R. Stratton eds., The Sociology of Corrections. John Wiley &
　　　　 Sons. Inc., p. 38.

圖6-1　受刑人服刑時間與對職員態度之關係

（九）Wheeler及Garabedain

　　根據Wheeler之研究，當監獄化程度與受刑人在機構之經歷呈交叉分析時（Cross Tabulation），U字型曲線之受刑人適應型態乃產生。亦即受刑人在初入監前六個月及將出獄之前六個月頗符合管理人員之期望，監禁之中期則傾向於支持受刑人之次級文化[27]。學者Garabedian在美國西部一處高度安全管理矯治機構複製（Replicate）了上述之研究，其結果亦提供U字型適應型態之另一項佐證（詳圖6-2），其資料顯示在不同階段，受刑人對管理人員所訂之規範呈現不同的服從方式。

---

27 同註22。

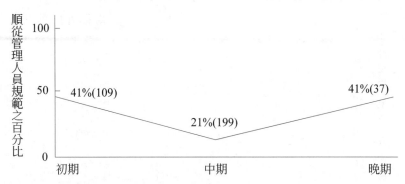

資料來源：Garabedian, Peter G. (1963), "Social Roles and Process of Socialization in the Prison," Social Problems 11(2): 139-152.

圖6-2 受刑人服從管理人員規範之三個階段

二 國內學者之研究結果

（一）王淑女等

國內學者王淑女等於1991年對少年受刑人進入監獄前後價值觀改變之研究指出，少年受刑人入監後更相信兇狠、暴力及非法賺錢等價值。換言之，監獄教化不但沒有發揮功能，反而使少年價值觀更偏離正軌，這項研究結果正與Clemmer之監獄化概念相吻合[28]。

（二）周淑嫻

學者周淑嫻於1996年研究少年犯罪矯治機構次文化時，將輔育院內少年分為下列五種社會角色：

1.政客型

屬智慧型犯罪者，通常表現積極參與活動，與管教人員或同學均保持密切而良好之關係。

---

28 王淑女、王淑惠，〈我國少年監獄教育的評估〉，《經社法制論叢》，民國80年，第8期，頁229-260。

2.自保型

屬暴力犯罪者，通常偏向獨善其身，與管教人員及同學皆保持一定之距離，只對暴力持有興趣，常與同學發生衝突。這一類型與政客型對團體規範均無認同感，只對自己利益有興趣。

3.老實型

屬偶發犯或者是初犯，通常表現出積極參與各項活動，與管教人員交談和接觸多於同學，傾向認同傳統規範。

4.反社會型

屬有前科紀錄之累犯，對院內各項活動均不感興趣，與管教人員之關係顯得很疏遠，傾向認同犯罪次文化，對團體忠誠度較高。

5.退縮型

少年之行為難以預測，非暴力性犯罪者屬於此類型者居多。這類型少年對宗教活動較有興趣，但整體而言，仍然偏向將自己孤立於管教人員與其他同學之外[29]。

周淑嫻除將少年分為上述五種社會角色外，經過大規模調查少年適應情形，亦有下列三點重要發現：1.少年監獄化之效果與入院時間成正比；2.隨著入院時間之增加，少年與管教人員之非正式互動亦愈多，但與其他同學間之私人互動則呈現倒U形之變化，即在中期達到最多，到了晚期又有下降之趨勢。前者是因少年為爭取提前報請免除或停止感化教育之故，而後者反映少年入院中期適應團體生活，以及出現前欲脫離矯治機構之心理狀態所反射出來之行為模式；3.少年年齡、教育程度、前科及扮演之社會角色將會使監獄化之過程產生巨大之差異。[30]

綜合中外學者之研究結果，可歸納為下列幾點：1.犯罪矯治機構存有其獨特之次文化；2.監獄化過程的確存在於受刑人之間，受刑人入監時間愈長，對其監獄化影響愈深；3.不同生活適應型態可能會產生不同監獄化

---

29 周淑嫻，《少年矯治機構次文化研究》，臺北市師範學院社教系，民國85年，頁109-110。
30 同註29。

效果。準此，監獄應按受刑人在監內所扮演之社會角色及其受監獄次文化與監獄化之影響程度，分別監禁於不同之場舍或安全等級之監獄，施以不同之處遇與管理，期能發揮監獄之個別功能——矯治、懲罰與隔離。

第三節　受刑人之江湖規矩與黑話

　　與任何社會相同，受刑人社會具有獨特的價值觀、信仰與風俗習慣。受刑人江湖規矩（Inmate Code）之所以產生，一方面乃其可協助受刑人定位角色，同時可清楚地劃分受刑人與管教人員所抱持之價值觀（或意識型態）的不同。大體而言，受刑人江湖規矩具有特定之「身分」與「地位」，破壞江湖規矩者將淪落到受刑人社會結構之最底（低）層，備受輕視與責難。遵循江湖規矩才能獲取其他友伴（或道上兄弟）之認同與支持[31]。至為顯著的此套「規矩」有助於受刑人次級文化的整合。

　　Sykes與Messinger曾摘要受刑人江湖規矩如下：一、不可妨礙受刑人利益：不可好管閒事、冒失到處說話、陷人於罪；二、不可背叛老大：不可打小報告、背叛領導人；三、坐自己的牢，勿管閒事：要冷靜，不可喪失理智、做自己的事、莫管閒事；四、不可剝削、詐欺受刑人：不可失信、要講信用，不可詐欺、偷竊，不可出賣朋友及敲詐勒索，不可逃避債務，要正直；五、堅強的生活：絕不可懦弱、悲傷，整天哭哭啼啼，要當男子漢；六、不可信任管理員及其主張（認定）的事理：不可愚蠢，管理人員是流氓，監獄當局是錯誤的，受刑人是對的[32]。

　　現今各類型矯正機構（含女子與少年矯正機構），由於組織來源成員互異，加上受刑人接受資訊簡易，並且流動性加速，各機構之受刑人江湖規矩存有差異則屬必然。

---

31 Todd R. Clear and George F. Cole (1986), American Corrections. Brooks and Gole Publishing Company, pp. 346-347.

32 Gresham M., Sykes and Sheldon L. Messinger (1960), "The Inmates Social System," in Richard A. Cloward et al. eds., Theorectical Studies in the Social Organization of the Prison. Social Science Research Council, pp. 6-8.

根據Bartollas與Miller之研究，下列各點為少年矯正機構較為通用之江湖規矩：一、不可告密；二、不可出賣自己的肉體；三、莫管閒事；四、不要受獄方的洗腦；五、要冷靜，不可發牢騷；六、與管理人員玩「遊戲」[33]。

國內實務者林祺芳研究監獄受刑人次文化時，歸納出受刑人之共同規範如下[34]：

一、**江湖規矩**：(一)不可告密（不可當爪耙子）；(二)不可偷竊；(三)有事由輩分小或將出監之人來扛責任；(四)要有輩分觀念，懂得尊重前輩；(五)保密、不可洩漏他人的秘密；(六)不要白目（不機靈，怎麼教也學不會）；(七)勿與管教人員走得太近；(八)不能吃裡扒外，出賣他人；(九)人犯要團結，大家都是在困難中求存；(十)不要惹事生非，影響其他受刑人之利益。

二、**日常生活注意事項**：(一)房內生活日用品共用，有錢出錢沒錢出力；(二)不要妨礙他人（空間、安寧）；(三)生活舉止（小節）要注意；(四)地位低者要孝敬地位高者；(五)聽從房長的指揮；(六)新收者床位由廁所邊睡起；(七)在舍房儘量不上大號。

值得注意的是，受刑人入監服刑後，並非立即沉溺於受刑人社會之價值與規範。監獄化過程（Prisonization Process）是漸進、緩慢的，應源自於受刑人被羈押於看守所、靜候審判、執行之期間。然部分經常出入監所之習慣犯則於入監後即呈現監獄化之特徵，而刑期較短之初犯受刑人，由於與外界持續接觸，加上其人格、情緒較諸長刑期者穩定，因此可減少監獄化的影響[35]。據此，吾人認為受刑人監獄化之程度，依個人接觸刑罰機構之遠近、沉溺之程度而呈現差異。換言之，個人與機構產生互動的結果，衍發不同程度之監獄化現象。

---

33 Clemmer Bartollas and Stuart J. Miller (1978), The Juvenile Offenders. Allyn and Bacon Inc., p. 242.

34 林祺芳，〈監獄受刑人副文化之研究〉，國立中正大學犯罪防治研究所碩士論文，民國91年12月，頁94-99。

35 Todd R. Clear and Ceorge F. Gole, op. cit., pp. 299-304; J.Garoffalo and R. Clark (1985), "The Inmate Subculture in Jail," Criminal Justice and Behavior: 415-434.

　　此外，受刑人因監禁所衍發之問題，乃是發展獨特的黑話（Argot）以凸顯受刑人之角色。雖然黑話意味著受刑人擬保持其神秘感作為效忠團體的指標，Sykes卻認為監獄黑話之最重要功能為其實用性，尤其在澄清及安排受刑人生活適應問題上至為顯著。黑話本身隱含價值、信仰、尊敬、反對等意識型態，藉著黑話之傳遞，受刑人之行動則可明確依循，不致混亂無章[36]。大體上監獄之黑話依文化之不同而存在有差異。以美國為例，一般較為通用者如下：鳥屋（Bird Houes）：崗哨；洗腦（Brain Washing）：團體治療；急速假釋（Brush Parole）：脫逃；大專院校（College）：監獄；老大（Con Boss）：受刑人頭目；菜鳥（Fish）：初入監之受刑人或缺乏經驗之管理人員；地下法庭（Kangaroo Court）：由受刑人自己組合之法庭以審訊人犯；小憩一下（Taking a Nap）：指短刑期者；好人（Good People）：缺乏信賴之受刑人；風箏（Kite）：走私信件、傳遞消息；把風（Stand Point）：從事非法活動時請受刑人嚴密監視管理人員；洞穴（Hole）：獨居房；感覺愉快博士（Dr. Feel-good）：心理師；出租馬車的車夫或計程車司機（Hack）：監所管理員（另參閱Fox and Stinchcomb, 1994: 389-394）。

　　我國監獄黑話一般較通用者如下：蹲苦窯：坐牢；瓢火山：賣酒；瓢草：賣煙；大肚：有錢的人；大頭：沒錢的人；扛奸：賭博；柳點：幫派中老大；拉玻璃：玩屁股；吃耶穌的：白吃；紅仕：說話分量很重的人；雙槍：煙癮奇大者；黑眉：心術很壞的人；掛票：賒賬；日本人：心胸狹窄險惡的人；白蓮教：毒品族群；大隻嗎啡仔：毒癮深者；老火雞：老吸毒犯；海鳥：收音機；棘仔：狠角色；被洗：被修理；打鼓：抽煙；豆漿：在外吃軟飯的人；呷會：送紅包；AB仔：不講人情的人；牛鼻：為他人搖旗吶喊的人；馬面：最會拍馬屁的人；照水：把風；壁將：吃飯；現巴子：現金；黑包：很活躍的人；外頭的：指充當雜役的人犯；把盤：接見；進黑房：指被收押禁見；粉鳥廚：指崗哨；下凡：指脫離監獄圍牆而重獲自由；阿思巴樂：一無是處；帶帽子：管理員；太空房：違規房；

36 Gresham M. Sykes, op. cit., pp. 85-86.

ㄆㄧㄞˇ阿：打火機；大水：科長以上人員；扁脫：打架；吐點或葛屁：死了；扁大方：打麻將；搬慘了：喝醉了；跑條子：指傳遞消息。

第四節　監獄之地下經濟活動

正如一般社會情況，地下經濟活動亦為監獄生活特色之一。地下經濟活動之產生與傳統矯正機構行政之例行性、貧乏感及受刑人生活的單調、空虛息息相關。在犯罪矯正實務上，合作社之存在往往僅能提供有限並合於法律規定之生活必需品給受刑人；而透過接見雖可獲得親友寄入之部分衣物食品，但對於平日生活趨向於奢侈浪費的受刑人而言，這些物品僅能提供其維持生理存活的最低需要而已，並無法滿足他（她）們無限度的需求。監獄為使每位受刑人都能獲得公平、合理之刑罰，並防止特權的介入，乃採行許多必要的措施對受刑人之各項需求加以限制，俾以確保行刑的成效。在此情況下，監獄受刑人由於無法以鉅額的金錢迅速並輕易的購買所欲求的服務項目，因此監獄生活本身對受刑人生活之各層面構成相當大的痛楚[37]。為減輕因物質及其他服務匱乏的痛苦，或為尋求自己在監獄人犯中的聲望地位，受刑人乃汲汲營求一些奢侈品及額外服務[38]。但因監獄所規定之各種限制使得大部分受刑人無法以正常手段取得其所需，如佳餚、酒、性愛、必要的保獲及其他奢侈悠閒的生活型態等，監獄地下經濟即在這些因素的激盪下漸次形成。據一項非正式之觀察，除非是基於個人情誼或遭受脅迫，否則受刑人間特殊的服務，如按摩、洗衣服、撰寫書信及聲請狀、要求性愛關係等均有相當的行情，並可能涉及金錢的運用，這與自由社會並無二致。

深入的研究，監獄地下經濟的流動速率與監督管理之寬嚴、受刑人之需求及行銷的機會密切相關。若管理尺度趨於嚴格，則受刑人所急欲需求

---

37 Sykes, Gresham M. (1958), The Society of Captives: A Study of a Maximum Security Prison. Prinmceton University Press, pp. 63-81.

38 Sheehn Susan (1978), A Prison and a Prisoner. Boston: Houghton Mifflin, p. 91.

之消費品（如酒或毒品）黑市價格即可能飛漲。甚至受刑人亦可能以其他非法的手段勾結或腐化管理人員，甚或威脅利誘共同私運違禁品入監，以達成其獲取暴利的目的。而哪一類型受刑人較可能擔任運輸或販賣違禁品的角色呢？在監獄內之雜役或俗稱「販賣者」，雖可能因職務關係而從事前項非法活動[39]。學者Williams與Fish卻指出受刑人頭目（包括副主管、黑牌雜役）居中遙控違禁品輸入及販賣之可能性應當更高[40]。而如有不肖管理人員在其背後撐腰或控制市場，則將使非法情事更形惡化。

另外，值得一提的是監獄地下經濟活動並不完全需依賴獄方保管卡登記扣存之方法進行，受刑人可能以走私現金換取價差或以其他違禁品如檳榔、酒、甚至毒品等，充當現金之用，以從事非法勾當。而以保管卡登記之方法來掌握各項受刑人間之交易行為並非完美無缺，因為受刑人仍可能正式地以保管卡登記方式來購買違禁品，再從監方保管股中以瞞天過海之方式扣除錢款。

其次，監獄受刑人中有許多職位可充當受刑人傳遞消息、違禁品及獲得特殊利益之用。尤其在類似廚房、福利社、營繕單位、外農、外掃、圖書館工作或充當行政部門之雜役、工場服務員、福利社福利員等，皆是受刑人心目中的「肥缺」或「閒散組」，其特點不外乎可藉此減輕監禁之痛苦，解除生活寂寥，同時亦可乘機獲取一些平日享受不到的利益。這些職務雖有助於減少監獄工作負擔，卻也給管理者帶來諸多的困擾，為了杜絕各項違禁品及其他非法行為的蔓延，監獄當局往往不定時地實施突擊檢查，嚴格地履行各項管制規定，期以減少可能發生之各類違法行為。令人引以為憂的是在前述之嚴格管制行動下，違禁品之黑市價格卻因此而飆漲，間接使囤積者與販賣者獲取暴利。當然，假如不是第一線管理人員之默許及忽視，地下經濟活動絕不可能如此熱絡。事實上，矯正實務顯示部

39 Sykes Gresham M. and Sheldom L. Messinger (1960), "The Inmates Social System," in Richard A. Cloward et al. eds., Theoretical Studies in Social Organizat of the Prison. New York: Social ScienceResearch Council, pp. 5-19.
40 Virgil L. Williams and Mary Fish (1974), Convicts, Codes, and Contraband. Cambridge, Mass: Ballinger, pp. 42-43.

分管理人員可能藉著對部分受刑人非法行為的漠視（如在不符合規定之處所吸煙時視若無睹），以換取受刑人之合作及爭取作業績效[41]。

綜合言之，監獄地下經濟活動與自由社會一樣，是無法完全被禁絕的；因為它不但滿足了受刑人的各項需求，並且使得部分受刑人獲取更多的權威與利益。儘管如此，矯正人員對於受刑人之地下經濟活動則必須加以深入瞭解及掌握，因為它可能是導致監獄暴行與其他事故之主要來源。尤其當管理人員貪圖鉅額不法利益無法把持自己之際，就可能為受刑人所左右，不但使犯罪矯正之效果大打折扣，更可能危及機構之安全。

第五節　監獄暴行

一　暴行現況與型態

對大多數人之自由聯想而言，監獄不僅是剝奪個人自由之處所，同時也是各類犯罪者聚集的危險場所。尤其，當犯罪之人缺乏犯罪矯正當局妥善照顧、管理時，受刑人極有可能面臨二度被害之危險。

監獄暴行之跡象，可從受刑人要求換房、轉業、轉移教區、要求獨居或請求至他監服刑露出端倪[42]，而對於監獄暴行之反應，大多數人趨於消極，例如：恐懼、憤怒、憂鬱，甚至面臨精神疾病之壓力。美國紐約州立大學刑事司法學院教授Toch指出：許多受刑人以退縮消極之方法尋求避難所，無形之中犧牲了許多應得的權利[43]。反觀一些受刑人則加入監獄幫派以尋求庇護，並藉機壯大聲勢攻擊宿敵。另有部分受刑人對於監獄暴行則無法忍受而採取較為激烈的直接反抗手段（如鬥毆等），對施予暴行之人（受刑人甚或管理人員），進行情緒發洩性之報復。

---

41 Todd R. Clear Publishing Clear and George F. Cole (1986), American Corrections. Brooks and Cole Publishing Company, pp. 350-354.

42 Daniel Lockwood (1982), "The Contribution of Sexual Harrassment to Stress and Coping in Confinement," in N. Parisi ed., coping with Imprisonment, Beverly Hills, CA: Sage, pp. 45-64.

43 Hans Toch (1977), Living in Prisons: The ecology of survival. New York: Free Press.

　　監獄之實際暴行事件遠比官方統計數字更為眾多頻繁[44]。一般而言，暴行發生之地點以工場及舍房居多，其在工場作業期間，由於人犯易於接近作業工具，在遇有爭論時，極容易攜械相互攻擊；在舍房內則因空間狹小，自由受限制，人接觸頻繁，在情緒及欲望無法宣洩之情況下，精神壓力緊繃，極易衝動發怒而產生暴行。

　　最常見之監獄暴行，發生於受刑人與受刑人之間者有：受刑人要求異常性行為（如雞姦）、勒索錢財、詐欺、幫派成員之鬥毆、互毆等。當然受刑人亦可能以脅迫、毆打、誣陷、濫告等手段對管理人員施暴，以達成其獲取利益之目的。另外，少數管理人員亦可能在情緒失控之情形下，對頑固之人犯施以毆打或精神虐待。

三 理論解釋[45]

（一）剝奪模式（Deprivation Model）

　　在一些相關的監獄次文化研究中發現，監獄暴行只是反映出受刑人在適應監獄生活中的一項行為表徵，或是個人認知及動機上的延伸（Ellis et al., 1974; Bartollas et al., 1976; Feld, 1977），前者就是剝奪模式，後者則是輸入模式，此二者為當今解釋受刑人適應監獄生活的主要二理論，就功能理論來說受刑人監禁過程中的退化，剝奪或痛苦所產生適應行為的反應，矯正機構具有塑造受刑人適應環境監獄化的影響，在監獄化的過程是受刑人隨著服刑時間的推移而漸適應監獄中的生活，加上對監獄社會獨特風俗與價值之學習，而完全融入監獄社會中。相反地，輸入模式則持不同的看法，認為受刑人適應監獄生活的方式是於入監前即已形成的態度，價值觀及經驗的表徵。

　　從剝奪的觀點視之，監獄的特性與結構，部分受刑人可能在犧牲其

---

44 根據法務部85年監所戒護事故統計表，總計發生21件，陳報黑數甚高。
45 楊士隆、任全鈞，〈臺灣地區監獄受刑人暴行之實證研究〉，《中央警察大學學報》，第39期，民國91年，頁348-351。

友伴的利益下劫取私益，以換取生存，另外之受刑人則可能完全投入受刑人組織之團體，經由團體的凝聚力及物質的分配以減輕受刑人的痛苦，提供一些受刑人對他人的剝削與侵害，這些侵害決定了剝奪的量與質，相同地，機構中監督的嚴密程度與機會的有無，亦是決定暴行多寡的原因之一，如此受刑人的工具性暴力將有所差異，因為在監禁過程中所產生的剝奪能藉暴力解決。例如物質與性的剝奪即能透過這種工具性的暴力獲得紓解，在這種強制性的機構中無法每位受刑人都能獲取物質享受（例如違禁書刊、現金等），惟有透過暴力才能獲得特權與地位。

（二）輸入模式（Importation Model）

剝奪模式認為受刑人的暴行視為對監獄環境的功能性適應，但輸入模式則認為受刑人受到經驗及認知的影響，而形成對人及事的態度。因此暴行只不過是於其入監前行為類型的反應，並非完全對監禁的反應，蓋許多價值、行為型態在入監前即已形成，於入監後攜入，如許多受刑人之間具有暴力傾向，如此監獄次文化中具有暴力使用的特性，僅是受到輸入模式的影響，而非剝奪模式認為的次文化中具有暴力的特質，受刑人入監後必須適應環境，影響其行為模式。例如我們可以發現在監獄裡的江湖規矩中有一部分是與社會上低社經階層相似，例如強硬、拒絕軟弱、熱愛身體強壯，和精神上強硬態度或是經常以暴力解決問題，並不認為暴力是一種非法的行為等（Wellford, 1967; Thomas, 1971）。另外許多幫派分子在外界社會中因爭奪地盤、利益衝突或仇殺，而入監後又再度相遇，如此對復仇的一方而言，正是復仇的好機會。甚至許多受刑人於街頭經驗中習得生存技巧，如何在社會中剝奪他人的方式以求生存，相同地，這些人入監後一樣會以相同的手法施暴或是訴諸於武力，以解決監禁中的痛苦。

在比較剝奪模式與輸入模式對監獄暴行的解釋上，Poole與Regoli（1983）比較四所管理取向上差異的少年矯正機構暴行發現，戒護取向的少年矯正機構暴行發生率高於教化取向的少年矯正機構，亦即機構的類型是影響暴行發生的原因之一；其次，除了機構類型外，入獄前的暴力傾向是最佳的暴行預測因子，此外種族亦是影響教化取向機構暴行的因子，而

在以拘禁為主的少年機構，則是以收容人內規（Inmate Code）最具解釋力。由以上的比較分析可以瞭解，輸入模式與剝奪模式對暴行的解釋，並無法比較出何者為優，而是依所研究的對象與機構管理方式或是其他的變項所影響，因此在考驗二理論之時，應注意外因變項對解釋力的影響。

（三）受刑人平衡理論（Inmate Balance Theory）

在1950年代有一群學者嘗試發展出一理論解釋監獄社會的適應（Cloward et al., 1960），他們的理論是建基於Donald Clemmer《監獄社會》（*The Prison Community*, 1940）一書中；他們認為監獄是一個小型的社會，他們有自己的角色扮演、內規、領導階級等，這些非正式的社會控制使得監獄內能相安無事，保持平靜；在管理階層方面，他們會給予這些領導分子一些特權以為回報，而這些領導分子則會視情形將其所獲得的特權分一些給予幹部作為鼓勵；然而在這一種管理系統下。獄政管理階層必須有限度地容忍一些違規行為，例如私下傳遞消息、違禁書刊等行為。這種的管理方式，管教人員的工作只是容許一定範圍內的違規行為，其餘的秩序管理由受刑人自行運作，亦即管教人員退出圍牆由受刑人自行管理；這種管理模式稱之為受刑人平衡理論；而造成受刑人之間的暴行與騷動的原因，依該理論的解釋為當管教人員欲介入或剝奪受刑人的特權或是對寬鬆的政策緊縮時，亦即破壞了管理階層與被管理階層的平衡時，暴行即有可能產生。贊成此一理論的學者認為（Sykes, 1958），首先，由許多的監獄暴動案例中可以發現，監獄在發生暴動之前整個囚情已陷入不佳的狀況之下，而管理階層愈想控制，受刑人則反彈愈大，最後造成暴動的事件只不過是導火線。另外管理階層破壞了受刑人與管理階層之間的生態平衡，當管理階層所給的特權愈多，受刑人所要的也就愈多，一旦當管理階層發現日漸難以掌控整個情勢時，勢必要收回所給的特權，此時即有可能發生抗爭，甚而產生騷動或暴動，到最後生態的重組。

在許多的個案研究中支持受刑人平衡理論，首先是Sykes（1958）分析紐澤西州監獄暴動的原因發現：當時的管理當局，欲緊縮管理的政策，例如限制娛樂活動的時間與空間，違禁品的蒐查日益嚴格，此舉嚴重破壞

了當時生態的平衡，而最後造成二次的暴動。而Colvin（1982, 1992）亦肯定受刑人平衡理論，根據其研究1980年發生於新墨西哥州Santa Fe監獄（Penitentiary of New Mexico at Santa Fe）暴動發生的原因發現：暴動發生的關鍵原因在於嚴厲蒐查禁藥與減少先前的處遇計畫，此舉破壞了監獄內部的非正式控制社會機轉，加上處置不當最後引發暴動。

但Useem與Kimball（1989）及Useem等人（1996）的二項研究則不同意受刑人平衡理論的論點，而支持行政控制理論；該二項研究蒐集並分析從1971年至1991年所發生的15所監獄暴動，其結論認為並無所謂破壞了管理與被管理之間平衡的情形，相反地，認為是行政管理階層功能不彰，公權力無法執行的結果。

（四）行政控制理論（Administrative Control Theory）

行政控制理論是以《監獄管理》（*Governing Prison*）（Dilulio, 1987）與《囚禁之狀態》（*States of Siege*）（Useem and Kimball, 1989）二本書為基礎引申而來，雖說該二書作者不同，但它們卻有一致的結論：監獄囚情不穩定是由於管理不良的結果。管理不良（Administrative Breakdown）將會產生以下的結果：第一，管理不良將使受刑人覺得管理不公、資源分配不均，因為有辦法的人可以享受特權，即使違規亦可以私下了結，而一般的受刑人只能聽天由命。第二，最前線的戒護人員變得不敢管事，抱持著消極不管事的心態，只求自保，每天例行工作功能的發揮亦是事倍功半，相對地，亦容易造成受刑人集體勢力的坐大、公權力日漸消弱。最後，受刑人形成一股隨時可掌控監獄的勢力，暴動的發生不需要什麼特殊的理由，只要這些受刑人想要掌控整個監獄，他們即可達成目標，這個時候公權力已蕩然無存。

在支持行政控制理論的相關文獻上，除了Useem與Kimball（1989）及Useem等人（1996）的研究外，McCorkle等人（1995）官方資料研究全美371所州立監獄暴行的情形，結果發現不良的監獄管理是預測受刑人毆打管教人員的最佳指標，另外他們亦發現各項處遇計畫是一項有用的管理工具，若監獄中有許多受刑人參與各項教育、職業訓練、工場作業，將能

降低受刑人暴行的發生；亦可瞭解一旦控制了控制變項，則監獄管理無法預測監獄暴行。最後Useem與Reisig（1999）蒐集全國317所成人高度與中度管理的州立監獄之相關資料，其研究方法跳脫傳統的研究發生事故的監獄，而以比較研究法的方式，比較曾發生與未發生暴動監獄的差異，結果發現：行政控制理論解釋力較受刑人平衡理論高，但在某些情形下二者是互補的。

　　總之，受刑人平衡理論主張受刑人騷動或是暴行的發生，由於管理階層破壞了監獄內非正式的社會控制所造成的結果。相反地，行政控制理論則主張，暴行或騷動的發生是由於公權力無法彰顯的原因。另外，二者的主張是相對立的，受刑人平衡理論使我們認為行政與監獄秩序是負相關，換言之，管教人員或公權力介入愈多，則因情愈不穩定，而行政控制理論則是有效的行政控制與監獄秩序是正相關。

三　監獄暴行之相關因素[46]

（一）監獄擁擠與暴行

　　部分研究顯示，愈是擁擠之監獄，其暴行發生亦愈多；相反地，亦有不少的實證研究發現，監獄擁擠與暴行之發生無必然之關係，或相關極小（Farington and Nuttall, 1985）。因此，Stojkovic與Covell（1992）對監獄擁擠造成監獄暴行之說法，抱持存疑之態度。

　　然而Gaes與McGuire（1985）針對美國十九座聯邦監獄之研究結果發現，擁擠程度是預測暴力最有力之指標，其研究結果完全支持監獄擁擠與受刑人暴行有高度相關存在之命題；另美國學者Paulus在研究監獄擁擠對受刑人行為之影響時發現，矯正機構的環境空間與受刑人暴行有關，尤其舍房空間人口密度愈高，其負面影響愈大（楊士隆、林建陽，1994）。

　　Farrington與Nuttall（1985）研究監獄擁擠與暴行的相關性發現：在英國研究監獄中，小型監獄受刑人愈擁擠，則暴行發生的頻率愈高，這樣的

---

46 同前註，頁351-353。

結果，可能的原因之一是大型監獄中暴行的黑數比較多，或是監控力不足所致，但這項研究的發現並不鼓勵增加收容額編制，因為若是受刑人與管教人員的比例不增加，將反而產生更多的暴行。

他們亦認為，一般社會的印象認為監獄擁擠與暴行的增加具有密切的關聯，其中有一項可能是因為美國的監獄，大型的監獄多是高度管理的監獄，管教人員與受刑人的比例相當接近，其監控力自然增加，降低了暴行發生的機會，因此其他因素似乎比擁擠因素更相關。

（二）監獄管理與暴行

Dilulio（1987）曾對於剝奪模式提出批判，認為在監獄如此的環境中剝奪是無可避免的情形，許多的案例中可以瞭解良好的管理制度即使再難以管教的受刑人，亦受制於現實環境而必須遵守；Dilulio認為監獄暴行的產生代表著管理上的問題，諸如受刑人氣焰高張、管理人員離職率高、門禁管制不夠嚴密、受刑人不服從管教的比率提升，管教人員間士氣低落及高層人員無心於管理上等狀況，將促使受刑人有機可乘，暴行的發生率將增加。

在相關的研究中，Useem與Kimball（1989）的研究發現：組織與管理是決定監獄發生暴行與否的重要因素。Farmer（1988）的研究則更進一步指出，即使監獄長期以來囚情不穩定，若是對組織與管理加以改進，仍有可能改善囚情不穩的狀態。McCorkle、Miethe與Drass（1995）三人以官方資料研究全美371所州立監獄暴行的情形，結果發現不良的監獄管理是預測受刑人毆打管教人員的最佳指標，另外他們亦發現各項處遇計畫是一項有用的管理工具，若監獄中有許多受刑人參與各項教育、職業訓練、工場作業，將能降低受刑人暴行的發生；因為它使受刑人忙於上述的活動，而不會將心思放在其他事情上，如此不僅有助於對受刑人的控制，亦有助於受刑人自我改善，若是參與活動的受刑人違規，則他將失去一切，最嚴重的是陳報假釋的日子延長，因此權衡得失將免於違規。而在國內高千雲與任全鈞（2000）的研究結果發現：首先在生活壓力與暴行關聯性上，受刑人感到生活壓力愈大，愈容易有暴行之發生。其次在管教支持與暴行關聯

性上,監獄管教人員若是愈不關心受刑人,愈有可能產生暴行。

(三) 情境 (機會) 因素與暴行

相關研究發現情境因素在監獄暴行中亦占有不可或缺之要素,Harris 與Varney (1986) 的研究發現許多暴行,即使受刑人具有暴力傾向,但情境或機會因素仍然不可忽視:因此他們認為暴行是個人特質與機會因素互動的結果。Miethe與Meier (1990) 的研究發現,雖然管教人員能抑制暴行的發生,但若與有犯罪動機之人接觸頻繁,暴行依然有可能發生,此即表示若矯正機構建築結構中戒護視線的死角多,則創造了較多的被害機會。Kratcoski (1988) 研究機會因素與管教人員受攻擊之相關性,結果發現:發生地點、時間及工作經驗與管教人員受攻擊相關。

最後在Steinke (1991) 研究受刑人間的暴行及對管教人員暴行的結果中發現:首先在受刑人暴行中,若是一些固定、正常的活動則較不可能發生,例如工場、補校;較常發生的地點則是庫房、廁所、樓梯間等死角,監控力較少的地點。而對管教人員的暴行亦與受刑人間的暴行相似,多數發生在無結構、非經常性的行為,如浴室、庫房等,另外受刑人對管教人員施暴多數是單獨所為,但卻與發生的時間無關。

(四) 個人背景因素與暴行

Wright (1991) 研究10所監獄暴行發現,在個人背景上,具有暴行的受刑人比其他受刑人年紀平均小三歲,他們入監前多數是無業、教育程度低、單身未婚,另外在犯罪紀錄上與其他受刑人並無差異,但第一次服刑且年紀相當年輕,而在具有暴力傾向受刑人這一組的背景特質上,與暴行受刑人有相似的結果。較為突出之處是他們所犯的罪多數為暴力犯罪 (例如強姦、強盜、重傷害),但是殺人罪卻不多見。這項研究的結果與Irwin (1980) 及Johnson (1987) 所形容的監獄為家型犯罪人 (State-Raised Convicts) 特質相似,這些人屬於社會的邊緣人,係少年時期即進入刑事司法系統中,而且多有服刑的經驗。

Flanagan (1983) 之研究指出受刑人之年齡、藥物濫用之經驗、犯罪類型及刑期長短等變項,與其在監之違規行為有相當顯著之關係存在。在

國內，陳慶安（1994）的研究發現，違規受刑人與未違規受刑人在性別、結婚與否、犯罪類型、刑期長短、在監時間及服刑經歷等變項上，有顯著之差異存在；鄧煌發與林健陽（1996）的研究則發現，受刑人較易發生經微暴行之特性為：男性、無宗教信仰者、刑期愈長、進入監獄執行之時間愈長、過去判刑或服刑次數愈多、累進處遇級別愈高、觸犯暴力犯罪類愈多、對監獄各項措施愈不滿意、違規行為愈多、遭受被害經驗愈多之受刑人，在監服刑期間比較容易發生經微暴行。而高千雲與任全鈞（2000）的研究亦有相同的結果：觸犯暴力犯、毒品犯罪類型愈多、男性、未婚狀況、年紀愈輕者及累進處遇級別愈高者愈容易發生暴行，唯有刑期、犯次與服刑次數並未發現與暴行有關聯性。

　　由以上國內外的相關研究中可以瞭解，暴行受刑人在個人背景上具有以下特徵：男性、未婚、暴力犯罪類型、刑期與在監時間愈長、進出矯正機構次數愈多者，在監服刑期間均較易發生暴行。

第六節　結　論

　　監獄社會與一般正常社會大致相同，存在特定之組織與職務分工，以維繫生活之正常運作。然而，由於其乃屬囚禁犯罪人之獨特群體，因此孕育特殊之次文化與價值觀，乃至於迥異之生活，適應型態乃在所難免。受刑人為了順利服刑，除例行性之工作外，尚須以各類不同之生活適應型態，以因應特殊、封閉生活之各項挑戰[47]。筆者從社會學之角度分析，希望使得監獄之各層面生活樣態，包括地下經濟活動或暴行衍生……等一覽無遺。雖然如此，本章欲指出，監獄社會之各層面生活並非完全是偏差、負面取向的，與正常社會相同，大部分之生活層面仍屬正面的，生活運作大都有一定之脈絡可循，而且秩序井然。

---

47 部分受刑人甚至為了從事非法活動而想盡辦法賄賂、操縱、控制管教人員，參閱楊士隆撰，〈避免收容人設陷與操縱——瞭解監所次級文化為有效收容人管理之關鍵〉，文刊於《矯正月刊》，第17期，民國82年11月。

第七章　矯正機構戒護安全管理

> 戒護安全應和最碩壯之受刑人一樣強壯。
>
> ——美國獄政專家巴特羅斯與康瑞德

> 不是您控制監獄，即是受刑人操縱監獄。
>
> ——美國伊利諾州典獄長約瑟雷根

第一節　紀　律

刑罰思想至今業已演變為教育刑思想，矯正機構已不再是一單純懲罰罪犯之機制，而係一具有建設性之訓練、處遇和再教育之機構。因此，收容人之紀律，非僅在防止其違規行為、騷動、脫逃等行為之對策，尚具有發展收容人正常行為，促使收容人自我控制、自尊、自律，俾使其釋放後保持諄諄受教之精神和律己之遠景，達成適於社會生活之目的。尤有進者，視紀律為收容人應享之權利，良好之紀律可使收容人於教室或工場內處處感覺安全。因此，紀律之良窳關係整個矯正計畫之進行和戒護安全，亦唯有維持積極性之良好紀律，始能促使所有矯正計畫發揮適當之功能，並使矯正機構形成有規律化之小型社會。

一　維持紀律之原則

犯罪矯正實務顯示，紀律之良窳關係整個矯正計畫之推行與戒護安全，然其成敗完全操之服務於基層第一線之管教人員。故為使矯正機構建立一具有矯正性之紀律，則管教人員應先瞭解下列原則[1]：

1　American Correctional Association (1974), Manual of Correctional Standards, pp. 404-407.

（一）配合紀律之原則

鼓勵收容人自律或引導至可被接受之行為，並非單靠維護紀律之管教人員或紀律委員會或某種措施所能為之，而係有賴全體管教人員和整個矯正措施互相配合與運用，才能發揮維持紀律之功能。

（二）個別紀律之原則

由於收容人之人格特性和犯罪因素互異，因此處遇之技術與方式亦應不同。換句話說，某一類處遇對甲可能發生正面效果，對乙或許無效，甚至產生反效果。因此，紀律之維持應以個別化為基礎，而個別化紀律之原則，首應探究收容人之人格發展，其目的在於瞭解收容人之類型，及何種處遇較為有效，以利個別紀律之實施。

（三）預防紀律之原則

今日工業管理之原則，認為事先之維護和保養，重於事後之整修或整個工廠之重建，這種工業管理之原則亦可引用至今日矯正機構管理之上。雖然吾人承認矯正為維護機構安全務必維持完善之控制，但實務上卻也顯示違規後施予處罰，仍不能完全阻止違規事件之發生。維持良好紀律，不能僅藉處罰方式，不論其公平或合理與否，倘每逢收容人違規或其他有關紀律之行為皆一一交付委員會審查，則矯正機構將不勝其煩，無法顧及其他措施。其最佳方法即促使收容人之自律、自愛，則與管教人員衝突機會將無形中減少。吾人須知，不以事後處罰之方式而以預防偏差行為之發生，才是真正再教育或再社會化之矯正。當違規行為只是芝麻小事或是無知缺乏認識或過失所造成的，只要適當輔導與教誨，或以富有建設意義之姿態暗示，即可發生糾正效果。一位明智熱誠之管教人員，可藉公平且友善之方法，促使收容人不再犯錯。相反地，無經驗、缺乏瞭解之管教人員，即可能以一種違反專業精神、不友善，甚至敵對、不耐煩之態度，使得收容人違規事件更加惡化。

（四）溝通紀律之原則

管理收容人應隨時瞭解其想法，及對矯正計畫之反應。收容人不但須認識矯正計畫對本身之要求和期望，而且尚須明白何種機會對本身有利。因此，應儘量讓收容人有機會瞭解日常生活有關之問題，與行刑計畫及其利益，以避免謠傳或秘密傳達消息而影響紀律。良好之溝通不僅能消除收容人在矯正機構生活之不安，且可解除其與管教人員間之懷疑和其他暴行，促使彼此互相接受。因此，任何新矯正措施或變更規定，倘事先有所溝通，或合理之解釋，必可獲得收容人接受和支持，少數反對者亦能因此降低反對之態度。

二　違規處罰之程序

往昔，在收容人紀律方面往往由首長派專人負責，在法令限制之下，其掌有紀律之立法、司法和執行的功能。近年來學者和實務者咸認為應由一紀律委員會專司其事，遠較單獨由一專人負責更客觀、公正、公平。至於收容人違規處罰程序，實務上，各國大致規定須經下列三種過程[2]。

（一）報　告

輕微違規事件似可以非正式方式處理，倘管教人員認為以非正式處理方式不適當或無法達到預期效果，則應即書寫違規事件報告，陳送指定之紀律監督人員，審核有無錯誤或其他應補充之處。書面報告除載明違規收容人之姓名及其他可資辨別之資料如番號、年齡、罪名、刑期等外，應詳述所違犯之規定與情節，該收容人任何異常行為、告訴者之姓名、證據及當時之處置，書寫報告之管教人員應簽章及註明日期。

當違規事件報告提出後，適當的調查應盡可能於二十四小時內立即展開並且完成，除非有例外的情況，否則不得有不合理的延誤。當收容人

2　Ibid., pp. 409-411；盧秋生譯，〈日本矯正機構懲罰及其適當之執行手續〉，《獄政管理專刊論文集(二)》，民國79年9月，頁165-167；羅富英譯，〈美國受刑人規則與懲罰〉，《獄政管理專刊論文集(二)》，民國79年7月，頁256-263。

之違規行為有觸犯刑法罪嫌時，應將該案移送檢察署偵辦，且不得辦理移監。

違規事件報告應於調查前副知違規收容人。調查時，調查人員應向其宣讀違規事件，並請其提出答辯，同時應告知其有保持緘默之權，雖紀律委員會可就收容人之沉默而做出對其不利之推論，但沉默在本質上將不足以支持違規行為，即不能作為有違規之證明。其次，調查人員應詢問證人並做成筆錄，且應向書寫報告之管教人員詢問有關違規事件之各項問題，然後做成分析與結論，陳送紀律委員會。

（二）聽　證

適當之調查完竣後，違規事件之聽證工作應儘速進行。違規收容人須在聽證舉行前二十四小時被告知聽證的時間和地點，且應給予對其控訴之書面聲明，但收容人認為不需要聽證時，自可以書面放棄聽證權利。

聽證時應給予違規收容人有充分辯解之機會及提出書面的證據。但切忌有管教人員或其他收容人在場作證，以避免違規者仇視而加以報復，最好由負責調查之人員向紀律委員會報告詳情。

倘違紀情節重大或具危險性時，為防止串供、湮滅證據及確保收容人與機構安全起見，於其接受調查與聽證之際，得予以必要之隔離監禁，惟該隔離監禁不得視為懲罰之處分。情節較嚴重或屢次發生違紀行為之事件，應澈底調查發生原因以發現根源之所在，減少違紀之發生，同時可使收容人認為聽證將是公平無私，毫無偏見，而心悅誠服於紀律委員會之決定。

至於負責聽證之任務，應成立一紀律委員會專司其事，該會委員之多寡應依矯正機構員額大小而定，通常不得少於三人，委員之遴選應以人格、判斷力、訓練、經驗及職位為其要素。直接涉及違規事件之人員諸如書寫違規報告、調查，以及其他與本案有關之人員均不得為委員。重大違規事件可請專業之心理、精神醫學或犯罪學學者等參與。此種合議性之委員會負責違規事件之聽證，不但其議決之懲罰較能適應客觀公正之需要，且合乎紀律維持之原則，加深收容人對聽證之信心。

（三）紀　錄

　　紀律委員會應基於聽證程序中所獲取的資料，做一決定並做成紀錄，陳送首長檢視，以確定聽證均按照規定程序，以及所採取的處置合乎機構規則。紀律委員會之決定與所持之理由應以書面副知違規收容人，並告知倘不服處置時，得於規定之時間內提起申訴，此申訴通常需於一個月內決定，並將申訴結果立即以書面通知違規收容人。

　　上述違規處罰過程，可從聯合國「在監人處遇最低標準規則」第30條：「(一)對於在監人非依法令之規定，不得加以懲處，同一事件不得重複懲處；(二)在監人非告以應受懲處之犯行，並予以適當解辯之機會，不得加以懲處。主管人員對於懲處事件，應詳加審理；(三)在必要及可能情形下，應許在監人經由通譯，提出申辯。」之規定中，獲知各國之重視，亦唯有經此一合法審慎之過程，始能發揮紀律之功能。

　　往昔我國各監所對於收容人違規懲罰程序，均由各場舍主管依其認定之違規事實簽報，並立即執行懲罰。主任管理員以上之人員，並未做適當之調查，僅形式上在獎懲報告表簽章以完成手續而已。亦即場舍主管人員掌有紀律之立法、司法和執行之功能。獎懲報告表雖列有申訴欄，且法令亦明定應給予辯解，但鮮少給予違規收容人充分陳述辯解之機會，縱然有人會申訴，亦不會被採納或重視。因此，輒因場舍主管憑其個人好惡，致使違規懲罰失之客觀或標準不一，而衍生不少申訴或訴訟案件，甚至引起嚴重之意外戒護事故。當務之急，應依監獄行刑法第86條規定及羈押法第78條，訂定違規行為態樣懲罰辦法，明確列出違規行為及對何種違規行為將受何種方式之懲罰，以達違規懲處條文化、明確化之目標。同時該辦法須每年加予檢討，以期配合時代需要。收容人與管教人員應人手一冊，不但應讓收容人充分瞭解外，管教人員須接受在職訓練，以確定熟諳該辦法，避免管教人員在解釋與應用上發生矛盾，影響管教與戒護安全；其次，應建立一套周延之違規懲罰程序，以及成立紀律委員會專司其事。委員會之委員，必要時得延聘社會上有德望或公正人士參與，期使違規事件之懲處過程，達到公平、公正及社會人士參與矯正工作之目標。

三 違規處罰之方式

收容人違紀事件經由管教人員之報告和紀律委員會之審理確定後,則須接受適當之處分。學者和實務家雖大致認為處罰對於紀律維護具有建設性之功能,然其是否適當則對處遇效果影響至鉅。同時,良好紀律之維持不能完全藉助於處罰,嚴厲之處罰愈少,反易獲致感化之實效。茲將各國所採行之懲罰方式及過當之方式,分述於後。

(一) 懲罰方式

1.勸告或面責

勸告或面責係以違紀情節輕微者為對象,惟其違紀亦應載於收容人之個案卡,以示警惕。收容人皆知如無違紀之紀錄,將有助於早日釋放恢復自由,因此對偶發、違紀輕微之收容人,僅加以勸告面責,即可收預防紀律原則之功效。

2.權益之剝奪

懲處收容人違規之另一方式,即是剝奪各項享有之權益,諸如康樂活動之參與、物品之購置、休息時間、收聽音樂及欣賞電影等權益,惟獨接見與通信權益之剝奪,除非與違紀事件有關外不得為之。且此種懲罰方式,亦必須富有個別化之意義,例如對不善於活動之收容人,予以剝奪參與康樂活動之權益,則失去懲罰個別化之意義。

接見與通信具有矯正功能,已為各國公認與重視。因此,矯正機構不但應儘量避免以禁止接見和通信作為違規懲罰之項目外,應允許並鼓勵收容人與外界保持密切之接觸,藉以建立收容人家庭觀念,增進收容人與家庭及社會之凝結力,促使其改悔向上適於社會生活。

3.優遇權之喪失

所謂優遇權之喪失係對於行狀善良及作業努力之收容人,給予優遇權或縮短其刑期,以資策勵。相反地,對於違紀之收容人,則將剝奪是項權利之一部或全部,藉以促使收容人今後培植善行,俟其行狀復歸善良時,

再行恢復原有權利之一部或全部。

4.暫緩執行

將違紀者之懲罰處分，於一定期間內暫緩執行，或於暫緩執行後，代以面責或暫時剝奪其權利，以觀後效。在此期間內，倘有善行或遵守規定，則可酌予獎勵，免除其前次違規之懲處。

5.隔離監禁

為保護收容人及他人，及避免部分收容人無法與人融洽相處，有時仍有必要給予其不同時間之隔離監禁。然而此種隔離工作應由有經驗、能力之管理人員負責監督和不斷地巡察。其供作隔離監禁之宿房設備、處遇、衛生等均應由首長詳細規定，以維護人權。隔離處分對於某些違規情節重大者，最為有效。隔離處分貴乎適當，故主持其事者應慎重遴選適當人員，且其行使之對象以警告、申誡、剝奪權益、喪失優遇權和其他方式無法達到預期之結果，及移送法辦屬罪證不足之收容人為主。但在若干情形下，矯正機構為求配合實況之需要，可能於實施隔離以外，尚實施上述一種至數種之懲罰。隔離監禁期間應隨時分析矯正計畫、規則及執行情形，瞭解收容人敵對之原因，及追蹤分析其基本問題之所在。隔離期間愈短愈佳，其最長期限不得逾十五日，否則收容人將因無法適應而加深其仇視之態度。

6.移監執行

將違紀者監禁於甲監，其懲罰方式未必合適，但如移送具有隔離舍房或特殊處遇設備之乙監（如收容人觸犯重大違規案件之移送臺灣綠島監獄執行），或可獲矯正之效果。因此，移監執行被矯正機構視為維持紀律之具嚇阻性策略。

根據監獄行刑法第86條規定，受刑人有妨害監獄秩序或安全之行為時，僅得施以下列一款或數款之懲罰：1.警告。2.停止接受送入飲食三日至七日。3.停止使用自費購買之非日常生活必需品七日至十四日。4.移入違規舍十四日至六十日。

（二）過當之懲罰方式

部分國家矯正機構仍存有許多紀律處罰方式，由於不合人道，已為專家學者所極力反對，茲列舉之：

1.使用武力

武力鎮壓不僅極易導致各種衝突與危險事件之發生，同時蒙受輿論之苛責，使矯正機構多年之耕耘毀於一旦。因此，戒護管理即使處於緊急狀態，倘非絕對必要或迫在眉睫時，斷不可輕率為之。事實上，管教人員倘施殘暴手段於收容人，必將引起諸多後遺症。因此，管理人員於戒護區域內，不應攜帶任何武器，一則可免收容人竊奪，二則可避免欠缺經驗之管教人員濫施武力，引起不可預測之災害。

2.體罰

行刑或保安處分之目的，在於教化收容人及防衛社會安全。體罰之威嚇係源於自由意志之觀念，它或許能發生一時之威嚇作用，然對收容人改悔向上適於社會生活之行刑目的，卻毫無裨益。收容人基本上認為體罰僅是一種報復行為，它使其更覺得有被社會遺棄及失去社會地位之感覺，增強其敵對和反抗之行為。因此，矯正機構對收容人所為之任何教化的積極性努力，將由於收容人這種否定行為態度而愈趨困難。加拿大國會體罰與死刑委員會（The Canadian Parlimentary Committee on Corporal and Capital）於1956年曾做一研究，指出曾受體罰之犯罪者中，累再犯率甚高，因此該委員會得一結論謂：「體罰之處遇和管理方式並非能發生獨特之嚇阻影響力。」[3]可見收容人違規之情節，不論嚴重與否，均不應施以體罰，諸如：鞭撻、拳擊、灌水、剝奪飲食及其他有害身心健康之處罰均是。聯合國「在監人處遇最低標準規則」第31條即明文規定禁止體罰、暗室禁閉及一切殘忍、不人道、有害人格尊嚴之懲罰方式。

3　A.M. Kirkpatrick (1970), "Corporal Punishment," Federal Probation 34: 41-44.

四　違規處罰之限制

（一）應依法令為之

由於懲罰關係到收容人權利之剝奪與抑制，為保障收容人人權，「聯合國在監人處遇最低標準規則」第30條規定：「對於在監人非依法令之規定，不得加以懲處」；同規則第31條規定：「體罰、拘禁暗室及所有殘酷、不人道或難堪之處分，應一律禁用為懲處之方法」。我國監獄行刑法第85條與羈押法第77條亦明定：監所非依本法或其他法律規定，對於收容人不得加以懲罰。此所謂「本法或其他法律規定」，包括懲罰事由及懲罰方法之規定。

（二）不得重複懲罰

重複懲罰，將失去懲罰之意義，而有凌虐之嫌。因此，「聯合國在監人處遇最低標準規則」第30條規定：「對於在監人同一事件不得重複懲處」。我國監獄行刑法第85條與羈押法第77條後段亦明定：同一事件不得重複懲罰。此之所謂「重複懲罰」，指對已懲罰過之同一事件，再簽辦懲罰之意；如僅係在懲罰事件定案前，由監（所）務委員會決議，施以數種之懲罰方法，尚非此所謂重複懲罰。

（三）不得有礙身心健康

「聯合國在監人處遇最低標準規則」第32條指出：「1.禁閉或減食之處罰，非經醫務人員檢查出具書面證明認為堪以承受，否則絕對禁止。2.任何處罰不得與第31條之原則相違背，如有不利於在監人之身體或精神健康者，前項之規定亦適用之。3.在執行懲處期間，醫務人員應每日探視受懲處之在監人，如發現對其身體或精神健康情形，有停止或變更懲處之必要時，應向機構之長官提出建議」。我國監所法規對違規收容人之處罰方式，雖修正刪除強制勞動及停止戶外活動，但對移入違規舍之收容人仍應規定醫務人員每日探視違規舍受懲處之收容人，如發現對其身心健康情形，有停止或變更懲處之必要時，應向監所之長官提出建議。

任務託付於收容人代為執行，由於收容人並不具有執法公務員之身分，將構成違法執行問題，且如由收容人執行，勢必造成權頭管理之後遺症，衍生諸多弊端。是故，「聯合國在監人處遇最低標準規則」第28條明定：「在監人在機構內參加服務者，不得使其擔任有關懲戒之任何事務」。

第二節　戒　護

戒護之主要目的，在於安全地保護和控制收容人，使矯正機構成為一個有紀律之小型社會。然有時此一觀念，極易被人誤解與教化工作背道而馳。殊不知忽視戒護安全，任何矯正措施將難付諸實施，而唯有繼續維持安全且有紀律之環境，方能使矯正處遇工作有效地付諸實施。是故，完善之矯正計畫必須與戒護安全相配合，也唯有藉戒護工作所獲致之紀律與安全，始能使其他部門發揮功能，達成預期之目的。

一　戒護之技術與原則

戒護措施，雖屬消極性之工作，然其策劃是否周密，影響各種矯正計畫之推行至深且鉅。茲將其技術與原則分述於後：

（一）分類管理之施行

即根據調查分類之結果，對收容人施以各種不同程度之戒護管理，而其中所有處遇和訓練計畫必須因應戒護程度之需要而有所不同。一般而言，矯正機構存有三種不同程度之戒護：高度戒護（Close Custody）、中度戒護（Medium Custody）和低度戒護（Minimum Custody）。高度戒護分類，乃將收容人監禁於最安全之舍房，純以內部作業為限，並須時時刻刻接受監督，其目的不但在於減少脫逃，同時對於性變態或異常行為之收容人給予高度之監督。中度戒護分類之收容人，應給予有利之作業，而不是繼續不斷或直接之監督，准予自由活動，惟在監外作業時，應在管理員

監督下進行。低度戒護分類之收容人，被認為易於從事監外作業或視同作業，收容人一切活動較為自由，僅是施以一般性之監督即可。以上三種戒護程度，至少每年應複訂一次，以促使戒護分類更加靈活、生動，達成分類管理之目標。

（二）安全設備之檢查

管理人員對於安全設備，倘能經常檢查，則對矯正機構之管理及安全當可獲致保障。矯正機構不但每日至少檢查各處之門窗、鎖鑰及其他安全設備一次，必要時可隨時增加次數，以確保所有安全設備完整無損。檢查之結果並應逐日予以記載，呈主管長官核閱。其作用不僅可早日發現收容人企圖脫逃或騷動之陰謀外，並可即時修復腐蝕已毀損之安全設備，杜絕意外事故之發生。

（三）違禁品之檢查

違禁品乃矯正機構發生各項騷擾與暴行之泉源，因此對其必須有一套完善之管理計畫，以杜絕其衍發之各項弊端。而違禁品最簡單之管制方法，即是加強檢查及監督，其應注意之原則如下：

1. 定期或不定期檢查舍房及作業場所。
2. 隨時檢查並謹慎地監督雜役或其他人員之行動。
3. 審慎監督請求接見者，尤其應對收容人接見時送入物品詳加檢查。
4. 發受書信及郵寄包裹應詳加檢查。
5. 設置檢查站，派經驗豐富之管理人員負責檢查出入矯正機構之車輛及物品。
6. 設置複驗站，送入之物品材料，經檢查後，集中複驗站再予詳查。
7. 於矯正機構舍房之進出口，裝設金屬偵測器。
8. 建立對管教人員實施突擊檢查制度。
9. 購置檢驗儀器，加強尿液檢驗。
10. 舉辦在職專業訓練，加強管教人員對毒品及其他違禁物品之認識。
11. 加強對新收、出庭返押、外役等收容人之檢身。

（四）點名制度之確立

任何戒護層級之矯正機構均應確立點名制度。點名制度除每日正式點名外，管理人員並應隨時且不規則地普查其所監督之收容人。尤其，管理員隨時應充分掌握其監督下之收容人人數及瞭解其身在何處、正做何事。此種點名工作，不但應由管理員躬親為之，且必須遵守下列原則：

1. 注意力務須集中，切忌與收容人、職員談話或做其他任何分心之事。
2. 點完一部分收容人姓名時，應記入臨時點名簿，並應與其他未點完名之部分隔離。
3. 點名時應注意觀察各收容人之活動及談吐情形，避免冒名頂替。
4. 於舍房或廣闊地方點名時，因難以兼顧全部收容人，故可能有同一收容人被檢點兩次之現象，釀成掩飾脫逃之情事，故是項點名時應由另一管理員在旁監督、察看收容人之移動情形。
5. 每日正式之點檢，由戒護科或訓導組統一指揮。

（五）武器之管理

武器之控制系統，應謹慎地加予研究，以便建立一有系統之制度。矯正實務告訴我們，少數人之疏忽，往往釀成嚴重之傷亡及其他事故之發生。武器管理之原則如後：

1. 應設專用械彈庫，所有械彈，須分門別類儲放，槍與彈應分別、隔離地存放，並妥為加鎖。
2. 械彈庫應遠離收容人之舍房或活動之範圍，以策安全。
3. 械彈庫應指定專人負責管理，庫櫃及門鎖鑰匙，由戒護主管及械彈管理人員負責人保管。
4. 管理人員不但要接受訓練，瞭解武器使用與保養方法，且應隨時舉行測驗，以求勝任工作避免肇禍。
5. 提取武器擦拭，倘不得已須接近收容人時，應有兩人以上為之，較為安全。
6. 切忌於收容人面前誇示或使用武器，威嚇收容人。
7. 服勤人員有攜帶武器時，應做到人不離槍之嚴格要求，勤務完畢，隨即

交還保管。

8.械彈應嚴密管制，械彈管理人員應每日查點一次，戒護科長每週檢查一次，首長每月應檢查一次，檢查情形並應記載於專用簿冊。

（六）工具與設備用品之管理

　　未受過專業訓練之管理人員，常認為矯正機構隨時隨地可見作業工作，似不足奇。殊不知忽視作業工具、材料之管理，將可能帶給管教人員及收容人之許多不幸，甚至造成傷亡。矯正實務顯示，很多機構之門窗，常被一分寸長之螺旋鉗弄彎或損害而喪失戒護作用。許多流血案件和脫逃事故，常因收容人擁有一塊鐵器或無用之工具而造成。因此隨時檢查工具及設備用品為戒護管理之重點工作之一，其管理之原則如後：

1.工具或器械用品，應懸掛於規定之玻璃櫃內，並註明何種工具應置放何處。

2.應隨時檢點工具及現在放置之地點。

3.任何職員提取工具，均應有借條。

4.工具均應註明科室或工場名稱，以明責任。

5.除非受嚴格之監督外，切忌讓收容人私自使用或擁有工具。

6.廚房之炊事用具亦應隨時加以檢查與妥慎管理，防止濫用。

（七）鑰匙之管理

　　鑰匙之控制與管理關係矯正機構和收容人安全至鉅，其原則如下：

1.所有鑰匙應由主管戒護之組、科室集中管理。

2.戒護科（組）應備有一本冊子，載明其編號及適用之門戶，同時設置裝鉤之木板，俾將全部編號之鎖鑰掛上，以便隨時稽查各鑰匙領用之情形。

3.戒護科（組）應另備有一套全監（所）之鑰匙，以利急需之用。

4.領用時，須先登記，用畢後，立即繳還。

5.領用鑰匙，嚴禁配帶於皮帶或衣服上，或託交收容人代為使用，以防止收容人藉機仿造。

（八）勤務崗位之分析

矯正機構每一崗位應先加予分析，使管理人員瞭解自己崗位上應注意之事項與責任之要求，達成戒護之責任。重要勤務崗位之勤務管理原則分述如下[4]：

1.工場勤務

(1)應熟記工場收容人之名字，瞭解其身分關係及社會背景，以利管理及戒護。

(2)收容人作業位置應嚴格規定，不得擅自變更，以便掌握。

(3)同桌用餐者，以人數不得過多為原則，以防私結黨羽。

(4)浴室除沐浴時間外，工具房、倉庫除領收時間外，均應鎖閉嚴加管制。

(5)廁所應嚴加控制，收容人如廁應指定按廁所編號入廁，以便掌握人數。

(6)對於具有毒性、易燃或其他危險物品應特別注意管理。

(7)收工時，應逐一清點工作器具，並放置於一定處所，如有缺損應查究原因。

(8)開工前，首先應檢查工場內之安全設備，收工時亦應親自檢查，並注意水電或火源是否關閉。

(9)處理違規事件應在管教小組為宜，或收封進房後再帶至中央臺處理。

(10)妥慎運用布建之內線，以防範事故之發生。

(11)應隨時不規則地點名且嚴禁收容人流串工場，以確實掌握人數及防止傳遞違禁品。

(12)對出庭還押或接見後返回工場之收容人，應嚴格檢身。

(13)材料或成品進出工場，均應詳加檢查。

(14)除應與教區科員、教誨師進行縱的連繫外，並應多與隔日制之管理人員做橫的連繫，以確實掌握收容人夜間之各種狀況。

4　丁景鐘等，〈監所戒護管理之研究〉，《法務部79年度研究發展項目研究報告》，頁4-23。

2.舍房勤務

(1)舍房接班應清點人數,注意每一房內人數與房外收容人名牌是否相同,並應注意安全設備有無損壞。

(2)收容人出房作業或收工入房,場舍主管人員,應查點人數,以明責任。

(3)夜間房門鎖閉後,應將鑰匙交勤務中心保管,除緊急事故外,非有長官在場及許可,不得開門。

(4)夜勤主管應將收容人當夜之各種狀況記載於勤務簿,並當面告知日勤主管,以便日勤主管及時做適當之處理。

(5)夜勤主管夜間應著布鞋,逐房查看收容人動靜態,並應按時簽巡邏表。

(6)收容人施用戒具,舍房主管應每日早晚嚴加檢查,必要時並隨時突擊檢查。

(7)用餐時,舍房主管應負責督導雜役逐房分送食物。

(8)舍房主管應熟悉該舍房之消防設施及緊急出口處。

(9)每日應按規定讓收容人至少運動半小時以上,運動時應嚴加監視收容人之行動。

3.炊場勤務

(1)炊事收容人以遴選非暴力犯罪之短期刑者為宜。

(2)炊場收容人衣著及場內飲食器具,應保持整潔。

(3)炊場菜刀及其他用具應嚴加保管。

(4)收回之飲食用具應加清點,如有短缺損壞應即查究。

(5)鍋爐、蒸氣設備等應慎加管理維護,以防意外。

(6)主副食應由收容人輪流推舉代表司秤,眼同下鍋,煮熟後眼同發給,並請有關人員每日到場監視。

(7)殘羹餘飯,應妥為處理。

4.檢查站勤務

(1)出入車輛就予登記，對車身、作業材料、物品、司機及其助手，並詳加檢查及檢身。

(2)進入人員攜帶非公務所需要之物品，應請其存放保管箱。

(3)收容人出門時，除應查驗出門證及人數外，並應予詳加檢查；入門時應詳細登記，核對身分及檢查。

(4)管教人員進出，得檢查其衣服及攜帶之物品。

(5)非管教人員持有許可證出入監所，得通知有關人員帶領，如有可疑，並得檢查其衣服及攜帶之物品。

(6)注意門禁安全，內外兩道鐵門，不得同時開啟。

5.門衛勤務

(1)門衛管理員儀表應端莊，態度應和藹。

(2)擬進入監所之人，門衛管理員應問明來意，如形跡可疑，應即報告長官聽候處理。

(3)攜帶物品外出，應查驗是否與出門證記載相符，如有不符，不得放行，並報告長官處理。

(4)監所門禁附近，如發現閒雜人、車等徘徊聚集，應密切注意，必要時報告長官處理。

(5)門衛交接，應將訪客人數、入門證數量，及其他注意事項詳加交代。

(6)監所大門關閉後，非本機關員工不許其入內，其有特殊原因請求入內者，應查明姓名、身分、職業報請長官處理。

(7)收容人出監所，應核對身分、人數、釋放證明相符後始准放行。

(8)戒護區內各道門戶，晚間除當日服勤人員外，非得長官許可，不得出入。

6.崗哨勤務

(1)執勤時，應配帶槍械，精神專注，並按時與勤務中心聯絡，報告勤務情況，嚴禁閱讀書報及任意使用視聽器材。

(2)發現收容人接近圍牆或行動可疑時，應即喝令制止，如顯有脫逃行為，應鳴槍示警，仍不聽者，得向其腿部射擊。

(3)圍牆附近，如發現閒雜人、車等徘徊聚集，應即報告長官處理。

(4)圍牆內外及崗哨附近，如發現有人叫喊或打手勢或傳遞訊號或拋擲物品時，應即喝令制止，並報告長官處理。

(5)勤務交接應遵守下列順序：①先行查看崗哨環境；②上哨；③交勤人員將槍械、子彈及值勤簿點交接勤人員；④交勤人員以口頭告知值勤情況；⑤交勤人員離開崗哨，隨手將崗哨大門鎖住。

7.外醫勤務

(1)收容人在外就醫，應依法施用戒具，並隨時檢查。

(2)收容人在外就醫，應著囚衣，戒護人員應著制服，佩帶警棍、警笛。

(3)收容人在外就醫門診，遇有二人以上時，應集中戒護。

(4)戒護收容人在外就醫，應嚴守秘密，所送醫院及經過路線，均不得任意變更，尤不得中途停留。

(5)收容人在外就醫，不得持有財物。

(6)收容人在外就醫時，不得任其脫離戒護視線，並應寸步不離，不論如廁、洗浴、醫療，均應同行。

(7)收容人住院時，應隨時注意四周可疑之人、地、事、物，並於交班時，清點人數，檢查病房、戒具，將交接情形及收容人之病況向長官報告。

(8)收容人住院遇有親友探視或贈送物品，應依規定辦理登記及檢查，不得接受饋贈、招待及代其保管金錢，如親友送與金錢，應請其向監所辦理。

(9)收容人住院期間，應將收容人病況、醫療情形，詳載於住院日記陳送長官核閱。

(10)收容人病危時，應從速向主管長官報告，如有解除戒具必要，於請示後解除之；如收容人死亡，仍應繼續留守，非有長官命令不得撤離。

8.監外作業勤務

(1)執勤時，應配帶無線電通訊機，並隨時與勤務中心保持聯絡。

(2)出外作業遇有必要，得使用聯鎖，並應經勤務中心長官點檢，回監時亦同。

(3)聯鎖應隨時檢查，如有解除之必要時，應經長官許可。

(4)監外作業以集中為原則，收容人不得脫離戒護視線或與外人接近，並應防止拾取物品。

(5)收容人脫逃時，即追捕之，並迅速報告長官，追捕中得請警察機關協助。

(6)執勤時應隨帶醫療急救箱，並隨時注意安全。

(7)作業所用工具、物品之名稱、件數，應記載於簿冊上，外出及工畢時依冊查點。

戒護事故

　　矯正機構係一個人自由受限之機構，收容人被監禁於侷限之範圍，隔絕其家庭和朋友，其心理之激動、憂鬱、焦慮和不滿，自在意料之中。況且偏愛自由與社會地位乃人之天性，自由受拘束與社會地位被貶低時，極易促使罪犯產生怨恨敵對與怨世之心理。因此，再完善之感化或改善矯正計畫，亦難遏阻事故之發生。然而事故一發生，由於一般人之好奇心、恐懼心與盲目崇拜心理[5]，各項戒護事故乃因此常常成為社會大眾所談論不已之新聞與指摘之把柄。茲分述如下：

（一）暴　動

1.暴動之定義

　　依監獄行刑法施行細則第22條之規定，暴動係指受刑人集體達三人以上，以強暴、脅迫方式，而有下列行為之一，造成監獄戒護管理失控或無法正常運作：

5　周震歐，〈監所事故之分析〉，《刑事法雜誌》，第10卷第3期，頁36-37。

(1)實施占據重要設施。

(2)控制監獄管制鑰匙，通訊或其他重要安全設備。

(3)奪取攻擊性器械或其他重要器材。

(4)脅持受刑人、監獄人員或其他人員。

(5)造成人員死亡或重大傷害。

(6)其他嚴重妨害監獄秩序或安全之行為。

至於監獄行刑法第23條第3項及第25條第1項第3款所稱騷動，指受刑人聚集三人以上，以作為或不作為方式，遂行妨害監獄秩序或安全之行為，其規模已超越一般暴行或擾亂秩序，經命其停止而不遵從，尚未達暴動所定之情狀者。

2.暴動之種類

暴動通常可區分為下列二種：(1)少數收容人藉暴力方法企圖脫逃；(2)多數收容人發起示威，以示抗議[6]。兩種暴動之一，均可導致他種暴動之發生，惟實務者認為，雖有若干冒險性之收容人會藉後者而企圖脫逃，但後者引致前者之機會較少[7]。

3.暴動之原因

美國學者兼矯正實務專家Vernon Fox將暴動之原因分為潛伏原因（The Predisposing Causes）和突發原因（The Precipitating Causes）。前者包括處遇措施、生活待遇及管理之不當，諸如累進處遇及假釋不公、食物不良、嚴苛及不公之紀律懲罰方式、虐待、康樂活動缺乏、醫療照顧不周、生活空間狹小、管理人員品操欠佳、幫派分子未加隔離等。後者包括所有管理人員與收容人間之直接衝突。前者猶如火藥，必須有後者之突發衝突點燃，方能引發暴動[8]。

---

6 Introductory Course for Correctional Employees, New York: State of New York Department of Correction, 1962, p. 62.

7 Edwin Sutherland and Donald R. Cressey (1955), Principles of Criminology. New York J. B. Lippincott, p. 507.

8 Vernon Fox (1975), "Why Prisoners Riot," in David M. Petersen and Charles W. Thomas eds., Corrections: Problems and Prospects. Englewood Cliffs, N. J.: Prentice-Hall, Inc., p. 112.

4.暴動之預防

歐美監所收容人之暴動時有所聞，且常造成許多收容人或管教人員之傷亡，且對監所秩序及安全造成極大威脅，故不得不事先預防。茲就避免潛伏原因及杜絕突發原因之道，臚列如下：

(1)加強雙向溝通：良好的雙向溝通有助於增進彼此瞭解，紓解收容人被壓抑之情緒，化解危機及解決問題。因此，監所應建立多方向、多層次之溝通管道，諸如：廣設意見箱、定期舉辦生活檢討會、加強個別談話、科長以上人員應定期接見收容人等，以期發揮雙向溝通之成效。

(2)瓦解幫派勢力之形成：監所幫派勢力之形成及其彼此間之利益衝突，常是監所暴動之前兆。研究幫會暴行之學者認為1970年代美國德州獄政體系之所以安全，囚情穩定，乃因矯正機構採取有效措施隔離收容人，致幫派勢力未形成所致。因此，矯正機構應加強調查分類，隔離幫派分子，以減少或避免因幫派人犯相結合，甚至串聯組成新盟幫。

(3)建立完整之紀律懲罰及申訴程序：矯正機構常因對收容人違規處罰不公平或不給予申訴機會，因而埋下暴動潛伏原因，或成為導致潛伏原因之突發原因。因此，矯正機構應建立客觀、公正之紀律懲罰及申訴程序，避免管理人員之主觀或標準不一，預防暴動事故之發生。

(4)加強管理人員之專業訓練：監所暴動事故常因管理人員處理不當所致，因之，加強管理人員訓練，充實其專業知識及工作方法，為杜絕突發原因之不二法門。其次，管理人員對收容人突然增加之抱怨或不尋常之違規行為，一定須具有高度警覺性，及時反應，加強溝通及儘速改進或解決，以化解危機於無形。

倘矯正機構忽視潛伏原因，則因這類精神及情緒狀態是出自於經年累月所遭受挫折、憤怒及抱怨之結果，故極易武裝起收容人暴動之精神及情緒狀態。因此，當突發原因發生，即使是瑣碎之事也極易導出潛伏原因，引發暴動之精神及情緒。此時，暴動不但可能立刻發生，且將迅速地發展

到不可收拾之地步。

5.暴動之處理手段

茲就美國聯邦國立矯正研究所發行之《戒護安全指南》（*Guidelines For The Development of a Security Program*）一書中，有關處理暴動之手段列舉如下[9]：

(1)第一階段：謀求不經由談判交涉而依理性說服的方法來化解暴動。通常由首長或現場指揮官傾聽收容人之暴動理由，倘理由正當合理，則應接受作為檢討改進之參考。

(2)第二階段：命令暴動團體解散，各自回到舍房並釋放人質。該命令須設定執行之時間限制，且不提供其他選擇。

(3)第三階段：下達解散命令時，應集合眾多之管教人員，以顯示行使公權力之可能性，對收容人產生心理性效果之威勢。

(4)第四階段：針對情況及衡量局勢，考量利用催淚瓦斯、煙、水等加予鎮暴，但決不作為制裁性或報復性之手段。

(5)第五階段：根據首長判斷認為必要時，鎮暴部隊必須出動。鎮暴部隊之組成、人數、出動隊形等必須依發生暴動地區之狀況定之。

(6)第六階段：根據首長之命令，使用武器作為最後之手段。

（二）暴　行

1.暴行之種類

監所暴行之種類繁多，大致可分為下列四種：

(1)收容人與收容人間之暴行：為發生頻率最高之暴力行為樣態。例如收容人要求性行為、勒索錢財、詐欺、幫派成員之鬥毆等暴力行為皆屬之。

(2)收容人對管理人員之暴行：由於收容人係被管理者，因此發生之可能性甚高。例如，對管理人員施予脅迫、毆打等。

9　林世英，〈美國的監獄管理體制〉，《獄政管理專刊論文集(三)》，民國81年2月，頁288-289。

(3)管理人員對收容人之暴行：由於收容人之違法亂紀，甚或公然挑釁，少數管理人員在情緒失控卜亦叫能對該收容人施予暴行。

(4)管理人員與管理人員間之暴行：管理人員間可能因利益衝突而發生各種暴力行為。例如互相鬥毆，甚至教唆收容人動粗[10]。

1985年間，學者Lee H. Bowker進一步從另一個角度將暴行區分成下列兩種類型[11]：

(1)工具性監獄暴行（Instrumental Prison Violence）：乃指為達成某種特定目的而以一種較合乎理性之方式進行之暴行而言。例如某些政治信仰不同而遭監禁之收容人，很可能以暴行或其他手段獲取社會同情及爭取政治權源，此類暴行大致以獲取權力與身分為目的。

(2)表達性監獄暴行（Expressive Prison Violence）：乃指以一種較為自然、非理性而類似情緒抒發之暴行而言。此類監獄暴行之目的並不明確，很可能是一種長期累積壓抑的一種發洩。例如申訴未獲有關當局重視或長期受其他收容人欺侮壓榨而引起之反彈行為皆屬之。

儘管如此，前述兩類監獄暴力行為並非互斥，在監獄實務中很可能兩者皆俱。例如於監獄發生暴動中，管理人員被挾持時正清楚地反映前項事實。例如收容人暴動往往是長期累積之抱怨不滿及受突發事故而導引，此階段可說具有表達性暴行之特色。然而，一旦暴動發生，參與該暴動之收容人很可能害怕被逮捕、鎮壓，轉而採取某些特定之防護行動，如綁架人質、進行談判、嘗試接見媒體等，以謀取自身利益，減少將來之迫害，此階段即具有工具性監獄暴行之特色。

2.暴行之原因

基本上，監所暴行產生之原因與其文化、地理環境、機構組織結構、

---

10 Lee H. Bowker (1980), Prison Victimization. Elsevier.

11 Lee H. Bowker (1985), "An Essay on Prison Violence," in Michael Braswell, Steven Dillingham, and Reid Montgomery eds., Jr. Prison Violence in American. Anderson Punlishing Co., pp. 12-14.

管理、個人表徵及情境因素等密不可分。茲分析如下：

    (1)文化因素：以日本矯正機構為例，其監所暴行發生頻率低，1987年間，該國僅有三名人犯脫逃，其監所秩序井然有序，與其文化強調嚴格服從性休戚相關[12]。另外，北歐諸國監所暴行亦鮮少發生，學者指出此與斯堪地半島國家偏好採行寬鬆之刑事政策有關[13]。

    (2)地緣環境因素：倘收容人來自不同之地域，很可能為爭奪地盤及特殊利益而發生鬥毆。例如，臺灣地區由於角頭林立，在互不相讓下，此項地緣環境背景因素，為監所暴行添加了重要變數。

    (3)建築結構因素：監所之建築格局亦可能影響監所暴行的發生。例如，在建築設施不良、破舊之監所中，暴行頻率有偏高之趨勢[14]，而缺乏防衛空間設計之監所建築則提升了人犯間暴行發生的機會。

    (4)機構管理因素：在有效的管理下，戒護事故發生之頻率將可減至最低。相反地，不適當的管理，如管教不一致、將具暴力傾向之收容人與較易受攻擊者混合監禁、違禁品之管制鬆散等，則極易提升暴力。

    (5)個人因素：監所暴行發生之原因無疑地與收容人之個人因素如年齡、罪質、態度，與外界人士之關係等休戚相關。例如，年紀較輕之暴力犯、被害妄想及其他精神病罹患者等則有較高頻率之暴行發生。這些人大致由於缺乏挫折之忍受力及無法控制自己的情緒，加上年輕體力旺盛，因此較易與他人發生暴力行為。其次，許多收容人具有暴力次文化之傾向（Subculture of Violence），暴力對他們而言特具價值，是一種「可容忍或必須」的行為[15]，因

12 Elmer H. Johnson (1990), "Handling Difficult Inmates in the Land of Order," Corrections Today.

13 Todd R. Clear and George F. Cole (1986), American Corrections. Brooks Cole Company, p. 355.

14 South Carolina Department of Correction (1973), Collective Violence in Correctional Institutions: A Search for Causes. Columbia, SC. State Printing Co.

15 Marvin E. Wolfgang and Franco Ferracuti (1967), The Subculture of Violence. London: Tavistock, p. 263.

此，該族群之人暴力傾向甚高。部分收容人屬於幫會成員、特殊黨派成員或宗教會員，這些受刑人可能為達成某種目的，如搶奪地盤、爭取政黨資源或宗教信仰等，而在監所內啟動暴行。換言之，這些暴行很可能是牆外（街頭）暴行的延伸[16]。

(6)情境因素：如偶發性衝突、他人的煽惑、挑撥、刺激、偶然遭遇宿敵（仇人）等。

3.暴行之預防

監所暴行對於獄政之矯正功能傷害至鉅，故監所暴行之預防工作應特予重視。事實上，國家以強制性之手段將犯罪人拘禁，即有義務使犯罪人在安全的情境下接受應得的懲罰與矯正。參酌矯正實務與學者專家之診斷，吾人認為除了厲行高品質公正之管理外，下列六點之考慮有助於抑制與減少監所暴行的發生：

(1)改進調查分類方法，俾以確保具嚴重暴力傾向之犯罪人獲得隔離。

(2)開啟更多的機會使懼怕成為被害者之收容人能獲取職員應有的協助。

(3)增加戒護人力及強化管理人員之素質。

(4)重新設計監所建築使監所之每一空間皆納入監督。換言之，不應有「管理區位盲點」存在。

(5)增設處理陳情、申訴之官員（Ombudsman）及各項申訴管道以解決潛伏之不滿衝突。

(6)強化酬賞及康樂活動之安排，減輕監禁之痛楚，直接間接減少暴行[17]。

（三）脫　逃

世界任何國家矯正機構之脫逃事件，其次數幾乎均占戒護事故之首

---

16 James W. L. Park (1975), "The Organization of Prison Violence," in Albert K Cohen, George F. Cole, and Robert G. Bailey eds., Prison Violence. Lexigton, Mass: Lexington Books, p. 89.

17 Todd R. Clear and George F. Cole, American Corrections. Brooks/Cole Publishing Company, p. 359.

位。無可諱言，脫逃似乎是矯正機構的夢魘，但何種因素促使收容人企圖脫逃，實有探究其因素之必要，並據此研擬防制對策，使脫逃事故之發生止於最小限度。一般專家學者認為脫逃事故歸咎於建築物破舊及管理人員疏忽或不當為多。但同樣拘禁於破舊之建築物及置於同等之監督下，為何某些人犯會脫逃，某些人犯不會，這個事實促使我們應深入加以研究，探出其相關因素之所在，方是治本之道。

1.脫逃者之特徵

N. M. Cochranc調查60個曾經脫逃之收容人，發現其具有十三種特徵：(1)薄弱或缺少家庭凝結力；(2)服刑不足刑期之四成；(3)離假釋審訊多於十八個月；(4)最高刑期在四年以上；(5)習慣犯；(6)30歲以下；(7)住所不定；(8)作業紀錄欠佳；(9)曾受拘禁者；(10)不合作態度；(11)攻擊性之人格；(12)情緒不穩定；(13)智慧低[18]。W. S. Loving、F. E. Stockwell和D. A. Dobbins三位學者共同研究200位收容人，其中100位收容人曾犯有脫逃之紀錄，另外100位未曾有脫逃之紀錄，作為控制組。結果顯示脫逃可能性較大者，具有下列特徵：(1)無依賴生活之眷屬；(2)曾經入監執行者；(3)財產犯者；(4)少年時曾受感化機構收容者；(5)首次被逮捕時愈年輕者；(6)無固定住所及家庭凝結力薄弱者[19]。以上學者研究之結果雖非絕對因素，但比獨責或歸咎於建築物和管理人員更合乎科學方法。總之，深入研究人與環境因素以及兩者間之互動關係，係預測脫逃因素之重要方向。

2.脫逃之類型

收容人脫逃之種類繁多，黃昭正曾引述日本學者高橋良雄之分類介紹如下：

(1)破獄脫逃：破壞鐵窗、天井、地板、門鎖達到脫逃的目的。

(2)暴力脫逃：如詐病、偽裝打架、呼叫職員佯稱房內有情況而乘機襲奪鑰匙脫逃。

---

18 W. S. Loving, F. E. Stockwell, and D. A. Dobbins (1959), "Factors Associated with Escape Behavior of Prison Inmates," Federal Probation 13: 49.

19 Ibid., p. 50.

(3)單純脫逃：利用清早炊事作業時間，職員警備力薄弱之際，脫離視線，伺機逃獄。或利用假日山房教誨活動之際，俟清點完人數後滯留藏身最利脫離之空房伺機而動，或易裝監內潛伏，利用材料運送、垃圾搬運之便脫逃。

(4)特殊脫逃：與職員共謀，利用暴動時之群眾心理、利用天災事變之良機、暗通外界奪獄等[20]。

3.脫逃之防止

脫逃之防止之道，首先應加強調查、分析、研判哪些收容人脫逃可能性最高，及何時、何地最易導致脫逃，以為勤務、配業、配房之參考；其次，應擬定防逃計畫，以使脫逃事故一發生時，能迅速阻止或予逮捕。脫逃之防止原則詳述如下：

(1)配業或配房應有一準則：一般監內脫逃以集體脫逃最易成功，因此收容人意圖脫逃時，必先選擇同伴，通常均以同房或同工場者為對象，倘不同房或不同工場時，則可能尋找理由要求調房或調工場。為防患未然，首先應調查、分析、研判哪些收容人應以獨居監禁為原則，哪些收容人不可分配同房或同工場，以建立完善之配業配房準則，減少脫逃事故之發生。

(2)加強物品之檢查及收容人之檢身：收容人意圖脫逃時，可能先準備工具，而蒐集脫逃工具之方法及來源，可說無孔不入，尤其送入或寄入之物品，最易夾混工具。至於其他管道，可從加強對收容人檢身著手，尤其進出舍房、工場之收容人，均應一律詳加檢身，以杜絕脫逃工具之來源。

(3)慎選雜役並隨時檢身及謹慎地監視其行動：收容人意圖脫逃時，必先偵察最有利於脫逃之路線，但因其行動受限制，無法知悉監所內部詳情，因此常利用雜役代為偵察，再以口頭或字條方式轉知。矯正實務顯示，雜役與任何戒護事故多少有直接或間接之關

---

20 黃昭正，〈戒護事故之研究〉，文刊於楊士隆、林健陽主編，《犯罪矯正——問題與對策》，臺北：五南圖書出版公司，民國83年7月，頁178-179。

係，故遴選時應審慎並應隨時搜檢其身體及監視其行動，以防範雜役暗中協助收容人脫逃。

(4)舍房勤務應遴選有經驗之管理人員擔任：一般脫逃事故大都選擇夜間，尤其雷雨交加之夜晚，新進管理人員因缺乏戒護經驗難以處理各種狀況，如佯裝生病、佯裝打架等；同時警覺性較低，常為人犯所矇騙，導致脫逃事故之發生。

(5)嚴加管制鑰匙：夜間鑰匙應集中由勤務中心管理，嚴禁管理人員佩帶於皮帶或衣服以及託交收容人使用，以防藉機仿造。

(6)加強安全設備之檢查：安全設施每日至少應檢查一次，必要時可隨時增加。如有損壞應即時修復，以杜絕收容人脫逃之意圖。

(7)戒護外醫或住院者應派遣操守純正之幹員負責：戒護外醫或住院之收容人常利用各種機會製造脫逃之契機，如利用入廁及沐浴時間或以金錢誘惑或預先將迷幻藥放入香煙、飲食中，勸請管理人員吸食等，趁機脫逃。因此應遴選操守純正之幹員擔任外醫及住院者之戒護工作，各級督勤人員應不定時查勤，以防勤務鬆散。倘遇夜間幫派分子或危險分子送醫時，路線不宜固定，且應加派戒護人力，以防發生收容人佯裝生病，暗中與外界計畫強行劫囚之事故。

(8)外役作業以不脫離戒護視線為原則：收容人參加外役作業時，儘可能集中一處，以不脫離戒護視線為原則，並建立機動查勤制度，管理人員應佩帶無線電通訊設備，以促使脫逃事故發生時，能儘速聯繫應變。

(9)加強返家探視者之個別教誨：對返家探視之收容人應加強個別教誨，曉以利害關係及應珍惜政府之德政，以祛除其脫逃之意念。

(10)擬定完善之防逃應變計畫：防逃計畫不但應配合各種假設脫逃情況，並應經常實施沙盤推演及實兵操練，務使每位管教人員熟練防逃計畫，增強其應變能力，以期脫逃事故發生時，能迅速阻止或逮捕。

（四）自　殺

1.自殺之類型[21]

(1)英國學者Liebling（1997）依收容人自殺之動機及其陷入自殺危險性之程度，將自殺收容人區分為三大類型：

①適應不良型（Poor Copers）：其特徵為年紀較輕、過去曾有多次自殺紀錄、強烈挫折感，且對現狀不滿、易衝動、敏感度高，對外在刺激常有直接而明顯之情緒反應，容易受到監獄化之不良影響，此類型收容人自殺比率最高。

②長刑期收容人（Long Sentence Prisoner）：其特徵為刑期普遍較長、年齡較大、自尊心強，對所犯罪刑有強烈罪惡感，擔心家人因此而蒙羞，對未來前途不存希望且毫無生活目標及存在價值，生活充滿無助感，其自殺行為多於剛進入矯正機構時。

③精神疾病患者（Psychiatrically Ill）：其特質主要為精神狀態混亂，理解外界事務能力不足，社會疏離感重而難以適應矯正機構生活。

(2)Danto（1971）的分類標準：Danto（1971）基於矯正管理實務上經驗，依收容人自殺之動機及成因，將自殺收容人區分為四種：

①道德衝擊型（Morality Shock）：收容人自殺發生於進入矯正機構初期，由於羈押前後身分及社會角色的巨大落差導致在沮喪、絕望及無助的心理壓力下而自殺。道德衝擊型自殺收容人犯罪前的特色通常是循規蹈矩、擁有正常家庭或婚姻生活，且無明顯犯罪前科的人。

②長期絕望型（Chronic Despair）：其自殺時機在於收容人經過漫長數月的法院審訊判決後，呈現與家庭、朋友甚至是律師之間的疏離現象，收容人自覺被社會背棄而持續感到情緒低落、沮喪和無助感，自殺正是收容人逃避現實的方式。

---

21 黃永順，〈刑事羈押法被告自殺傾向危險因子之研究〉，文刊於林茂榮、楊士隆主編，《戒護事故原因、預防與處理》，法務部矯正人員訓練所，民國90年10月，頁83-84。

③工具型（Manipulative）：工具型自殺者具有反社會人格特質，其真意並非自殺而是以非致命性的自殺手法，如割腕或吞玻璃等，引起管理人員或矯正決策者的重視，凸顯其隱藏的訴求，自殺不過是收容人希望達到特定目的之表演手段。

④自我懲罰型（Self-punishment）：自我懲罰型收容人視自殺為折磨羞辱自己、減低罪惡感的方式之一。

2.收容人自殺之原因

從學者研究結果及實務者經驗得知，收容人自殺原因有下列數項[22]：

(1)家庭重大變故或感情因素：例如親人去世、病危、經濟因素、離婚、父母子女未受良好照顧（如受虐）、女友（或男友）要求分手等。

(2)罹患重病、久病不癒，受不了折磨，萌生輕生之念頭。

(3)慢性精神疾病者，尤其是憂鬱症患者。

(4)官司或刑期問題，說明如下：

①宣判刑期過重，無法接受。

②同案陷害或頂罪至心理不平衡。

③官司之不確定性，面臨很大的壓力。

④長刑期受刑人，假釋遙遙無期。

(5)解除內心之痛苦：初犯或犯重大罪名，家庭、社會無法諒解，且個人良心譴責。

(6)對環境適應不良：如自我調適能力較差，加以複雜的環境及個人的種種問題，一時被監禁而無法解決，只好以自殺逃避現實。

(7)遭受同學欺凌：常見於強姦犯或同性戀者。

(8)擺脫內心沒價值的感覺：監禁後身分及社會角色的巨大落差，導致沮喪、絕望及無助的心理壓力下而自殺。

(9)毒品犯毒癮發作難耐，戒斷痛苦者。

---

22 王伯頎，〈收容人自殺之個案分析〉，文刊於林茂榮、楊士隆主編，《戒護事故原因、預防與處理》，法務部矯正人員訓練所，民國90年10月，頁121-122。

(10)表演自殺引起注意、博得同情，結果假戲真做。

3.收容人自殺之時間、地點及方式[23]

(1)通常監所在夜間戒護警力較為薄弱，就寢時間則收容人彼此間互相照應觀察之機會亦減弱，自殺可能性就會相對提高。據黃永順研究報告指出，企圖自殺之時間，以凌晨零時至早上六時為最多，其中又以午夜至凌晨三時比例最高。企圖自殺之地點，以一人獨居處所之比例最高。

(2)由於監所先天環境之限制，一般自殺之用具較難取得，故犯人所使用自殺之手段，限於非暴力者。據學者研究結果及實務者經驗得知，常見之自殺方式有自縊、自殘、吞嚥異物及服毒等四種，其中以自縊及自殘較多。

4.自殺之防止

(1)加強訓練管理人員自殺判別與急救技術：就自殺預防之介入而言，如何訓練管理人員判別或認知收容人有自殺之虞，及對高自殺時間、警訊和徵候的判斷，極為重要。另外，當發生收容人自殺事故，於醫護人員抵達前，管理人員倘能及時施予正確急救如CPR，就能在急救黃金時段搶救一條寶貴生命。

(2)強化調查分類之功能：監所對新收人犯之情緒狀態、人格特質、有無精神病史、家族自殺史，最近有無遭遇重大事故及缺乏社會支持系統及之前是否有自殺行為等資料，應予深入調查分類，以便篩選出高自殺率危險群，作為日後配房、配業、輔導及戒護管理之參考。

(3)落實接見監聽與書信檢查：當收容人家庭經濟狀況面臨危機，家人受傷生病或家人漠不關心、很少來接見、寄送物品或金錢時，常會導致被告情緒低落，而欲以自殺來求得解脫，因此，管教人員應切實掌握收容人之情緒動態，平時落實收容人接見監聽及書

---

23 同前註，頁122-123。

信檢查勤務，從接見、通信的次數及內容加以判斷收容人對外互
動之情形及內心的想法，對於情緒不穩定或流露自殺意念之收容
人應加強其戒護及輔導，將可防患自殺事故於未然。

(4)加強安全檢查與危險物品之管制：自殺工具取得容易與否，為收
容人實行自殺的關鍵因素，而矯正實務上所見自殺工具多被歸類
為違禁品或危險物品，可見加強違禁品及危險物品之查察管制，
將可有效降低自殺成功機率，因此監所應加強各項安全檢查工
作，以杜絕違禁品流入及私藏的機會。此外，合法使用之醫療物
品、化學藥物，或作業工具材料等物品之放置地點、領還程序及
使用方法，均應嚴加監督管制，避免淪為自殺的工具。

(5)嚴密監控獨居處所：獨居處所如獨居房、違規房及鎮靜室是自殺
最常發生之處所，應加強巡邏嚴密監控，必要時應設置閉路電
視，固定監控系統予以強化。有自殺傾向之高危險群，儘量避免
其獨居，雜居時應請同房收容人隨時留意其狀況，以防止其自殺
之發生。

(6)落實勤務交接之意見溝通：監所應設置「特殊收容人動態聯絡
簿」，除應將收容人特殊情況詳細記載於聯絡簿外，日夜勤人員
交接時，應確實充分交換意見，才能防患事故於未然。

（五）火　災

火災不僅足以招致生命與財產極嚴重之危害，且可釀成人犯群體脫逃
之危險，而矯正機構之火災，因火力、電力及危險物之使用經年不變，且
毫無季節性，加上收容人常為發洩緊張情緒與焦慮或投射與補償等心理機
轉作祟，而以引發火災對矯正機構施予報復，因此矯正機構有必要隨時加
強防範。

1.縱火之動機

有關矯正機構之縱火問題，美國國家防火協會（National Fire
Protection Association）曾做一研究，其結果顯示：87%經證實是故意縱
火，而起火地點以舍房為最多，約占64%，主要動機有四：(1)增加脫逃機

會；(2)造成蓄意不良之損壞，當作對環境不滿的一種抗議；(3)暴動中展示暴力；(4)自殺。**24**

2.火災之防止

矯正機構火災之模式，經常起源於故意在一舍房中縱火，燒及床和衣物，溫度和煙的濃度逐漸增加，並迅速擴及走廊和鄰近地區。茲就此模式臚列其防止之道如後：

(1)起火源控制：意指除去不需要之熱能來源，使火災無法故意或意外地被引起。雖要完全控制所有起火源幾乎不可能，但對起火源控制之努力仍是必須的，諸如打火機、火柴或其他能生熱量之用具必須加以控制。

(2)燃料控制：意謂控制可能引起燃燒的物質，為達到控制燃料目標，必須控制易燃物的量、種類及其儲放位置，當火災發生時，經由限制易燃物之種類、數量、安置等方式，讓矯正機構有時間採取滅火行動，可及時有效地控制火災擴展。

(3)逃生路線及安全區之提供：一般而言，矯正機構應有一個內部安全區，當火災發生時，應儘速將收容人從現場迅速疏散到安全區，但疏散時需要可靠有效之緊急出口，因此每棟舍房或區域必須有兩條不同的步行通道，緊急出口及通往緊急出口的路線應清楚標示。

(4)鑰匙控制：矯正機構防火策略中，門鎖系統扮演重要之角色，在緊急情況下，門鎖系統要發揮可靠有效之消防安全功能，應注意下列原則：

①鑰匙應統一保管於勤務中心，並應註明或漆顏色，以資緊急時易於識別。

②首長及戒護科應備有全監所各單位之鑰匙一套，以利急需之用。

---

24 陳賢財，〈矯正機構的消防設備與安全措施〉，《獄政管理專刊論文集(三)》，民國81年2月，頁223。

③舍房鑰匙應統一，以利爭取時間疏散收容人。

(5)設置偵測系統及備齊消防設施：為防止火災迅速擴展，矯正機構應設置一套火災偵測預警系統，以利及時疏散收容人及採取滅火行動。

(6)擬定防火緊急計畫：管理人員及收容人皆應參與防火緊急計畫，並應定期提供消防教育及演練，有關求生知識應於收容人生活手冊中載明。

第三節　分監管理

　　分監管理為現代行刑之重要措施，此一制度為各國所採行。分監管理主要係依據調查分類之結果，將受刑人按其特性，分別監禁於各專業或安全等級之監獄，施以適當之處遇與管理，期能發揮行刑矯正效果。分監管理之原則，可見諸「聯合國在監人處遇最低標準規則」第8條規定：各類在監人，應按其性別、年齡、犯行、收押之法定原因及處遇上之必要理由，收容於個別之機構或機構之個別部門，其要點如下：一、男性與女性應儘可能收容於個別之機構，如在同一機構內男女兼收者則須嚴為分界。二、未決犯與既決犯應予隔離。三、民事被管收人應與已決刑事受刑人隔離。四、少年犯與成年犯隔離。謹將我國與美、日諸國之分監管理概況略述如後：

一 我 國

（一）現　況

　　我國監獄行刑法第3條、第4條、第16條、第49條、第50條、第58條等，曾分別就少年犯、女犯、重刑犯、累犯、毒品犯、病犯、難以矯正以及適宜外役作業之受刑人，規定設置專業監獄執行其刑，此乃我國實施受刑人分監管理制度之主要法律依據。茲就目前實施情形詳述如下：

1. 少年矯正學校：收容未滿18歲之少年犯，明陽、誠正中學等屬之。

2. 女監：收容女性之受刑人，高雄、臺中、桃園等三女子監獄屬之。

3. 外役監：收容適於外役作業之受刑人，明德、八德、自強外役監屬之。

4. 毒品犯監：以收容刑期五年以上之製造、運輸、販賣、持有及兼施用毒品之男性受刑人為原則，澎湖監獄屬之。

5. 重刑及普通監：以收容男性及女性受刑人為原則，臺北、新竹、臺中、嘉義、臺南、高雄、屏東、宜蘭、花蓮等監獄屬之。

6. 普通監：以收容刑期未滿十年之受刑人為原則，高雄第二監獄屬之。以收容刑期未滿五年之受刑人為原則，桃園監獄屬之。臺南第二監獄收容男性受刑人。

　　法務部指定各監獄收容受刑人類別、容額、指揮執行基準表（110年3月1日核定）如表7-1：

表7-1　法務部指定各監獄收容受刑人類別、容額、指揮執行基準表（110年3月版）

序號	監獄別	類別	收容標準	核定容額 0.7坪／人	說明
一	法務部矯正署臺北監獄	重刑及普通犯	一、收容男性受刑人。 二、收容臺灣高等檢察署、臺灣臺北、士林地方檢察署檢察官指揮執行之男性受刑人。 三、兼收外籍男性受刑人。	3401	
二	法務部矯正署桃園監獄	普通犯	一、收容刑期未滿5年之男性受刑人。 二、收容臺灣桃園地方檢察署檢察官指揮執行刑期未滿3年之男性受刑人。	1275	
三	法務部矯正署八德外役監獄	外役	一、以收容符合外役監條例規定之男性受刑人為原則。 二、兼收男性監外作業受刑人。	401	1. 兼收監外作業受刑人須為合於「受刑人作業實施辦法」第27條至第29條規定者。 2. 本類監獄不適用監獄受刑人移監作業辦法。

表 7-1　法務部指定各監獄收容受刑人類別、容額、指揮執行基準表（續）

序號	監獄別	類別	收容標準	核定容額 0.7坪／人	說明
四	法務部矯正署桃園女子監獄	重刑及普通犯	一、收容女性受刑人。 二、收容臺灣高等檢察署、臺灣桃園、新竹地方檢察署檢察官指揮執行之女性受刑人。 三、收容臺灣士林地方檢察署檢察官指揮執行刑期3年以上之女性受刑人。 四、收容臺灣臺北、新北地方檢察署檢察官指揮執行刑期6月以上之女性受刑人。 五、兼收外籍女性受刑人。	1027	
五	法務部矯正署新竹監獄	重刑及普通犯	一、收容男性受刑人。 二、收容臺灣新竹地方檢察署檢察官指揮執行刑期6月以上之男性受刑人。 三、收容臺灣桃園地方檢察署檢察官指揮執行刑期3年以上之男性受刑人。	1674	
六	法務部矯正署臺中監獄	重刑及普通犯	一、收容男性受刑人。 二、收容臺灣高等檢察署臺中檢察分署、臺灣臺中地方檢察署檢察官指揮執行之男性受刑人。 三、收容臺灣苗栗地方檢察署檢察官指揮執行刑期5年以上之男性受刑人。 四、收容臺灣南投地方檢察署檢察官指揮執行刑期1年6月以上之男性受刑人。	4439	
七	法務部矯正署臺中女子監獄	重刑及普通犯	一、收容女性受刑人。 二、收容臺灣高等檢察署臺中檢察分署、臺灣臺中地方檢察署檢察官指揮執行之女性受刑人。 三、收容臺灣苗栗地方檢察署檢察官指揮執行刑期5年以上之女性受刑人。	1396	

表 7-1　法務部指定各監獄收容受刑人類別、容額、指揮執行基準表（續）

序號	監獄別	類別	收容標準	核定容額 0.7坪／人	說明
			四、收容臺灣南投地方檢察署檢察官指揮執行刑期1年6月以上之女性受刑人。 五、收容臺灣彰化地方檢察署檢察官指揮執行刑期6月以上之女性受刑人。		
八	法務部矯正署彰化監獄	重刑及普通犯	一、收容男性受刑人。 二、收容臺灣彰化地方檢察署檢察官指揮執行刑期6月以上之男性受刑人。	2096	
九	法務部矯正署雲林監獄	重刑及普通犯	收容男性受刑人。	1057	
十	法務部矯正署雲林第二監獄	重刑及普通犯	一、收容男性及女性受刑人。 二、收容臺灣雲林地方檢察署檢察官指揮執行之受刑人。	1552	
十一	法務部矯正署嘉義監獄	重刑及普通犯	一、收容男性受刑人。 二、收容臺灣嘉義地方檢察署檢察官指揮執行刑期3年以上之男性受刑人。	2257	
十二	法務部矯正署臺南監獄	重刑及普通犯	一、收容男性受刑人。 二、收容臺灣高等檢察署臺南檢察分署、臺南地方檢察署檢察官指揮執行刑期3年以上之男性受刑人。	2863	
十三	法務部矯正署臺南第二監獄	普通犯	收容男性受刑人。	1100	
十四	法務部矯正署明德外役監獄	外役	一、以收容符合外役監條例規定之男性受刑人為原則。 二、兼收男性監外作業受刑人。	461	1. 兼收監外作業受刑人須為合於「受刑人作業實施辦法」第27條至第29條規定者。 2. 本類監獄不適用監獄受刑人移監作業辦法。

表 7-1　法務部指定各監獄收容受刑人類別、容額、指揮執行基準表（續）

序號	監獄別	類別	收容標準	核定容額 0.7坪／人	說明
十五	法務部矯正署高雄監獄	重刑及普通犯	一、收容男性受刑人。 二、收容臺灣高等檢察署高雄檢察分署、臺灣高雄地方檢察署、臺灣橋頭地方檢察署檢察官指揮執行之男性受刑人。	2280	
十六	法務部矯正署高雄第二監獄	普通犯	一、收容刑期未滿10年之男性受刑人。 二、收容臺灣高等檢察署高雄檢察分署、臺灣高雄地方檢察署、臺灣橋頭地方檢察署檢察官指揮執行刑期未滿10年之男性受刑人。	1722	
十七	法務部矯正署高雄女子監獄	重刑及普通犯	一、收容女性受刑人。 二、收容臺灣高等檢察署高雄檢察分署、臺灣高雄地方檢察署、臺灣橋頭地方檢察署檢察官指揮執行之女性受刑人。 三、收容臺灣高等檢察署臺南檢察分署、臺灣嘉義、臺南、屏東地方檢察署檢察官指揮執行刑期1年6月以上之女性受刑人。 四、兼收女性受強制工作受處分人。	1267	
十八	法務部矯正署屏東監獄	重刑及普通犯	一、收容男性受刑人。 二、收容臺灣屏東地方檢察署檢察官指揮執行刑期1年以上之男性受刑人。	2209	
十九	法務部矯正署臺東監獄	重刑及普通犯	一、收容男性及女性受刑人。 二、收容臺灣臺東地方檢察署檢察官指揮執行之受刑人。	547	

表7-1　法務部指定各監獄收容受刑人類別、容額、指揮執行基準表（續）

序號	監獄別	類別	收容標準	核定容額 0.7坪／人	說明
二十	法務部矯正署花蓮監獄	重刑及普通犯	一、收容男性及女性受刑人。 二、收容臺灣高等檢察署花蓮檢察分署、臺灣花蓮地方檢察署檢察官指揮執行刑期6月以上之受刑人。	1530	
二十一	法務部矯正署自強外役監獄	外役	一、以收容符合外役監條例規定之男性受刑人為原則。 二、兼收男性監外作業受刑人。	367	1. 兼收監外作業受刑人須為合於「受刑人作業實施辦法」第27條至第29條規定者。 2. 本類監獄不適用監獄受刑人移監作業辦法。
二十二	法務部矯正署宜蘭監獄	重刑及普通犯	一、收容男性及女性受刑人。 二、收容臺灣宜蘭地方檢察署檢察官指揮執行之受刑人。 三、收容臺灣新北地方檢察署檢察官指揮執行刑期3年以上之男性受刑人。 四、收容臺灣基隆地方檢察署檢察官指揮執行刑期3年以上之受刑人。	3281	
二十三	法務部矯正署基隆監獄	普通犯	一、收容刑期未滿3年之男性受刑人。 二、收容臺灣基隆地方檢察署檢察官指揮執行刑期6月以上，3年未滿之男性受刑人。	315	
二十四	法務部矯正署澎湖監獄	普通及重刑毒品犯	一、以收容刑期5年以上之製造、運輸、販賣、持有及兼施用毒品之男性受刑人為原則。 二、收容臺灣澎湖地方檢察署檢察官指揮執行之受刑人。	1637	依監獄受刑人移監作業辦法第8條第1項第1款及第2款申請移監者，得不受收容標準第1點之限制。

表 7-1　法務部指定各監獄收容受刑人類別、容額、指揮執行基準表（續）

序號	監獄別	類別	收容標準	核定容額 0.7坪／人	說明
二十五	法務部矯正署綠島監獄	重刑及普通犯	收容男性受刑人。	362	
二十六	法務部矯正署金門監獄	重刑及普通犯	一、收容男性及女性受刑人。 二、收容福建高等檢察署金門檢察分署、福建金門地方檢察署檢察官指揮執行之受刑人。	213	
一之一	法務部矯正署臺北監獄臺北分監		一、以收容臺灣新北地方檢察署檢察官指揮執行刑期未滿3年之男性受刑人為原則。 二、兼收刑期未滿7年之男性受刑人。		
一之二	法務部矯正署臺北監獄臺北女子分監		一、以收容臺灣士林、基隆地方檢察署檢察官指揮執行刑期未滿3年之女性受刑人為原則。 二、收容臺灣臺北、新北地方檢察署檢察官指揮執行刑期未滿6月之女性受刑人。 三、兼收刑期未滿7年之女性受刑人。		
一之三	法務部矯正署臺北監獄新店分監		收容刑期未滿10年之男性受刑人。		本類監獄不適用監獄受刑人移監作業辦法第8條第1項第1款及第2款規定。
一之四	法務部矯正署臺北監獄桃園分監	病犯	收容精神病及肺結核病之女性受刑人、受戒治人及強制工作受處分人。		本類監獄不適用監獄受刑人移監作業辦法第8條第1項第1款及第2款規定。
五之一	法務部矯正署新竹監獄新竹分監		一、以收容臺灣新竹地方檢察署檢察官指揮執行刑期未滿6月之男性受刑人為原則。 二、兼收刑期未滿5年之受刑人。		

表7-1　法務部指定各監獄收容受刑人類別、容額、指揮執行基準表（續）

序號	監獄別	類別	收容標準	核定容額 0.7坪／人	說明
六之一	法務部矯正署臺中監獄苗栗分監		一、以收容臺灣苗栗地方檢察署檢察官指揮執行刑期未滿5年之受刑人為原則。 二、兼收刑期未滿7年之受刑人。		
六之二	法務部矯正署臺中監獄臺中分監		一、以收容臺灣高等檢察署臺中檢察分署、臺灣臺中地方檢察署檢察官指揮執行刑期未滿5年之受刑人為原則。 二、兼收刑期未滿7年之受刑人。		
六之三	法務部矯正署臺中監獄南屯分監		收容刑期未滿7年之男性受刑人。		本類監獄不適用監獄受刑人移監作業辦法第8條第1項第1款及第2款規定。
六之四	法務部矯正署臺中監獄南投分監		一、以收容臺灣南投地方檢察署檢察官指揮執行刑期未滿1年6月之受刑人為原則。 二、兼收刑期未滿5年之受刑人。		
六之五	法務部矯正署臺中監獄外役分監	外役	一、以收容符合外役監條例規定之男性受刑人為原則。 二、兼收男性監外作業受刑人。		1. 兼收監外作業受刑人須為合於「受刑人作業實施辦法」第27條至第29條規定者。 2. 本類監獄不適用監獄受刑人移監作業辦法。
七之一	法務部矯正署臺中女子監獄女子外役分監	外役	一、以收容符合外役監條例規定之女性受刑人為原則。 二、兼收女性監外作業受刑人。		1. 兼收監外作業受刑人須為合於「受刑人作業實施辦法」第27條至第29條規定者。 2. 本類監獄不適用監獄受刑人移監作業辦法。

表 7-1　法務部指定各監獄收容受刑人類別、容額、指揮執行基準表（續）

序號	監獄別	類別	收容標準	核定容額 0.7坪／人	說明
八之一	法務部矯正署彰化監獄彰化分監		一、以收容臺灣彰化地方檢察署檢察官指揮執行刑期未滿6月之受刑人為原則。 二、兼收刑期未滿5年之男性受刑人。		
八之二	法務部矯正署彰化監獄田中分監		收容刑期未滿7年之受刑人。		本類監獄不適用監獄受刑人移監作業辦法第8條第1項第1款及第2款規定。
十一之一	法務部矯正署嘉義監獄鹿草分監		一、以收容臺灣嘉義地方檢察署檢察官指揮執行刑期未滿3年之男性受刑人及刑期未滿1年6月之女性受刑人為原則。 二、兼收刑期未滿7年之受刑人。		
十二之一	法務部矯正署臺南監獄臺南分監		一、以收容臺灣高等檢察署臺南檢察分署、臺灣臺南地方檢察署檢察官指揮執行刑期未滿3年之男性受刑人及刑期未滿1年6月之女性受刑人為原則。 二、兼收刑期未滿7年之受刑人。		
十六之一	法務部矯正署高雄第二監獄燕巢分監		收容刑期未滿10年之男性受刑人。		本類監獄不適用監獄受刑人移監作業辦法第8條第1項第1款及第2款規定。
十七之一	法務部矯正署高雄女子監獄外役分監	外役	一、以收容符合外役監條例規定之女性受刑人為原則。 二、兼收女性監外作業受刑人。		1. 兼收監外作業受刑人須為合於「受刑人作業實施辦法」第27條至第29條規定者。 2. 本類監獄不適用監獄受刑人移監作業辦法。

表 7-1　法務部指定各監獄收容受刑人類別、容額、指揮執行基準表（續）

序號	監獄別	類別	收容標準	核定容額 0.7坪／人	說明
十八之一	法務部矯正署屏東監獄竹田分監		一、以收容臺灣屏東地方檢察署檢察官指揮執行刑期未滿1年之男性受刑人及刑期未滿1年6月之女性受刑人為原則。 二、兼收刑期未滿7年之受刑人。		
十八之二	法務部矯正署屏東監獄外役分監	外役	一、以收容符合外役監條例規定之男性受刑人為原則。 二、兼收男性監外作業受刑人。		1. 兼收監外作業受刑人須為合於「受刑人作業實施辦法」第27條至第29條規定者。 2. 本類監獄不適用監獄受刑人移監作業辦法。
十九之一	法務部矯正署臺東監獄泰源分監		一、以收容刑期5年以上之男性受刑人為原則。 二、兼收保安處分刑前強制工作免予繼續執行或期滿後，接續執行竊盜或贓物罪所處刑罰之男性受刑人。		
十九之二	法務部矯正署臺東監獄岩灣分監		收容男性受刑人。		
十九之三	法務部矯正署臺東監獄東成分監		收容男性受刑人。		
十九之四	法務部矯正署臺東監獄武陵分監		收容刑期未滿5年之男性受刑人。		本類監獄不適用監獄受刑人移監作業辦法第8條第1項第1款及第2款規定。

表 7-1　法務部指定各監獄收容受刑人類別、容額、指揮執行基準表（續）

序號	監獄別	類別	收容標準	核定容額 0.7坪／人	說明
十九之五	法務部矯正署臺東監獄武陵外役分監	外役	一、以收容符合外役監條例規定之男性受刑人為原則。 二、兼收男性監外作業受刑人。		1. 兼收監外作業受刑人須為合於「受刑人作業實施辦法」第27條至第29條規定者。 2. 本類監獄不適用監獄受刑人移監作業辦法。
二十之一	法務部矯正署花蓮監獄花蓮分監		一、以收容臺灣高等檢察署花蓮檢察分署、臺灣花蓮地方檢察署檢察官指揮執行刑期未滿6月之受刑人為原則。 二、兼收刑期未滿5年之受刑人。		
二十二之一	法務部矯正署宜蘭監獄女子外役分監	外役	一、以收容符合外役監條例規定之女性受刑人為原則。 二、兼收女性監外作業受刑人。		1. 兼收監外作業受刑人須為合於「受刑人作業實施辦法」第27條至第29條規定者。 2. 本類監獄不適用監獄受刑人移監作業辦法。
二十三之一	法務部矯正署基隆監獄基隆分監		一、以收容臺灣基隆地方檢察署檢察官指揮執行刑期未滿6月之男性受刑人為原則。 二、兼收刑期未滿5年之男性受刑人。		
二十六之一	法務部矯正署金門監獄連江分監		一、以收容福建連江地方檢察署檢察官指揮執行之受刑人為原則。 二、兼收男性及女性受刑人。		

說明：各監獄（分監）收容標準有關「收容（兼收）○○檢察署檢察官指揮執行……之受刑人」部分，係各檢察署檢察官據以指揮執行受刑人之用；其他各點則為本部矯正署辦理受刑人移監作業之用。

（二）檢　討

　　由上述專業監獄之分類情形觀之，目前我國監獄雖實施分監管理措施，但因受到監獄超額收容及部分監獄附設看守所、少年觀護所之影響，分監管理並不澈底。著者等認為，法務部應依目前各類受刑人之收容人數及各監獄之環境與設施，參酌美、日各國制度，重新規劃分監管理措施，規劃時並應考慮下列事項：

1.依監獄之安全程度建立戒護人力配置標準，以期更有效地運用有限之警力。

2.依監獄之安全程度強化各種安全設施，例如：

　　(1)高度安全以上監獄（重刑犯監、累犯監及隔離犯監）應於舍房與工場間設置受刑人更衣室，受刑人從舍房進工場或從工場進舍房時，須先進「更衣室」脫光身上之衣物，將衣物置於指定之衣物架上，然後依序通過金屬探測門，詳為檢身後，再進入另一間「更衣室」換穿工作服或家居服，以防止違禁物品於工場、舍房間流竄。

　　(2)高度安全以上監獄之接見室應設置防彈玻璃及金屬探測門，以防止來監接見者挾帶槍械不利於受刑人或危害監獄安全。

　　(3)中度安全以上之監獄應加強科技監控系統，並指派專人監視，使監獄安全措施構成交叉監控管制；尤其重要通道，應設有電視遙控開門設施，由中央臺或戒護科監控，以預防意外戒護事故之發生。同時可代替或輔助戒護人力之不足，即使夜間警力薄弱，亦能掌握全監之動向。

3.籌設最高度安全管理監獄：據學者研究結果顯示，犯罪案件約50%是由核心犯罪者（累再犯、習慣犯及常業犯）所為。只要將這些危險性犯罪人群予以長期監禁，即可達到預防及減少犯罪之效果。因此，配合提高三犯刑度及假釋門檻之刑事政策，應籌設幾所最高度安全管理監獄，以利收容此類核心犯罪者，同時，亦可疏解嚴重超額收容之現象。

二 日 本

日本矯正機構之分監管理措施，除依受刑人之刑期、罪質、健康狀況、性別、年齡等因素外，尚須考查受刑人之犯罪傾向而予必要之區分。其分類辦法如下[25]：

A 類：無再犯傾向者。

B 類：有再犯傾向者。

F 類：外籍人犯。

I 類：禁錮犯（主要為交通事故犯罪情節較輕之受刑人）。

M 類：精神狀況不甚健全之受刑人。

P 類：罹染疾病或殘障之受刑人。

W 類：女性受刑人。

LA 類：刑期在八年以上無再犯傾向者。

LB 類：刑期在八年以上有再犯傾向者。

JA 類：18歲以上未滿20歲之少年，無再犯傾向者。

JB 類：18歲以上未滿20歲之少年，有再犯傾向者。

YA 類：20歲以上未滿26歲之青年，無再犯傾向者。

UB 類：20歲以上未滿26歲之青年，有再犯傾向者。

三 美 國

美國聯邦監獄局自1978年起，將矯正機構安全等級劃分為六級：第一級：低度安全；第二級：低中度安全；第三級：中度安全；第四級：中高度安全；第五級：高度安全；第六級：最高度安全。其戒護安全之指定係依下列因素為基礎：(一)周界安全設施；(二)崗樓之設置數目；(三)外部巡邏情況；(四)偵測設備；(五)舍房之安全程度；(六)舍房之型式；(七)職員之勤務派遣等。茲列如表7-2[26]。

---

25 法務部，〈韓日兩國獄政制度考察報告〉，民國77年6月，頁91。

26 法務部，〈考察美國獄政報告〉，民國74年5月；法務部，〈考察美國聯邦獄政制度報告〉，民國81年11月。

表 7-2　美國聯邦監獄矯正機構安全等級劃分表

認定因素＼安全層級　衡量指標	第一級	第二級	第三級	第四級	第五級	第六級
外部巡邏	無	無	間歇性巡邏	間歇性巡邏	經常性巡邏	經常性巡邏
崗哨	無崗哨或無人站崗	有崗哨但非全天候站崗	有崗哨但非全天候站崗	有崗哨但可能全天候站崗	全天候站崗	全天候站崗
周界安全設施	無	一道柵欄或以建築物代替	一或二道柵欄	雙層柵欄或圍牆	雙層捲形鐵刺柵欄或圍牆	雙層捲形鐵刺柵欄或圍牆
偵測設施	無	無	閉路攝影機／電子感應設施	閉路攝影機／電子感應設施	照射燈、閉路攝影機、高壓斷線及其他電子感應設施	照射燈、閉路攝影機、高壓斷線及其他電子感應設施
機構內房舍安全程度	開放式	開放式至適度開放式	出入管制通道／安全建築	出入管制通道／安全建築	出入管制通道／安全建築迴廊及鐵窗	出入管制通道／安全建築迴廊及鐵窗
舍房之型式	單人房或雜居房	單人房或雜居房	單人房或小雜居房	單人房或小雜居房	獨居舍房	獨居舍房
受刑人與職員之比例	7.1：1或更高	7.1：1	7.1-3.6：1	7.1-3.6：1	3.5：1	3.5：1或更低

第四節　武力之使用

　　關於適當或不適當的使用武力之問題，常常引起訴訟。毫無質疑在矯正機構中有使用武力之必要，同樣地，過去幾年來，矯正人員在許多場合中對收容人曾使用過度武力也是明顯之事實。因此，當有訴訟案件發生時，法庭必須決定，矯正人員是否合法及適當地使用武力，以及是否太過

度而違反收容人之權力。在發生使用武力之案件中，當武力被認為「野蠻」或「震驚良知」時，判決就對收容人有利。過當之使用武力可視為殘酷與異常之懲罰，或是未經適當程序剝奪自由權。

一　使用武力之情況

依聯合國「執法人員使用武力與武器之基本原則」及各國矯正法規相關規定，矯正官員在下列情況下有權對收容人使用武力：

（一）自衛。

（二）防衛他人（管教人員或收容人）。

（三）維護安全、秩序及執行監所規則。

（四）防止脫逃。

（五）防止犯罪。

二　衡量過度使用武力之因素

一般而言，法庭將在下列因素衡量矯正人員使用武力是否過度以至於侵害收容人之基本人權：

（一）使用武力之需要。

（二）採取武力之必要與使用量間之關係。

（三）加諸收容人傷害之程度。

（四）使用武力是否善意地為恢復紀律和維持秩序而使用，或僅是惡意地或虐待地為造成收容人之傷害而使用。

三 使用武力之原則[27]

（一）在意外事故發生時合理及必須使用之武力

雖然武力可以用來維護秩序，但若是某一場合可使用武力以外之方法來維護秩序，這時使用武力便不適宜。譬如，收容人在查房後拒絕返回舍房並受警告，如拒不進入將使用武力。若收容人還是拒絕移動，這時管理員可迫使收容人返回舍房，雖然收容人在混戰中受擦傷及撞腫，並不構成殘酷和異常懲罰。因為鄰近其他舍房已打開準備查房，該收容人有引發管教人員與其他收容人危險性衝突之可能性，因此管教人員有必要採取武力驅使收容人回到舍房。

（二）使用時應本職責，切勿作為處罰之目的

武力之使用必須及時、立刻，而非在事後幾分鐘或是幾小時才使用。任何情況下，武力絕不可被用來作為懲罰之手段。在收容人被限制和無進一步抗拒，或是情況已被控制時，所有矯正人員使用之武力便應停止。因此若似前段所述情形，收容人已回舍房，管教人員再拳打腳踢致收容人受重傷，這很可能會被判定對恢復或維持機構秩序所使用之武力已過度。

（三）應儘速製作意外事故報告，報告應明確、確實和詳盡

過度之使用武力包括體罰、使用化學藥劑，以及不適當地使用戒具，都可能導致民事和刑事責任。矯正官員應該認知任何時候使用武力，不管適當與否，收容人都將認定武力使用過當而會提起訴訟。對於這些訴訟最好之防衛，便是訓練以及能詳細解釋使用武力之必要性。這類解釋最好在意外事故報告中做好。報告應該明確、確實和詳盡。報告應該以書面方式以便讀者能判斷該武力使用是否合理。如果沒有準備事故報告，矯正官員可能在審理中發現對他本人極為不利，也許二年後，他無法把事故之詳細情形記得很清楚。

---

27 參閱聯合國「執法人員行為守則」（1979年12月）及「執法人員使用武力與武器之基本原則」（1990年8月）。

（四）使用後醫護人員應迅速檢視收容人受傷害之性質及程度，
　　　並詳為記錄

　　使用武力之場合，醫護人員應該檢查並決定收容人所受傷害之性質及程度，迅速地檢視，可以避免日後不必要之訟爭。不能立即延請醫療人員檢查收容人傷勢，將造成以後收容人宣稱他們係於武力使用場合受到嚴重傷害，如此將留給監所不利之局面，因為監所缺乏足夠證據指出收容人所受真實之傷勢。

四　使用致命性武力之原則

　　世界各國矯正機構均有配置致命性武力之通例，此乃必要時之一種鎮壓手段，並非供威嚇之需要，管教人員倘濫於使用，不獨有違反國家立法之本旨，且為今日行刑政策所不許，故各國對於致命性武力之使用均設有明文規定且甚為嚴格。法律雖有明文規定何種情形下得使用致命性武力，但使用時尚應特別注意下列原則：

（一）無可選擇其他武力或方法時，始得為之

　　只有在某些情況下別無對策時才可使用致命性武力，若還有其他武力或方法可選擇，則此時使用致命性武力便屬非法。致命性武力可被用來防止矯正官員、受刑人或其他人受到死亡或嚴重傷害脅迫，它也可用在自衛。但只有當官員合理判斷認為他們別無其他選擇時才可使用。

（二）不能傷及無辜

　　儘管矯正官員依法使用致命性武力，但不能傷及無辜。譬如，矯正人員戒護罪犯出庭，若是罪犯企圖脫逃，官員便有理由使用致命性武力。然而，若他逃抵人潮擁擠之街道時，該矯正人員若對罪犯射擊而傷及無辜，則仍須負賠償之責。

（三）應立即報告上級，並製作完整且確實之報告

　　當矯正人員使用致命性武力時，應立即報告其上級，並做好完整且確

實之意外事故報告。報告中必須包括解釋導致使用致命性武力之理由，並詳盡描述使用武器時之態度及使用何種武器和詳述此意外事故，還得描述傷害情形以及處理經過，並須將參與者和目擊證人列表，這份報告必須很詳盡，使讀者能夠根據這份報告判斷使用武力是否適當。

五 非致命性武器之運用

104年2月11日高雄監獄發生受刑人挾持管教人員奪取致命性武器企圖脫逃事故，引起社會各界之關注，亦促使推動後續矯正改革之聲浪。筆者認為應先從強化基層管理人員之培訓做起：基層管理人員可商請專業機關培訓，訓練期間以一年以上為宜，著重武器裝備（含非致命性武器）、戒護戰技與膽識之專業訓練，畢（結）業後再參加特考。至於武器之使用，筆者認為目前矯正機構收容對象以長期重刑犯居多，且戒護人力嚴重不足，戒護管理環境極為嚴峻。因之，我國應參考國外矯正機構，引進各種新式非致命性武器諸如電擊槍、胡椒噴霧（辣椒子彈）或塑膠子彈等，並加強訓練，作為處理戒護事故之主要武力。在戒護區以使用非致命性武器為原則，致命性武器宜置放於戒護區外適當場所，避免被收容人奪取，引起更嚴重之戒護事故。

總之，矯正機構訓練矯正人員何時使用武力及如何適當運作武力已日漸重要。尤其要加強矯正人員熟悉使用致命性武力之規定與政策，以便在適當時機和場合使用。缺乏這方面訓練將是主管負連帶責任之主要來源。使用武力可被預期時，矯正官員如將事件錄影下來是一明智之舉，錄影帶可作為訓練教材，防止管教人員過度使用武力，日後如有訟爭，也可作為很有用之證據。

第五節 結 論

紀律與戒護之良窳，關係整個矯正計畫之進行至鉅，矯正機構倘能維

持安全且有紀律之環境，方能使矯正處遇工作有效地付諸實施。因此，先進國家矯正機構在紀律方面為求客觀公平，均建立一套周延之違規懲罰程序及成立紀律委員會專司其事。其次，為維護收容人安全，確保刑罰之有效執行，各國戒護措施亦籌劃周密，尤其緊急事故應變能力之加強，分監管理之採行，更為各矯正當局所重視。我國矯正機構對紀律與戒護向極重視，惟違規懲罰程序、紀律委員會及防制戒護事故與分監管理措施等，均有待進一步建立與落實。

第八章　犯罪矯正輔導與心理治療技術

　　站在犯罪矯正之立場，犯罪人係一社會適應欠佳，經常面臨心理衝突，並且在行為上呈現異常之病態者，亟待積極輔導、矯正與治療，以改變其偏差行為，增進復歸社會後之社會適應，避免再犯。

　　除了傳統各項生活指導、職業、教育訓練、宗教教誨等處遇外，目前世界各國矯正機構相繼開發各種嶄新獨特之輔導、心理治療技術，並且於應用在部分犯罪類型上成績斐然。

　　由於犯罪矯正輔導、心理治療之技術繁多，本章著重於介紹目前在矯正實務上應用較廣，並受肯定者，而加以論述，包括個別心理治療、團體處遇技術、心理劇、行為療法、溝通分析療法、現實療法、認知處遇法、內觀法等。

第一節　個別心理療法

　　精神醫學者、臨床心理學家、社會工作輔導人員經常使用各類心理輔導治療技術以協助案主。基本上，個別心理治療（Individual Psychotherapy）技術嘗試探求案主（或犯罪人）之內心在心理癥結與衝突，協助其洞察問題所在，進而改善偏異行為，適應社會生活。

　　在個別心理療法當中，影響較大者為S. Freud之心理分析療法。根據Freud之看法，人類之行為係由許多非理性的、潛意識的、生物與本能趨力所決定，尤其人生歷程中，早期人格成長之順適影響、後期之社會適應及自我防衛機轉之運用[1]。

　　Freud心理分析療法之兩項目標為：一、促使個人潛意識能予意識

---

1 S. Freud (1949), An Outline of Psychoanalysis. New York: Norton; S. Freud (1962), Civilization and its Discontents. New Yosk: Norton.

化；二、增強自我（Ego），促使行為取向能以現實考量為基礎，而非基於生物、本能之欲求。心理療法之技術著重於促使案主逐漸的覺察、洞察（Insights）個人之行為，及瞭解症狀所顯現的意義，治療之進展係由處理潛意識題材，而使案主獲取傾洩（Catharsis）、洞察並朝向理智與感情化之瞭解，進而改變人格與行為。心理分析療法之五項技術包括：

一 自由聯想

心理分析療法之主要技術係自由聯想（Free Association），分析者指導當事人清除其每日蘊積之思緒，而且盡可能的將心中的話說出，不論是如何的痛苦、愚蠢、瑣碎、不合邏輯，或不相干的問題皆可。自由聯想係開啟潛意識欲求、幻想、衝突與動機之門的基本工具。此項技術能將案主過去之經驗加以整合，並且有助於釋放案主被阻絕、壓抑之情感。在自由聯想當中，分析者之主要任務為瞭解深鎖於案主潛意識之中被壓抑之題材，並解釋給當事人，促其瞭解行為背後之下層動力。

二 詮 釋

詮釋（Interpretation）係分析自由聯想、夢、抗拒與移情（Transference）之一種基本程序。此種程序包括分析者之指點、解釋，甚至教導當事人瞭解顯現於夢、自由聯想、抗拒與治療關係之行為。詮釋之作用為允許自我理解的題材，加速揭發潛意識題材之過程。

三 夢的解析

夢的解析（Dream Analysis）是揭發潛意識題材之重要過程，可促使案主無法解決的問題加以深入洞察。在睡夢中自我防衛較低，因此一些潛意識欲求、需要、恐懼或其他被壓抑之情感即可能顯現出來。分析者的任務即在於對夢（含隱性與顯性內容的夢境）之內涵加以分析，以瞭解案主存在於潛意識內的內在心理歷程。

四 抗拒的分析與詮釋

根據Freud之看法，抗拒（Resistance）係一潛意識之動機，企圖防衛自我，以對抗焦慮。尤其當案主察覺被壓抑之衝動或感情時，焦慮即可能升高，而產生抗拒作用，阻礙治療之進展。分析者必須將抗拒現象予以指出，協助其解釋抗拒之原因，並且予以面對及做妥善之處置。

五 移情的分析與詮釋

移情（Transference）係指案主在過去與重要關係人存有「糾纏未清之事務」，導致案主曲解了目前情境，而對分析者做出如同其對父母或其他重要關係人之反應。對移情作用之分析，有助於當事人瞭解過去之行為模式與影響力，並洞察其被固著與被剝削之本性。而對移情之詮釋則促使案主停留在現在，面對現實，阻止情緒之心理衝突[2]。

無論如何，心理分析療法在個別心理療法中最具代表性，並且為日後許多個別心理療法之處遇技術奠基。在矯正實務上，一般認為具有下列功效：

（一）從案主與治療者互動過程中，可促使案主情緒穩定，避免不安。

（二）有助於案主自我抉擇與認同。

（三）減輕案主鬱悶情結、心胸舒展。

（四）減輕案主罪惡感與焦慮情緒。

（五）減輕案主自卑感與不當情結[3]。

心理分析雖然被證實對於犯罪矯正處遇有相當貢獻，然而其實施仍須審慎，尤其，於其實施前，應對案主之精神狀態與環境詳加考慮，避免產生負面效果。

2　參閱Gerald Corey (1991), Theory and Practice of Counseling and Psychotherapy (4th ed.). Brooks/ Cole Publishing Company；中譯本參閱黃德祥編譯，《諮商與心理治療的 理論與實施》，新北：心理出版社，民國79年9月，5版，頁35-39。

3　Donald G. Gibbons (1968), Society, Crime, and Criminal Careers. Englewood Clifs, N. J.: Prentice Hall, p. 145.

第二節 團體處遇技術

有別於個別心理療法，另一在犯罪矯正實務獲致相當成效且備受肯定之犯罪處遇技術，當屬於團體（或稱集體）之處遇策略。團體療法（Group Therapy）及環境療法（Milieu Therapy）則為團體處遇技術之兩大類型。團體療法乃指一群案主在特定之期間內與專業之心理輔導治療人員共同討論，運用團體之動力，合力解決問題。環境療法系指經由對機構環境之操作、管理與重建，俾以產生有利於個人成長與行為態度改變之環境情境而言[4]，茲簡述如下：

一 團體療法

團體療法（Group Therapy）在犯罪矯正實務上之應用日趨廣泛，尤其在少年犯罪之群體上更具有卓越之效果。團體療法依輔導人員之專業程度、治療與討論之內涵及案主之需求，而以團體諮商（Group Counseling）或團體心理治療（Group Psychotherapy）之型態呈現。在實務上，團體諮商因施行較為簡易，成本低廉，故應用較廣。團體心理治療則因需專業人員指導（如精神科醫師），且需各種環境條件配合，費用較高，因此只有在現代化文明程度較高之國家始有採行之可能。根據學者Bartollas之見解，「被引導之團體互動」（Guided Group Interaction, GGI）療法與「正面之同儕文化」（Positive Peer Culture, PPC）療法，乃犯罪矯正實務上應用較廣之團體療法[5]，進一步說明如下：

在GGI療法中，案主在治療人員之指導下，被視為活生生之個體加以處遇與研究，案主並與其友伴生活遊戲在一起。團體成員之互動是強烈的，然而並非充滿敵意的，成員並可享有許多自由抉擇之權利。換句話說，在GGI團體中，案主允許享有許多自治之權利，尤其成員間獎賞、懲罰及機構間之各項規定，皆由團體成員共同決定。

---

4 Lee H. Bowker (1982), Corrections-The Science and the Art. Macmillam Publishing Company, p. 248.
5 Clemens Bartollas (1985), Correctional Treatment: Theory and Practice. Prentice Hall Inc., pp. 133-136.

　　一般而言，GGI通常可區分為數個發展階段。第一階段，新加入成員在引導人員及團體成員之鼓舞下，逐漸地降低自我防衛。其次，當團體成員逐漸增加信任感時，其已能分享此生活點滴，而進入第二階段。在第三階段，案主則進一步反省其製造麻煩之原因，並且開始討論機構內及其外界自由社會中所面臨之問題。第四階段，案主逐漸已能適應機構之各項再教育歷程。第五階段，案主須已能設定計畫，俾以做必要之生活規劃。最後，在個人與團體之競爭下，案主被期待對其未來生活做一明智抉擇。

　　在施行GGI之過程中，引導該團體，以避免非行次級文化產生，造成負面不良影響。其次，GGI強調團體成員休戚與共、團體責任，假如團體成員計畫逃脫（或遇有麻煩），那麼團體即有責任加以阻絕或預防。

　　雖然，有關於GGI之評估報告並不多，然而其大致具有下列優點：(一)促成全體成員形成一緊密之良性社群，共同生活，承擔責任，善盡義務；(二)可替代原已存在於矯正機構中之負面價值感、次級文化或部分不良之生活習慣性；(三)GGI亦可透過經過訓練之戒護管理人員加以引導，成本增加有限；(四)教導案主須對其行為負責，減少對非行次文化之依賴。

　　另一在少年矯正機構應用趨於普遍之團體療法為「正面之同儕文化」療法（即PPC）。與其母法GGI類似，由學者Vorrath等所倡行之PPC係將正面之生活方式延伸至機構生活之各層面[6]。換句話說，PPC之基本目標係將負面之同儕文化，轉化成正面之方向。其策略為教導其成員彼此關愛（Caring），經由關愛之過程，促其成員瞭解、洞察真正問題所在，進而謀求解決。倡議者指出，只要團體成員瞭解關愛之真意，並且此項關愛為團體成員所接受，PPC應可發揮其具體的功效。

　　PPC與GGI的確有些類似，但PPC特別強調正面之行為取向。當有正面行為發生時，行為者則被以聰明、獨立、進步很多……等之生活語言予以正向鼓勵。當負面行為出現時，則以幼稚、不明智、太離譜等字眼加以阻絕，避免其進一步被強化。

　　總之，PPC對於化解具破壞與誤導性之負面次文化有獨特之功效，為

6　Harry H. Vorrath and Larry K. Brendtro (1974), Positive Peer Culture. Chicago: Aldine.

美國少年矯正機構熱門之處遇策略。

二 環境療法

治療性社區（Therapeutic Community）及公平社區模式（Just Community Modle）為環境療法（Milieu Therapy）之二大類型。二者皆嘗試對整個犯罪矯正機構環境予以操作，即經由對環境之控制及與受刑人間之互動，以促使個人行為與態度改變之策略。

（一）治療性社區

治療性社區（TC），亦稱為社會治療（Social Therapy）。此概念係由美國學者瓊斯（Maxwell Jones）提出，在少年犯罪群體上應用甚為普及[7]。治療性社區強調在監獄內發展正性之社群環境，以協助受刑人發展法制及較成熟理性的態度，以處理人際關係。此外，「治療性社區」主張機構之規範與決策，由受刑人與職員共同制定和參與，受刑人享有適當的地位與發言權力。換句話說，治療性社區之主要目標為改變機構成一民主化的實體。根據學者Solomon之見解，治療性社區具有下列特色[8]：

1.它具有工作取向，並鼓舞案主迅速回到外界社會中。機構內各項活動著重於協助受刑人發展良性之社會適應態度。

2.受刑人經由適當的安排而被有系統的組織。尤其團體動力之廣泛應用可促使受刑人發展更具建設性的生活態度，此乃基於受刑人在團體中可獲得較佳成長的信念。

3.傳統權威式之組織與人員，將為一群受過專業訓練之人員所取代。換句話說，治療性社區是民主的而非權威的組織。

值得注意的是，治療性社區之施行須賴人員與機構環境之通力配合，而最重要的是受刑人群體之積極參與，始能使機構轉化成一具有關愛、支

---

7 Maxwell Jones (1962), "Social Psychiatry in the Community," in Charles C. Thomas ed., Hospital and Prisons.

8 Hasim Solomon (1976), Community Corrections. Holbrook Press.

持性之團體，以協助受刑人更生。

（二）公平社區模式

公平社區模式之方案係由學者希克與休爾夫（Hickey and Scharf）在1971年於美國康乃狄克州Niantic女子感化機構首先試行。公平社區模式強調，機構於制定規則時，應循民主化原則與程序；換句話說，此制涉及高度之受刑人自治。

公平社區之體系植基於學者Kolberg之六階段道德發展過程。學者Kolberg指出，在公平社區體系中，受刑人可逐步之成長、學習，培育良好品性，進而關心他人，最後則朝向自治與承擔責任之境界[9]。

由於道德之發展障礙乃一般受刑人普遍面臨之問題，因此公平社區模式強調，監獄必須予以重組，以促使受刑人在具有高度道德感之環境下學習與成長。

其次，研究大致指出，公平社區之策略的確有助於受刑人道德認知之提升，並且降低再犯率[10]，這些研究間接指出，矯正方案之組織、環境結構可能比方案之內涵本身更重要；換句話說，公平社區並不特別強調對特殊治療技術或特殊問題之討論。相對的，其強調以民主之原則、道德發展之概念，去組織重建矯正機構內之生活歷程，以提供良好之行為改變環境，促使受刑人成長[11]。

第三節　心理劇

心理劇（Psychodrama）係由J. L. Moreno所倡行，係藉由參與戲劇之

9　Lawrence Kolberg (1969), Stages in the Development of Moral Thought and Action. New York: Holt, Rinehart and Winston.

10　Joseph E. Hickey and Peter L. Scharf (1980), Toward a Just Correctional System. San Francisco: Jossey-Bass.

11　Lann Lanza-Kaduce and John R. Stratton (1980), "Organization vs. Content in Correctional Programming: Policy Implication," paper given at the Annual Meeting of Midwest Sociological Society.

表演，促使案主將壓抑之意念、感情及想法做公開之處理、適當之傾洩，以達成心理淨化與行為改變之心理療法[12]。

━ 組　成

　　心理劇之組成包括舞臺、導演、主角、輔助人員及觀眾等角色。茲進一步簡述如下：

（一）**舞臺**：與一般傳統舞臺雷同，舞臺係心理劇演出之場所，其後緊貼牆壁，前方為觀眾席。

（二）**導演**：治療者在心理劇中即為導演，其兼具演出者、治療者及分析者之角色，以確實掌握劇中之各種情況。

（三）**主角**：即被治療者之角色。藉由戲劇表演之參與，以宣洩被壓抑之想法與情緒，進而獲得治療之效果。

（四）**輔助人員**：即主角之對手角色，具有激發案主宣洩情感，並協助其演出之任務。

（五）**觀眾**：觀眾對於戲劇之成功演出頗具影響，演出者除須獲得其激勵外，觀眾亦可藉由互動，而獲得學習，宣洩與洞察。

二 技術及原則

　　心理劇之主要技術與原則包括：

（一）**自我表達**：由主角（案主）扮演生活圈中的各個角色，包括他自己、母親、父親、兄弟、敬愛的教授、老闆或其他角色。案主相當主觀地演出、經驗及體認這些角色。

（二）**自我實現**：主角藉由輔助人員之協助，充分地在戲劇中演出，而不論此項演出是否與實現差距甚遠。

（三）**獨白**：由主角在場景充分地、自由地對自己或團體表達其想法，藉

---

12 J. L. Moreno (1969), Psychodrama. Beacon, N.Y.: Beacon House.

以抒發壓抑情懷。

（四）**治療性之獨白**：即由主角能夠與其他成員分享隱藏之情感與思考。

（五）**雙重技巧**：即由輔助人員表現出與案主（主角）同樣的動作，協助案主瞭解自己之困擾，同時藉此洞察主角之內在衝突。

（六）**多重技巧**：即將案主之生活歷程區分成好幾個階段，由輔導人員分別擔任各階段之角色，每一角色代表案主人格與生活型態之一部分，以協助案主瞭解其生命歷程。

（七）**反映法**：即由輔導人員扮演案主之角色，表達其情感與想法，就如同鏡子的呈現讓案主瞭解其行為。

（八）**角色互換**：由主角扮演其敵對之角色，藉以探究認知差距原因，減少摩擦。

（九）**未來之投射**：由案主將其認為未來可能之情況表現出來。

（十）**生活之預演**：由案主將其預期未來之情況事先表演出來。

（十一）**幻想**：由案主藉著舞臺之表演而呈現其幻想。

（十二）**夢境**：由案主編織夢境，並表演出來[13]。

心理劇在犯罪矯正上之應用：心理劇由於涉及專業之技巧，因此在犯罪矯正實務並非非常普遍。儘管如此，美日等先進諸國皆曾加以試驗，並有卓越成效。例如美國紐澤西Rahway性犯罪處遇中心即以心理劇之演出，協助案主宣洩性攻擊意念，進而改善、洞察偏異行為[14]。無論如何，研究大致指出心理劇對於觸犯強迫性犯罪（Compulsive Crime）之患者而言，具有特殊效果。

第四節　行為療法

行為療法（Behavior Therapy）基本上係指用認知與行動之控制原

---

13 J. L. Moreno (1969), Psychodrama. Beacon, N. Y.: Beacon House, pp. 239-242.
14 Treating Sex Offenders in New Jersey, Corrections Magazine, November-December 1974: 13-24.

理，協助案主改變偏差行為並學習嶄新行為之處遇技術。學者Bandura、Wolpe等對行為療法之發展貢獻卓越[15]。目前，行為療法已充分發展至認知、學習層面，並且採用系統性之評量以考驗成效，在成年犯罪矯正實務上應用至為普遍。

　　行為療法之特徵，由於其施行程序至為多樣，本不易劃分，惟學者Kazdin認為下列五點乃為行為療法基本表徵：

一、重視現在對行為之影響，反對歷史決定論。

二、外向行為改變之觀察乃評估處遇重要指標。

三、以具體客觀名詞詳述處遇標準，俾以利將來驗證。

四、依賴基本研究以為處遇與特殊治療技術假設之來源。

五、治療上之標的問題加以定義，以利處遇與評鑑[16]。

　　行為療法之治療技術繁多，本節僅以在犯罪人矯正實務應用較為普遍之方法與技術做扼要介紹。

一　代幣法

　　代幣法（Token Economies）係以增強及削弱原則為基礎之行為療法，其大致以當事人所想要之東西為替代物，以利用代幣為增強物，藉以發展適當行為，或藉著取消代幣來消除或減輕當事人不良行為。

　　代幣乃增強與塑造行為的有效方法，可引發當事人具體的動機，以改變行為，盛行於美國少年犯罪矯正機構。

二　行為契約法

　　行為契約法（Behavior Contracts）係指當事人與機構制定契約，倘其

---

15 J.Wolpe (1958), Psychotherapy by Reciprocal Inhibition. Standford, Calif: Stanford University Press; A. Bandura (1974), "Behavior Therapy and the Model of Man," American Psychologist (29): 859-869.

16 A.E.Kazdin (1978), History of Behavior Modification: Experimental Foundation of Contemporary Research. Baltimore: University Park Press.

合乎一定要求或有良好行為表現，即可接受更優厚之處遇。例如，以美國新墨西哥少年輔育院實施四階段之行為契約方案為例，在第一階段，少年無論在書信、接見與行動上皆受到嚴密之管制，但是，一旦少年履行其與機構訂定之行為約定後，即可在各方面獲得更多之自由。少年在進至第四階段時，更有資格獲取返家探親之機會，並且準備假釋或釋放[17]。

三 嫌惡法

嫌惡法（Aversive Technique）指創造當事人厭惡之情境事務，以協助當事人避免沉溺異常行為，發展正性行為。例如，將會引起嘔吐之藥物置於酒瓶中，要求酗酒者暢飲或令有犯罪傾向者想像入獄後可能遭致羞辱情形……皆為嫌惡法之典型。嫌惡法已被廣泛應用至各種偏差或不當行為（如酗酒、性虐待、暴露狂、藥物成癮者、暴行、攻擊性強者）之矯正上。一般而言，嫌惡法具有立即性之效果，長期之功效則待進一步評估[18]。試行時，以由當事人指導較為恰當，並應注意是否符合人道倫理，且須徵得當事人同意。

四 系統減敏法

系統減敏法（Systematic Desensitization）係以處理因焦慮而形成之不良適應行為或逃避行為反應為對象，其方法為引發焦慮之刺激並將產生焦慮之刺激（Anxiety-producing stimuli）做層次的安排，其次引導當事人做鬆弛練習，將引發焦慮之刺激重複地與鬆弛狀態配對出現，直至焦慮反應消除[19]。系統減敏法可消除各種不良適應行為如因傷害之恐懼、神精性焦慮等，其與鬆弛訓練交互運用，可降低當事人之焦慮，減少暴力、衝動行為之發生。

---

17 William Hart (1976), "Profile/New Mexico," Corrections Magazine 2: 46.
18 A.S.Bellack and M.Hersen (1977), Behavior Modification: An Introductory Textbook. Baltimore. Williams & Wilkins Co.
19 J. Wolpe (1969), The Practice of Behavior Theory. New York: Pergamon Press.

雖然,行為療法有助於當事人行為之改善,但仍被批評過於表面化、忽略當事人內在心理動機(如情緒、感情)之影響力,並且較缺乏人道。然而,由於行為療法原理與技術簡顯明確、容易施行,並有利於機構對當事人偏差行為之控制與改善,因此其仍為各國矯正實務所普遍採行,雖然治療型態可能以不同之方式呈現。仔細觀察,行為療法目前之最重要課題為如何走向符合人道、倫理原則之治療方向。

第五節　溝通分析療法

溝通分析療法(Transactional Analysis, TA)係一種互動心理治療法,由美國加州精神醫學者Eric Berne所倡導[20]。近年來已被廣泛應用至犯罪處遇,頗受重視。溝通分析療法強調當事人須以積極的態度,覺知並評估其行為樣態與生活方式,俾以在未來行為與生命歷程重新抉擇、開啟嶄新人生方向[21]。

溝通分析倡議者強調,人自出生後,受到父母、家庭、環境等多重影響,乃發展其獨特之人格結構與行為樣態。由於人類有與他人接觸之欲求,因此其行為模式即可能以父母(Parent,簡稱P)、成人(Adult,簡稱A)與兒童(Child,簡稱C)三種獨特之行為樣態呈現。父母式(P)代表著權威之行為樣態;成人式(A)則屬較理性、成熟、現實之表徵,它乃人格中較客觀、做事實判斷之部分;兒童式(C),則大致包含小孩式之感情與衝動,乃較欠缺理性而訴諸於感情之行為樣態[22]。由於當事人常未能洞察其獨特之行為與思考邏輯,同時在與他人溝通之過程中未能做出合宜之反應,因此極可能呈現偏差、不適切之行為而不自知。溝通分析療法即主張經由適當之治療、訓練,協助當事人覺知其行為樣態,重新做決

---

20 Eric Berne (1961), Transactional Analysis in Psychotherapy. New York: Groves Press.
21 Gerald Corey (1991), "Transactional Analysis," in Theory and Practice of Counseling and Psychotherapy (4th ed.). Brooks/Cole Publishing Company.
22 T. Harris (1967), I'm OK-You're OK. New York: Avon.

定、設計生活、開啟嶄新人生旅程。

　　溝通分析療法之技術甚多，僅以較為通行、應用較廣之下列五種做概要介紹：

一　結構分析

　　結構分析（Structure Analysis）乃使案主察覺其父母、成人或兒童自我狀態之內容與功能的技術。當事人須學會如何瞭解自己之行為樣態，結構分析則協助其解決所面臨之困境。換言之，結構分析即是透過對父母（P）、成人（A）、兒童（C）三種行為樣態之鑑別練習，藉以指導當事人瞭解自己行為不協調或偏差之一面，進而掌握自我角色並修正行為。

二　溝通分析

　　溝通分析（Transactional Analysis）基本上乃分析人們彼此間自我（或行為）狀態之交流情形，俾以有意義地掌握情境，控制自我的行為，做出對他人合宜之反應。溝通分析之樣態有三種：
（一）互補溝通（Complementary Transactions）：係指訊息傳送後，獲得預期之回應。
（二）交錯溝通（Crossed Transactions）：指訊息傳達後，未獲得預期之反應。
（三）曖昧溝通（Ulterior Transactions）：指傳送兩種以上之曖昧訊息，致對方誤解或迷惑。

三　空椅——如何面對問題之策略

　　「空椅」（Empty Chair）係溝通分析之一種技術，乃假定當事人很難面對不符期望之對象（如厭惡之老闆），惟仍必須面對解決之。治療過程即要求當事人想像該不符期望之對象坐在其面前且須與其對話，此過程可使當事人充分表達其思想、情感與態度，藉以察覺當事人內在自我行為樣

態，進行協助解決問題癥結。

四 家庭模仿劇

家庭模仿劇（Family Modeling）亦稱為溝通分析方法之一，主要適合處理頑固之父母、大人、小孩三種心理狀態。它要求當事人盡可能想像過去難忘情境、重要人物及當事人本身。當事人成為導演、製作人與演員，其可界定情境，並將團體之其他人當作其家庭人員之替代人物，進一步將團員安置於其想像之情境中。其後之討論、行動與評估，可因此擴大至當事人對特殊情境之察覺自省。

五 腳本分析

腳本分析（Script Analysis）係指瞭解個人自嬰兒至成長期間受父母、環境影響而確立之人生歷程，例如幼兒被父母灌輸之人生價值「萬般皆下品，唯有讀書高」等。腳本分析即嘗試讓當事人瞭解本身一直所遵從之人生型態及生活歷程，俾以採取行動改變或修正其人生計畫[23]。

溝通分析療法之應用，一般而言具有下列優點：

（一）觀念簡潔、方法簡便，實施容易。

（二）培養客觀判斷能力，從而改善人際關係。

（三）學習於日常生活中正視與控制自己行為，使自己成為治療者。

（四）有助瞭解個人過去生活腳本，進而擬定未來生活計畫。

然而溝通分析法之應用亦非毫無限制，對於智商較低、年紀較輕、患精神疾病（如Psychopaths）及犯罪學者Wolfgang筆下之「慢性犯罪者」（Chronic Offender），其實施成效則面臨限制。

溝通分析療法之所以備受重視，乃因其治療過程具系統分析程序，包括修正案主混淆與不切合時宜之去污染（Decontamination）程序、隨著環

---

23 同註2，頁131-136。

境不同，做自我狀態表達，而非一成不變之再傾洩（Recathesis）程序、澄清（Clarification）程序及最後之重新整合（Reorientation），協助案主以合乎理性、客觀之原則處理人際事務，目前美國、日本矯正實務大致印證其治療效能，其在我國之應用價值則有待進一步驗證。

第六節　現實療法

現實療法（Reality Therapy）係由William Glasser於1960年代所創，係強調當事人不應緬懷過去，應面對事實，認清自己，對自己行為負責之指導性治療法[24]，其目標為引導案主成長，學習接納個人責任及做自我價值判斷，並面對現實，從錯誤中記取教訓，走向自主成功。在美國精神病院、犯罪矯正機構及少年矯正部門中甚為風行，其他各國犯罪矯正實務亦有逐步擴大採用之趨勢。

一　特　徵

根據美國加州州立大學Gerald Corey教授之歸納，現實療法至少具有下列八項特徵：

（一）現實療法反對心理疾病的觀念，它並不做心理診療，且假定行為失常乃不負責任的結果，心理健康與負責任的行為具相同意義。

（二）現實療法強調行為本身而非情緒與態度。其雖非認為情緒與態度不重要，但特別強調對現在行為之覺察。

（三）現實療法重視現在，而不重視過去。蓋個人之過去乃不變的，唯有現在與未來方有改變之可能。Glasser主張，應將案主視為「具有廣大潛能的人」，而非一位有問題的病人。

（四）現實療法強調價值判斷。主張由當事人判斷其行為品質以確定何者

---

24 William Glasser (1965), Reality Therapy: A New Approach to Psychiatry. New York: Harper & Rew.

係導致失敗之結果。它特別強調除非當事人自己願意改變行為，否則即無改善之可能。

（五）現實療法並不重視移情作用，主張應順其自然，以建立個別、真誠之關係，協助當事人在現實中得以滿足需求。

（六）現實療法強調人格意識層面，而不重視潛意識。因強調潛意識將導致案主逃避現實並不負責任；唯有重視意識層面，使能促使案主面對事實並勇於負責。

（七）現實療法不主張懲罰。蓋懲罰並不能完全改變行為，反而易增加案主之挫折感並破壞良好治療關係。

（八）現實療法強調學習負責任之行為。蓋負責任與自我價值感同等，為人類終生之心理需求[25]。

■二 治療者與當事人之關係

為有效達成治療效果，現實療法強調當事人與治療者應發展契合之關係，尤其須讓當事人感受治療者正充分關懷、接納與協助他們。治療者與當事人關係如下：

（一）現實療法係以個別關係，由治療者與當事人共同參與為原則。治療者將其關愛、接納、溫暖傳達給當事人，有助於案主發展成功的認同感，並且避免案主走入極端。

（二）擬定計畫於現實療法係重要步驟。現實療法強調治療者與案主共同發展計畫，並使之實現，尤其治療者須協助案主以較系統性之策略，化危機為轉機，走向成功之路。大致而言，計畫之擬定必須具體、富彈性，不可過於死板，倘行不通，宜加評估，並考慮替代方案。

（三）承諾係現實療法重要之基石。在案主已決定行動計畫後，治療者應協助其立下承諾、履行計畫，絕不退縮，除非達成原預定計畫，否

25 Gerald Corey (1991), Theory and Practice of Counseling and Psychotherapy (2nd ed.). Brooks/Cole Publishing Company.

則一切將喪失意義。

（四）現實療法不允許藉口。現實療法強調治療者不應為案主任何不負責任之行為找藉口，案主必須完全的面對事實並對其行為負責[26]。

　　現實療法之施行過程特重視案主之力量與潛能，蓋此乃人生成功歷程之關鍵。為協助案主成功的獲取治療，治療者採行下列技術：

（一）與案主進行角色扮演。

（二）使用幽默感。

（三）面質案主，並且不允許其找藉口。

（四）協助案主訂定特殊之行動計畫。

（五）擔任示範與教師之角色。

（六）訂定限制，並組織治療情境。

（七）採行口頭震撼治療，或以挑釁之方法面質案主非現實之行為[27]。

　　總之，現實療法簡易，並不必花多餘的時間從事診療，並使用其他技術，如移情、抗拒分析、非指導會談等。目前研究已大致提供證據顯示其在減少青少年再犯率上有獨特功效。例如，Classer與Zunin在美國Ventura女子感化機構之評估，即證實現實療法有助於降低再犯率[28]，1978年在日本宇治少年院之試驗亦指出現實療法成效卓越[29]，其在我國之應用價值如何，仍待觀察。

第七節　認知處遇法

　　認知處遇法（Cognitive Approach of Offender Rehabilitation）近幾年來在犯罪矯正實務上屢獲證實，對犯罪人偏誤思想的改變有相當令人滿意

---

26 Corey, Ibid., p. 191; W. Glasser and L. M. Zunin (1979), "Reality Therapy," in R. Corsini ed., Current Psychotherapies (2nd ed.). Itasca, Ill.: F. E. Peacock.

27 Corey, Ibid.

28 William Glasser and L.M. Zunin (1979), "Reality Therapy," in R. Corsini ed., Current Psychotherapies (2nd ed.). Itasca, Ill: F.E. Peacock.

29 盧狄生譯，〈處遇技法簡介〉，《法務通訊──獄政管理專刊》，民國73年。

的結果[30]。認知處遇法強調應對犯罪人錯誤之思想、看法進行矯正,而非從改變其行為著手,蓋諸多研究指出犯罪人常具有不合乎邏輯、短視、錯誤、不健康之人生價值觀,而導致再犯之發生[31]。認知處遇法即嘗試教導犯罪人以較合乎邏輯、客觀、常理、理性之思考方式,妥善處理人際衝突,避免其再度淪入歧途。認知處遇法以加拿大矯正局(Correctional Services of Canada)之研究、試驗最具成效,該國於經過審慎評估後,已決定在未來三年內持續擴大採行此項方案,以確保受刑人於服刑期間能在其偏差行為樣態上做適當的改善,俾以在未來開創嶄新光明的人生旅程。

認知處遇法與一般處遇法略有差異,其實施之重點著重於導正犯罪人偏差之思考與推理方式[32]。教導犯罪人處理人際事務、解決衝突之溝通技巧[33]。此乃植基於相關研究一再顯示這些因素,乃抑制出獄人未來再犯之重要關鍵[34]。

根據加拿大矯正部門實施之經驗,各犯罪矯正機構包括社區處遇機構皆可採行認知處遇法,實施之對象以初入監之各類型受刑人最為適宜。此項認知訓練方案約需十二週的時間,並須將參與者規劃成每班6人至8人之小團體,俾以從事各項觀念導正及人際溝通之教學活動。訓練課程之內容包括運用各類視聽教材、報章雜誌等,以生活實例對犯罪人進行思考、推理及問題解決的訓練,並藉由小團體之討論會達成既定目標。換句話說,認知處遇法之一項特色為訓練犯罪人於遭遇衝突、壓力時,做出理性、成熟的抉擇。訓練之重要課題在於要求犯罪人想像置身於衝突情境中,運用

30 C.F. Delong (1988), "Changes in Prisoner Perceptions of Central Over Life Situations as a Result of Learning Decision-making Skills," Doctoral Dissertation, Temple University, Ann Arbor, Michigan: University Micro Film, No. 7817295; R. Ross and Elizabeth A. Fabiano (1981), "Time to Think, Cogniiton and Crime: Link and Remediation," Department of Criminology, University of Ottawa.

31 S. Yochelson and S.E. Samenow (1976), The Criminal Personality, Volume 1 and Volume 2: A Profile for Change. New York: Jason Aronson.

32 Elizaboth A. Fabiano, Frank J. Porporino, and David Robinson (1991), "Canada's Cognitive Skills Program Corrects Offenders' Faulty Thinking," Corrections Today: 102-108.

33 R.R. Carkhuff (1971), The Development of Human Resourses. New York: Holt, Rinehart, and Winston.

34 Edward Zamble and Frank J. Porporino (1990), "Coping, Imprisonment, and Rehabilitation: Some Data and Their Implications," Criminal Justice and Behavior 17(1): 53-79.

各類人際溝通、問題解決之技術，並仔細的思考各種理性解決之方法與途徑。

值得注意的是，認知處遇法之施行以不連續超過二個小時為原則，蓋參與者皆須全神貫注思考，不得分心。其次，鑑於犯罪人偏差、錯誤觀念之形成乃日積月累的結果，因此認知處遇法之施行須循序漸進，參與者唯有通過初期基礎課程，並確實充分學習、領悟，而在達成一定進度後，始能進行另一階段之嘗試。此外，為確保認知處遇方案之成功施行，爭取第一線管教人員之全力配合與支持乃有其必要。尤其，在方案施行前即須透過各種溝通管道，徵詢管教人員之意見，並嘗試宣導方案之意旨。最後，認知處遇法方案執行者之遴選，並不侷限於研修社會工作、輔導等專業人員，只要具備人際溝通專長、成熟、穩健、理性、負責並接受短期之專業講習即可擔任。當然，在施行期間，整個方案之執行須接受嚴格之品管監督，並進行各項檢討與協商，以確保每一步驟遵循方案原則。

根據1991年學者Fabiano、Porporino與Robinson對參加認知處遇法方案之犯罪人於方案施行前後進行之調查，發現大多數參與方案者呈現如下之反應：

一、對於參加認知訓練方案甚感滿意。

二、較能以客觀、理性的態度評斷事理並處理人際衝突。

三、對於法律、法院及警察人員較不具憎恨之負面態度。

四、較能控制憤怒的情緒，並且面對壓力。

五、較能有效率的規劃未來生活。

六、人際溝通技巧顯有改善。

七、對於他人之觀點較能接受，並且較能容忍他人之批評[35]。

前項評估大致顯示，認知處遇方案對犯罪人各項偏誤思想、態度之改善有明顯助益，而更重要的是學者Fabiano等，在經過大約二十個月的追蹤調查，發現參與認知處遇方案者有較低之累（再）犯率，認知處遇方案

---

35 Elizabeth A. Fabiano, Frank J. Porporino, and David Robinson (1991), "Canada's Cognitive Skill Program Corrects Offenders' Faulty Thinking," Corrections Today: 102-108.

之作用似已獲取進一步之肯定。

認知處遇方案乃加拿大矯正機構犯罪處遇之核心方案，此項類似於生活技巧之訓練，嘗試對犯罪人生活之各層面加以改善。例如，偏誤思考、推理之導正，憤怒情緒之管理，人際溝通技巧（Coping Skills）等。評估報告亦大致顯示認知處遇法之實施對於犯罪人偏誤思想、行為的改善有正面、實質之影響。環顧國情，我國已具備認知處遇方案之雛型，倘進一步規劃，在課程上妥善設計，將有發展之空間。

第八節　內觀法

內觀法（Naikan Therapy）[36]亦稱內省法（Introspective Method），係由日本吉本伊信所首先倡行，係指以靜坐觀察的方式，透過指導者之誘發，促使犯罪者對過去行為歷程做自我觀察與反省，藉此喚起自覺意識，滌除潛在的罪惡感，進而改變偏差或駁誤行為與態度之處遇技法。

內觀法之主要目的為消弭犯罪人本位主義，袪除自我為中心，而以感恩的心境來面對生活。內觀法可區分為集中內觀及日常內觀二大類。集中內觀係指在安靜與外界隔離之內觀室中，由參與者自早晨五時至夜晚九時止，持續的進行大約一週之內觀反省。日常內觀則為集中內觀之實際運用，每天安排日課表，不限時間、空間至少進行一小時之反省。一般而言，完成集中內觀後，宜配合日常內觀之實施，以隨時進行自我觀察，喚起省與悟，以確保行為不致偏離常軌。

內觀法之施行首先須由指導人員向參與者說明內觀的方法，集中內觀期間之生活方式、注意事項等，以為內觀法之施行鋪路，化解參與者疑慮，並引導案主進入寂靜、無任何干擾之內觀室進行反省。其第一步驟，指導者須讓案主將過去曾經遭遇之痛苦及為人世間所遺棄的一切怨恨、不

---

36 節錄自吳憲璋著，〈內觀法——日本監獄受刑人教誨的特別方法——心理治療的探究〉，《獄政管理專刊論文集(一)》，行政院法務部，民國78年4月；山本晴雄著，吳憲璋等譯，《內觀療法》，行政院法務部，民國75年。

滿，毫無保留地宣洩、表露出來。其次於案主不愉快之經驗抒發後，指導人員應冷靜客觀的加以分析，紓散其心底壓抑的情緒，進而引導案主檢討、反省過去（從幼年時期開始）至現在對親人、師長、朋友或被害者所做之一切是否合乎常模事理。反省之內容主要包括：一、受關心的一切往事；二、攪擾別人的事；三、自己如何回報他人。第三，案主進入省察階段，每隔二個鐘頭後，指導人員應予以面談，就內觀之內容進行剖析，尤其讓案主瞭解從別人所得到的與自己奉獻間之差距，即施與受間之多寡，促其領悟及其自我中心之行事法則並非恰適。蓋對於犯罪人而言，愧對於他人者多，回報他人者卻又太少。最後，一旦案主獲取洞察（Insights）以至於懺悔之心境後，案主則預期逐漸捨棄以往自我中心本位思想，而決定以具體的行動（如改悔向上），回饋他人，此時集中內觀即可暫時告一段落，而轉至日常內觀程序，以維持效果。

仔細的觀察，吾人發現前述內觀法施行之重點為：一、藉著隔離、減少外界刺激干擾，維持良好之靜思環境；二、在指導人員之誘發下，以自責式之思考，進行自我行為省察，以加深罪疚感，進而激發感謝他人之念頭；三、要求案主站在對方（他人）之立場思考，拋棄本位主義及先入為主之狹隘視野，以較合乎理性、同情心之原則為行動、思考依據；四、在整個內觀法進行過程中，特別強調激發對母親之愧疚心與罪惡感，進而矢志改悔向上反哺親恩。一般認為，內觀法施行不僅有助於人際關係之改善，及解決人生苦惱等問題，對於犯罪人身心之調整及改悔向上亦有重大裨益。

內觀法由於具有教育與心理治療之效果，其應用範圍仍甚為廣泛，舉例如下：

一、內觀法之普遍施行與應用於教育、輔導矯正機構，有助於啟迪良知，倡揚倫理道德。

二、內觀法與靜坐融合一體，可形成對抗焦慮與不適應行為之治療法，貢獻至鉅。

三、內觀法可應用至各犯罪類型，其中以殺人、強盜、傷害、放火等暴力犯特具成效。

四、對於初入監受刑人而言，內觀法有助於減輕其恐懼與焦慮心理。

五、對於長刑期受刑人而言，可配合日常內觀之施行，減輕長期監禁之焦躁、不安心理。

內觀法在矯正機構之應用以日本最具成效。日本自1954年開始試行以來，已逐步擴大應用至全國各犯罪矯正機構，並且成效斐然，其對於激發犯罪人罪疚感，進而撥啟懺悔心扉，有目共睹。我國於民國76年間由吳憲璋君自日本引進內觀法，先後於臺灣綠島、雲林、臺中、臺北少年觀護所試辦，咸認對啟迪受刑人改悔良知效果良好。民國79年則由法務部指示全國矯正機構全面施行。

內觀法雖然應用甚廣，並且為犯罪矯正機構所樂於採行（例如有助於犯罪人管理），然而與其他處遇法相同，其亦非萬靈丹，施行時應特別注意下列事項：

一、以受刑人或學生志願參加為原則，而非採強迫之方式。

二、實施集中內觀時，應注意參與者之身心健康狀況。

三、宜注意參與者之行為變化，尤其應考慮及案主自我否定而引發之意外事故。

四、對於內觀法之施行場所與時間應妥適安排。

五、在施行時，應對對象詳加考慮。一般而言，詐欺、侵占、竊盜等「破廉恥」犯罪者之施行效果較差，一旦發現呈負效果時，宜及時妥適處理[37]。

第九節　信仰為基礎之監獄修復式正義[38]

受刑人入監服刑，對被害者而言，僅是某種程度象徵著正義，並非

---

37 盧狄生，〈處遇技法簡介〉，《獄政管理論文集》，民國79年；山本晴雄著，吳憲璋等譯，《內觀療法》，法務部，民國79年。

38 陳祖輝，〈信仰為基礎的監獄修復式正義：「以桑樹計畫」為例〉，《矯政》，第1卷第2期，頁47-76。

多數被害者認定之真正義。1990年美國學者霍華德澤爾（Howard Zehr）在其著作《轉換鏡頭：關於犯罪和司法之新焦點》提及修復式正義（restorative justice），強調司法正義應關注被害者之利益與犯罪者所承擔之責任，並著眼於傷害該如何補償？認為透過加害者與被害者間之互動、對話，所達成之諒解，才是真正之正義。修復式正義有別於傳統應報式正義，它著重修補損害之一種關係式正義，建立平和之對話與協商機制，將被害者、加害者與社區三方面帶入非敵意討論情境之理念策略，鼓勵加害者發展出一種「道德直覺」（類似同理心），願意擔負賠償、道歉之責，進一步逐漸緩和關係間之衝突緊張，發展關係修復。

一　監獄推動修復式正義之實踐模式

　　目前國際間矯正機構推廣以信仰為基礎之修復式正義模式主要有二：

（一）修復式正義教區或宿舍（restorative justice units or dorms）

　　此模式係在監獄內規劃一個特別教區，教區內受刑人將完全實施帶有宗教約束性之修復式正義精神之管理，包括每天固定時間從事宗教讀經與儀式活動、受刑人非暴力排解技巧、學習修復式正義核心價值（尊重、相互承擔責任、治療），以及以和平圈來處理受刑人間之衝突問題。另該教區鼓勵參與學員面對困難問題時說實話，學習體察同理心與恥感，並練習撰寫道歉書信等。監獄管教人員僅給予從旁協助與安全維護，且不介入教區內之衝突調解，只對違規情形進行處理。該教區呈現監獄中之自治區，成為一個自我管理狀態之特別教區。

（二）桑樹計畫方案（Sycamore Tree Project）

　　近年來國際監獄更生團契（Prison Fellowship International）根據聖經故事在監獄推廣「桑樹計畫」，目標在協助受刑人瞭解其犯行對被害者、家庭、社區之衝擊影響，以及鼓勵受刑人以行動勇於承擔責任，設法與被害者對話，尋求未來關係之和解與修復。目前已在美國、英國、澳大利亞、紐西蘭、北愛爾蘭、芬蘭、匈牙利、德國、南韓、香港、菲律賓、肯

亞、南非等國家和地區之監獄內推廣,其中紐西蘭、澳大利亞與英國已有
成果和評估經驗。

二 監獄推動修復式正義之課程設計

學者Van Ness(2011: 313-318)認為在監獄推動修復式正義之教化課
程設計應包含下列五類課程:

(一)被害感知與同理心課程(Victim awareness and empathy programmes)

此課程旨在幫助受刑人更瞭解犯罪被害者之衝擊與影響,藉由修復
式正義之哲學觀點加入活動課程中,期能提供受刑人在教化康復過程中,
產生「被害感知」,亦瞭解到造成哪些傷害?並能指出犯行造成之傷害影
響?課程要求受刑人對其犯行所造成之創傷進行深度省思,嘗試站在被害
者角度思考他們之感受,進而導正錯誤觀念與態度,以減少再犯機率。

(二)道歉賠償課程(Amends programmes)

受刑人在即將假釋或釋放前,監獄教化課程主要聚焦在道歉與賠償相
關主題,鼓勵受刑人對被害者承擔責任。受刑人可透過專業諮詢連結監外
之社區服務,並接受財務管理與監督,有計畫性地將出監後之收入所得,
按比例提撥給被害者或捐給犯罪被害者保護協會。另方面,因過去犯行,
亦直接或間接造成社區居民心理上之影響,社區亦是受害者,故該課程亦
提倡受刑人應與社區修補互動關係。

(三)調解/對話課程(Mediation/Dialogue progrmmes)

被害者可請求,透過專業調解員在被害者與受刑人之間穿針引線,完
成會面意願調查與調解活動準備後,正式進行雙方之會面與對話會議。受
刑人亦可主動申請,請求監獄協助邀請被害者入監進行會面對話會議。另
方面,針對受刑人即將釋放前,由於受刑人對自己家庭成員與被害者(因
擔心出監挾怨報復)等均帶來某種程度之傷害與恐懼,監獄有義務連結監

外專業調解團體，在受刑人釋放前，對受刑人進行調解活動解說，並鼓勵出監後優先與其家庭成員進行關係上之修復與和解，然後再尋求與被害者、社區關係之修復，此一調解過程將被列入保護管束正式考核與追蹤之重要項目。

（四）監獄與社區關係課程（Prison-community programmes）

該課程方案主要在改善社區居民對受刑人之負面觀感，監獄應該為受刑人創造對社區回饋與服務之機會。因此，監獄可與地方政府工程、環保、社福單位進行資源連結，安排低危險性與即將假釋之受刑人，接受相關單位事前訓練，藉參與社區公共設施維護工程與關懷活動，拉近與社區居民間之關係，爭取被社區居民認同之機會。

（五）排除衝突課程（Conflict resolution programmes）

該課程主要分成兩類，一是教導受刑人如何辨識衝突，並且以和平手段排除衝突，如替代暴力方案（Alternatives to Violence Project, AVP）。二是對監獄管理人員在職訓練，包括因管教不公所產生與受刑人間之矛盾衝突，以及管教人員如何作為公正調解者，排解受刑人因生活管教問題之衝突。

目前國際間矯正機構推廣修復式正義之模式，以「桑樹計畫」較具成效，且已有累積實務經驗。我國矯正機構自2010年起亦在臺中女子監獄推動修復式正義方案，初步成效獲得肯定。準此，我國矯正機構應可依國際間與國內臺中女子監獄所累積之實務經驗，適時擴大推廣。

第十節　結　論

隨著行為科學之進步及對犯罪人處遇之逐漸重視，犯罪人各項輔導與心理治療技術已廣泛應用於各先進諸國矯正實務中。雖然部分輔導與心理治療技術並非萬靈丹，惟可以預見地，這些處遇方法必然對犯罪人偏差行

為之矯正有實質上之幫助。犯罪矯正處遇技術之多元化與豐富化，乃一國犯罪矯正文明程度之指標，而充分給予犯罪人自我改善之機會，亦為現代刑事政策之重點工作。無可置疑地，犯罪矯正實務將因這些嶄新處遇技術之開發與應用，而展現新的面貌。

第九章　社區性犯罪矯正

> 受刑人愈浸潤於犯罪矯正過程，其愈受矯正機構懲處氣氛之箝制，而復歸社會將更加困難，矯治過程應致力於清除受刑人回歸社會之障礙。
>
> ——1967年美國總統法律執行與司法行政委員會

　　社區性犯罪矯正（Community-based Corrections）近年來在歐美諸國處於極為熱絡的境界。倡議者指出，社區性犯罪矯正具有良好的理論基礎，對於減少再犯及在滿足案主的需求上有卓越的貢獻[1]。同時，成本較為低廉[2]，可減少機構性處遇監獄化（Prisonization）之負面效果[3]，並且可能在疏減人犯擁擠上甚有助益。無論如何，這些主張對於歐美社區性犯罪矯正之蓬勃發展有著推波助瀾的作用。本章擬對社區性犯罪矯正之內涵加以介紹，其面臨之困境將一併予以批判性的評估，最後，扼要介紹社區性犯罪矯正之最新發展趨勢[4]。

第一節　社區性犯罪矯正之定義

　　許多學者認為社區性犯罪矯正在概念上模糊含混。事實上，「社區」犯罪矯正之內涵本不易劃分，尤其隨著評斷標準（Criteria）的不同，如依種族、地點或功能所做之劃分，社區性犯罪矯正將呈現完全迥異之風貌。

1　D. J. Curran (1987), Punishment Versus Rehabilitation: The Continuing Debate—is Community-based Corrections the Panacea of the Future? Paper Presented for the Fifth Asian-Pacific Conference on Juveril Delinquency, Taiwan, R.O.C.

2　蔡德輝、楊士隆，《犯罪學》，臺北：五南圖書出版公司，民國103年10月，6版。

3　楊士隆，〈美國監獄社會學研究之探討〉，《警政學報》，中央警官學校警政研究所，第55期。

4　Vernon Fox (1977), Community-based corrections. Englewood Cliffs, NJ: Prentice Hall.

迄今，對於社區性犯罪矯正之爭議，如同美國紐約州立大學刑事司法學院教授Duffee指出，恰如瞎子摸象，未能一窺全貌。

據此，社區性犯罪矯正之定論存有極大的分歧性是不容置疑。然而部分學者所提供的觀點卻值得深思，例如犯罪學者Fox排除了觀護處分與假釋為社區性犯罪矯正之方案，主張：「社區性犯罪矯正為……座落於社區，並且運用社區之資源以增補、協助、支持傳統犯罪矯正之功能」。Sandhu相反地採用美國國家諮詢委員會刑事司法準則與目標（National Advisory Commission on Criminal Justice Standards and Goals）的廣泛定義，認為社區性犯罪矯正乃指發生於社區之所有犯罪矯正活動而言[5]。學者Hahn所提出之觀點如「矯正系統之設計是否具有減少與整體社區疏離之功能」，似為社區性犯罪矯正定義之較佳詮釋[6]。

然而，無論定義之分歧程度如何，吾人認為社區矯正以「地點」而做定義上之劃分，並不是非常地恰當，因為其忽略了社區之動態本質，並且未能充分地滿足案主的需求。例如：以種族雜聚、高度人口流動，並且腐化頹廢特色之都市區域而言，即不是相當理想的社區。Griffiths所提出之觀點，非常有助於釐清前述問題癥結。他指出，當務之急乃在於「發展分類社區性犯罪矯正之標準（Criteria）」，而這些標準則應依據社區參與處遇方案的結構與運行而定。Griffith進一步指出地域化（Localized）社區性犯罪矯正之重要性[7]。換句話說，社區性犯罪矯正之設計重點為社區成員、資源等之全面投入，俾以協助案主更生。

---

5 Harjit S. Sadhu (1981), Community Corrections: New Horizons. Charles C Thomas Publisher.

6 Paul H. Hahn (1975), Community-based corrections and the criminal justice system. Santa Cruz. CA: Davis.

7 G.T. Griffiths (1987), "Community-based Corrections for Young Offenders: Past Lessons and Future Directions," paper presented for the Fifth Asian-Pacific Conference on Juvenile Delinquency, Taiwan, R.O.C.

第二節　社區性犯罪矯正方案之型態

　　使社區性犯罪矯正對案主產生影響的先決條件，是有效方案之提出。令人迷惑的是社區性犯罪矯正方案之型態花樣百出、種類繁多，在有限的篇幅下做系統的介紹與明晰的劃分誠屬不易。本章採行學者Clear與Cole之看法，依對犯罪人控制的鬆嚴程度，將社區性犯罪矯正方案區分為下列三類：由傳統觀護部門所職掌之監督方案（Supervision Program）；替代監禁，並具處遇取向之居留方案（Residential Program）；及由傳統矯正部門所督導指揮、協助人犯早日重返社會之釋放方案（Release Program）[8]，茲再詳細論述如下：

一　監督方案

（一）社區服務

　　社區服務係指法院要求犯罪人在社區從事一定時數之工作與服務，俾以對被害人、社區做一具體補償[9]。工作之範疇大致包括蒐集拉圾、清理街道、修理公共設施、照顧幼兒、醫院醫療協助……等，各國社區服務之施行略有差異。例如美國之社區服務各州亦不盡相同，交通過失犯、酒醉駕車者……，甚至其他輕微罪行之習慣犯等皆為適用之對象。英國則要求社區服務受處分人需至少為16歲以上，觸犯監禁懲罰之罪行皆可。無論如何，社區服務在歐美諸國皆甚為風行，並以替代短期自由刑為主要目標。以英國為例，1982年間，至少超過3萬件之案件交付社區服務處分。而荷蘭、美國亦廣為採行，成效尚佳。除了可對被害家屬、社會加以補償外，社區服務處分之熱絡與其具有：1.培養社會責任感；2.與社會其他工作人員接觸；3.對悠閒時間之充分運用；4.興趣、技術工作機會之發展；5.失

8　Todd R. Clear and George F. Cole (1986), American Corrections. Brooks/Cole Publishing Company, pp. 401-407.

9　K., Pease et al, "Community Service Orders," in Michael Tonry and Norval Morris eds., Crime and Justice: An Annual Review of Research. Chicago: University of Chicago Press, pp. 52-58.

業之再度彌補休戚相關[10]。

2009年法務部修正公布刑法第41條及第42條之1相關規定，對於短期自由刑及罰金刑的執行，以社區服務代替。根據法務部之見解，社會勞動之推動主要為「體現寬嚴並進的刑事政策，讓輕罪的社會勞動人，不因入監服刑而被標籤，難以復歸社會，同時因為提供無償的社會服務，修補了社會的損失及人際關係，因社會勞動人未入監服刑，而得以維持既有的工作與生活，除節省社會及國家的財政負擔，也同時減少因犯罪所衍生的其他社會問題」[11]。社會勞動係以提供無酬的勞動服務，作為六個月以下有期徒刑、拘役或罰金易服勞役期間一年以下之一種替代措施，屬於刑罰的一種易刑處分，具有處罰性質。

社會勞動之主要目的包括[12]：

1.避免短期自由刑的流弊

短期自由刑是指六個月以下的有期徒刑或拘役，因為刑期不長，難以達成懲戒教化的效果，而且在獄中與其他受刑人接觸，沾染惡習，入監後被貼上標籤，出獄後產生社會復歸困難的問題，故以易服社會勞動來作為短期自由刑的替代措施。

2.利於犯罪人社會復歸

植基於特別預防的概念，在社會勞動處遇中，對於有特殊需求的社會勞動人納入戒癮治療、心理輔導認知課程，對於一般社會勞動人，加入法治教育、生命教育等教化課程，協助社會勞動人適應社會生活，進而降低再犯率。

3.讓受刑人從消費者變成生產者

提升社會勞動人履行社會勞動之動機和成就感，以精緻化、創意性及公益性之社會勞動作為社區處遇工作發展的目標，透過具體服務的成效，

---

10 Warren Young (1979), Community Service Orders. Londen: Heinemann.

11 法務部全球資訊網，易服社會勞動，「社會勞動　處處送暖」，訪於2013/12/21，http://www.moj.gov.tw/ct.asp?xltem=224420&ctNode=28147&mp=001。

12 宜蘭地方法院檢察署社會勞動專區，社會勞動簡介，訪於2013/12/21，http://www.ilc.moj.gov.tw/ct.asp?xltem=164094&CtNode=26I818&mp=025。

讓社會大眾瞭解、接納、支持、協助，使更多人因此受益，以社會勞動理念為基礎，發展司法保護工作，落實修復式正義之理念。

4.舒緩監獄擁擠、節省矯正費用

矯正機關在2019年以前超額收容情況嚴重，若能將短期自由刑之受刑人以易服社會勞動代替，則可舒緩監獄擁擠現況。

社會勞動實施對象如下：

應執行六個月以下之有期徒刑或拘役案件，均可申請易服社會勞動，若因身心健康因素，不適合提供社會勞動者，或易服社會勞動役難收矯正之效者，檢察官得裁量不准易服社會勞動，而數罪併罰案件，應執行刑超過六個月，不得易服社會勞動。提供社會勞動六小時，可折算徒刑或拘役一日。

社會勞動提供之勞動服務內容包括清潔整理、居家照護、弱勢關懷、淨山淨灘、環境保護、生態巡守、社區巡守、農林漁牧業勞動、社會服務、文書處理、交通安全以及其他各種無酬且符合公共利益之勞動或服務[13]。根據檢察機關辦理易服社會勞動工作要點「各檢察機關除應依其轄區內之人文、地理、社會資源及社區需要等特性，協調或商請適當之政府機關、政府機構、行政法人、學校、公益團體或社區配合辦理，並得自行規劃、執行適合為社會勞動之其他服務類型。」[14]目前，臺灣易服社會勞動自2009年9月1日起實施，2020年新收易服社會勞動有10,696件，其中徒刑7,969件，拘役1,518件，罰金1,209件，而2010年易服社會勞動結案數曾達18,488件[15]。

（二）罰　金

罰金，係指法院要求犯罪人提供補償金給被害人或國家，以減少傷害所造成之痛楚[16]，罰金可作為單一刑罰之用。例如，我國刑法第41條第1

---

13 檢察機關辦理易服社會勞動作業要點，民國108年1月4日。
14 檢察機關辦理易服社會勞動作業要點第19條，民國108年1月4日。
15 法務部全球資訊網，法務統計月報，110年1月16日出版。
16 Alan T. Harland (1983), "One hundred years of restitution: An international review and prospectus

項前段規定：「犯最重本刑為五年以下有期徒刑以下之刑之罪，而受六個月以下有期徒刑或拘役之宣告者，得以新臺幣一千元、二千元或三千元折算一日，易科罰金。」另外，刑事訴訟法第253條之2亦規定，檢察官為緩起訴處分者，得斟酌情形，命被告於一定期間內向被害人支付相當數額之財產或非財產上之損害賠償。另外，罰金在國外，亦可作為刑罰之條件。例如，美國罰金與觀護處分息息相關[17]，甚至被充作獲取假釋之條件[18]。無論如何，罰金之使用可充分滿足被害人及觸法者之需要。罰金或撫慰金之採行應考慮加害人之財力及受害者之需要，以達成雙方互惠，並可適度懲罰犯罪人為目的。

（三）震撼觀護方案

係觀護處分之一種，乃指犯罪人在接受社區監督觀護處分之前，先將犯罪人移送監獄之一段時間（最高可至九十天或一百三十天不一），讓其體驗監禁之苦，以收嚇阻警惕之用。接受震撼觀護（Shock Probation）的人必須申請始得釋放，且無法確定法官的決定是否核准。當受刑人開始監禁時，這是一個不明確的希望，如果受刑人被命令予以釋放並保護管束，對受刑人而言，面對一個刑期的暫緩，可能已經達到「震撼」的作用，也因此阻止受刑人未來的犯罪行為。申請時，受刑人會被命令提出一項個人的計畫，敘明被釋放後預期的活動計畫，這個計畫必須包括受刑人的問題、未來的規劃、社會的資源，以及可提供援助的人。這個計畫的一部分包括需要一個擔保人擔保受刑人必須在釋放後一段固定的時間內居住在一個地方（通常是幾個月）。震撼觀護方案可適用於那些尚未放棄攻擊行為之犯罪人，而不侷限於初犯[19]。

震撼觀護方案之評估報告顯示該項方案之效率不一，例如一項俄亥俄

for research," Victimology 8 (1-2).

17 Ibid., p. 200.

18 Freddie V. Smith (1984), "Alabama prison option: Supervised Intensive restitution program," Federal Probation 48: 23-25.

19 Harry E. Allen and Clifford E. Simonsen (1989), Corrections in American. Fifth Macmillan Publishing Company, p. 207.

州的研究顯示，震撼觀護、一般觀護以及監禁之效果沒有多大區別[20]，由學者Vito所指導的一項評估指出：1.震撼觀護應不僅侷限於初犯，累犯亦應包括；2.施行在三十天以內之震撼觀護較易達成嚇阻作用；3.震撼觀護方案似可降低再犯率，並有利於受刑人重返社會；4.有助於疏減當前美國監獄擁擠之情形[21]。無論如何，此項嶄新並具彈性之觀護監督方案似值進一步評估。震撼觀護是在1965年美國的俄亥俄州（Ohio）首先施行，於過去三十年間美國曾擴大推展此項方案。

二　居留方案

　　居留方案係指受刑人（一般不超過10名至25名）被安置於一中、低度安全管理層級之機構，接受專業人員之處遇，俾以增進問題解決能力，順利復歸社會。此項方案認為專業的處遇，如諮商輔導、藥物成癮之禁戒及就業訓練等，對於某些犯罪人是相當重要的，尤其是少年犯[22]。

　　一項成效較為顯著之居留方案為「The Port Project」。此方案於1969年在美國明尼蘇達州首先倡行。方案之主要特色為受刑人與專業之諮商員或大學生共同生活在一起。管理人員之角色由前述工作人員所擔任。受刑人須與機構訂定契約，並須履行各項規定如設備維護、準備餐飲及清洗……。倘受刑人在生活行為上表現優良，即可從初入之Ⅰ階進至更多自由之他階。當然，倘受刑人在行為表現上累進至Ⅴ級，即可獲取釋放。至為明顯地，這是一項具學習取向之處遇方案，雖然輔導人員並不全然是專業人員[23]。

　　另一成效卓越之方案為適用禁戒藥物成癮之居留方案。最典型的例

20 A. Wldron and N. R. Angelino (1977), "Shock Probation: A Natural Experiment on the effect of a short period of Incarceration," National Conference on Criminal Justice Evaluation. Washington D.C.

21 Gennaro Vito (1985), "Development in Shock Probation: A Review of Desearch Findings and Policy Implication," Federal Probation 50: 23-25.

22 同註8，pp. 403-404。

23 Kenneth F. Schoen (1972), "Port: A New Concept in Community-based Correction," Federal Probation 36: 35-40.

子，是具團體治療性質之「Synanon」，此模式曾廣泛地被應用至許多處遇方案中。Synanon強調以團隊、自助的方法，對藥物成癮者進行診治。此方案首先係以藥物成癮者自我表白，揭露成癮是一項多麼愚蠢的事情，藉此達成彼此互相支持的目標[24]。

雖然居留方案之成效尚待進一步之評估，然而由於居留方案強調受刑人之自助及協助發展受刑人解決問題的能力，加上美國聯邦監獄之倡議，其在未來社區犯罪矯正實務上，仍將占有一席之地。

三 釋放方案

社區犯罪矯正亦適用機構性矯正機構內之犯罪人。學者Duffee指出，社區犯罪矯正嘗試各種早日釋放方案，減少監禁俾以使犯罪人早日適應，復歸社會[25]。

茲詳述如下：

（一）監外就業

監外就業（Work Release）是開放性社區處遇之一種，它是令已執行一定刑期之受刑人或輕微性犯罪者，於白天暫離機構，重返自由的社區從事與一般勞動者相同的工作，而須於夜間或週末返回機構之計畫。監外就業計畫通常被認為源自休博法（Huber Law），此乃由美國威斯康辛州議員Henry Huber在1913年所提出並制定。此法案規定威斯康辛州之輕微犯罪者，在服完一年刑期以後，可返回社區繼續從事工作[26]。

監外就業計畫除可減輕納稅者負擔並為社會保持建設生產力外，其目標尚包括：1.降低監獄受刑人將來回歸社會適應之困難；2.促使受刑人於釋放後立即從事工作；3.提供受刑人財力來源之管道；4.協助受刑人照顧

---

24 同註8，p. 404。
25 David E. Duffee (1980), Correctional Management: Change and Control in Correctional Organizations. Englewood Cliffs; N. T.: Prentive Hall.
26 楊士隆，〈社區處遇「監外作業」之介紹〉，《獄政管理專利論文集(一)》，行政院法務部，民國78年4月。

自己的家庭；5.可作為矯正人員決定是否給予受刑人假釋之參考；6.可維持良好的家庭及社會關係；7.培養受刑人發展適當的自我控制，培養責任感[27]。當然，監外就業之施行亦可能面臨部分潛在問題，如1.選擇人員的不適當，導致參與計畫者之再度犯罪；2.來自社區居民之排斥與拒絕，因而促使計畫成效不彰；3.導致未能參與監外就業方案之抱怨，甚至勾結官員以謀求加入；4.參與監外就業之受刑人可能為其他受刑人所脅迫，而運送違禁品，因而危及機構安全[28]。

　　無論如何，在高深冷峻的監獄圍牆與自由的社區間，此方案無疑是促使彼此產生互動的最佳橋梁。依據監外作業辦法之規定，目前有戒護監外作業及自主監外作業二大類型。其中自主監外作業係指受刑人自主往返作業及監禁處所，監獄無須派人戒護，此為先進之制度，但亦面臨各項風險，參與者需審慎遴選之。

（二）返家探視

　　為促使受刑人早日適應社會，維繫家庭臍帶，在監獄行狀良好之受刑人有返家探視之權益。根據外役監條例及外役監受刑人返家探視辦法之規定，外役監受刑人有配偶、親屬或家屬而合於下列各款規定者，得依申請准於例假日或紀念日返家探視：

1.受刑人移入外役監執行期間，作業成績連續二個月均達法定最高額80%以上。

2.申請返家探視前二個月均無違規紀錄且教化、操行成績均無減分紀錄。

　　另外，受刑人遇有祖父母、父母、配偶之父母、配偶或子女或兄弟姊妹喪亡時，得許於例假日或紀念日返家探視。我國監獄行刑法第29條規定，受刑人在監執行逾三月，行狀善良，得報請監督機關核准其於一定期間內外出[29]。此項制度目前普及於各國，是一項具人道化、實際化之行動。

---

27 同註21。

28 同註21。

29 依受刑人外出辦法第8條規定，受刑人每日外出時間，自當日上午六時至下午九時之間為原則，由監獄依受刑人申請外出條件，斟酌實際需要決定之。

（三）中途之家

中途之家係指設置於社區犯罪矯正機構，以運用社區資源，協助少年犯或初出獄受刑人適應社會為目標。其創制與初出獄受刑人之急需緩衝社會適應休戚相關，蓋研究顯示初出獄之幾個月內受刑人有較高之再犯率。中途之家在19世紀初即已被採用[30]，1964年間成立之國際中途之家協會（International Halfway House Association），對於中途之家的蓬勃發展具有鉅大的影響，中途之家由於具有諮詢、教育、工作及就業輔導等功用，因此可避免機構性處遇之弊病並強化出獄人之社會適應。一般認為其收容對象包括：1.少年犯；2.即將期滿出獄之受刑人；3.即將假釋之受刑人；4.接受保護管束者；5.少年犯審理前之協助調查；6.濫用麻醉藥、酗酒等特殊問題之少年犯[31]。

（四）與眷屬同住

係指受刑人在合乎法律規定之條件下，得准與配偶或直系血親在指定之處所及期間內同住的制度。受刑人由於入獄服刑，家庭之聯繫及與配偶之性關係因而斷絕，為鼓勵受刑人改悔向上及維繫正常之親情，在瑞典、拉丁美洲國家及我國乃設有與眷同住制度，允許刑期即將期滿或表現優良之受刑人得以與眷屬（如父母、兄姊及妻兒等）同住之權利。我國根據外役監條例及監獄受刑人與眷屬同住辦法之規定，受刑人在最近一個月內成績總分每月均在九分以上，且無停止戶外活動之懲罰者，經監務委員會議決議，得准與配偶或直系血親同住，期間為每月一次，每次七日為原則。根據學者Allen之看法，與眷屬同住制有助於強化家庭繫帶、緩和監獄同性戀問題、紓減管理者與受刑人之緊張狀態，及減少受刑人與社會之隔離[32]。

---

30 郭利雄，〈中途之家與犯罪防治——兼述我國少年之家〉，《第一屆中美防治犯罪研究會論文集》，東海大學、中央警官學校、美國沙加緬度大學印行，民國75年7月。

31 同註2，pp. 248-252。

32 同註14，p. 284。

第三節 社區性犯罪矯正之問題評估

一 實現正義之困境

傳統上對於觸法者之監禁（Imprisonment）具有應報（Retribution）、嚇阻（Deterence）、隔離（Incapacitation）與矯正（Rehabilitation）之多重功能[33]。懲罰哲學之倡議者，如James Q. Wilson[34]、Brnest Van Den Hage[35]，同時指出了懲罰犯罪人在實現正義與嚇阻犯罪上的重要性。對於他們而言，社會以監禁懲罰的方式教訓犯罪人，促其瞭解犯罪是不值得的，乃是非常重要的手段。然而在以應報、監禁刑事政策蔚為主流的同時，監獄之替代方案或者非機構性之社區性處遇，卻亦可在另一軌道上同步運行。換句話說，儘管近年來應報氣息高漲不下，但社區性犯罪矯正仍在美國持續地擴張，此項事實反映出了應報之理想與現實之差距。

社區性犯罪矯正方案具有許多正面的功效不容置疑，但在實務之推展上卻須「謹言慎行」。例如：倘使社區性犯罪矯正方案為刑事司法人員所不當或過度使用，那麼基本的司法正義即可能被危及而無從實現。實際上，如何在懲罰與罪行之間找到一個平衡點是相當重要的。蓋監禁懲罰對於滿足被害人之需求及在社會安全之維護上是不可或缺的。由於社區性犯罪矯正方案一般而言，對於觸法者之懲罰較為寬鬆，一般民眾（含被害人），甚至受刑人本身很可能視其為鄉村俱樂部或沙漠中的綠州，因而難以維繫司法正義。據此，監獄替代方案是否可滿足應報思想或實現正義，乃不無疑問？

---

33 Vincent O'Leary, Michael Gottfredson, and Art Gelman (1975), "Contemporary Sentencing Proposals," Criminal Law Bulletin 11: 555.

34 James Q. Wilson (1975), Thinking About Crime. New York: Basic Books.

35 Brnest Van Den Hage (1975), On Punishing Criminals. New York: Basic Books.

二 推動之理想與現實

回顧文獻，社區性犯罪矯正之所以蓬勃發展，似與其具有下列功用密不可分。例如疏減人犯擁擠問題，減少再犯、降低犯罪矯正之花費及滿足案主之需求等。雖然這些觀點曾獲取部分實證上之支持，在實務上卻也未全然反映出此項事實。以美國為例，監獄之犯罪人口並未因社區性犯罪矯正之倡行而減少。1995年12月底之美國犯罪統計指出：美國監獄的人口從1977年之26萬5千人，激增至目前之近2百萬人。評論家指出，社區性犯罪矯正並未疏減監獄人口擁擠問題，反而使問題更加地惡化[36]。例如：社區性犯罪矯正並未能排除那些經常必須到監獄報到的重罪觸法者。而當社區性犯罪矯正蓬勃發展時，逐漸增加的犯罪率卻也為方案之推展帶來鉅大衝擊，老百姓在1970年代後期似已忍無可忍，而趨向於支持懲罰性的應報態度。如同John Irwin指出，定期刑之興起與社區性犯罪矯正方案之無能，存有密切相關[37]。換句話說，社區性犯罪矯正之缺乏效能，反而在量刑政策之改變上間接促使監獄之人口增加。事實上，監獄人口擁擠問題至為複雜，為多重因素聚合的結果，誇大地宣稱社區替代方案可適切解決人犯擁擠問題似乎過度樂觀。其次，擬針對另外一個迷思──減少再犯率，略做陳述與說明。

部分研究指出，社區性犯罪矯正方案有助於減少再犯率。例如：加州青少年局之方案經過六年的實驗後，接受社區性犯罪矯正組之再犯率，大約為33%，而控制組（未接受社區性犯罪矯正組）則大約有55%的假釋失敗率[38]。儘管如此，評論家強調，與此類似之相關研究，在研究方法上具有許多缺陷。Franklin Zimring於分析審前轉向方案對再犯率之影響後指出，這些方案並未能有效地減少再犯率[39]。其次，社區性犯罪矯正方案有

---

36 John Irwin (1980), "Community Corrections-The Experts' Solution," in Prisons in Turmoil. Little Brown Company, pp. 153-180.

37 Ibid.

38 Paul Lerman (1975), Community Treatment and Social Control. Chicago: University of Chicago Press.

39 Franklin Zimring (1974), "Measuring the impact of pretrial diversion from the criminal justice system," University of Chicago Law Review 41: 221-241.

較低的再犯率，很可能是較具危險性之犯罪者被排除參與該法案的結果，或者乃因在參加矯正方案後，接受較為嚴密控制下的產物。據此，吾人認為過度地強調社區性犯罪矯正在減少再犯上的效能，並不恰當。如何孕育接受觀護處分人或者假釋出獄者以更成熟、理性的態度，處理外界人際事務，厥為社區性犯罪矯正努力之重點所在。

另外，社區性犯罪矯正之成本估算亦值得進一步探討。學者經常指出在哈佛大學四年之學費，往往比一位在州立監獄服刑的費用還低。倘基於此項考量，社區性犯罪矯正方案顯然有其發揮的空間。例如：Robert Fraziers的德州研究顯示，觀護處分之成本與機構性處遇相較下，顯得較為低廉[40]。儘管如此，其他的評判家指出，假如社區性犯罪矯正只侷限於觀護或假釋處分，成本自然顯得低廉[41]。然而，此並未反映出真相，例如：在市區興建處遇中心，提供就學輔導、職業訓練、社區監督之運作、衣物飲食的供給，加上心理輔導與心理治療之施行、醫療服務……等，這些項目之成本，並不比傳統之監禁懲罰方式低廉[42]。據此，較客觀正確的說法為：假如所有的服務項目皆予包括，社區性犯罪矯正並未如想像中的便宜。

另一個觀點為：假如能夠將監獄之作業以企業化經營，監獄自然可減少許多花費。事實上，無論中西，監獄作業大多朝此方向努力。一個特殊的例子為中國大陸之僱用出獄受刑人為監獄作業部門之員工，俾以減少政府之支出。儘管如此，此項做法仍需進一步評估，蓋成本之估算實屬不易。例如：對於人性的成本、再犯之代價、身心上的折磨及被害人之損失等，都不易尋及適切的標準加以估算。因此，在宣稱社區性犯罪矯正較為低廉（尤其在維護費用上）的同時，前述問題應做適當的澄清。吾人認為成本較為便宜之說法，只為社區性犯罪矯正發展的推因之一，其他的變數如人犯擁擠問題、滿足案主需求、有益於犯罪人之社會復歸等，厥為社區

---

40 Robert L. Frazier (1974), "Incarceration Vs. Probation, Cost Comparison," American Correctional Association.

41 同註32。

42 同註32。

性犯罪矯正成長的關鍵所在。

三 社會控制網路之擴張

很少犯罪矯正方案是完美無缺的，有時更可能產生意想不到的副作用。研究人員指出，社區性犯罪矯正已導致社會控制網路的急速擴張，尤其許多觸犯輕微罪行之人，間接地被政府納入控制更是明顯[43]。下列因素清晰地描述出此項冷酷的事實，首先，決策者對社區性犯罪矯正之採用，常以替代觀護處分為主，而非基於替代監禁之考量[44]。其次，許多地方的社區性犯罪矯正方案係由聯邦政府之財力所支援，為獲取持續性的基金援助，很可能被迫維持龐大的社區性犯罪矯正人口數，藉以合理化經費存在之必要性[45]。

Von Hirsch等亦生動地描繪出社區控制網路擴張的問題，他指出：「當我們仔細地觀察此現象時，有兩件事情是錯誤的。第一件，監禁處分仍然持續並且不當地被適用至較輕微的犯罪行為。情節屬於中性之犯罪行為仍然為監禁處分所吸收，而不是應用至最新的社區性監督制裁。其次，許多社區性制裁被不當地使用，它們並未應用至犯罪情節中度之罪行，相反地卻被應用至犯罪情節最輕度之行為[46]。」

此類描述，彰顯了社會控制網路擴張的事實。Von Hirsch等建議對社區性犯罪矯正與監督予以適度分類，加權記分以減少此項問題。Von Hirsch等認為「監禁之使用應只侷限於較嚴重之罪行。非機構性之懲罰，例如罰金、社區服務或密集監督等應『適才適用』，尤其應可應用至犯罪

---

43 S. Kobrin and M., Klein (1983), Community Treatment of Juvenile Offenders: The DSO Experiments. Beverly Hills, CA: Sage; R. Lundman (1984), Prevention and Control of Juvenile Deinquency. New York: Oxford University Press.

44 Minnesota Department of Corrections, Research and Information System (1977), The Effect of the Availability of Community Reaidential Alternatives to State incarceration on Sentencing Patterns: The Social Control Issue. St, Paul, MN: Department of Corrections.

45 L. Siegel and J. Senna (1985), Juvenile Delinquency: Theory, Practice and Lew. St. Paul, MN: West Publishing Co.

46 Von Hirsch, Andrew, M. Wasik, and J.A. Green (1989), "Punishment in the Community and the Principles of Desert," Rutgers Lew Joureal 20: 593.

情節中度之案件，而非侷限於較輕微之罪行。」[47]

四 阻礙全面推展之因素

如同學者指出：社區性犯罪矯正與機構性處遇相較之下，似較人道，較少標籤之負性作用，同時家庭的親情及個人的社會關係，亦不致因此而斷絕。然而儘管社區性犯罪矯正具有前述特色，這些優勢卻並未受到社區居民的特別青睞[48]。原因乃在於一般民眾（尤其是被害人）對於犯罪人，仍抱持應報性之懲處態度（依統計專用術語而言，此項觀點幾乎是保持常數）。學者專家進一步指出，對於犯罪人懲罰的態度，除有利於宣洩被害人對於犯罪人之應報情緒外[49]，亦是隱藏於內心深處天生攻擊性格的隱現。在此情況下，對犯罪人負面之懲罰態度，乃可加以理解，然而卻對社區性犯罪矯正之發展具有關鍵性之阻撓作用。

其次，一般智商正常的老百姓，大多不願意與犯罪人居住在同一社區[50]。實際上，犯罪人之重返原居住社區，經常遭到當地居民之強烈反對。無論對犯罪之恐懼（或憤怒）是否充滿著理性，老百姓大多相信居住在犯罪人之鄰里很可能再次成為受害人，此意識型態上之障礙（Ideological Barrieer）往往為社區性犯罪矯正工作的推展鋪上荊棘[51]。更糟糕的是，許多人喜歡將好人與壞人做過度嚴謹的區別，因為太多的人認為與犯罪為伍，很可能因此破壞了既有之聲譽與優良形象。

學者亦進一步指出，阻礙社區性犯罪矯正發展之因素，很可能與出獄人或保護管束者未能進入良好的社區有關[52]。換句話說，理想的社區性

---

47 Ibid.
48 Ezzat A. Fattah (1982), "Public Opposition to Prison Alternatives and Community Corrections: A Strategy for Action," Canadian Journal of Criminology 24(4): 371-385.
49 H. Weihofen (1956), The Urge to Punish. New York: Parrar. Straus and Cudahy.
50 Roger J. Lauen (1984), "Community Corrections? Not In My Neighborhood!" Corrections Today 46(3).
51 William L. Selke (1984), "An Empirical Analysis of the Ideological Barrier in Community Corrections," Journal of Criminal Justice 12(6): 541-549.
52 David Greenberg (1975), "Problems in Community Cerrections," Issues in Criminology 7: 1-10.

犯罪矯正方案，應該使即將復歸社會之觸法者，在良好的社區環境孕育品性，接受適當的處遇與資源的協助，俾以更生、改悔向善。然而，根據吾人之觀察，優良之地點往往為權貴所占有。被社會所遺棄之犯罪人，大多很難找到一個理想的地點以作為謀生與修身養性之用。以美國的情形為例，許多社區處遇中心亦往往未能設置於理想的地點，甚至經常座落於種族雜聚的貧民區[53]。受刑人在此惡劣的環境下，很可能因此更易接受惡習感染，而更加墮落腐化。Vincent O'Leary與David Duffee的研究，隱約透露出社區性犯罪矯正工作之推展，不僅需要個人做相當程度的改變，整體社區亦應加以改善。惟此，罪犯更生之目標始有達成之可能[54]。

除此之外，社會的急速變遷，充分就業的困難，加上許多社會結構的不平等因素，皆可能使出獄人或接受觀護處遇人之改悔向上，難上加難。例如，以當前工商社會為例，在一片以快速、競爭的氣息及倫理道德、公權力逐漸式微之情況下，似乎很難說服出獄或觀護處分人以合法的手段面對強烈的競爭。在相對剝奪感（Relative Deprivation）之衝擊下，這些處於競爭劣勢之觸法者，很可能再次走回老本行而無從改善。吾人認為，只有在前述問題獲得注意並加以改善時，社區性犯罪矯正方案始得以持續性地發展、推動。

五　自由裁量權之濫權

與其他矯正方案類似，社區性犯罪矯正方案之施行，經常涉及自由裁量（Discretion）之問題。由於權力很容易使人腐化，而做決定時很可能亦欠周延，在此情況下，許多濫權問題極可能產生。許多學者據此認為決策過程標準化（Standardization of discretion process），為確保社區性犯罪矯正發展之重要課題[55]。

---

53 同註32。
54 Vincent O'Leary, and David Duffee (1971), "Correctional Policy: A Classification of Goals Designed for Change," Crime and Delinquency 16-17: 377-385.
55 Lawrence F., Travis Ⅲ, Martin D. Schwartz, and Todd R. Clear (1988), Corrections: An Issues Approach (2nd ed.). Anderson Publishing Co.

　　學者Lawrence Travis等指出，三項涉及社區性犯罪矯正之自由裁量問題尤值正視。第一為「選擇」過程的問題，亦即社區性犯罪矯正自由裁量時，所可能發生之歧視情形，為吾人所關切的重點。例如，誰才有資格獲取假釋，或者接受觀護處分？此除與觸法者犯罪行為的嚴重性、在監獄服刑之表現有關外，更與該犯罪之種族、社經地位、隸屬之政治團體，存有相當程度的互動關係。一群少數人很可能在「特權」的護航下而順利過關，其他的人則接受較為「正常」的待遇。另外的弱勢團體，則很可能無奈地接受歧視、壓迫式之自由裁量，事實上揆諸古今中外，此種不平等現象甚為普遍，即使共產國家亦不例外。在社區性犯罪矯正之範疇內，如監外就業、就學外出、假釋、中途之家及最近之家庭監禁等中間型懲罰措施，經常存在此項冷酷的事實。

　　第二項問題涉及對假釋人、接受觀護處分人居住地點限制之適當性。以美國各州之概況為例，對於接受社區性犯罪矯正處分人所做之限制，如不可至外州旅遊、酗酒、使用非法藥物、與不良友伴交往等規定，曾被學者批評為「模糊、含混及不合適」。理由乃因這些限制不僅在實務上有執行之困難，同時很可能因此破壞了公平正當程序法則（Due Process Law）。例如，限制住居中的規定很可能阻礙了接受觀護處分之社會互動與社群關係，而禁止酗酒之規定在實務上亦有執行之困難。其次，更有許多人對執法人員是否有權力逕自進行不合理之搜索與盤查，感到懷疑。因為這些常被視為「當然」的司法干預，明顯地破壞了公平正當程序法則。

　　第三項涉及社區性犯罪矯正處分之撤銷問題。與前述情形類似，對社區處分之撤銷很可能為矯正當局或法院歧視、壓迫或不當使用。為使這項程度更加地公平，並減少濫用、誤用，吾人認為在行使此項處分的同時，建立公平合理之申訴制度，使被撤銷社區性犯罪矯正者得以接受更公平、民主的裁決，而非基於權威當局單方面之決定，徒加深怨尤，為未來增添了許多潛伏的危機[56]。

---

56 Ibid.

六 組織系統之支離破碎與責任承擔

近年來美國社區性犯罪矯正有走向民營化之趨勢。大致而言，此種趨勢具有分工合作的特色，例如：以少年犯之處遇而言，州政府機構即接受許多私人機構之協助。私人機構傾向於經營開放性之社區性犯罪矯正方案，相反地，州政府機構負責少年犯之監禁事項[57]。雖然此類分工具有許多正面的作用，負面之效果亦甚可觀。例如，此類混合系統的高度發展（亦即政府與私人機構並行），加上近年來對社區制裁的重視，已使許多原本需要加以監禁、控制之人犯，被置於民營單位，此加深了民營機構之責任承擔問題，倘對民營機構缺乏適當的監督，許多涉及罪犯之權益問題將層出不窮。

其次，揆諸文獻，儘管民營機構具多樣化的特色，如較具競爭力、富有彈性，並且可能在成本上較占優勢。然而學者指出，這些看法很可能是誇大其辭，因為官方與民營機構在運作與成本上很難做適當的比較[58]。而民營機構是否具有法定的權限，代替官方機構對於罪犯進行監禁與施行各項處遇，仍有待進一步的認定。事實上法律允許民營機構監禁與釋放罪犯，對於許多東方國家而言，是不可思議的。

更進一步地，民營企業為防止人犯暴動、脫逃，很可能使用致命性的武器，以維護機構之安全。為了營利，更可能需要將監獄人口數維持一定數目以維持開銷。在這個情況下，潛在的責任承擔（Accountability）問題即相應而生。雖然州政府並未授予這些權力給民營機構，美國Milonas vs. Willians的案例，卻顯示州政府對於民營機構之行為必須擔負責任[59]，此類案例影射出了政府部門與民營犯罪矯正部門密切合作之重要性。學者指出，美國政府擴大參與開放性矯正機構方案，並且增加對民營（私人）機構的監督，可減少許多責任承擔問題[60]。

---

57 同註1。
58 Devid E. Duffee and Edmund F. McGarrell (1990), Community Corrections: A Community Fied Approach. Anderson Publishing Co.
59 I, P. Robbins (1987), "Privatization of corrections: defining the issues," Federal Probation 51: 24-30.
60 同註1。

第四節　社區性犯罪矯正之新近發展趨勢——社區監督與控制

一　社區監督與控制方案

當社區性犯罪矯正於1970年代在美國急速擴張的同時，監獄人口之持續上升卻直接或間接地引導社區性犯罪矯正走向另一嶄新境界。學術社群將這些趨勢稱之為中間性懲罰（Intermediate Punishment）。其方案大致包括密集觀護監督（Intensive Probation Supervision）、自宅監禁（Home Confinement）及電子監控（Electronic Monitoring）等[61]。這些方案之盛行，顯示出當前美國刑事政策之主流為懲罰與社區保護並重。一般咸認為美國中間性懲罰方案的發展，與監獄人口之持續上升與擁擠、逐漸增加的會計、預算的危機、社會大眾對犯罪人之強硬政策及稅收減少密切相關[62]。仔細地觀察，中間性懲罰方案之發展有其背景因素，除了具有疏減監獄人口擁擠之可能、提供較為人道化之環境、滿足觸法者之需求外，中間性懲罰措施亦可對觸法者加以監督、控制，俾以減少其對民眾之侵害。以下章節擬對中間性懲罰方案做概要的介紹，其施行所面臨之困難與挑戰亦將一併予以討論。

（一）密集觀護監督

密集式觀護監督（Intensive Probation Supervision, IPS），大致係指對受觀護處分人或假釋出獄人進行緊密之監控，俾以確保這些人不致再犯。實務上密集觀護監督亦可作為受刑人釋放之條件，密集觀護監督方案的界限相當廣泛，從一個月二次至天天密集約談都有[63]。此方案通常要求密集

---

61 Belinda R. McCarthy (1987), Intarmediate Punishments: Intensive Supervision, Home Confinement and Electronic Surveillance. Willow Tree Press Inc.

62 Thomas G. Blomberg., Gordon P. Waldo, and Lisa C. Burcrorr (1987), "Home Confinement and Electronic Surveillance," in McCarthy, Belinda R. ed., Intermediate Punishments: Intensive Supervision, Home confinement and Electronic Surveillance. Willow Tree Press Inc., pp. 169-179.

63 S. Christopher Baird (1984), Intensive supervision in probation. Washington D.C.: National Institute of Corrections, Mimeo.

的面對面接觸、宵禁、命令式的就業、強制性社區服務、尿液或酒精檢查，並要求觸法者償付被害人損害賠償及繳納接受觀護處分之費用[64]。其次，當仔細觀察密集觀護監督，吾人發現至少可滿足二個長久以來即互為排斥的目標，亦即減少監獄人口（預算），同時對觸法者予以懲罰，而不輕易地赦免其罪行[65]。

密集式觀護監督被認為是美國成人觀護措施中最嚴厲的形式。它是1982年在喬治亞州（Georgia）首先被施行。該州的計畫包含每週至少五次受保護管束人和保護管束官員面對面的接觸、強制性的宵禁、命令式的就業、每週當地逮捕紀錄的檢查、例行性和無預警式的酒精和藥物測試、經由國家犯罪諮詢網路逮捕的自動通知，以及一百三十二小時的社區性服務。密集式觀護（IPS）官員所負責的案件數比起全國性標準的件數要來得少。喬治亞州的官員是以一個團隊的方式來進行此項工作，包括一個保護管束官員和兩個監護官員負責大約40位被保護管束人。

北卡羅萊納州（North Carolina）的密集式觀護計畫跟隨喬治亞州的計畫模式而產生，並且在保護管束的前三個月中加入一個強制性的「監獄覺醒參觀」（Prison Awareness Visit）。該州選擇密集式觀護計畫的適用人員是根據六項因素來決定：1.罪犯重新出現在社區中危險的程度；2.罪犯對此項計畫反應潛能的評估；3.社區對這個罪犯的態度；4.罪犯已被瞭解的藥物濫用本性和趨向；5.缺乏有利的社區條件之呈現，例如積極的家庭連結、持續且有意義的工作的可能性、有建設性的休閒活動，以及適當的居住處所；6.有關該案例需要的可用性社區資源（像是藥物處遇服務、精神健康計畫、職業訓練設施，以及志願者的服務等）。

已經有一些州將密集式觀護擴展到假釋人的身上，允許那些服長期刑的人得以提早釋放。例如北卡羅萊納州在1987年的密集保護管束計畫中包含了1,522位受保護管束人和260位假釋人，而根據報導，失敗率只有15.2%。

---

64 Joan Petersilia (1987), "Georgia's Intensive Probation: Will the Model Work Elsewhere?" in McCarthy, Belinda R. ed., Intermediate Punishments: Intensive Supervision, Home Confinement and Electronic Surveillance. Willow Tree Press Inc., p. 16.

65 Idid.

　　密集觀護監督之所以在近年來甚為風行，究其原因乃因其具有下列特色：1.提升對於參與者之監控程度，並且促使這些觸法者多與社會賢達人士接觸；2.要求參與者償付被害人之損失，擴大社區服務及繳納接受觀護處分的費用，將使密集觀護監督之參與者更具有責任感；3.經由宵禁及其他鼓勵參與者更積極地參加正當、有益身心活動，可減少許多犯罪的機會；4.藉著擴大社區資源的運用、諮商的服務、強制性的就業及減少其對藥物的依賴等，可強化觸法者復歸社會[66]。密集觀護監督近年來在美國社區性犯罪矯正實務上獲取廣泛的注意，然而衍發之問題卻也值得進一步探究。首先，由於最不具危險性之人卻接受權威當局刻意地選擇監控，在此情況下，強烈監控的結果很可能達到反效果[67]。其次，密集式觀護監督經常產生含混不一致的結果，因此，其效力並不是絕對的。例如，部分學者指出IPS對於某些特定（經選擇過）之人有獨特的效果，然而再犯率並不因此而降低[68]。再者，觀護人與案主之接見次數與品質，亦一再地為學者所質疑，例如，是不是接見次數的增加即為品質的保證呢？事實上，倘接見之時間短促即意味著門飾作用，負面效果因此可能產生。最後，文獻一再顯示密集觀護方案，雖對於某些群體較具效力，但很可能在其他的群體上遭受嚴重之挫敗[69]。事實上，某些較成功的方案經常不是萬能的，這些方案經常受到獨特組織、文化的影響，而顯得無從發揮，倘未能審慎規劃與經營，嶄新的方案如密集觀護監督很可能曇花一現。

（二）電子監控

　　1970年代以後，隨著復歸社會思想的衰微，在美國的社區處遇領域

66 Joan (1987), Petersillia Expanding Options for Criminal Sentencing. Santa Monica, Calif.: Rand Corporation, p. 11.
67 Todd R. Clear, Suzanne Flynn, and Carol Shapiro (1987), "Intensive Supervision in Probation: A Comparison of Three Projects," in McCarthy, Belinda R. ed., Intermediate Punishments: Intensive Supervision, Home Confinement and Electronic Surveillance. Willow Tree Press Inc., pp. 31-50.
68 Edward J. Latessa (1987), "The Effectiveness of Intensive Supervision with High Risk Porbationers," in McCarthy, Belinda R. ed., Intermediate Punishments: Intemsive Supervision, Home Confinement and Electronic Surveillance. Willow Tree Press Inc., pp. 99-112.
69 David Twain (1983), Creating Change in Social Settings: Planned Program Development. New York: Praeger.

上，出現了否定以「復歸社會」為目的之在社區內實施的犯罪人處遇，卻極端地，以僅是「監控」為目的的電子監控系統（Electronic Monitoring System, EMS）。

電子監控，是利用電子裝置來監督犯罪人的行蹤。它可以被視為是一種刑的種類，也可以搭配自宅監禁實施，或可以成為緩刑、假釋，或審前釋放的條件之一。電子監控制度是由監控機關的一部監控電腦、一組設置於犯罪人家中的接收裝置，及一個穿戴於犯罪人身上的發射裝置所組成。發射裝置是一個發射訊號的一種電子器材，其形狀因設計的功能而異，有的穿戴於腳踝，有的圈戴於脖子上，也有的戴在手腕上。

在美國的刑事司法制度上，首先提出電子監控系統之構想的，是1964年的Dr. Rplph Schwitzgebel。他以精神醫院的出院者和假釋者為對象，讓他們攜帶「行動傳達增強器」（Behavior Transmitter-Reinforcer），以監控制其行動。到了1970年代後半，電子監控系統遂急速地發展。1977年，新墨西哥州地方法院的法官Jack Love，從美國連環漫畫雜誌中的英雄「蜘蛛人」（Spider-man）獲得靈感，委託製作電子手鐲（Bracelet），這即是新墨西哥州於1983年嘗試使用的「電子手鐲」。此時所使用的電子手鐲，大約有香菸盒般大，是裝置在腳踝的。這個手鐲大約每隔三十秒至九十秒，即會發信到監控對象的電話裝置，而該發信就由中央電腦加以處理。假如監控對象離開電話裝置150英尺至200英尺的話，將會發出警報，而被記錄為違規。若拆拿掉電子手鐲，亦會發生警報。1984年12月佛羅里達州的Palm Beach郡首先採用電子監控系統進行自宅監禁計畫。其後，電子監控系統即為美國各州所實施。

贊成電子監控系統之論點，除電子監控具有自宅監禁之優點（諸如：緩和監獄擁擠現象，節省行刑經費，減輕財政負擔，避免產生社會性代價現象，及監獄次級文化之影響）外，可緩和社會大眾對緩刑或假釋得付保護管束過於寬鬆，不僅有違背公正刑罰理念，且有可能繼續侵害社會之疑慮；同時，對無需監禁卻又覺得保護管束過於寬鬆之犯罪人，提供一可行

之刑罰處遇方法。但反對電子監控處遇最有力的論點如下[70]：

1. 電子監控固然能夠詳實、客觀地記錄受監控者之所在，但無法偵測其每個行為，亦無法制止受監控者之犯罪行為。

2. 電子監控費用由受監控者所負擔，凡貧窮的受刑人將受到「不利」的處遇或無法成為適用對象。

3. 電子監控處遇必須有自宅和電話，沒有自宅亦無電話者，即無法成為適用對象，形成依貧富差距而喪失平等機會的不適當現象。

4. 把發信機裝置於手腕或腳部，將損害作為人類的尊嚴。

5. 儘管電子監控處遇能維持適用對象與其家族之凝結關係的優點，但對於虐待兒童或家庭暴力的犯罪人，反而將成為苛酷的後果。

　　目前電子監控處遇，無論是作為「監禁替代方案」或是「家庭監禁與緩刑附帶手段」，都具有其有效用性的評價。其應用的對象如下：

1.「自宅監禁」的被告

　　電子監控首先應用於「家庭監禁」的被告，利用此一裝置代替機構性的看守所羈押，它不僅能解決看守所人滿為患的問題，更符合被告的利益，使被告不致羈押而喪失工作，與家庭、社區脫離聯繫，而且不致影響社區安全。

2.重罪受觀護處分者（Felony Probationer）

　　並非所有受觀護處分者，均要接受電子監控，因為那將浪費許多人力、物力，而且對輕罪受觀護處分者，投下不信任票，反造成輔導上的阻力。

3.參與「社區住宿計畫」的受刑人

　　參酌受刑人各項資料，包括犯罪行為、前科、在監的表現、假釋的可能性、心理適應狀態等許多因素及其個人與家庭的意願，而將受刑人自機構內處遇移至「社區住宿計畫」（Community Residential Program），讓受

---

70 林世英譯，〈美國刑事司法的歷史和現況〉，《刑事司法雜誌》，民國80年10月，第35卷第5期，頁80-81。

刑人提前釋放，返回其居住的社區，若是他在一定期間內表現良好，則可獲得真正的假釋。

4.假釋受刑人

假釋受刑人是最晚應用電子監控，目前多應用於犯重罪之假釋受刑人。

近年來由於不斷地研究改進，現在的成品在科學界已被認定為相當的可靠，且不易為人犯所改變。法律及違憲的問題，近年來雖有被質疑，認為構成違法搜索或逮捕及違反人犯的隱私權，但均為法院所駁回。

（三）自宅監禁

典型的自宅監禁（Home Confinement, Home Detention, House Arrest），是指自宅監禁對象除了事前獲得許可的特定活動（上班、上學、就醫、參加處遇計畫或上教會等……）之外，嚴禁離開其自宅外出的刑罰方法。雖然各國的處遇計畫，均各有差異，沒有一定型化的制度，但依然有下列諸項共同的實施方式[71]：

1.明定個別性的預定行動（即指在一定期間，確實地在特定場所）或配合處遇對象個人特性的遵守事項（如禁止酗酒等……）。
2.為有效地實施上項措施，及採取嚴密性的持續監控。監控措施，包括利用電子監控裝置或保護觀察官的隨機無預警方式實施訪視，或每週幾次向保護觀察官報到。
3.為保持刑罰嚴格性，乃採取併科賠償被害或社區服務命令。
4.徵收監控費用。
5.再犯或違反遵守事項時，立即撤銷該處遇，並入監執行。
6.保護觀察官可隨時令其驗尿、驗血及呼吸測驗，以決定有否食用藥物、喝酒及其他違禁品。
7.提出每日活動日誌報告，以描述每天所做的一切活動。
8.參加由法院指定或保護觀察官指定的自我改進的處遇方案。

---

71 同註65，頁76-77。

9.保護觀察官必須與受刑人之鄰居、配偶、朋友、雇主或其他人相互討論交換意見，以事先預防受刑人有犯罪意圖或矯正其行為。

家庭監禁是1970年即已開始，到1980年代遂受到全美國各州的採用，實施的國家計有美國、英國、加拿大、新加坡及澳洲等，其急速擴張之原因如下：

1.可大量減少監禁人口，解決監獄擁擠問題：如佛羅里達州是美國第一個全州實施家庭監禁的州，1991年即有3,554名家庭監禁之受刑人。

2.節省經費，減輕政府財政負擔：估計指出傳統的監禁每名受刑人所需費用為美金2萬2千元（尚不包括建築的硬體費用），但家庭監禁每年每名受刑人大約花費美金2,500至8千元（包括電子監控費用1千元）。

3.自宅監禁富彈性，可與其他制裁性懲罰方案（電子監控、社區服務、賠償被害等）併合使用。

4.能避免受刑人因入監執行而產生喪失職業或家庭破碎等所謂「社會性代價」現象。受處遇對象仍然可工作、上學、正常維持家庭或人際關係網路，以避免完全與社會隔絕。

5.能避免監獄次級文化之影響，減低再犯機率。

6.對具有特定需要之受刑人諸如妊娠中之女受刑人、年老多病、患重病或末期之受刑人等，提供一個有效之選擇。

7.自宅監禁之備受青睞，與其含具之特色，如合理價格（成本），可反轉性（Reversibility）、可分性（Divisibility）與現存的矯正方案甚為相容，並與機構之目標息息相關[72]。

相對地，自宅監禁仍存在下列問題：

1.因以每月徵收「監控費用」為條件，凡無經濟能力支付者將被排除適用，因此可能產生所謂貧富不公平的問題。

2.由於採取嚴密持續監控，有侵害家庭隱私權之虞。

3.自宅監禁對象之監控，由保護觀察官執行，這個事實改變保護觀察官的

---

72 Richard A. Ball, C. Ronald Huff, and J. Robert Lilly (1988), House Arrest and Correctional Policy-Doing Time at Home, Studies in Crime, Law and Justice Vol.3 Sage Publications, Inc.

角色，從「協助」犯罪人的復歸社會，再定義為「監控」角色，可能與從來以緩刑為中心之社區性處遇理念相違。

（四）複合刑罰

複合刑罰（Split Sentence）或分裂刑罰是指法院判處犯罪人執行一定時間緩刑和監禁刑的刑罰方法。其主要目的在增加緩刑的嚴厲性和懲罰性，發揮監禁刑的特別威懾作用，使犯罪人體驗監禁生活的嚴酷性，從而阻止受刑人再次犯罪。據統計美國聯邦矯正機構中，大約15%的犯罪人適用複合刑罰[73]。

複合刑罰與震撼觀護非常類似，同樣地，受刑人必須在獄中服完一段相當短的刑期，然後釋放接受觀護處分；不同的是前者的監禁期間確定，且屬自由刑，刑期執行完畢後應予釋放；後者的監禁期間不確定，必須申請始得釋放，且無法確定法官的決定是否核准。

（五）震撼監禁

震撼監禁（Shock Incarceration）是替代性制裁當中最新的一種方式，最初是被設計以處遇初犯的青少年，模仿軍隊的「戰鬥營」或震撼營（Boot Camp）模式，實施軍事化訓練，包括嚴格的紀律、體能的訓練及艱苦的勞動。震撼監禁的期間九十天至一百八十天，受刑人如能順利地完成計畫的要求，就可釋放開始接受社會性的監護。而這些計畫的「失敗者」則會被送到一般監獄接受較長期間的監禁。第一個震撼性監禁是1983年美國的喬治亞州開始實施，從此，其他州亦相繼施行，惟各州間也有一些實質上的差異，大約有一半的州允許志願者參與他們震撼監禁的計畫，而少數的州則允許受刑人自己決定何時及是否要退出這個計畫。雖然大部分的州允許法官將罪犯送入這個處遇計畫之中，但某些州則授權給矯正的官員來決定，至於路易斯安那州及德克薩斯州是由法官和矯正人員共同來決定。而某些州像是麻塞諸塞州，已經開始接受女性受刑人參加戰鬥營的課程。麻塞諸塞州第一次接收女性是在1993年，要求女受刑人必須接受將

---

73 金鑒主編，《監獄學總論》，北京：法律出版社，1997年12月，頁967。

近九個月嚴格的訓練。

　　一些對震撼性監禁的研究指出這項計畫對矯正是有效的。參與的罪犯對這項計畫的觀感是傾向正面的評價，並表示此項計畫能修正他們的違法行為。茲就新澤西州第一個震撼營實施情形詳述如下：

1.處遇內容

(1)新生訓練階段

　　受刑人符合條件，並經口頭同意後，將移監至震撼營接收中心，依本案所訂定之標準而為調查分類，初步篩選出參加受訓者，並實施新生訓練。受刑人通過評估課程，即認定合於參加本項之訓練活動。期間受刑人所須通過的評估項目有：

　　　①體格檢查。

　　　②心理測驗。

　　　③教育程度測驗（TABE Test）。

　　　④職業評估測驗（APTICOM Test）。

　　　⑤藥物濫用評估測驗（Addiction Severity Index, ASI）。

　　　⑥需求評估測驗即監督程度分類量表（Level of Supervision Inventory）。

　　在為期二個月的新生訓練階段，震撼營之各種措施將介紹給受刑人。其稱呼也由「受刑人」改稱為「學員」，所有裝備也於此發放，並教導如何穿著，每天有軍事訓練及禮儀訓練；學業課程每星期五天，其他課程如藥物濫用之教育、情緒管理、求生訓練及健康教育等則須每天參加。每天晚上，各班則須開會以培養團隊精神，或與輔導員面談，以期建立爾後第二、第三階段之個案管理處遇計畫。新生訓練主要的功能在於建立參加震撼營的準備及提供評估時間和程序的進行。每位學員經詳細評估並通過新生訓練者，於簽署遵守有關規定之同意書後，即正式成為震撼營的學員。學員累積至40名後，即送往震撼營第二階段之訓練。

(2)震撼教育軍事訓練階段

　　本階段是集權式的訓練，為期六個月，配合的課程有軍事操練、體能

訓練、勞動服務、一般學業課程、技能訓練、認知技巧之訓練、生活技巧訓練、濫用藥物教育及處遇課程，學員每天的課程長達十六小時，每星期七天。

　　學員報到後，一切生活保健的規定均仿照軍事化管理，從頭髮、鬍鬚、制服的穿著等均嚴格要求，並不准有私人的衣物。每天早上從柔軟體操及跑步開始，且任何時間都以排集合隊型進行活動，每天集合三次以進行軍事操練。週末時間，學員尚須參加信心課程，以激發其自我價值及領導統御。至於進行的勞動服務則相當廣泛，包括整理草地、油漆、幫廚、房舍維護、林木保養，以及其他協助當地社區的服務工作。職業訓練師則從建築維護領域中聘僱，俾能提供職業上的教導及真實生活的工作經驗。

　　所有學員都須參加某些教學課程，每天三小時至四小時，每週六天。合格教師負責教導成人基礎課程及義務教育課程，其方式有個別、集體或利用電腦來教學。學員需要上什麼教學課程是依據篩選及評估階段所做的學力鑑定程度來規劃。

　　藥物濫用的教育及處遇課程將整合於震撼營每天的課程中，其方式有點類似醫界治療的模式，是一項有組織、有架構性的教育。為了增進其自我的改進、道德價值觀及正面肯定的態度，震撼營也提供認知技術的訓練，每星期若干次，其教材則採用內觀訓練的叢書。

　　由於震撼營的訓練非常密集，對於情緒及生理相當有挑戰性，因此震撼營也提供情緒管理及減緩壓力的輔導，以配合前述內觀的課程。最後，當學員成功地完成六個月的訓練後，則將發給一張「假釋證書」，且進入第三階段的更生保護階段。少數受刑人將繼續留營以完成其前案的刑期，或交由中途之家或電子監控來接續。

(3)更生保護階段

　　學員參加震撼營的訓練計畫，其成功與否最重要的關鍵在於第三階段更生保護的規劃及執行；為達一方面能兼顧受刑人之需求，一方面也能兼顧大眾安全的目標，因此本階段的規範和目標是與震撼營階段相輔相成。本階段密集式監督、監控及服務等之執行是由假釋局單位來主導，全州共分三區，每區有兩位假釋官負責區震撼營釋出之出獄人監控或服務，其中

包括電子監控（EMP）、社區釋放中心（Community Release Centers）、日間報到中心（Day Reporting Centers）等均屬之。

更生保護階段的計畫於新生訓練階段就開始了，利用評估及各種測驗量表的結果鑑別出人犯的需要、優點及監督的尺度；這些資料被新生訓練階段的社會工作人員及假釋官用來作為擬定學員更生保護的計畫。計畫中除述明學員出獄後居住處所安排、就學或就業的進度、戒治處遇或其他處遇的需要外，尚須清楚地說明監督的條件與尺度。此一處遇計畫仍可依學員於震撼營表現的結果再做修訂，而且也將成為假釋出獄後保護管束的條件。因此規定假釋官於學員尚在震撼營階段，就必須和學員經常接觸或訪談（相當於入監訪談），以增進學員日後遵守假釋條件的配合度。

更生保護階段是為期六個月的密集式監督，假釋官每星期將經常訪視，並與雇主、學校及其他相關單位做多邊的連繫。為達監督的目的，假釋單位尚可利用志工或社會資源或外包相關監督業務給民間執行，以落實監督、公辦、公民營合辦、或由政府不同部門合辦等。假釋出獄人除依規定定期驗尿或為其他必要的處遇外，尚須保持就業或就學的狀態，及每月必須參加社區勞動服務至少八小時至十小時。

2.退訓或失敗

本計畫認為不可能每位學員均可順利過關，有意願的學員，可能在新生訓練階段會被認為生理或心理上不適合，學員也可能於訓練中受傷而退訓；這些退訓或失敗的學員將被送往接收中心重新調查或評估，以便分類至適當的處所。假如學員申請退訓，則由震撼營主任決定其退訓與否或令其繼續留營。如果學員因違規或行為嚴重不當而退訓，則將送返監獄並辦理違規，或重為分類，或重回某一階段再訓，本案經假釋出獄人亦比照辦理。

3.假釋委員會之角色

震撼營最吸引受刑人的地方就是減少其監禁的時間，矯正局對於完成訓練的學員均儘量予以提報假釋，而主管核准的單位就是假釋委員會。隸屬於州政府的假釋委員會，在整個震撼營計畫中，無論在計畫的開發、推

動及執行上均扮演非常重要的角色。在計畫的開發階段時,矯正局的行政人員就經常與假釋委員會商討處遇計畫的設計、模式、受刑人篩選的資格條件及程序、假釋的標準等問題。在推動及執行階段,假釋委員為落實本案,更聘請一位假釋聽證官員,專責辦理震撼營的假釋案件。這位假釋聽證官員從學員在第一階段時起,就不斷與學員面談,並幫助學員瞭解假釋的相關問題,並且每四十五天就必須依照法定的規定,將學員的資料追蹤考核;另仍須與社會工作人員會商結訓後假釋出獄期間的更生保護計畫,或令其參加任何的諮商輔導課程。至第二階段——震撼營軍事訓練階段,假釋聽證官員仍不斷到營訪視,瞭解其情況,並繼續追蹤考核或修正其處遇計畫。因此這位假釋聽證官員實際扮演了介於假釋委員會與矯正局之間聯絡官的角色;另外,由於案件比例是1:25,因此他對每一位學員都較一般的假釋聽證官員瞭解,也因此假釋委員會授權該假釋聽證官員可以代表假釋委員召開第一次的聽證會,並提出具體的假釋日期。

二 社區監督與控制方案之問題評估

這些新興社區監督方案所面臨之挑戰不外乎:使用此監控設備是否合法?以家庭監禁之名義,將觸法者監禁於家中二十四小時,是否必要並合乎人道?將家庭變成囚禁人犯之監獄是民主社會之常態?以電子監控為例,許多學者認為其很可能侵犯及憲法上人權保護之規定,如保持隱私的權力、搜索與逮捕、殘酷與不必要之懲罰等[74]。Schmidt與Curtis指出,儘管許多新興之社區監督、控制方案具有潛在的危機,但倘能謹慎使用,仍然是非常可行之監獄替代方案。此兩位學者在評估其他之看法後指出,為確保社區控制方案之成效,下列措施之配合是必要的,包括明確的政策與程序、函請同意(Informed Consent)、受處分人某些權利之自願放棄,及透過立法等以減少弊病的發生[75]。

---

74 R. V. Del Carmen and J. B. Vaughn (1986), "Legal Issues in the Use of Electronic Monitoring of Probationers," Federal Probation Quarterly 50(2): 60-69.

75 同註66。

　　除了前述涉及觸法者之基本權益外，學者Von Hirsch，認為當前社區監督、制裁方案執行之道德、倫理問題尤應正視。Von Hirsch指出，其中一個重點為：社區監督方案是否對於無辜第三者之隱私及生活上之便利構成侵權（Intrusiveness）[76]。揆諸現況，社區監督方案之侵權性至為明顯。例如，不定期之家庭訪視或二十四小時之電子監控，不僅侵犯及受社區監督處分者之生活，同時對與其居住於同一住所之第三者（如其家人），亦造成強烈之不便。Von Hirsch進一步指出，三項對侵權性錯誤之看法，促使社區監督方案涉及之倫理問題更形惡化。第一個駁誤為監獄決定理論（Anything but Prison Theory）之橫行。詳言之，此套理論強調社區監督方案侵犯及案主或第三者是可以容忍的，因為社區監督處分比一般監禁處分較不嚴厲。此類說法雖具有相當高的表面效度，但仔細推敲下，其中卻隱含著許多不合邏輯之推演。第二個駁誤為認為侵權是屬於技術（Technology）層面之問題，雖然如此，此項說法仍站不住腳，同時更未能考慮觸法者及無辜第三者之隱私與人格尊嚴，例如，以電子遙感設備對觸法者進行監控即為一例。第三個駁誤為侵權之合法性，儘管刑事司法人員經常宣稱對於觸法者之任何行動是合乎法定程序的，然而卻很少注意此類行動是否恰當或合乎倫理原則與否[77]。在前述偏頗意識型態的蔓延下，社區監督方案施行之倫理問題仍被明顯地壓抑。在目前實務很少注意及社區監督方案之節制使用下，此種觀念之建立異常迫切需要。倘使謹慎地節制使用，社區監督方案即可減少許多不人道及欠缺公平的情形。倘若不予適當約束，此類社區監督、控制方案很可能與機構性監禁相同，而洋溢懲罰氣息，並且對觸法者與無辜之第三者，造成不必要且過度的侵害。

　　綜合言之，雖然隸屬於中間性懲罰之社區監督方案如家庭監禁、電子監控等，很可能是一劑可預見的特效藥，然而伴隨而來之副作用卻也相當可觀。遠景如何？應再行審慎評估，套句俗語：當三思而後行。

---

76 Andrew Von Hirsch (1990), "The Ethics of Community-based sanctions," Crime and Delinquency 36(1): 162-173.

77 Ibid.

三 案主取向之監督與再犯風險控制

與傳統之應報、監禁策略相同，社區性犯罪矯正之效率性，亦被嚴謹之學術社群所強烈質疑。許多學者認為，在減少再犯率上，傳統社區性犯罪矯正方案仍屬捉襟見肘。誠如紐約州立大學教授Duffee所提示，這些抨擊刺激了學者張開另一雙慧眼，而開始強調對犯罪人之社區監督與控制[78]。在此一發展的脈絡中，Studt、Clear與O'Leary所倡導之案主需求監督（Needs-based Supervision），或者標的監督（Objectives-based Supervision）則備受犯罪矯正學界之注意與重視[79]。案主需求監督策略的發展與一般社會大眾對傳統社區監督方法之不滿與缺乏信心息息相關。尤其，傳統社區監督方法強調對案主之個別式諮商，並未顯現相當的效能，並且在無法充分滿足案主的需求下，案主需求監督策略乃因應而生[80]。

案主需求監督之源起，可回溯至Studt在加州所從事之假釋研究。Studt的研究首先詢問假釋官，何種行動對於出獄人之社會復歸最有幫助。其次，他又詢問假釋出獄人是否真正（確實）獲取假釋官的援助。最後，比較兩組之說法，以調查期間是否存有差異。Studt之研究，直接為未來案主需求監督之發展奠立了基礎[81]。Studt之研究曾由學者Duffee先生與Duffee女士加以複製及研究，他們以28個問題項目分別對中途之家的案主與諮商員進行調查。他（她）們的研究顯示，當案主與諮商員在問題項目上具有共識時較易解決問題。而在項目上反應不一致時，顯然存有歧見而不易達成目標。雖然如此，Duffee先生與Duffee女士之研究並未顯現案主與職員間在決定社區監督的標的上存有重大差距[82]。

---

78 David E. Duffee (1989), Corrections: practice and policy. Random House Inc.

79 Elliot Studt (1972), Surveillance and services in Parole. Los Angels: University of California at Los Angels, Center of Public Affairs; Todd R. Clear and Vincent O' Leary (1983), Controlling the Offender in the Community. Lexington, Mass: Lexington Books.

80 Vincent O' Leary and Todd R. Clear (1984), Directions for community corrections in the 1990s. U.S Department of Justice.

81 同註79。

82 David E. Duffee and Barbara W. Duffee, "Study the needs of Offenders in Prerelease Centers," Journal of Research in Crime and Delinquency 18(2): 232-254.

　　與受刑人需求監督相關之另一向量為Clear與O'Leary之行為標的策略（Behavior Objective Strategy）。此二位著名之犯罪矯正學者強調（建議）採用風險評估技術，以滿足案主需求，並減少受刑人再犯之風險[83]。Clear與O'Leary之行為標的策略並非創始，學者Waller在稍早的研究，已為行為標的策略奠立了良好的基礎。Waller指出，正確地辨識與瞭解案主的需求，乃促使出獄人成功復歸社會之關鍵所在[84]。

　　案主需求監督雖然在近年中竄起，並且獨立形成專業，然而實證研究驗證的結果，卻不完全一致。例如Lichtman Smock對接受密集觀護處分人之需求與再犯率的研究顯示，增加對案主需求的額外服務在再犯率上並無多大的差別[85]。其次，部分研究亦顯示雖然案主的需求已獲相當程序的滿足，並且被加以執行，某些衍發的副作用卻也因應而生。例如，一項研究顯示，對少年團體之家資源開發人員之僱用，雖然有助於更多少年之就業、就學，然而令人遺憾的是實驗組的少年，卻在被逮捕之頻率上趨於頻繁，並且接受更多不可預期之官方處分[86]。案主需求監督雖然面臨這些挑戰，Duffee與Clark相反地指出，案主需求監督面臨之困難與挑戰在所難免，然而此項嶄新的策略，明顯地有助於滿足案主的需求，並且促使犯罪矯正機構更具責任承擔（Accountability）與效率[87]。

第五節　結　論

　　社區性犯罪矯正雖急速地發展，附隨而來之評判亦蜂擁而來，如社會控制網路的擴張、濫權與欠缺公平、正義……等。隨著時代潮流的轉移，

---

83 同註79後段。

84 Irvin Waller (1970), Men Released From Prison. Toronto: University of Toronto Press.

85 Cary M. Lichtman and S.M. Smock (1981), "The effects of social services on probationer recidivism: A field experiment," Journal of Research in Crime and Delinquency 18: 81-90.

86 Candice Cross-Drew (1984), Project Jericho Evaluation Report: Final Report. Sacramento CA: Division of Program Research and Review, California Department of Youth Authority.

87 David E. Duffee and David Clark (1985), "The frequency and classification of the needs of offenders in community settings," Journal of Criminal Justice 13: 243-268.

社區性犯罪矯正為因應社會的需求，因而以嶄新的風貌呈現。尤其，1980年代，民眾高漲之懲處性態度，即對於傳統社區性犯罪矯正之推展產生顯著的影響，中間性的懲罰措施代之而起，成為刑事政策之主流[88]。此類中間型懲罰方案的目的為發展一較平衡、負責任之策略，俾以維護社區安全並因應案主的需求。仔細觀察，中間性懲罰策略同時涵蓋應報、矯正、隔離與嚇阻之多重功能。雖然此套新興監督、懲罰的技術並不一定即是萬靈丹，但至少在監禁與其替代方案所面臨之夾縫中脫穎而出。倡議者甚至認為，在一文明、工業化的社會中，中間性懲罰策略很可能是最適切的（the Best）刑事制裁[89]。其次，由Clear與O'Leary及Duffee與Clark所倡行之案主需求監督策略，對於當前犯罪人之社區監督趨勢提供另一嶄新的向量。尤其他們的研究彰顯出案主之需求，在評估其再犯風險上之重要性。換句話說，除需對犯罪人進行嚴密的監督外，倘能對案主之需求予以辨識、掌握，其社會復歸與更生將收事半功倍之效。

　　為促使社區性犯罪矯正與監督循正常途徑發展，茲提供建議如後：一、社區性犯罪矯正與監督之操作準則（Operation Standards）應予制定，俾以(一)避免並減少行政上特權的橫行與濫用；(二)確保較為人道化之處遇；(三)兼顧及案主之基本權利、尊嚴及無辜第三者之隱私。二、運用社區資源協助案主的策略應予充分發展。可能的話，案主之特殊需求應以科學、實證的方法加以認定、查證。三、社區性犯罪矯正與監督方案，應該予以「地方化」，並且具「社區取向」，俾以督促「社區」犯罪矯正的理念與方案充分配合[90]。四、為促使社區性犯罪矯正與監督方案更具責任承擔，政府對於民營機構經營之犯罪矯正部門，應適當、適時之介入與監

---

88 Normal Morris and Michael Tonry (1990), Between Prison and Probation-Intermediate Punishments in a Rational Sentencing System. Oxford University Press.

89 Charles F. Abel and Frank H. Marsh (1984), Punishment and Restitution: A Restitutionary Approach to Crime and the Criminal. Westport, CT: Greenwood Press.

90 C.T. Griffiths (1987), "Community-based Corrections for Young Offenders: Past Lessons and Future Directions," paper presented for the Fifth Asian-Pacific Conference on Juvenile Delinquency, Taiwan, R.O.C.; James M. Byrne (1989), "Reintegrating the concept of Community into community-based corrections," Crime and Delinquency 35(3): 471-499.

督。五、犯罪人之分類評估量表（Weighting Scale）應充分發展，以避免社會控制網路之擴張。最後，吾人願再次強調，傳統之社區性犯罪矯正在急速之社會變遷下已面臨蛻變，新興之中間性懲罰策略代之而興，兩者之發展各有其環境背景因素。值得注意的是，社區性犯罪矯正與新興監督方案各有其盲點並面臨挑戰，然而無論如何，在未來之犯罪矯正實務上，社區性犯罪矯正與新興社區監督控制方案仍將具有舉足輕重的地位。

第十章 特殊類型犯罪人之矯正對策

我國監獄行刑法第1條揭示：「為達監獄行刑矯治處遇之目的，促使受刑人改悔向上，培養其適應社會生活之能力，特制定本法。」此項宣示隱約地指出對犯罪人積極施以「矯正處遇」之必要性，以促使其在行為、態度與品格上獲得實質改善與成長，進而順利復歸社會，成為社會有用之一員[1]。事實上，犯罪人矯正目標之達成向為學術社群、民眾與矯正部門所深切關切的焦點，各國亦無不克盡全力地在各項處遇技術之研究、開發上力謀突破，俾以尋找出有效之處遇對策。

值得注意的是，對犯罪人進行「人性改造」工作顯非易事，許多觸法者因特殊之行為樣態（如智商不足、缺乏謀生能力、挫折忍受力低、道德感低落……等），加上迥異之犯罪歷程與背景（如屬職業犯或幫派成員），因而使得犯罪矯正工作面臨諸多考驗與挑戰。

本章參考犯罪矯正新近研究心得，並依據個別化處遇原則，擬對目前處遇需求較為迫切，亟待研商之各犯罪類型受刑人矯正工作進行探討，包括毒品、長刑期、累（再）犯、高齡、竊盜、女性、身心障礙、精神病、智能障礙、性侵害及愛滋病受刑人等。前述特殊類型犯罪人之選擇、分類並未窮盡亦不互斥、或有重疊，僅為分析、探討方便之用，以協助吾人對犯罪人矯正處遇之瞭解。茲個別分析探討如後。

第一節 毒品受刑人之處遇對策

毒品犯罪案件（違反麻醉藥品管理條例及毒品危害防制條例）近十年來急遽竄升，令國人感到憂心。依據臺灣各監獄實際收容情形統計分析表得知，毒品犯已成為犯罪人口之主流，急速謀求妥當之處遇對策似刻不容緩。

1　李清泉，《現代監獄學分析》，臺南：高長印書局，民國82年3月。

一 毒品犯之戒治理論模式

一近年來有學者將毒品成癮原因歸納成二個思考方向：一是從毒品犯是否須對本身施用毒品的行為負責；二是從治療者的角度來探討其對戒毒成敗有無責任。從這兩個思考方向推導出下列四個戒毒理論模式[2]：

（一）道德模式

道德模式（Moral Model）認為，吸毒行為係吸毒者的意志薄弱、性格惡劣所致。因此戒毒的目標在於強化吸毒者的道德意識，使其能有效對抗毒品的誘惑。吸毒者再犯，可歸因於吸毒者經治療後，高估自己抗毒之意志能力，而停止繼續治療，以至於再犯。從此一模式得知，整個治療責任全在吸毒者本身，矯治者無須擔負責任。

（二）疾病／醫療模式

疾病／醫療模式（Disease/Medical Model）認為毒品犯成癮原因不明，應將毒品犯視為病人，因此首要工作在於治療毒品犯此時此刻的問題，重視能立即有效去除毒品犯生理上之困擾，至於毒品犯是否再犯則為次要工作。由於將毒品犯視為病人，病人當然要尋求治療，而醫師須提供各種方法來治療病人，解決病人問題，因此，病人再一次生病（再犯吸毒）是無可厚非之事，無法加以責難。

（三）自療模式

自療模式（Self-medication Model）認為毒品犯使用毒品之行為，是為去除精神上之不舒服及心理功能失衡症狀，其與疾病模式不同之處在於，前者係將吸毒歸因於精神病理，後者則歸因為生物及遺傳因素。由於自療模式認為吸毒者精神異常，須透過精神治療模式與精神藥物來戒除吸毒依賴問題，以增加自我控制的能力，這一點與學習模式相近。同時由於精神疾病的復發率甚高，如將毒品戒治視為精神治療，戒毒失敗對毒品犯

---

2 賴擁連，《臺灣地區毒品犯罪者戒治處遇成效之研究》，中央警察大學犯罪防治研究所碩士論文，民國89年6月，頁39-40。

與治療者均不易加以責難。

（四）學習模式

1990年代以後，戒毒觀念已偏向學習模式（Learning Model），學習模式認為毒品戒治工作重點應放在自我控制。透過加強吸毒者對能引發其吸毒慾念的刺激之瞭解，並透過認知學習及教育方式，加上模擬學習及演練，以增強其自我控制的技巧。雖然毒品犯須為吸毒行為負責，但其具有身心等多重困擾，因此他們是需要專業人員積極協助與治療的病人。學習模式認為毒品犯再犯係因缺乏自我控制能力，懲罰與指責吸毒者無濟於事，唯有使毒品犯與矯治者共同為失敗負責，進而透過再學習與再改進，使毒品犯能抗拒毒品誘惑，才是根本之道。因此，透過長期持續的心理治療與社會復健，才能達成完全戒除毒品依賴的目標。

三 刑事司法體系之毒品戒治模式

（一）美 國[3]

1.聯邦監獄局實施之「毒品濫用處遇計畫」

美國聯邦監獄局（Federal Bureau of Prisons, FBP）實施之「毒品濫用處遇計畫」（Drug Abuse Treatment Program, DAP），是以教區為單位之計畫（a Unit Based Program）。該計畫提供五百個小時之毒品戒治處遇時數給受刑人，處遇之重點在於強化受刑人的個人責任（Individual Responsibility）及改變其未來之行為。處遇之目標係在於確認（Identify）、抗制（Confront）及改變（Alter）足以導致受刑人從事犯行及施用毒品或酒類的態度、價值觀及思考模式。聯邦監獄局提供之計畫，是屬於一種持續性的照料，包括：在監與非在監之處遇（Non-Residential Treatment）、毒品教育、諮商服務、社區矯正及出監後之服務。聯邦監獄

---

3 節錄自林健陽、柯雨瑞，《毒品犯罪與預防》，臺北：中央警察大學，民國92年10月，頁433-434、445-448。

局對於那些需要及有意願接受毒品戒治之所有受刑人,均能提供毒品濫用處遇計畫之服務。

2.佛羅里達州實施之「毒品法庭緩起訴制度」

佛羅里達州設置「毒品法庭緩起訴制度」之目的著重在於「提早介入」(Early Intervention)對毒品犯進行戒治,加速案件之進行以節省法院人力物力。其戒毒架構是將整個戒毒計畫分為下列三個階段:

第一階段為「急性解毒階段」(Detoxification),約二週至六週,主要重點在於幫助毒品犯「終止吸毒行為」、「戒除生理毒癮」,期間除予被告及團體輔導外,毒品犯亦須接受每週五次針灸治療及每週三次不定時驗尿檢查。

第二階段為「穩定階段」(Stabilization),約三至六個月,重點在教導毒品犯如何過著「真正戒毒生活」,並從治療活動中教導毒品犯學習情緒控制與家庭溝通技巧,學習如何執行生活計畫與決策,從事正當休閒活動,職業輔導課程亦穿插其中。本階段對毒品犯實施每週二次針灸治療及每週二次不定時驗尿,若失敗者則退回前一階段,成功者進入為期四十週之第三階段。

第三階段為「追蹤輔導階段」(Aftercare),約八至十二個月,重點在鼓勵被告將前階段所習得之知識,運用於生活中,使毒品犯保持成功戒毒之生活狀況,除每月至少三次不定時驗尿外,課程主要重點在督促被告執行生活計畫,強化職業訓練以穩定其工作。

3.紐約州立監獄治療社區──遠離監獄、毒品計畫(Staying Out)

這個計畫主要有四個步驟,說明如下:

第一步驟為戒毒意願調查:受刑人有意參加本計畫時,必須通過獄方的審核,審核標準是受刑人必須兩年內有獲得假釋的機會,並證明確具參加計畫的高度意願,且具施用毒品的病史;此外,如果受刑人近八個月來具使用肢體暴力的紀錄、或有嚴重的精神疾病、或具性犯罪或嘗試越獄等情形,則不予接受其申請。當獲准參加後,「遠離計畫」的工作人員即安排晤談,以確定申請者接受治療的意願。

　　第二步驟為調適階段：時間為三個月或更長，端視個案而異。而此階段，新生將瞭解整個計畫運作的情形，哪些事情可以做，而哪些事情則否，學員如何學習建設自我來協助自己並幫助別人達成目標，都會詳細予以說明。經同意參加計畫的受刑人，住在監所內獄方刻意劃分出來的區域，有關諮商輔導及工作人員，很多以前也都是毒犯或吸毒者，他們提供本身成功的切身經驗，並分享以前他們自己所畏懼的事情及問題給新加入的學員，讓他們內心產生安定的力量。

　　在調適階段，諮商員首重建立與受刑人間雙方的互信，致力打破受刑人自我挫敗與反權威式的行為模式，引導新生進入治療社區，鼓勵群體的驗證，並激發對社區健全運作與成長的責任心。

　　第三步驟為強化治療：通常為期六至七個月，每天須參加之處遇，包含持續的集體治療、面對問題、譴責集會、同儕諮輔及個人諮輔等項目。這個階段的目標是希望受刑人能達成自覺、行為改變及自我評量的發展。每個人都被分派一項或多項工作，並負責把它做好。如果未能完成被指派的工作，或表現出不好的行為，均將招致言辭的譴責。這些譴責並非來自獄政當局，而係來自該計畫內的工作人員及其他的參加者，譴責的目的主要在讓參加者明確認知負面的行為，絕對無法被忽略或容忍；當然相對的良好的表現，都會受到鼓勵與讚揚。在此階段該計畫亦同時提供參加者接受職業訓練及工廠實作的機會，這些課程不僅包含矯正教育的內容，並傳授謀職、面試的技巧、協助設定人生的目標及提供有關的職業諮詢。

　　這個階段的工作是整個計畫最艱難的部分，它完全改變參加者的處世態度並協助他們成長，本階段要求每一位參加者除對自己負責外，也對計畫裡其他的參加者負責。完全以集體的力量引導個人的成長，這也是社區治療計畫最凸顯的特色。參加者完成本階段的課程後，即進入了下一個步驟，亦即為接受假釋委員會的審核。

　　第四步驟為假釋委員會之審核：當參加者結束所有階段的課程後，他的假釋案將被提送到假釋委員會，他必須說服或向假釋委員會證明他已成功地完成「遠離計畫」的課程，並做好出獄準備。假釋委員會針對個案審核，決定是否准予參加者出獄或繼續留在計畫裡接受延長教育。所有參加

者於假釋後，不是直接重返社會就是繼續參加以社區為基礎的治療計畫，以銜接其處遇措施。

綜上所述，美國對於毒品犯所採的戒毒處遇哲學即是，毒品犯罪者必須對其吸毒行為負責，成功的戒治應是個人的決定，而非靠早期的治療疾病（Curing）模式。而毒品犯離開機構後，並非代表整個刑事司法系統的責任終了，更重要的是釋放後協助他們重新適應社會，並且接受相當期程的追蹤與評估，才決定其戒治處遇是否結束。

（二）日　本

日本視吸毒者為犯罪人，因此，吸毒犯被逮捕送入監獄後，日本矯正機構以「冷火雞」（Cold Turkey）的方式讓吸毒者去毒，其理念是認為吸毒者係個人之不當行為，應施予懲罰，惟每所監獄均有醫護人員以防意外。

日本對於純吸毒者的藥癮治療階段，分為「導入期」、「斷癮期」與「追蹤期」，茲分述如下[4]：

1.導入期

導入期的目標是家庭危機之處理、對病情之瞭解以及治療之導入，其方法為對家族之指導、治療者及本人對於藥物關聯之社會及臨床問題正確之評價、治療方法、回復可能性之說明。

2.斷癮期

斷癮期（約一至三個月）又可分為「前期」（脫離期）與「後期」（渴望期）。「前期」的目標是斷藥、解毒、戒斷症狀之處理及身體障礙與精神障礙之治療，其方法是透過與藥物隔絕、戒斷症狀經過之觀察、身體障礙及精神障礙之診斷。「後期」目標是對藥物強烈渴望之應對、繼續斷藥之誘導、身體障礙及精神障礙之治療，以及社會適應能力之改善，其方法為繼續與藥物隔絕，對吸毒者日常生活之指導，運用藥物療法、精神

4　同註2，頁24-25。

療法、運動療法等脫離對毒品之依賴，並解決其租金、居住等生活周遭之問題、身體障礙及精神障礙之治療，以及社會生活環境之調整。

3.追蹤期

追蹤期的目標是對於吸毒者繼續維持三年以上之斷癮，對於抑鬱、焦躁、心理煩躁等症狀之處理，家族關係恢復、再使用時之處理、經濟的獨立，以及過著無藥物之生活。其方法有門診諮詢、參加自助小組會議、藥物療法、精神療法、環境療法（社會共同治療）、家族之協力，以及居住、職業和生活之扶助。

日本的藥癮治療階段，其觀念與我國雖大同小異，但可能因其濫用之歷史較長，加上日本社會之特質，對於離開醫院以後之吸毒病人（即追蹤期），建立所謂「社區處遇之地域網路模式」即結合警察署（暫時保護）、保健所（指導訪問）、精神病醫院（驗尿）、福祉事務所及職業安定所（安排就業）等機構，提供其生活之幫助與輔導，以防止再犯，其成效極佳，足供吾人參考。

（三）新加坡

新加坡於藥物濫用法中規定，對任何吸毒嫌犯得強迫驗尿，並將吸毒者，視為病犯，由中央肅毒局移送戒毒中心（Drug Rehabilitation Center, DRC）強制戒治，以六個月為一期，最多不超過三十六個月。新加坡戒毒中心共分下列五階段強制戒治：

1.戒毒期

除年齡50歲以上為早期鴉片吸毒者得施用美沙酮（Methadone）去毒外，其他人全部以「冷火雞」法強迫去毒為期一週，以戒除吸毒者對毒品之依賴。

2.復原期

經過一星期之戒毒階段後，緊接著戒毒者有一至二星期的復原期，期間係依戒毒者成癮程度與健康情形而定。

3.教育期

以一週時間教育有關毒品之危害、相關法令，以及社會、家庭與朋友關係。

4.體能訓練期

以數月的時間用軍事化的管理訓練毒癮者之體能與紀律，同時加強個人與團體的諮商輔導。

5.職能治療期

最後每位毒癮者都能依其興趣及戒毒中心所能提供的設施分配一種技能訓練，一方面培養工作倫理，一方面培養工作能力，以便使其出所後得到較佳的工作機會。

新加坡吸毒者從戒毒中心釋放後，須受二年之監督。在此期間受監督人第一年每週三次，第二年每週一次，須至指定的警察機關報到中心做定期的尿液篩檢，以確定他們未再施用毒品，將再送至戒毒中心接受進一步的治療與復健。

新加坡為強化戒毒成效，於1991年4月開始對毒品再犯實施三階段戒毒處遇計畫，茲分述如下[5]：

1.機構性處遇與復健

二犯之期間為六個月，三犯以上之期間為十二個月，此階段吸毒須接受嚴格體能訓練，參與作業及諮商輔導，對表現良好者得向調查分類委員會建請進入第二階段處遇計畫。

2.機構性工作外出方案（Institutional Work Release）

允許吸毒者早上離開戒毒中心或工作外出營（Work Release Camp），至指定的工作地點工作，晚上工畢返回中心住宿。為遏止吸毒犯外出工作時受誘惑再施用毒品，每位吸毒者晚上工畢返回中心時，務須接受尿液檢驗。另外，吸毒者週末通常多從事一些社區服務工作及接受志工之輔導諮商。

---

5 參閱《新加坡1992年獄政年報》，頁36-39。

3. 居家工作外出方案（Residential Work Release）

吸毒犯白天外出工作，但晚上工畢不必回到戒毒中心，而可以回到自己家中或借住於中途之家，惟週末須返回中心，接受諮商輔導及尿液檢驗。此外，中心將對吸毒者實施不定期尿液檢驗，以確保每週定期驗尿之成果，預防吸毒者故態復萌。

新加坡於1991年9月，開始對「居家外出工作方案」之吸毒者實施電子監視制度，吸毒者必須在足踝上配戴電子追蹤器，並於其家中安裝監視器與電話線相連，以監視吸毒者在宵禁時間內之行動。倘毒犯違反規定（如離開監視器之距離超過一百公尺），監視器將自動透過電話向總監視中心（CISCO）發出警示信號，總監視中心將依其違規情節施予懲罰，亦可命其再回戒毒中心執行。

（四）香　港

香港政府將吸毒者視為病人，不視為犯罪人，為因應背景各異的藥物濫用者之需求，提供各種戒毒治療，其採行的戒毒處遇計畫主要有兩種，一種是由懲教署推行的「強迫戒毒計畫」，另一是衛生署提供的「美沙酮（Methadone）門診治療計畫」。茲僅就前者說明如下：

懲教署推行的強迫戒毒計畫是根據戒毒所條例的規定而實施，該條例規定濫用藥物者，如被判監禁的罪刑（欠繳罰款除外）可監禁在懲教署轄下的戒毒所。這些濫用藥物者在戒毒所接受戒毒治療，期間由二至十二個月不等，但實際監禁期間的長短，須視戒毒者的進展，以及獲釋後能否戒除毒癮而定。戒毒者在進入戒毒所時，必須接受詳細的體格檢驗，在毒癮發作時，會獲得適當的治療。心理治療包括工作治療以及個別和小組輔導，而問題複雜的戒毒者，有臨床心理學家提供深切輔導服務。工作治療是戒毒治療計畫中的重要一環，目的在於使戒毒者恢復自信和養成良好的工作習慣。為協助戒毒者重返社會，戒毒者離開戒毒所後，必須接受為期一年的監管。在這段期間，受監管的戒毒者倘被發現使用違禁物品，則召回戒毒所接受進一步的治療。

（五）我　國

　　鑑於傳統矯正處遇對毒品犯成效不彰，並參考外國及民間宗教團體之戒毒模式，法務部於82年底於臺南監獄成立明德戒治分監，採行階段性及多元化課程之戒毒計畫來建立模式與制度，以作為未來戒治所成立之基礎，實施以來，成效尚稱良好。毒品危害防制條例實施後，視毒品犯為兼具病人之犯人，對吸毒犯先於觀察勒戒處所施予勒戒，有繼續施用毒品之傾向者，則令入戒治所施予強制戒治，其期間為一年，對毒品犯之戒治，即依明德戒治分監之經驗，將戒治處遇計畫分為三階段依序執行，茲分述如下：

　　第一階段調適期：處遇重點在培養受戒治人之體力及毅力，增進其戒毒信心。

　　第二階段心理輔導期：處遇重點在激發受戒治人之戒毒動機及更生意志，協助其戒除對毒品之心理依賴。

　　第三階段社會適應期：處遇重點在重建受戒治人之人際關係及解決問題能力，協助其復歸社會。

　　戒治所應依據受戒治人之需要，擬訂其個別階段處遇計畫，並對受戒治人各階段之處遇成效予以評估，作為停止戒治之依據。

三　毒品受刑人之生活特性

　　參照我國獄政專家黃徵男之見解，吾人認為下列諸點為毒品受刑人之一般特性：

（一）好吃懶做，好逸惡勞，生活懶散，缺乏意志力。

（二）道德觀念低落，欠缺廉恥心，善於掩飾，並且容易撒謊。

（三）喜好搞小團體，易隨聲附和而有集體行為發生。

（四）陰險狡猾，疑心重，善用心計。

（五）因無被害人，大都不承認自己是罪犯。

（六）受毒品之害，身體健康及性能力普遍較差。

（七）經常感到無奈、無力、無助等三無感存在；怨天尤人，自怨自艾。

（八）欺善怕惡，見管教人員懦弱則盛氣凌人；反之，如龜孫子般，卑躬屈膝。

（九）三情蕩然，即親情淡薄、感情虛假、無情澈底[6]。

其次，獄政專家John Irwin（1970）亦對毒品受刑人做如下之觀察：

（一）一日為毒品犯，終身為毒品犯（Once a dope fiend, always a dope fiend.）。

（二）與其他受刑人迥異，具有獨特之用藥次文化與價值觀。

（三）不在乎他人之感受，以自我為中心。

（四）認為世界是沉悶的、例行性的，缺乏刺激。

（五）由於無法合法獲取藥物，普遍認為社會缺乏公平[7]。

一般認為，前述對毒品犯之觀察，有助妥善矯正對策之研擬。

四　毒品成癮者之人格特質生活特性

依照學者Fields之研究，毒品成癮者具有以下多項人格特質：

（一）高度情緒化。

（二）焦慮與反應過度。

（三）人際關係不成熟。

（四）低度挫折忍受力。

（五）無法適當表達情緒。

（六）對於權威人士過度依賴與正反情感並存。

（七）低自尊。

（八）衝動性高。

（九）孤獨寂寞感高。

（十）焦慮[8]。

6　黃徵男，〈煙毒犯之矯正〉，《獄政管理專刊論文集(二)》，法務部，民國79年7月，頁476-477。

7　Irwin, John (1970), The Felon. University of California Press.

8　Fields, Richard, Drugs in perspective: A personalized look at substance use and abuse. McGraw-

另楊士隆等針對742名毒品受刑人之研究發現，毒品犯以B型人格特質占多數，此人格特質具有以下人格特質：

（一）外向。

（二）好動。

（三）情緒不穩。

（四）心理健康不佳

（五）社會適應不良[9]。

溫梅君對女性非法藥物使用者進行人格特質調查發現以下特性：

（一）尋求刺激較強：樂於冒險以獲取新的感官刺激；較難容忍重複而例行之公事；行為不可預測；依直覺或是模糊印象做決定；衝動而不受拘束。

（二）逃避傷害傾向較低：不容易壓抑自己；較不擔心受到傷害[10]。

五 毒品犯受刑人之矯正處遇對策

自民國82年向毒品宣戰以來，戒毒工作一直存在著；硬體設施不足、專業人員編制少與尋覓不易、戒治課程與處遇方案欠缺多元化、追蹤輔導未能落實等問題，亟待檢討改進。筆者認為當前毒品犯之矯正處遇對策，應有下列幾點具體做法：

（一）依收容人數設置獨立之戒治所及毒品犯專業監獄

先前戒治所多數附屬於監所內，不論專業人員、空間、醫療設施等多無法因應戒治之需求；另方面，因毒品危害防制條例修正後，受戒治人銳減，毒品犯受刑人大增，準此，宜儘速依各監獄受戒治人及毒品犯受刑人人數，設置獨立戒治所及毒品犯專業監獄，集中專業人員及資源，提供良

Hill.

9 楊士隆、曾淑萍、李宗憲、譚子文，〈藥物濫用者人格特質之研究〉，《中國藥物濫用防治雜誌(5)》，民國103年。

10 溫梅君，《女性非法藥物濫用者之人格特質研究》，國立中正大學犯罪防治研究所碩士論文，民國104年。

好的戒毒環境，以提高戒毒成效。

（二）提供多元化之戒毒課程

先前多以提供宗教教誨及公民教育課程為主，提供心理輔導及毒品法治衛生教育課程為輔。惟據實務者研究指出，多數毒品犯認為後者較具實際用途，應增加後者之比重，且應增設情緒管理、人際關係、體能活動等課程。另外，多數文獻研究亦指出，生涯規劃與職業技能訓練是毒品犯戒毒預後良好與否之重要關鍵，亦應列入戒毒課程，以符合毒品犯之實際需求[11]。

（三）鼓勵家屬積極參與戒治活動

毒品犯因長期施用毒品，導致認知、情緒、行為及人格上有所偏差，常做出傷害家人之舉動，造成家人不諒解與不信賴。但從研究中得知，家人支持及家庭附著是毒品犯戒毒成功之最大動力之一，準此，毒品犯監獄及戒治所應定期舉辦懇親會或家屬座談會，除幫助家屬深入瞭解毒品之可怕性，因而改變其對毒品犯之態度外，且可強化家屬與毒品犯雙向互動溝通，運用親情重建毒品犯信心。

（四）鼓勵戒毒成功過來人積極參與戒毒工作行列

許多毒品犯回歸社會後，靠著自身的毅力、宗教的支持，以及家人朋友的鼓勵，終於戒毒成功。因此，可多運用這些過來人的現身說法與經驗分享，來堅定毒品犯之戒毒意志，甚至協助毒品犯出監（所）後之追蹤輔導及安置事宜。

（五）應再大幅投入專業人力資源並重視男女藥物成癮者之不同需求

專業人員的介入是戒毒工作成敗之重要環節，也是毒品犯收容人在觀念上較易接受的部分，準此，主管機關應更積極地於毒品犯專業監獄及戒治所增置專業人員之編制，使得戒毒工作能發揮更多之效能。另研究顯

---

11 柯俊銘，〈屏東戒治所輔導成效初探〉，《矯正月刊》，第136期，頁5-8。

示,男女藥物成癮者對處遇治療之需求不盡相同[12],應實施符合各自需求之戒癮方案,以提升其戒癮成效。

(六)實施外出戒毒方案

毒品犯經過戒毒後,於釋放前,應有中間處遇以作為未來適應社會生活預做準備之過渡階段。目前民間醫療團體、宗教團體或更生保護會多設立有戒毒處所,頗受好評,準此,可將前揭處所作為中間處遇處所,對毒品犯收容人實施外出戒毒方案,以提高戒毒成效。另建議政府應普設社區矯正中心(CCC),以作為矯正機構推動社會性處遇(Community-based Treatment)之處所。

(七)落實追蹤輔導與安置業務

毒品犯完成戒毒處遇出監(所)後,根據臺南監獄明德戒治分監之經驗得知,三年內為再犯高危險期。目前出監(所)毒品犯僅定期向觀護人報到驗尿外,並無任何具體方式可落實追蹤輔導業務,因此,可指派社工員或調查員不定期電話聯繫,親自訪視或函請宗教團體或各地更生保護分會之協助,以落實該項業務;或建議政府將出監(所)毒品犯納入「全國戒毒輔導追蹤網路」,作為機構戒毒工作之延伸。

六 結 語

近年來整體毒品犯罪情勢已日趨嚴峻,大部分毒品犯經過觀察勒戒、戒治與監禁後,仍然繼續吸毒而一直在刑事司法體系中循環,值得政府挹注資源改善。毒品危害防制條例已施行多年,各項立法設計、實務運作等缺失亦逐漸顯現,實有必要對毒品犯刑事政策進行全面檢討。

---

12 劉子瑄、楊士隆,〈毒癮司法戒治效果之性別差異研究〉,《藥物濫用防治》,臺灣藥物濫用防治研究學會出版,第1卷第1期,頁1-26。

第二節　長刑期受刑人之處遇對策

　　長刑期受刑人之處遇近來在歐美諸國受到相當廣泛的重視，舉凡西德、義大利、斯堪地半島國家、澳洲、美國、英國等皆相繼對此類型受刑人之生活適應情形做深入的探討。研究之理由不外乎揭開長刑期受刑人之監禁狀況，並呼籲矯正當局宜對其處遇問題儘早規劃。

　　雖然目前各國對長刑期受刑人之相關研究呈現分歧，例如在身體、智力、態度及行為之改變上，長刑期受刑人並未因長期監禁而有重大變化[13]。部分研究卻也顯示出長期受刑人於監禁四年至六年後，往往呈現情緒困擾、強迫性觀念、幼稚與退縮行為及逐漸增加不安全感等症狀[14]。無論如何，長刑期受刑人由於在犯罪歷史、犯罪複雜性、暴力傾向、社會背景及對監禁之反應上呈現迥異[15]，加上須接受漫長監禁之考驗，這些錯綜複雜的因素在在使其處遇問題更形艱鉅。

一　長刑期受刑人面臨之困境

　　由於受到長期監禁的負面影響，長刑期受刑人在生活適應上難免面臨許多挑戰。根據美國學者Timothy Flanagan之見解，長刑期受刑人無論在與外界之關係、監獄內之人際交往、墮落頹廢的恐懼、刑期終結不確定感及對監獄環境的無奈感上，皆呈現明顯的徵候[16]。茲扼要敘述如下：

（一）長期受刑人所面臨之一大生活考驗為與外界（如家庭、親戚、朋友）關係的斷絕。長期監禁的結果使得原已建立之家庭社會關係皆

---

13 J. S. Wormith (1984), "The Controversy Over the Effects Of Long-Term Imprisonment," Canadian Journal of Criminology 26: 423-437.

14 W. Sluga (1977), "Treatment of Long-Term Prisoners Considered from the Medical and Psychiatric Points of View," in Council of Europe, Treatment of Long-Term Prisoners. Strasbourg: Council of Europe.

15 Timothy J. Flanagan (1990), Adaptation and Adjustment Among Long-term Prisoners. Manuscript (unpublished).

16 同前註。

面臨冰凍的命運，這對於接受嚴厲刑罰而亟需關愛之長刑期受刑人
而言，無非是一大打擊。

（二）長刑期受刑人在監獄內亦面臨發展人際關係的困境。例如，許多長
刑期受刑人（尤其是年老者）根本無法認同那些短刑期且隨時可回
到街頭享樂之犯罪者，徒然增加了其生活之孤寂。加上監獄各類型
人犯流動頻繁並且往往互相猜忌，使其無法與其他受刑人建立較為
親密之朋友關係。

（三）墮落、頹廢、失落感亦對長刑期受刑人構成鉅大威脅。尤其，在長
期無法對時間做有效的運用下，更覺得墮落、頹廢問題的嚴重性。
換言之，在其他受刑人之刺激較量下，長刑期受刑人常有老化及心
有餘而力不足之感[17]。

（四）釋放日期之不確定性往往對長刑期受刑人造成焦慮。事實上，研究
顯示此種焦慮不安在長刑期受刑人身上甚為明顯，對其身心有顯著
的負面效應[18]。

（五）長刑期受刑人大都偏好穩定之服刑環境，倘執行監獄在運作上缺乏
明確的規定與遊戲的規則，對於長刑期受刑人而言，無疑是一項強
烈焦慮的來源，因為生活在不可預知的情況下，很容易令人感到沮
喪、不安。

長刑期受刑人之處遇對策

　　長刑期受刑人面臨著許多挑戰是無可置疑的事實，然而研究卻也顯
示完善之處遇規劃非常有助於減輕其適應問題。學者Timothy Flanagan即
曾指出強化長刑期受刑人生活適應之努力方向[19]。他認為避免監禁蘊含之
二度懲罰（Secondary Sanctions）為處遇之重點。二度懲罰係指刑罰學者

17 Stanley Cohen and Laurie Taylor (1972), Psychological Survival: The Experience of Long-Term
　Imprisonment. New York: Pantheon.
18 Barry Mitchell (1990), Murder and Penal Policy. New York: St. Martn's Press.
19 同註12。

Sykes筆下之監禁的痛楚（Pains of Imprisonment），如自由的被剝奪、物質與受服務的剝削、異性關係之隔離、自主性與安全感之喪失等而言[20]。Flanagan建議對長刑期受刑人應擴大其自我決定的空間；創造受刑人尋求有意義生活的機會並增加受刑人與外界接觸之管道等。

其次，學者Mitchell則認為下列做法有助於長刑期受刑人之生活適應與成長：

（一）視長刑期受刑人為獨特之團體，但應將其與其他類型之受刑人融合在一起。

（二）提供長刑期受刑人之生活指導與方向。

（三）妥善設計可適當修正，並以充分運用監獄資源為目標之生涯計畫。

（四）瞭解長刑期受刑人之分歧性。

（五）戒護分類應具彈性[21]。

Mitchell進一步指出，如何激勵長刑期受刑人以較具建設性的方式運用服刑的時間，為前述方案成功的關鍵所在。

綜合上述之研究心得，吾人認為下列諸點厥為長刑期受刑人之處遇對策：

（一）妥善設計生涯計畫

由於長刑期受刑人必須長時間的囚禁於監獄內，因此如何依據當前客觀之監獄環境（如資源運用情形）及受刑人之獨特需求，而設計出一套完善的生涯計畫似有必要[22]。生涯計畫之內容除須配合受刑人之釋放期間而積極運用外，尤應著重於開啟受刑人參與各項公益活動之動機，俾得借重其專長。

（二）施予特殊生活適應之處遇方案

加拿大一項縱貫型的研究顯示，管教人員早日對長刑期受刑人初入監

---

20 Gresham M. Sykes (1958), The Society of Captives: A Study of a Maximum Security Prison. Princeton: Princeton University Press.

21 同註13。

22 Hans Toch (1977), Living in Prison: The Etiology of Survival. New York: Free Press.

時即施以特殊處遇之必須性，尤其著重於提升受刑人之人際遭遇的應對技巧（Coping Skills），及強化受刑人各項行為改變動機之處遇方案，非常有助於增強長刑期受刑人之生活適應[23]。

（三）擴大實施社會性處遇或參與監內各項決策及活動

除廣泛的提供當前之社會資訊外，必要時允許受刑人外出參與各項活動。研究顯示，長刑期之受刑人並非必然具有較高之違反紀律比率，即使受刑人真具有再犯之高度危險性而無法核准出監時，擴大其適用與眷屬同住之規定，允許各界人士之訪視、參觀，或鼓勵其參與監內各項決策與活動，亦不失為可行之替代方案[24]。

三　結　語

長刑期受刑人為一具有特殊犯罪背景而須面對漫長監禁里程之邊緣人，其處遇不僅需要矯正部門之精心規劃設計，更有賴家庭與社會大眾之持續關愛。在當前犯罪矯正事業正朝向專業化目標邁進時，長刑期受刑人之處遇值得吾人進一步的正視。

第三節　累（再）犯受刑人之處遇對策

法務部統計資料大致顯示臺灣地區各監獄受刑人中，累（再）犯受刑人約占全部受刑人之45%至50%。平均大約每二位受刑人中，即有一名係再次犯罪者，比率甚高。這對於平日在崗位上孜孜不倦工作之犯罪矯正人員而言，無疑是一大打擊。而更重要的是，累（再）犯比率偏高對人民生命財產之安全保障構成鉅大威脅，速謀對策似有必要。

---

23 British Home Office (1989), Her Majesty's Prison Services. Life Sentence Prisoners: Procedures for the Management, Documentation and Review, and for the Eventual Release on Licence of Life Sentence Prisoners. Circular Instruction No.2/89. London: Her Majesty's Prison Services.

24 Lee H. Bowker (1982), Corrections: The Science and the Art. New York: Macmillan.

一 累（再）犯之相關因素

研究指出累（再）犯之相關因素錯綜複雜，大致與犯罪人之先前犯罪紀錄、低年齡、失業、未婚、犯罪類刑（如竊盜、毒品）、初次犯罪的年齡、不良友伴誘使……等產生密切關聯[25]。一項由加拿大學者Zamble及Porporino從事之縱貫型研究則指出，犯罪人人際處理技巧（Coping Skills）之笨鈍與不當乃累（再）犯之重要決定因素[26]。換句話說，那些無法妥善處理家庭、親戚、朋友關係及金錢與一般事務者，最可能再度犯罪。無論如何，累（再）犯之形成乃多因聚合、互動的結果，欲降低其發生之頻率，實須賴多方面之努力與配合。

二 累（再）犯受刑人犯罪矯正實務所面臨之困境

累（再）犯受刑人由於在犯罪類型、經歷及各項生活經驗上皆顯特出，因此其矯正誠屬不易。事實上，對於這一族群人矯正當局大都束手無策。由於累犯常與其他犯罪類型重疊（如竊盜、毒品），因此不易做明確的隔離、分類，目前矯正實務僅設有累犯專業監獄（如臺南、高雄監獄），予以隔離、收容，避免其惡性傳染，進一步的措施諸如竊盜初犯、累犯之分類尚付諸闕如。

其次，累（再）犯受刑人以毒品犯、竊盜犯為主流。此等受刑人在監獄社會內自成體系，與其他受刑人難以融入，次文化之凝聚力甚強，具有獨特之語言、價值觀、江湖規矩與組織結構，輔導、矯正困難。雖然彼等頗能對監獄社會加以適應，但出獄後卻有極高之累（再）犯比率，其偽裝之功夫甚為獨到，頗令矯正實務工作者感到心有餘而力不足。

最後，異種累犯（即受刑人犯與本次相異之罪名者）之比率亦高居不下。在此情況下，矯正工作將更形困難，因為累（再）犯受刑人捉摸不定

---

25 Michael R. Gottfredson and Don. Gottfredson (1988), Decision Making and Criminal Justice. Cambridge, MA: Ballinger.

26 同註7。

之特性使然。

三 累（再）犯受刑人之處遇對策

從前述簡要之分析，得知累（再）犯受刑人之矯正工作的確是困難重重。雖然，累（再）犯比率之升高並不必然反應出矯正之成效，然而，在犯罪矯正之範疇中，吾人認為似可朝下列方向努力：

（一）實施分監管教

為避免惡性濡染，矯正當局應依法設置累犯監獄，實施分監管理。監獄亦應針對累犯受刑人之特性，施予特殊之矯正處遇方案，俾以達成減少再犯之目標。

（二）推動受刑人家庭支持方案

據學者研究竊盜犯指出，家屬不關心及對家庭生活不滿意者，其再犯率較高。法務部研究出獄人指出，出獄人與家人保持非常融洽或聯絡關係者，其再犯率較低；已婚且有穩定婚姻者，較不可能再犯。因此，矯正機構應積極推動受刑人家庭支持方案，加強受刑人與家庭之凝結力，並提供受刑人及具家庭成員親職教育與婚姻諮詢服務，俾強化受刑人出獄後之社會適應，避免再犯。

（三）加強職業技能訓練

法務部一系列之研究指出，無業、無穩定職業或出獄後無穩定職業可就，為受刑人累犯之重要因素。因此，累犯監獄應更新與充實技訓設施，加強辦理符合社會需求之技能訓練，並輔導受刑人出獄後生涯規劃，以預防其再犯。

（四）積極輔導脫離犯罪幫派組織

倘累犯受刑人為幫派分子，於個別教誨時，首先應輔導引發其強烈脫離犯罪幫派之意願，其次再爭取家庭之支持與配合，協助其出獄後能遠離其所隸屬犯罪幫派之活動範圍。

（五）實施團體心理治療

由於累（再）犯受刑人大都深受犯罪次文化影響，其思想、觀念皆已根深柢固，破解其次文化組織、結構頗為不易。因此，對累（再）犯受刑人應施以團體心理治療，藉此促使累（再）犯受刑人，進一步對於自己之行為、價值觀有深入認識，並獲得洞察，進而放棄犯罪次文化中所慣用之行為、價值，而習得嶄新的行為模式。

（六）擴大實施社會性處遇

晚近刑罰學者強調，社會性處遇可分散及瓦解受刑人偏差次文化之形成，因此，認為有必要在受刑人出獄前與外界自由世界間搭起橋梁，實施中間性處遇，俾以強化其社會適應[27]。我國監獄行刑法之外出制度似宜儘速擴大實施，以期減低累再犯率。

（七）強化更生保護入監輔導工作

研究顯示，累再犯之產生，以在二年內所發生之頻率最高[28]。因此，應強化更生保護入監輔導工作，以期受刑人出獄後能更順利推動後續輔導與監督工作。

四　結　語

累（再）犯受刑人由於獨特之犯罪歷程，具有濃厚之犯罪傾向與再犯危險性，可說是一隨時可能爆發之不定時炸彈。矯正機構除應對其加以監督、隔離外，似可進一步研擬妥善之因應對策，使其接受必要與適當之處遇，以避免犯罪之惡性循環與進一步惡化。

---

27 同註19。
28 張甘妹、高金桂、吳景芳，〈再犯預測之研究〉，法務部，民國76年11月；Allen Beck and Benard Shipley (1987), Recidivism of Young Parolees. Washington, D. C.: Bureau of Justice Statistics.

第四節 高齡受刑人之處遇對策

學者指出，隨著人口結構之推移與高齡社會的來臨，社會之各層面，包括退休、教育、保健甚至犯罪矯正皆受其影響[29]。事實上，在犯罪矯正實務中，高齡受刑人（大致乃指60歲以上者）之人數已有逐漸增加之趨勢。例如，臺灣地區各級檢察署已執行人犯年齡統計表之資料顯示，雖然高齡受刑人在所有犯罪類型中所占的比率不高，但60歲以上已執行受刑人之人數已逐年成長，而根據非正式之估計，在工業已開發國家中，高齡受刑人之人數亦將隨著高齡社會的到來而有所增加。

一 高齡受刑人面臨之困境

雖然，有關高齡受刑人之研究並未完全一致[30]，研究卻也指出高齡受刑人本身認為其在熱忱、健康、體力上有逐漸退縮老化現象[31]。日本法務綜合研究所（1987）對全國監獄1,427名高齡受刑人之調查研究亦顯示，高齡受刑人有半數患有疾病或身體障礙，多數人並有孤獨無依的感覺，對於出獄後之生活與就業缺乏信心並且擔憂[32]。此外，學者另指出，高齡受刑人並面臨可能為其他較年輕受刑人欺侮、傷害之危險[33]。據此，吾人認為高齡受刑人無論在各方面皆面臨許多問題，而有賴矯正當局在居住、處遇與戒護管理上做適當的安排與照顧。其次，本文擬對高齡受刑人在監獄之生活適應情形進行瞭解，俾以針對其特性，研擬有效、完善之處遇對策。

---

29 Genaro Vito and Deborah Wilson (1985), "Forgotten People: Elderly Inmates," Federal Probation 49: 18-24.

30 Monika B. Reed and Francis D. Glamser (1979), "Aging in a total Institution: The Case of Older Prisoners," The Gerontolgist 19: 354-360.

31 Joseph N. Ham (1976), The Forgotten Minority-an Exploration of Long-term Institutionalized Aged and Aging Male Prison Inmates. Ph. D. dissertation. University of Michigan.

32 吳憲璋、黃昭正、劉梅仙、羅富英，〈「高齡受刑人之處遇」——如何強化受刑人教化工作之研究〉，行政院法務部監所司，民國78年6月。

33 O. W. Kelsey (1986), "Elderly Inmates Need Special Care," Corrections Today 48: 5.

二　高齡受刑人之生活適應概況

　　高齡受刑人之生活適應型態顯然與較年輕之受刑人不同[34]。高齡受刑人傾向於完全地遵守監獄之各項規定，不隨意違規，並且聽從監獄工作人員之管理與輔導。相反地，年輕之暴力型受刑人則偏好向監獄權威挑戰，以抬高身價。無論如何，此項「順民」的特色無非是想藉機接近職員並與其建立良好關係，以確保其避免遭受年輕氣盛受刑人之欺侮與傷害。當然，與監獄工作人員親近之結果，自然地，無形中與年輕之受刑人較形疏遠，甚至彼此互不往來，在此情形下，許多為年輕人設計之康樂活動，高齡受刑人皆不願意參加，間接剝奪了其生活之空間與情趣。

　　其次，研究指出對高齡受刑人來說、沮喪、沉重、空虛等負向情緒是常有的心理反應，在監禁式的環境中也較年輕受刑人更能體會自我價值感喪失，且高齡受刑人較無設定人生目標，或維持高等社會活動的意願，當逐漸邁入喪失行動能力的退休狀態時，多數高齡受刑人並無較具未來性之對自我定位與期許，而當高齡受刑人位於一個社會責任與角色義務的解脫狀態下時，監獄又剝奪了高齡受刑人親密關係的相處機會，便容易導致高齡受刑人產生難過、失望等心理不適應狀態，進而對自己的人生無法聚焦與統整[35]。

　　另外，高齡受刑人由於對矯正部門之依賴甚深，事事大都需要管教同仁之輔導、保護與照顧，因而對於重返自由社會深感恐懼，學者Ronald Aday將其稱之為機構依賴（Institutional Dependence）[36]。事實上，由於高齡受刑人在體力、健康……各方面皆面臨退縮老化現象，就業市場之競爭力幾乎全無，加上生活無法自理，這些因素無疑加深了其重返社會的壓力。

　　最後，高齡受刑人由於在體力上居於劣勢，因此大都從事一些雜務，

---

34 同註28。

35 戴伸峰，〈高齡化社會新衝擊：臺灣監獄高齡受刑人之處遇與評估研究成果報告〉，民國101年10月，頁13-14。

36 Ronald H. Aday (1976), Institutional Dependency: A Theory of Aging in Prison. Ph. D. dissertation, Oklahoma State University.

如打掃、洗濯……等，以減少勞累，其適應取向偏向於退縮並缺乏生氣活力。大致而言，高齡受刑人因係監獄社會之邊緣人，並非主體，其在處遇各方面皆受到有形與無形的忽視，而實際上，高齡受刑人本身因各方面之侷限，在在使其處遇大打折扣，缺乏較周延完善之規劃[37]。

三 高齡受刑人之處遇對策

無論如何，高齡受刑人之處遇對策應至少涵蓋下列各點：

（一）集中管教

據調查顯示，高齡受刑人多數患有疾病或身體障礙，且面臨可能被年輕受刑人欺侮、傷害之危險。準此，矯正機構對高齡受刑人應予分別監禁並設置老人工場，以便集中管教。

（二）強化生活照護

矯正機構應慎選具有愛心和耐心之較年輕受刑人擔任服務員或雜役和同舍房，從旁協助高齡受刑人生活照護和預防突發意外。

（三）開發老人之活動方案

開發老人之活動方案，俾使孤獨之高齡受刑人得以宣洩情懷，參與各項活動，不致退縮止步，走向悲涼之老年。尤其可善用高齡受刑人之智慧，借重其累積多年之經驗，從事合適之服務。

（四）妥善規劃更生保護事項

對高齡受刑人之更生保護事項予以妥善規劃，俾以減少其復歸社會所可能面臨之困難。

---

37 同註30。

四　結　語

對於高齡受刑人之處遇必須以未雨綢繆，有遠見之矯正為首長，尤應及早規劃，因為「高齡」不僅是社會問題，同時也是犯罪矯正走上專業化所須因應的問題。當監獄人口結構改變時，事實上即是更新矯正處遇的時刻。

第五節　竊盜受刑人之處遇對策

竊盜犯罪一向為開發國家的夢魘，犯罪統計顯示，其在各犯罪類型中仍具有一定之發生數量，對民眾之生命、財產安全構成鉅大威脅，且其累（再）犯比例高居不下，矯治成功率偏低，為當前犯罪矯正工作之棘手問題[38]。

一　竊盜受刑人之特性

竊盜受刑人在所有犯罪類型當中並不很突出，但是卻極易形成次文化團體而成群結黨，互通聲氣。根據John Irwin這位曾經入獄並且具有美國柏克萊加州大學社會學博士學位之矯正專家指出，竊盜受刑人之次文化團體具有以下之特色：

（一）嚮往迅速地奪取鉅額金錢

無論採行之手段為何，竊盜受刑人大都崇尚以最快速敏捷的動作獲取數額龐大之錢款。

---

38 現有關竊盜犯罪相關研究，請參閱楊士隆，《竊盜犯罪防治——理論與實務》，臺北：五南圖書出版公司，民國105年8月，3版；楊士隆，《犯罪心理學》，臺北：五南圖書出版公司，民國105年9月，6版。

（二）對同僚誠實、有義氣與責任

竊盜受刑人必須被同儕認為「沒問題，他（她）不僅必須善盡各項義務，準時償付債務，承諾約定，對於朋友之竊行絕不走漏消息，而連累他人。」此項「真誠、可靠」的特質為竊盜受刑人行走江湖之重要依據。

（三）保持冷靜，泰山崩於前而色不變

竊盜受刑人必須隨時保持冷靜、沉著，此項特點具有下列二項作用：首先確保冷靜沉著，可於遭遇危難時仍能度過難關；其次，冷靜、沉著的結果非常有助於改善竊盜受刑人之日常生活，避免受到他人過多的注意。

（四）強調高超的行竊技術

竊盜受刑人認為行竊的技術為混飯吃的重要依據。因此不論是面對面偽裝的技術，亦或其他騙具之使用，皆受到相當的重視，而此乃以獲取鉅額錢款為目標。

（五）認為世界是欠缺公平的，反社會傾向甚濃

竊盜受刑人大都認為他（她）們生活在一個腐化而不公平的社會，許多人攫取金錢的醜行實無法與竊盜者相提並論[39]。

當然，竊盜受刑人之特性絕不僅侷限於前述。犯罪學學者Sutherland在其著名之《職業竊賊》（*The Professional Theft*）鉅著中即指出，職業竊賊除必須具有智慧與勇氣外，同時亦須與同儕分享友誼，絕不出賣自己的朋友[40]。此外，竊盜犯罪人亦具備「群體」之特性，其次文化凝聚力似乎甚強[41]。

二 竊盜受刑人其在監生活適應型態

除前述之生活特性描述外，吾人認為對竊盜受刑人在監生活適應情形

39 John Irwin (1970), The Felon. Englewood Cliffs, NJ: Prertice-Hall.
40 Edwin H. Sutherland (1937), The Professional Thief. Chicage: University of Chicago Press.
41 Donald Clemmer (1940), The Prison Community. New York: Holt, Rinehart and Winston.

之瞭解亦有助於矯正對策的提出。一般而言，竊盜受刑人生活適應之主要模式為「混時間」（Doing Time）[42]或「冷靜的遊戲」（Play it Cool）[43]，茲進一步闡述其內涵如下：

（一）避免招惹麻煩

竊盜受刑人為避免招惹麻煩，經常謹守「莫管閒事，坐自己的牢」之服刑原則，竊盜受刑人尤其避免與暴力犯及告密嫌疑者交往，並且絕少干涉他人之閒事。

（二）參與可以打發時間的活動

竊盜受刑人為避免生活之沉悶，亦參與各項工作與活動，如讀書、下象棋、運動、欣賞影片、觀看電視……等，藉此將時間填滿，減少因監禁帶來的痛楚。

（三）爭取重要職務、享受特權及奢侈品

竊盜受刑人經常眼明手快地爭取一些職務，俾以獲取享受特權及奢侈品之機會，而監獄內管教小組、廚房、教誨堂、衛生科、理髮室……等工作場所，往往為竊盜受刑人所急欲獵取的目標，俾以獲得平日享受不到之特權[44]。

（四）與少數志同道合的朋友交往

竊盜受刑人交友一向具有選擇性，尤其喜好跟與其看法一致之受刑人為友。換句話說，擇友以能分享物質享受、抵抗外侮及不互相洩密為原則。

（五）參加處遇方案，早日離開監獄

為獲取早日釋放，竊盜受刑人儘量避免參加可能危及自己權益之行動，然而對於有利釋放之處遇絕不放過，例如職業訓練、補習教育、宗教

---

42 同註36。

43 Erving Goffman (1961), Asylums. Garden City, NY: Doubleday.

44 John Irwin and Donald Cressey (1962), "Thief, Convicts, and the Inmate Culture," Social Problem.

宣導、文康活動競賽等。竊盜受刑人參與前述活動,不外乎爭取管教人員之支持,以確保早日離開監獄,再度其逍遙自在的生活。

三 竊盜受刑人刑罰執行所面臨之困境

竊盜受刑人具有前述之獨特性,然而,目前我國因人力、物力之侷限,並未對其施以獨特處遇,事實上獨特之處遇方案迄今尚未被開發,各監獄大都予以混合監禁,部分監獄則予集中管理,惟因人犯之流動性高及其他因素,執行並未澈底,因此大致而言,對竊盜受刑人之處遇與一般受刑人並無多大差別。其次,依照竊盜犯贓物犯保安處分條例之規定,凡以竊盜為常業或是習慣犯以及素行不良者,應於刑之執行前令入勞動場所強制工作。雖然,矯正實務顯示強制工作對部分竊盜受刑人而言的確是件惱人的苦差事,但其效果仍有待學術單位做進一步之評估。

揆諸竊盜受刑人之執行現況,其處遇並未完全走向專業化,仍大都停留於混合監禁、集中管理、強制工作等傳統策略,未有進一步之突破。由於竊盜受刑人之矯正有其先天性之障礙(如累、再犯之比率幾占50%,獨特之價值感……等),加上傳統處遇之停滯不前,竊盜受刑人之矯正成功率有偏低的傾向,而且在當前經濟繁榮所帶來金錢、物資充裕的誘惑下,竊盜受刑人之改悔向上將難上加難。

四 竊盜受刑人之處遇對策

雖然,竊盜受刑人之矯正對策迄今仍未有系統的探討,作者擬參酌實務與研究心得,提出建議如下:

(一)初累(再)犯應予分別監禁

分離竊盜初犯與累犯之處遇,避免工作、居住含混一起,致犯罪惡習之傳染。研究顯示,竊盜初犯與累犯在犯罪經歷、價值觀、態度……上存有差異,為避免犯罪惡習之模仿、學習互相傳染,有必要在各項處遇上

（如工作、居住、活動等）予以分離[45]。

（二）加強技能訓練與就業輔導

採行合乎當前社會需求之職業訓練，以強化竊盜受刑人之謀生技能。研究指出竊盜受刑人對出獄後謀職之困難備受困擾，因此加強職業訓練並予妥善就業輔導實有必要。

（三）矯正竊盜次文化

竊盜受刑人之犯罪次文化對其成員之思想、觀念影響至鉅，大部分竊盜受刑人具有偏差價值觀念與反社會傾向，宜嘗試採行各項措施如嚴正獨居、宗教宣導、各類心理諮商輔導等，進行長期之輔導，矯正其偏差價值觀念，改變其反社會性。

（四）加強強制工作處分之規劃與執行

竊盜犯最怕強制工作處分，強制工作之執行是否發揮其功能，影響受處分人之矯治至鉅。目前對強制工作受處分人實施三階段處遇，應妥為規劃與執行，以彰其矯治功能，避免受處分人於接續執行徒刑時，對竊盜受刑人之惡性感染。

（五）竊盜累犯之假釋應從實、從嚴審查

竊盜犯尤其是累犯在監之適應情形甚佳，善於掩飾，為早日出獄，常巴結、爭取管教人員之支持，其是否真心改悔難以辨識，故應對其假釋從實、從嚴審查。

五　結　語

竊盜受刑人由於具有迥異之價值觀，其矯正成效一向欠佳，在當前物欲橫流社會風氣之推瀾下，更使得受刑人之改悔向上難上加難。因此，今

---

45 莊耀嘉、古明文，〈竊盜累犯之研究〉，法務部犯罪問題研究中心，民國72年9月。

後犯罪矯正上，應加強初累犯之分隔，採行各項措施瓦解其次文化，強化強制工作之執行及加強就業輔導，以防止再犯。

第六節　女性受刑人之處遇對策

近年來隨著社會之急速變遷、工、商企業突飛猛進，教育提升與普及，女性走出傳統家庭投入就業市場之比率大為增加，再加上女權運動之蓬勃發展，女性犯罪有增加之趨勢。雖然如此，女性犯罪人之矯正工作卻遲遲未受到應有的注意與重視，此為女性罪犯之適應與再犯增添了許多變數。根據學者之見解，下列三項因素與女性犯罪人之受忽視休戚相關：[46]

一、女性犯罪人之數目不多。例如，犯罪狀況及其分析之統計大致顯示女性受刑人所占整體受刑人之比率不超過10%，仍非罪犯之主流。

二、與男性受刑人不同，女性犯罪人很少有騷動、鬧房或其他嚴重違規（如自殺、脫逃）之情事，因此未受到媒體與矯正當局之重視。

三、女性所觸犯之罪名較少暴力，以賭博、毒品罪為主流。

前述因素加上大眾傳播媒體之經常對男性受刑人活動過度報導與渲染，在各項因素之激盪交互影響下，女性犯罪人之處遇乃未受到應有的正視[47]。

一　女性受刑人之生活適應概況與角色扮演

對女性受刑人之監獄生活適應概況做一瞭解，有助於研擬處遇對策。根據學者Giallombardo在美國Alderson聯邦女子輔育院之研究，女子監獄社會存有次級文化，這些次文化大致乃由外界傳入。為減輕監禁之痛苦，女受刑人乃發展成親屬關係（Kinshipties），彼此互相照應、關愛，以

---

46 Rita Simon (1979), "The forgotten offender: The women in prison," in F. Adler and J. Simon eds., The Criminology of Deviant Women. Boston Houghton Mifflin.
47 同前註。

滿足其心理與生理之多方需求。換句話說，女性受刑人在監獄之生活重心傾向於維繫親屬關係，並爭取足夠之女性伴侶，以確保因監禁而暫時喪失之異性關係（男性受刑人偏重於權力之追求）[48]。其次，Heffernan亦指出女性受刑人可能在矯正機構內形成虛擬或半家庭式之組織型態（Pseudofamilies如扮演父親、母親、女兒、姊妹等），並與其他受刑人發展成較親密之關係。此種「遊戲家庭」（Play family）對於減少監禁之痛苦，及滿足先前未有正常家庭生活之女受刑人而言，特有助益[49]。

另外，女性受刑人在監內之各項角色扮演亦值一提。例如學者Giallombardo則提出告密者（Snitcher）、長舌婦、麻煩製造者（Jive Bitches）、有特殊管道以取得消息或其他資源之人（Connects）、沒有犯罪傾向之老實人（Square）等類型之角色[50]。Heffernan則指出下列三類型角色存在於女子監獄：

（一）老實型（The Square）：此類型大多為情境犯罪者，而非典型罪犯，多數乃因無法對情緒做有效控制，而觸發犯罪行為。

（二）職業犯罪者（The Cool）：這些人大致乃將犯罪視為謀生的方法，在監獄大多尋求、控制歡愉的服刑環境，並且儘速的離開監獄。

（三）習慣性犯罪者（The Life）：這一族群人大都涉及藥物、賣淫等行為，無法與傳統之價值觀認同，並且在監獄耗費相當長的時間[51]。

■二　女性受刑人處遇面臨之困境

女性犯罪人由於角色使然，加上許多行政措施之不足，因而使得其處遇面臨諸多難題。茲略述如下：

（一）監獄女監之技能訓練往往偏重於簡單之習藝，如人造花、雨傘零

48 R. Giallombardo (1966), Society of Women: A Study of a Women's prison. New York: Wiley.
49 E. Heffernan (1972), Making it in Prison: The Square, the cool, and the life. New York: Wliey-Interscience.
50 同註43。
51 同註44。

件……等，未充分考慮及就業市場的需要[52]。在此情形下，女性受刑人極可能在出獄後欠缺職業技能，面臨就業之困難，降低其生存之空間。

（二）由於傳統監獄對於女性受刑人各項處遇之忽略，女性受刑人無論在各項教育、康樂活動……甚至育嬰設備上皆顯有不足，這對於女性受刑人之保護、照顧，似嫌不足。

（三）監獄行刑法第10條雖規定入監婦女請求攜帶子女者，得准許之，但以未滿3歲者為限。於監內分娩之子女，也可適用，但仍然無法解決與其他年齡層子女分離之痛苦[53]。

（四）女性受刑人由於角色使然，在情緒遭受刺激下，很可能無法有效的接受各項處遇方案。其次，女性受刑人似較以自我為中心，較不關心別人，對於缺乏興趣之方案很可能缺乏興趣，甚至逃避[54]。

■ 女性受刑人之處遇對策

女性受刑人由於身心狀態之迥異，較獨特之處遇措施似有必要。茲分述如下：

（一）澈底實施分監管教

目前雖有三所女子監獄，但各監收容對象不論是受刑人或受戒治人，都以院檢管轄區為區分，未能實施分監管教。為強化教化與戒毒效果，確有必要依初累犯或刑期或犯罪類型（如毒品犯）等，澈底實施分監管教。

（二）加強親子關係之維繫

鑑於女性犯罪人對於子女溫情之維護甚於一切[55]，因入監服刑使得其

---

52 黃淑慧、陳美伶，《女性犯罪之研究》，法務部，民國75年3月。

53 P. J. Baunach (1985), Mothers in Prison. New Brunswick, N. J.: Transaction Books.

54 蔡墩銘，《矯治心理學》，新北：正中書局，民國77年7月。

55 P. J. Baunach (1982), "You can't be a mother and be in prison...can you? Impacts of the mother child separation," in B. R. Price and N. Sokoloff eds., The Criminal Justice System and Women. New York: Clark Boardman.

與子女之親密關係暫時面臨隔離的命運，因此處遇之重點似宜加強親子關係之維繫。各女監可考慮增加子女接見通信次數、開放週末與子女電話接見、設置兒童接見處或設置親子中心（The Parenting Center）經常舉辦懇親會、放寬與眷同住及返家探視之條件等，強化女性受刑人與子女（尤其是年幼子女）維繫良好之關係。

（三）強化謀生自立能力

處遇方案應以達成女受刑人在經濟上能夠自立、自持為目標[56]。女性受刑人大都缺乏良好之工作技術，然而卻對其經濟概況甚為關心，因此如何加強適合市場需要，並且符合其志趣之職業訓練，為處遇之重點。

（四）依女性需求，實施特別處遇措施

除各項處遇方案之水平不得低於男性受刑人之處遇外，應依女性受刑人特殊需求與醫護狀況而妥善規劃[57]，諸如設置育嬰室、提供待產服務與親子諮商輔導課程、強化醫療照護機制等。

（五）實施中間性處遇方案

一般而言，女性受刑人犯罪罪質與型態不甚嚴重，對維護家庭及子女溫情甚於一切，準此，矯正政策似可對一些罪質不重之短刑期者，於執行一段期間後，實施中間性處遇方案（社區服務、電子監控、自宅監禁、震撼觀護等）代替機構性監禁，以減低因監禁對女性受刑人之衝擊，促其早日復歸社會生活。

（六）隔離少數職業慣犯

監獄社會學之研究指出，女子監獄內仍存有少數具犯罪傾向之職業、習慣性女犯罪人，除針對這些人施予獨特處遇方案外，必要時，應做適當之隔離，以避免犯罪惡習之傳染。

---

56 E. T. DeCostanzo and Valente, J. (1984), "Designing a corrections continuum for female offenders: one state's experience," Prison Journal 64(1): 120-128.

57 T. A. Ryan (1984), Adult Female Offenders and Institutional Programs: A State of the Art Analysis. U. S. Government Printing Office, Washington, D. C., p. 29.

四 結 語

　　女性犯罪人由於在犯罪類型、層級、社會之角色期待及特殊之生理、心理需求與男性顯有差異，因此施以特殊處遇實有必要。目前先進國家已對女性受刑人在教育、職業訓練、文康活動、各項醫護保健及對其子女所做之照顧上做較專業化之服務。在邁向21世紀現代化矯正業務的同時，前述較專業化之處遇是一項試金石。

第七節　身心障礙受刑人之處遇對策[58]

　　依「身心障礙者保護法」之規定，身心障礙者係指個人因生理或心理因素致其參與社會及從事生產活動功能受到限制或無法發揮，經鑑定符合中央衛生主管機關所定等級之下列障礙，並領有身心障礙手冊者為範圍：視覺障礙者、聽覺機能障礙者、平衡機能障礙者、聲音機能或語言機能障礙者、肢體障礙者、智能障礙者、重要器官失去功能者、顏面損傷者、植物人、失智症者、自閉症者、慢性精神病患者、多重障礙者、頑性（難治型）癲癇症者、經中央衛生主管機關認定，因罕見疾病而致身心功能障礙者，以及其他經中央衛生主管機關認定之障礙者。據研究調查顯示，國內身心障礙受刑人，以肢體障礙者和慢性精神病患者居多數，其次為多重障礙者、聽覺機能障礙者、智能障礙者、視覺障礙者、重要器官失去功能者。

一 身心障礙受刑人之入監罪名

　　筆者等於2002年8月間調查32所監獄（含分監）裡領有身心障礙手冊受刑人之人數，計得966名。剔除受戒治人及答題不全者，計得有效樣本884名，其入監罪名（如表10-1）依序如下：違反毒品危害防制條例（281

---

58 節錄自萬明美、林茂榮，〈身心障礙受刑人在監處遇及適應之研究〉，行政院國科會專題研究計畫（NSC91-2413-H-018-012-SSS）成果報告。

人，32%）、竊盜（166人，19%）、強盜強奪盜匪（120人，14%）、違反麻醉藥品管理條例（97人，11%）、妨害性自主（59人，7%）等。

表 10-1　不同類別身心障礙受刑人之入監罪名（複選）統計表

不同類別 ＼ 入監罪名	肢體障礙	慢性精神病患	多重障礙	聽、語障礙	智能障礙	視覺障礙	重要器官失去功能	頑性癲癇症者	顏面傷殘	平衡機能障礙	失智症	其他障礙	男性	女性	合計
違反毒品危害防制條例	213	23	12	6	1	14	11			1			272	9	281
竊盜	77	22	13	12	21	4	4	4	3		1	5	157	9	166
強盜、強奪、盜匪	51	19	12	22	4	3	4	3	1	1			111	9	120
違反麻醉藥品管理條例	71	5	6	4		5	2	1		1		2	96	1	97
妨害性自主	22	15	6		10	1	2	1				1	58	1	59
檢砲彈藥刀械管制條例	39	7	1	3	1	1	2						54		54
殺人	30	8	7	1		1							46	6	52
偽造文書、印文	20	5	2	3		1	2	1					29	6	35
公共危險	23	3	4		1	1	2					1	33	2	35
傷害	15	5	3			3	2	1	1				28	2	30
詐欺、背信、重利	12	3	1	1	1	1	2	1					19	3	22
妨害風化	16	1	1			3	1						21	1	22
妨害自由	13	3	1		1	1	1						20		20
贓物	10	2	1	1									14		14
恐嚇取財	8		2			1	1						12		12
賭博	5	1					3					1	10		10
恐嚇及擄人勒索	7	2		1									10		10
侵占	7			1		1	1						10		10
偽造有價證券	7		1				1						6	3	9
偽造貨幣	4	1	1										8		8
貪污、瀆職	4		1										5		5
妨害婚姻及家庭	1		1		1								4		4
違反兵役	2							1					3		3
其他	41	4	2	3			1	1	1			4	54	3	57
合計	533	97	54	50	48	34	34	9	7	3	1	14	836	48	884

☰ 身心障礙受刑人之適應與需求

（一）**教化方面**：渴望學習電腦課程、強烈的進修意願、宗教教誨和心靈
　　淨化流於形式、教誨師和專業人員不敷。
（二）**戒護管理方面**：對場舍主管的關照心存感激、同學很照顧但須更包
　　容，希望主管能遴選有愛心和耐性的同學擔任管理幹部和同舍房、
　　牽掛監外家人和未處理事務。
（三）**作業與技訓方面**：作業課程與流程未考量身心障礙者之特性、技能
　　訓練排除身心障礙者參加。
（四）**醫療與無障礙環境設施方面**：監獄內的醫療設備和醫療人員不足、
　　無障礙設施嚴重不足、缺乏生活輔具、復健設施及運動器材。
（五）**對出監後的規劃**：不知出獄後要做什麼，很茫然、擔心找工作會碰
　　壁，會被其他員工歧視和排斥、對未來職訓或謀職有明確的目標，
　　但須政府協助、希望政府輔導身心障礙者就業和創業、希望社會給
　　機會，家人給支持。

☰ 身心障礙受刑人之處遇對策

（一）監獄方面

1.**實施個別化處遇計畫**
(1)宜針對各類障礙者的特殊需求擬訂個別化處遇計畫。
(2)可妥善運用特教社會資源，強化認輔制度之功能，邀請特教專家
　　學者和身心障礙專業團體，針對各項身心障礙受刑人設計個別化
　　處遇計畫，並入監從事持續性教化輔導工作。
(3)結合社會福利、教育、衛生、勞工等相關單位及人員，以科際整
　　合之專業團隊合作方式，提供身心障礙受刑人持續性的整體個別
　　化專業服務。
(4)建置身心障礙受刑人個案管理系統，以促進和相關單位服務銜接
　　資源整合及專業服務間有效轉銜。

2.切實依法規實施教育

(1)宜切實依監獄行刑法及其施行細則之規定，對受刑人實施教育。

(2)宜增設電腦教室及適合障礙者之電腦輔具，分級分階開設電腦課程。

(3)宜開設各種短期語文課程，開放語言學習錄音帶，充實圖書館書籍，以強化教育功能。

3.加強管教人員之特教專業知能

(1)宜運用常年教育增強管教人員之特教專業素養。

(2)管教人員應依身心障礙福利及就業服務相關法規，主動協助障礙受刑人辦理身心障礙手冊及各項應享之權益。

4.慎選場舍主管及服務員

(1)遴選具有愛心和耐心者擔任身心障礙者工場之場舍主管，充實其應有之特教專業知能，並比照特教教師給予特教津貼，以資鼓勵。

(2)慎選有愛心和耐心之受刑人擔任服務員或雜役和同舍房，從旁協助與教導有適應問題之身心障礙者。

5.依障礙程度分別監禁

(1)重度和極重度障礙者收容於監獄醫療專區及專業分監。

(2)規劃適合輕度和中度身心障礙者之工場和舍房，提供較完善之無障礙空間及充實生活輔具。

6.加強心智障礙者之生活管理

精神障礙者與智能障礙者之整體適應較其他障礙者差，尤其生活管理方面最差，亦最為棘手，監獄對心智障礙受刑人宜設計特殊社會生活技能課程，加強教導其適應能力。

7.落實職務再設計，提供適性之作業

(1)宜針對身心障礙者障礙特性，落實職務再設計理念，設計適合之作業流程，改善工場設備和輔具，讓所有障礙類別和障礙程度之

受刑人皆能參加作業。

(2)宜成立身心障礙工場，集中人力和物力，便於落實職務再設計，
提供身心障礙者適性作業之機會。

8.提供技訓機會及設計適性技訓職類

(1)宜針對不同障礙類別者設計適性之技能訓練，惟其職類不應受限
於證照之取得，應依據身心障礙者之職業期待，或社會上實際可
謀生之技能。

(2)可積極與社會福利機構或團體聯繫，將身心障礙受刑人列為其服
務個案，除在監獄辦理技能訓練外，亦可依據「受刑人外出實施
辦法」，讓身心障礙受刑人外出該機構接受技能訓練。

(3)可依據監獄行刑法施行細則第24條之規定，將具有特殊專長之受
刑人視為協助訓練之種子，依其專長成立相關班別，俾便利其發
揮所長，指導其他受刑人學習技能。

9.規劃改善無障礙空間

各矯正機關可尋求各縣市「無障礙空間推動委員會」及行政院各部會
「身心障礙科技輔具研發中心」協助規劃改善。

10.規劃適合重度障礙者之接見處所，並普設遠距接見設備

(1)醫療專區之監獄宜規劃適當接見處所，准許重度身心障礙受刑
人採面對面無阻隔之方式接見，並將部分電話接見話機設備改
善為身心障礙者專用型式，以方便其使用。

(2)普設遠距接見設備，以利同為身心障礙之家屬或不克遠途辦理
接見之家屬申請辦理遠距接見。

11.提供轉銜服務

(1)對於即將出獄之身心障礙受刑人，應提供轉銜服務，依其個別
需要，輔導就學、就業、職訓、就醫等，並協助其銜接更生保
護，適應社會生活。

(2)各監獄可參與勞委會職訓局「身心障礙者社區化就業服務計

畫」，申請就業服務員薪資補助和行政費補助，增聘就業服務員入監負責專案，讓身心障礙者能透過社區本位的支持性就業安置模式，獲得適性的就業服務。

（二）矯正主管機關方面

1.編列專款補助監獄改善無障礙空間

法務部可比照教育部「補助改善無障礙校園環境實施計畫」，編列專款補助監院所校改善無障礙環境設施。

2.加強醫療照護

(1)增設監獄醫療專區及擴建或增設精神疾病者專業分監或病床，以解決各監獄精神病犯之醫療及戒護管理問題。

(2)編列預算補助各監獄逐年充實復健及生活輔助器材，供身心障礙者使用，強化其醫療照護。

3.訂定客觀合理之「作業課程及給分標準」

法務部宜針對身心障礙者之作業課程及成績分數，依「和緩處遇」之法令規定訂定客觀合理之標準，以維護其累進處遇及其他權益。

4.修訂「技能訓練實施要點」

法務部宜修訂「技能訓練實施要點」，讓身心障礙者亦有機會參加技能訓練。

5.設置適性之技訓場所及職類

法務部可運用監所作業基金，於監獄設置適合身心障礙者之技能訓練場所及職類，增加身心障礙者技訓之機會。

6.通函各監獄成立「身心障礙者學習輔導中心」

法務部可比照教育部補助各大專院校成立「身心障礙學生資源中心」的模式，在監獄成立「身心障礙者學習輔導中心」，依障礙人數編列輔導津貼和工讀金，聘用約聘僱人員，協助管教人員實施個別化處遇計畫。

7.酌增及設置教化輔導人力

法務部宜極力爭取酌增教誨師員額及修法設置社工師、臨床心理師等專業人員之編制，以應教化之需求。

8.函示矯訓所將特教專業知能納入研習課程

法務部矯正署應適時安排特教專業課程之研習，增強學員之特教專業素養。

9.推動修法維護身心障礙者司法權益

推動修訂「身心障礙者保護法」，增列有關身心障礙者「司法權益保護」之條文。同時建議行政院「身心障礙者權益促進委員」，於各部會委員中增列法務部，並於「身心障礙者生涯轉銜服務整合實施方案」，將法務部增列入政府相關部門中。

（三）更生保護會方面

1.遴聘熱心參與之更生輔導員

聘請能付出時間且具有相關專業素養之社會人士擔任更生輔導員，諸如退休老師、退休公務員、宗教師等，以利推展更生保護工作。

2.設置暫時安置場所

更生保護會及其分會應普設輔導所或妥善規劃現有輔導所，作為更生人暫時安置之場所，再行轉介至社會和衛生機構安置；抑或協調各縣（市）政府協助辦理預為安置就醫、就養等更生保護事項，俾利假釋之陳報。

3.建構轉介機制及資源網路

更生保護會應與社會福利、就業服務及醫療體系建構資源網路及轉介機制，使轉銜安置管道更為通順。更生保護宜由在監期間即開始，協同社福團體（如紅心字會）提供受刑人及其家屬持續之支持力量，以利其日後復歸家庭和社會。

4.加強就業輔導及創業輔導

(1)各地更生保護分會宜增辦各種事業，諸如超商、洗車廠、美容美髮、麵包坊、涮涮鍋等，並應優先安頓身心障礙更生人就業。

(2)對於有創業意願與工作能力之身心障礙更生人，更生保護會宜放寬對創業貸款的條件；亦可依據勞委會職訓局「身心障礙者創業貸款補助辦法」，協助其向直轄市、縣（市）政府相關主管機關申請創業貸款補助。

四　結　語

　　身心障礙受刑人因身體或心智上的限制，在監獄內或自由世界皆會面臨許多生活適應之困難，甚至受到不公平待遇。以往監獄通常會將焦點集中於一般受刑人之處遇與戒護，而忽略了身心障礙受刑人之特殊需求；另一方面可能是監獄矯正人員缺乏有關特殊教育、身心障礙者保護、醫療復健、職業訓練、就業服務等專業知能與團隊支援，不知如何執行相關政策，亦不知如何提供個別化處遇計畫及轉銜服務計畫，致身心障礙受刑人在獄內適應困難，出獄後仍無法融入一般社會，甚至有再犯之虞。各類身心障礙受刑人在監獄內之適應狀況、所受之矯正處遇措施，及出獄前所獲之轉銜服務與出獄後之追蹤保護為何值得關切，須整合特殊教育及犯罪防治等研究人員做進一步的探討。

第八節　慢性精神病受刑人之處遇對策[59]

　　據研究指出，矯正機構之身心障礙受刑人中，以肢體障礙者及慢性精神病犯居多。整體適應方面，以智障及慢性精神病受刑人最低。就實務運作而言，慢性精神病受刑人帶給管教人員之困擾最多。

---

59 同前註，頁183-189。

一 慢性精神病受刑人常見之管教問題

（一）情緒不穩定，無法自我控制，常不自主發病，病情時好時壞。容易幻想，自我思考、喃喃自語，生活在自己想像的空間裡，無法得知其真正的想法，對同一事會反覆一直說，轉不出來。較神經質，怕吵怕人多，極易受外界因素影響，易因他人無心之語言或行為而產生過度之反應。生活緊張、沒有安全感。

（二）有攻擊或自殘傾向。情緒易失控，具攻擊性，發病時常有出其不意之舉，傷害他人，危及無辜，危險性猶如不定時炸彈，不知何時引爆。行為、個性異常，敏感、妄想、多疑，易與人發生衝突，常有暴力之舉動及自殺自殘之行為，對本身及他人造成極大的危險性。

（三）因精神疾病伴隨嚴重身心和情緒困擾，致人際關係不佳，團體生活適應差，易為其他受刑人排擠、欺侮、歧視、夜晚失眠起來走動、發呆或大吼大叫，影響同房者就寢。嚴重者無法自理生活，影響他人生活作息。常亂告狀、無理取鬧、大聲吼叫擾亂秩序，故意被人排斥，不適團體生活，易生戒護事故，管教困難。

（四）病情容易復發。環境壓力、氣候變化、季節更替、服藥不確實皆可能誘發病情復發，情緒起伏失常。例如移監、假釋駁回、管教人員變動，在作業生產線上速度較慢而被其他受刑人語言催促，產生壓力而引發病情復發。亦有治療穩定後配工場作業，因定時服藥不確實，短期間即復發移回病舍。精神病犯常因藥物之副作用而排斥服藥，造成病況無法控制。

（五）監獄大多無精神專科醫生且缺乏醫療設備，病犯發病時經常在假日或深夜時間，無適當專業人員可以處置。精神病犯之病症不一，常有模仿學習行為，例如自殺、自戕情事，須特別防範。

（六）限於監獄舍房不足，往往有多名輕重程度不同的精神病犯同住一間，由於彼此間相互影響往往造成病況愈重。精神病分監或專區床位有限，致各監獄精神病犯無法移送，未獲妥善醫治，亦造成戒護管理之困擾。

（七）釋放時就醫就養及安置困難。精神病犯及其他重度障礙受刑人釋放時，常不為家屬所接納，認為沒有人力、財力照顧和約束他，因而拒收或避不見面，鄰居亦因害怕而排斥他；聯繫社會局和更生保護會亦無處可安置他，若安置於非法精神病院，發生事故恐有責任歸屬問題，是實務上一大難處。

■ 慢性精神病受刑人之處遇對策

（一）依精神病症狀輕重決定安置型態，並擴建專業精神病監

病狀較輕微者採小班制個別輔導，待適應大環境後再下工場共同生活，設專區收容。症狀嚴重者則應集中專業精神病監管理、治療。先由專業超然之醫院做精神鑑定，避免或剔除輕微或假性患者移入精神病專區，而形成醫療資源浪費。擴建專業精神病監，擴大收容精神病犯人數，使其獲得專業醫療照護。

（二）定期延醫診治，藥物並應妥為控管

定期為精神障礙者延醫診治，由精神專科醫師診斷與控制病情。精神病犯常因藥物副作用而不吃藥或服藥過量，或販藥給吸毒者，故藥物應由主管保管，按時給藥，控管藥物。管理人員要依醫師指示，按時給予服藥，持續醫療，規律服藥控制，不可中斷。

（三）增置臨床心理師、社工師及職能治療師，以強化教化及安置事宜

監獄應增置臨床心理醫師、社工師及職能治療師，以強化精神病犯之教化及安置事宜。人格異常類型之病犯應另闢專區收容，可聘請精神科方面的心理師，定期或駐監諮商輔導與心理治療。

（四）強化生活照護，建立支持系統

遴選包容性強、性情溫和、穩定之受刑人協助其生活照護。要求旁人勿予刺激或開玩笑，以免影響其情緒。建立支持系統，多予教誨、關懷，

督促其按時看診服藥，加強心理建設，強化正確人生觀。

（五）安排無危險性之輕便作業，以恢復其職能

配予無危險性之作業，不適於有工具作業之場合，安排輕便作業，以恢復其職能，使其適於群體生活。放寬或降低管理之要求標準，對其偏差或違規行為從輕處理，工場主管要多向一般受刑人宣導，盼其多體諒精神病犯，不予刺激，並多予協助。

（六）規劃各地輔導所，作為精神病犯釋放時之安置處所

更生保護會宜妥善規劃各地輔導所，作為更生人安置之場所或中途之家。

三 結 語

精神障礙者及智障者之整體適應較其他障礙者差，因常有擾亂秩序、自殘、竊用他人物品情形，易較被歧視、排擠、欺侮，心態較孤單，所呈現的生活管理問題亦較為棘手。場舍主管不但自己要有愛心和耐心，同時須遴選有愛心和耐性的受刑人擔任管理幹部和同舍房，從旁協助與教導，以增強精神病犯之適應能力。

第九節 智能障礙受刑人之處遇對策

這一族群人因為在智商上有缺陷，對於事理無法做正確的判斷與處理，因此常造成生活適應之困難。其次，研究亦指出智商與犯罪存有關聯，尤其低智商乃預測偏差與犯罪行為的重要指標。據此，研擬有效之處遇對策，以減輕因智能障礙者所面臨之生活適應，及未來可能衍生之偏差與犯罪行為問題，乃有其必要。

智能障礙受刑人常見之管教問題[60]

（一）個性單純無心機，易遭人利用、敲詐，受慫恿引發衝突而當替身。反應遲鈍，表達能力差，易受人欺凌、嘲弄、毆打。

（二）日常生活適應能力差，學習遵循監規有困難，易一再犯錯。情緒不穩定，易被外在因素牽引，團體適應力差，以哭鬧、逃避、暴力、自傷行為、情緒性言行回應或面對問題。

（三）缺乏性知識與好奇，加上經濟能力普遍不佳，又無自主性，容易成為監獄內性侵害或性交易之對象。

（四）溝通能力不足，無法與其他受刑人溝通、互動；受人欺負時無法表達或反映給主管處理。

（五）無法自我照顧，衛生習慣差，食衣住行較難自理，須旁人督促，配房不易；較嚴重者生活無法自理，起居生活須事事依賴他人，對別人造成困擾和負擔。

　　前述分析清晰地指出，智能障礙受刑人由於受低智商缺陷的影響，而在生活適應上產生困難，甚至遭遇許多不公平的處遇。事實上，矯正機構往往有意無意地忽略了這群需要吾人額外付出關愛之邊緣人，而使得智能障礙受刑人更面臨困境。

智能障礙受刑人之處遇對策

　　有關智能障礙受刑人之處遇，一般認為傳統之轉向（Diversion）、社區處遇方案並無法有效地對其發生實質的影響，因為這些處遇並無法改善智能障礙受刑人之智能與適應問題。傳統之監獄則由於人力、財力與設備之侷限，並未能對智能障礙受刑人予特殊關照，因而談不上績效。或許

---

60 Harry E. Allen and Simonsen Clifford E. (1989), Corrections in American (5th ed.). New York: Macmillan Publishing Company, pp. 440-441; Miles Santamour and Bernadette West (1985), Sourcebook on the Mentally Disordered Prisoner. Washington D. C.: U. S. Department of Justice；同註52，頁172-173。

喚起矯正單位對此類受刑人處遇之重視，並成立專業之教養機構有其必要[61]。根據研究指出，下列諸點應對智能障礙受刑人之處遇有所幫助[62]：

（一）強化生活照護

強化生活照護，慎選配房，安排有愛心的受刑人同組作業或同房生活，以免受壓迫；場舍主管多予關懷、照顧、耐心和輔導，定期晤談其生活情形。對偏差或違規行為處理酌予放寬，嚴加管教，但未必予以處罰。

（二）集中管理並施予啟智教育課程

集中管理，安排啟智教育課程，訓練基本生活技能使其學會生活自理，並養成良好的衛生習慣後，再予以安排至各工場作業訓練；必要時做個別隔離保護與教導。

（三）應儘量分配作業

應儘量配業於工場，安排簡單工作，使其適應群體生活，增進人際互動及教導控制情緒；透過適切工作分派之完成與成功，助其發展自我信心與成功認同。

（四）加強管教人員之特教專業知能

加強管教人員之專業研習與訓練，多閱讀特殊教育專業書籍。

三　結　語

智能障礙受刑人因智商缺陷使然，無論在矯正機構內部或自由世界皆面臨許多生活適應之困難，甚至受到許多不公平待遇。矯正部門常因投資鉅額人力、物力、設備於戒護安全及其他症狀較屬明顯之受刑人身上，因而有形無形地忽略了智能障礙受刑人之處遇。為了避免此一弱勢團體之墮

---

61 張麗卿，《刑事法學與精神疾病之整合──精神疾病犯罪人處遇之比較研究》，臺北：五南圖書出版公司，民國83年6月。

62 Miles Santamour and Bernadette West (1977), The Mentally Retarded Offender and Corrections. Washington, D. C.: Government Printing Office；同註52，頁174-175。

落，矯正機構妥善保護與強化其處遇似有必要。

第十節　性侵害受刑人之處遇對策

　　根據官方統計，臺灣地區性侵害案件之發生數及判決確定有罪之性侵害犯人數雖不多，但因性侵害犯罪隱含很高之犯罪黑數[63]，極易引起女性同胞恐懼，且性侵害犯可能在徒刑執行完畢後再犯，因此，此類受刑人之矯正處遇成效乃成為政府與民眾關切之焦點。

一　性侵害犯之類型

　　性侵害犯之種類甚為繁多，惟可依犯罪者之動機、情緒、特性及受害對象等加以分類。

（一）Cohen之分類

　　根據學者Cohen等人之見解，性侵害犯之類型包括：

1.替換攻擊型（Displaced-aggression rapist）

　　此類型性侵害犯大多以妻子或女友為對象，藉著強暴並予身體之傷害，以表達憤怒。

2.補償型（Compensatory Rapist）

　　此類型性侵害犯係以強暴式，以滿足其性欲為主。

3.性攻擊放射型（Sex-aggression-diffusion Rapist）

　　此類型性侵害犯融合了性欲之需求與身體傷害之攻擊暴力，呈現出虐待之病態行為。

---

63 Hingdelang M. and Joseph Weis (1977), "Forcible Rape: A Statistical Profile," in Chappel, D. and Gilbert Geis eds., Forcible Rape: The Crime, The Victim, The offender. New York: Columbia University Press；《中華民國84年犯罪狀況及其分析》，法務部，民國85年12月。

4.衝動型（Impulsive Rapist）

此類型性侵害犯缺乏計畫，以機會呈現時之衝動反應為主[64]。

（二）Groth之分類

此外，心理學學者Groth在臨床觀察500位性侵害犯後，將性侵害犯區分為下列三類：

1.憤怒型（The Anger Rapist）

此類型性侵害犯心中充滿憤怒與敵意，在沮喪、憤怒或長期之衝突累積至一定程度而無法忍受時，即可能暴發性侵害行為。此類型之性侵害犯約占40%。

2.權力型（The Power Rapist）

此類型性侵害犯並不完全以性的滿足為其目標，相對地，從性侵害之攻擊行為中，獲取支配權，減輕其不安全感與自卑感；重拾男人之權威與自尊則為其主要目的。此類型性侵害者約占55%。

3.虐待型（Sadistic Rapist）

此類型性侵害者融合了性之需求與暴力，除強暴外，並以折磨、綑綁、鞭打、燒灼、切割等方式凌虐受害者。施虐行為可使其達到性亢奮，此類性侵害者約占5%[65]。

（三）Howells之分類（以幼童為性侵害對象者）

另性侵害者以幼童為對象者，依學者Howells之分類方式可區分為下列二類：

1.偏好型（Preference Rapist）

亦稱戀童型性侵害犯（Pedophiles），即以姦污猥褻幼童，不以成年少女為對象，以獲取性滿足之強暴犯。

---

64 Cohen, M. L., R. F., Garofalo, R. Boucher, and T. Seghorn (1971), "The psychology of rapists," Seminars in Psychiatry 3: 307-27.
65 Groth, A. N. (1979), Men who Rape: The Psychlogy of the Offender. New York: Plenum.

2.情境型（Situational Rapist）

此類型性侵害者係臨時起意者，即機會出現時，無法抑制衝動，而對幼童強暴者[66]。

二　性侵害受刑人之特性及其監獄生活適應概況

性侵害受刑人與其他犯罪類型相較，其人數並不多，屬少數而獨特的邊緣人。根據臨床之觀察與相關研究，性侵害犯之心理、生理與社會特性大致如下：

（一）大多來自破碎家庭。

（二）呈現家族病史徵侯。

（三）有強烈的異性虐待妄想。

（四）婚姻生活並不協調、美滿。

（五）部分性侵害犯有陽萎現象。

（六）部分性侵害犯兒童早期曾遭受性侵害。

（七）部分性侵害犯在早期或有精神疾病之呈現。

（八）部分性侵害犯存有智能不足現象。

（九）大多挫折忍受力低，並且有嚴重自卑感。

（十）人際處理拙劣。

（十一）工礦業及無固定職業者居多。

（十二）早期有偏差（如酒癮）與犯罪行為出現[67]。

至於性侵害犯在監之生活適應顯然較其他受刑人為困難。尤在受刑人社會中，性侵害犯是較缺乏地位的，為受刑人所鄙視，當然此與性侵害犯之受污名標籤密切相關，也因此其無法與其他受刑人一般昂首闊步，在監

---

66 Howells, K. (1981), "Adult Sexual Interest in Children: Considerations Relevant to The Theories of Ecology," in CooK, M. and K. Howells eds., Adult Sexual Interest in Children. London: Academic Press.

67 Gebhard, P. H., J. P. Gagnon, W. B. Pamevoy, and C. V. Christenson (1965), Sex Offenders: An Analysis of Types. New York: Harper and Row；楊士隆，《犯罪心理學》，臺北：五南圖書出版公司，民國105年9月；另參閱83年、84年、85年性侵害犯強制診療個案報告。

獄中占有一席之地，甚至可能遭受來自受刑人之私刑伺候。此外，性侵害犯本身因獨特之心理、情緒狀態，如幼年時遭受遺棄、性侵害或長期人際與異性關係不良，對人缺乏信任感等，因此在獄中其生活適應常呈現自我退縮、封閉狀況，伴隨著孤獨、寂寞、沮喪與焦慮，對生命缺乏自信心，對環境存有無力感，在污名烙印下，更使得其生活適應面臨諸多困難。

三 性侵害受刑人矯正處遇之困境

由於性侵害行為之發生涉及複雜之生物、心理、社會因素，因此有關性侵害犯之矯治並非易事，然而根據西德犯罪學者H. J. Schneider之調查，「倘性侵害犯未受適當的處遇即離開監獄，在五年內，有約35%的人將重操舊業」[68]。故對性侵害犯之妥適矯正處遇有其必要性。目前在實務上，性侵害犯面臨之矯正處遇困境大致包括下列幾點：

（一）缺乏性犯罪相關之專業監獄或診療醫院之設置

目前在臺灣並未有性罪犯專業之監獄設立以提供較為專業之處遇，僅將性侵害犯集中於臺灣臺中監獄接受強制診療，以符合立法院83年1月18日增訂「犯刑法第十六章妨害風化各條之罪者，未經強制診療不得假釋」之決議。

（二）專為性罪犯設計之評估工具或測量量表有賴進一步精進

目前在實務上以靜態因素九九評估表（Static-99）及Minnesota性罪犯篩選評估表（MnSOST-R）較常使用，宜進一步評估檢討其效能，以精進評估工具。

（三）專業治療人員數量及資格顯有不足

包括監獄內施行強制診療之人員如精神科醫師、臨床與諮商心理師、社工員、個管師、教化輔導人員等，以及受刑人假釋出獄後進行輔導教育

---

68 Schneider (1987), Kriminologie；引自林山田與林東茂，《犯罪學》，臺北：三民書局，民國79年9月。

之人員如觀護人、社工人員、更生輔導員等，這些專業治療人員在數量及資格上都顯有不足。

（四）監獄管教人員無法參與診療工作

管教人員欠缺性罪犯診療之專業知能，致無法參與，造成診療工作無法銜接受刑人在獄中之生活適應及特殊次文化問題，影響治療效果。

四　性侵害受刑人之處遇對策

有關性侵害受刑人之矯正處遇，一般學者認為傳統之消極性監禁做法並無法達成其更生之目標，必須建立起專業矯治機構，或施以專業診斷治療，始有改善之可能[69]。至於性侵害犯之矯正處遇，筆者認為應考量及下列諸點：

（一）培養監獄及社區專業治療人員

性罪犯治療是相當專業的，橫跨精神醫學、心理、社工、矯治等領域，國內無論在監獄或在社區，專業人員在數量與資格上都明顯不足，影響治療效果，亟待培養更多專業人員投入此領域。尤其應加強監獄教化人員之專業訓練，使其瞭解並運用常見之治療模式，如認知行為取向及再犯預防取向等模式，以增強教化輔導之效果。

（二）監獄增置臨床／諮商心理師及社工員

目前強制診療人員多為外聘，進入監內進行診療時間有限，無法與管教人員有更多之交集及互動，進而影響治療效果。準此，監獄應增置臨床／諮商心理師及社工員、個管師等，以便參與診療工作，同時於假釋審查委員會審查個案時，列席備詢，以提高審查之品質及信度。

---

69 Robert A. Serafiam (1963), "Treatment of the Criminally Dangerous Sex Offender," Federal Probation 27(1).

（三）強化性罪犯假釋出獄前之過渡服務與保護

假釋出獄前應舉行社區支持網路講習及個案諮詢服務，使得受刑人出獄後得在社區居民監管下，避免高危險情境之發生，同時居民亦能瞭解性罪犯可能發生之行為，進而保護自身安全。

（四）觀護人應積極參與性罪犯之監督與輔導教育

因觀護人是性罪犯社區處遇工作之核心，亦是唯一能協調司法系統及心理衛生系統之重要成員，倘能積極參與，當有助於性罪犯監督與輔導教育之進行。[70]

（五）科以強制矯治之保安處分

對於再犯危險性高之性侵害習慣犯，可評估修法科以強制矯治之保安處分，或應用雌激素治療或施以「打勝」以電擊之方式使其暫時喪失性能力，並輔以心理治療，以避免再犯[71]。

（六）加強跨部會之整合與聯繫

主管機關應開發性侵害犯罪加害人資料庫的建立，或者統整目前司法機關、法務機關、警政機關、矯正機關、衛生主管機關等等有關性侵害犯罪加害人自進入刑事司法體系後到接受社區治療或強制治療之間所有的資料，以提供不同單位查詢和輸入更新，讓紀錄和資料的銜接、轉移更有效率，各平臺橫向的聯繫更能落實[72]。

五　對性暴力犯可否予以去勢或化療之爭議

對於性暴力之犯罪者，為避免其再犯，可否將之去勢或化療，因我國

---

70 鄭添成等，〈性犯罪加害人之處遇——國內外現行主要制度評述〉，《犯罪與刑事司法研究》，第2期，民國93年3月。

71 許福生，〈性侵害犯強制矯治處分之探討〉，《警學叢刊》，第24卷第3期，民國83年3月；沈政，《法律心理學》，臺北：五南圖書出版公司，民國81年2月。

72 林婉婷，〈性侵害犯處遇之現況與未來發展〉，《亞洲家庭暴力與性侵害期刊》，第5卷第2期，民國98年，頁215-219。

尚無相關規定，故引起廣泛之討論。所謂去勢（Castration），即使其失去生殖能力、喪失性慾，與結紮完全不同。去勢一般係指以外科手術之方法。將男性睪丸摘除；另外，亦可使用注射或口服抑制睪丸素分泌之藥物來達到去勢之效果者，稱為化療或化學去勢（Chemical Castration）。二次大戰前，芬蘭、瑞典、挪威、丹麥、德國有明定去勢之保安處分，二次大戰後，聯合國發表世界人權宣言，禁止不人道或屈辱性之處遇或刑罰，因此有些國家隨之廢止。1997年5月20日，美國德克薩斯州州長布希，簽署一項對兒童性侵害之連續犯或累犯，於自願之情形下，接受化學去勢之法案。對於去勢或化療，一般贊成及反對之理由，歸納如下：

（一）贊成理由

1. 因性變態在原因論上尚無定論，且治癒可能性不大，在無可奈何下，不得已用去勢方式消除或降低妨害風化人犯所造成之傷害，或可收一勞永逸之效果。

2. 女權原則：強暴犯是否去勢，牽涉到基本人權，更是女權之問題。因被害人九成以上為婦女，所以婦女應有更大之發言權。基此原則，婦女大部分贊成去勢之發言應予尊重。

3. 正義原則：不能只顧犯罪人之人權「大勢」，而不顧被害人之人權「大節」。

4. 治療原則：使犯罪人不能再犯，是一種治療或矯正之行為，所以並非一定要去勢，化學治療也可作為方法之一。

5. 預防原則：經過一定程序而達去勢或化療之人犯，必須建立資料，管制追蹤，使其不再犯罪，所以具有一般預防及特別預防之功效。

（二）反對理由

1. 貿然做消除性能力之處理，不論是去勢或化療，不合人道之要求。

2. 性能力可以藉去勢或化療加以消除，但如果其心理或精神方面之疾病不能治癒，日後其犯罪型態，可能會發生道高一尺、魔高一丈之情形。

3. 目前無論醫學或刑罰學，對於該類人犯之矯正，大都持治療之角度來對

待，去勢或化療是否是一種治療或矯正，還是一種應報主義之做法，因為大家可能會認為去勢或化療充其量僅能說是一種應報身體刑之刑罰，而成為開時代倒車之做法。

4.性暴力犯罪者之犯罪工具，未必一定是生殖器官，所以去勢或化療不能解決性犯罪之問題，只能說是一種消除犯罪工具之做法，但不能消除對女性之攻擊侵害行為。又犯罪工具之消除，就統計學之觀點而言，務必要達到一定之量後，才能看出其功效。但環觀世界各國，即使有實施去勢或化療之國家，但其執行之人數仍微乎其微，所以威嚇主義之功效遠大於實質之意義，且是否成功尚不可得知。

依我國目前之立法例言，僅「精神衛生法」有制定關於外科注射荷爾蒙手術之規定，但適用之範圍僅限於精神異常者，與刑法直接明訂對性暴力犯罪者予以去勢或化療無關。為有效遏止性暴力犯罪，似可研究提升「妨害性自主罪與妨害風化罪受刑人輔導及治療實施辦法」之位階，配合「精神衛生法」，將去勢或化療之實施標準及方式列於其中。如此，對於性暴力犯罪人之處遇，將有由接收、篩選、診斷、治療、去勢或化療、假釋或出獄、追蹤或輔導等一系列之方法來對付，此一方式也較符合矯正之概念。不過由於醫師難求，於監獄內實施，相關醫療問題仍有待克服。

六 結　語

由於性侵害案件層出不窮，有關性侵害受刑人矯治問題乃逐漸受到重視。惟性侵害受刑人夾雜複雜之犯罪原因，因此其矯治殊屬困難。但基於倘不予以輔導治療，其再犯可能性大增之理念，我們仍須盡可能提供各項專業處遇服務，以協助其強化自我控制，化解內心之壓力與衝突，減少再犯。

第十一節　愛滋病受刑人之處遇對策

愛滋病是一種HIV病毒感染所引起，該病毒具有破壞人體免疫機能，使人體對外界感染之抵抗力降低，愛滋病之感染途徑有性行為傳染、血液傳染及母子垂直感染。由於社會上感染愛滋病毒日益增多，目前矯正機構亦面臨愛滋病受刑人管教上之問題，如何研究防止愛滋病在矯正機構傳染，及擬定一套完整之處遇對策，正是各國矯正機構亟欲解決之一項課題。

一　愛滋病受刑人之心理歷程

當被收容人得知感染愛滋病時，初期處於震驚、懷疑與悲觀的心理狀態，也經常出現憤怒的情緒，或是有時不發一語低頭沉默。還伴隨一些生理的反應，如胃口降低、失眠、噩夢、注意力不集中、疲倦、躁動等，隨著感染者對愛滋病的瞭解，不確定的恐懼心理也逐漸降低，而此時感染愛滋病收容人的心理狀態，轉移關注希望得到家人的接納，但是又害怕會遭到排斥，可說處在天人交戰的矛盾中。當感染愛滋病受刑人對愛滋病的威脅逐漸適應後，則會去憂慮刑期與社會排斥的問題。

前述心理歷程變化並非一定會按次序出現，有時也會同時出現多項關注的問題。一般而言，若是對感染者心理變化有較整體的瞭解，則有助於輔導者的準備與契合，此外亦可以從其行為、情緒、身體、認知與人際等方面，瞭解其影響的程度以作為輔導介入的參考，常見影響如表10-2[73]。

二　管教人員照護愛滋病受刑人之潛在危機

管教人員常因嚴格執行勤務，與受刑人容易處於對立之情境，因而存

---

73 廖德富、白安富，〈受刑人感染愛滋病輔導實務經驗談〉，《矯正月刊》，第147期，民國93年9月。

表10-2　愛滋病患各方面之影響程度表

觀察向度	影響或改變程度
行為	各類行為的影響：如飲食、睡眠、作息或是自傷或攻擊行為。
情緒	是否有情緒感受：焦慮、生氣、罪惡、無望、憂鬱等。
生理	身體上的健康、功能，如有無發病、肌肉酸痛或其他身體抱怨。
人際	與家人、伴侶、收容人、朋友的關係，如接見情況或次數，有無孤立、被排斥；人際互動表現是依賴的、平等的、操縱的、退縮的。
認知	對未來生活的目標或自我心態是否有僵化、災難化、非理性想法等。

在高度之壓力；但與管教愛滋病受刑人相較，則恐懼被感染之心理將帶給管教人員更大之壓力與潛在風險。因此，第一線管教人員需要有正確衛生知識諮詢或過來人經驗傳授，以減低過度恐懼之心理。目前教輔人員最擔心的是遭愛滋病受刑人非理性攻擊，如咬傷教輔人員或咬傷自己，再以灑血嚇阻教輔人員執行勤務等，從案例經驗得知，倘教輔人員遭受愛滋病受刑人非理性攻擊，對其身心及家庭之影響甚鉅，因此矯正機構有必要提供協助之方案或資源，除提供疑似感染同仁進行心理危機諮商以及安排後續之醫療追蹤外，對其家庭亦應提供積極的衛教與安撫。另外，同事間之支持與鼓勵亦相當重要。

三　愛滋病受刑人之處遇對策

（一）受刑人應予強制HIV檢驗

監獄對新入監受刑人應強制HIV檢驗，對在監受刑人亦應定期篩檢，以預防愛滋病在監獄內繼續擴散和蔓延。經篩檢有感染愛滋病毒之受刑人，即依「法務部所屬監、院、所收容人HIV個案管理方案」有關規定處理。

（二）應分別監禁，並施予矯正處遇

監獄內之同性戀、共用針頭、刺青等行為都是存在之事實，亦是愛滋病感染之主要途徑。再者，為預防其他受刑人遭受愛滋病受刑人之性攻

擊，實有必要對他們施予分別監禁。除實施特殊醫療措施外，監獄仍應按一般受刑人應有之基本權益提供矯正處遇。

（三）加強愛滋病知識教育之宣導

愛滋病知識教育宣導之目標有二：一為行為之改變以減少病毒之感染，二為對愛滋病之正確認識，減少恐懼心理。愛滋病知識教育之宣導，對受刑人而言，尤其對同性戀及靜脈注射毒品者將產生最大之效果，可大幅減少病毒之感染[74]；對管教同仁而言，可減少因無知而過度焦慮或排斥，對感染者給予接納或採取平常心對待，其他受刑人亦會受到催化，亦用同樣心態來面對感染愛滋病之受刑人。

（四）管教原則應避免過度言語刺激

管教首要原則是避免過度言語刺激，若是個案有所抱怨或訴求，且超過管教人員權限或規定範圍時，可以委婉說出本身立場，或是請個案寫報告單循序向上反映，如其報告單遭到否決或困難時，應需要給予安慰或避免言語的調侃。整體而言，一般人多數在情緒激動或失控時都有可能做出衝動的行為，因此增加個案理智的行為，則有助緩和情緒激化的歷程。

（五）強化心理輔導

受刑人得知感染愛滋病後，心理上承受很大壓力，常產生自卑、憤世嫉俗、悲觀、焦慮不安等心理反應，甚至有因過度擔心而得憂鬱症。因此在輔導策略上應強化初期密集式輔導，協助受刑人度過心理不安期，接受感染之事，並告知有關愛滋病之正確觀念。

（六）運用愛滋輔導相關社會資源

愛滋病非僅是醫療問題，而是一個社會性議題，監獄不僅要提供必要之醫療作為，還需要面對許多問題與協助。因此，除監獄內之處遇措施外，若能運用外界愛滋輔導或諮商之社會資源，將有助於進行輔導或處遇

---

74 任金均，〈愛滋病收容人輔導與管理之研究〉，《犯罪矯正——問題與對策》，臺北：五南圖書出版公司，民國86年7月，頁148。

之效果。

四 結 語

矯正機構收容對象中，愛滋病高危險群之比例較一般大眾為高，未來矯正機構中該類受刑人勢必日益增加，因此矯正當局實不能忽視此問題之存在，實有必要擬定一套完整之愛滋病受刑人管理與處遇計畫，以為因應。另外，感染愛滋病毒之受刑人很少有發病症狀，即使有出現免疫力過低，病毒增多之症狀，大多能經由藥物治療控制病程發展。然而，預期該類受刑人因長刑期而發病所衍生之問題，將是矯正機構未來需要面對之課題與挑戰。

第十二節 結 論

瞭解犯罪人之基本特性為滿足其處遇需求的首要工作。從前述對各犯罪類型受刑人之探討，吾人瞭解無論竊盜、毒品、長刑期、累（再）犯、高齡、女性、身心障礙、慢性精神病、智能障礙、性侵害犯及愛滋病受刑人皆有與其罪行及基本需求相關之特色與問題。這些獨特性需要矯正機構以專業化、個別化之技術，採行適切之處遇措施以為因應。目前，隨著犯罪矯正學術研究之發展與行為、認知處遇實驗之突飛猛進，學術界已發展出許多令人激賞之特殊處遇技術與方法。這些研究心得亟待早日應用至矯正實務，俾以做進一步之印證與修正。筆者最後特別強調，矯正處遇之成功，不僅端賴矯正技術本身，尚需適合案主需求，掌握處遇契機，及在適切之環境（情境）下施行，始能達成既定之效果與目標。

第十一章　組織管理原理與犯罪矯正行政

近年來由於行為科學學者之不斷投入研究，加上行政部門實務之多方累積，目前管理科學已邁入另一新紀元，發展出許多珍貴之原理、原則與策略，以協助組織機構成長與發展，並提升行政效能。

組織管理原理即為學者與實務專家系統化研究之結晶，其應用範圍除一般行政組織、公司企業外，亦適用於刑事司法行政管理。尤其，在管理呈現複雜、多元並具有獨特性之犯罪矯正實務上，其對於提升職員工作士氣，增進機關行政效率，及強化犯罪人管理上有顯著之功效。

目前組織管理原理已呈現百家爭鳴的局面，在數量至為龐大的原理中，其分類類型仍至為分歧，並未完全呈現共識[1]，本章擬從時間發展的角度，並參酌學派間不同特性的分類，列舉與犯罪矯正管理較具密切及代表性之理論與策略，做扼要之介紹。

第一節　傳統組織管理理論

傳統組織管理理論（Classical Theories of Organization & Management）基本上強調工作之劃分、權力之運用、明確指揮體系、階級服從、專業分工、嚴密之控制及決策權力集中於上層人員……等，以達成機關之既定目標。在早期矯正行政中，反映出前項傳統哲學者為強調嚴明紀律，並使用各項權力對人犯加以控制之軍事或宗教組織而言。此派理論可區分為下列支派，論述如下。

---

1 學者分別從不同之角度，提出各類之組織管理理論。例如學者Hodge與Johnson（1970）認為組織管理理論之演進可區分為：㈠古典學派；㈡新古典學派；及㈢現代組織學派。Kast與Rosenzweig（1974）則指出應區分為：㈠傳統理論時期：官僚制度、科學管理和行政管理；㈡修正時期：行為科學和管理科學；㈢現代理論時期：系統研究法。在各類嶄新理論之發展下，更顯示出分類之分歧性。

一　Weber之官僚組織理論

德國社會學家Weber為官僚組織理論（Weber's Bureaucratic Theory）之代表人物。根據Weber之看法，官僚組織係一種理想型（Ideal type）之體制，完全依權威（Authority）之觀點來詮釋，權威之演變可區分為下列三階段：

（一）傳統的權威（Traditional Authority）

奠基於對傳統文化和社會秩序尊嚴的信仰，係指世襲的權力而言。領導者權威至高無上，領導者之意志即是法律，組織乃領導者保持其權威地位之工具。

（二）超人的權威（Charismatic Authority）

超人是一種先天所賦予的一種異乎常人的人格特質，其權威來自於人民對其神化的信仰。領導者與部屬之關係為救世主與子民之關係，此項權威非常適合生存於動盪不安的社會。

（三）法定、理性的權威（Legal Authority）

係以理性為基礎，奠基於對法律具有無上權威的信仰上。一般人服從權威者的命令，並非服從發布命令的人，而是服從法律所賦予他的權威地位。Weber認為只有在法定理性之權威體制下，其心目中之官僚組織始可能出現[2]。

Weber認為凡是具有下列特徵的組織乃是最具有效率的組織型態，即理想型的官僚體制。官僚體制權威之來源為法定、理性權威。它具備六項特色：

1.明確、完整之法規制度：每一職員皆有固定職掌，其權利與義務皆有妥善、明確規定。

2.層層節制之權力體系：即組織型態為一層級節制的體系內，依地位高

2　Max Weber (1947), The Theory of Social Economic Organization, trans. by A. M. Hendeson and T. Parsons. New York: The Free Press, p. 322.

低，規範人員間的命令與服從的關係。

3.**專業分工和技術訓練**：各職務皆依各人專長做合理之分配，而各人之工作範圍和權責，則予以明文規定。

4.**永業化的傾向**：人員的選用，係依照自由契約的方式，經公開考試程序，合格者始予任用。一經任用後，除非有重大違失，依法處分外，否則，其職務皆受到保障。

5.**對事不對人的關係**（Impersonal Relationship）：人員的工作行為和人員之間的工作關係，須遵循法規的規定，不得摻雜個人喜憎、愛惡的情感。

6.**薪資的給付，依人員的地位和年資**：人員的工作報酬、升遷、獎懲均須依法辦理[3]。

　　總之，Weber之官僚組織概念包含：職業分工、專業化、責任集中、依法運用獎懲、層層節制之組織排列，正式及不含個人情感之程序……等。這些主張仍隱約地存在於今日矯正行政中，而早期強調嚴明紀律、權威、效率、專權之監獄或精神病院，則清晰地顯現出部分Weber筆下之官僚組織概念。

　Fayol之管理原則

　　法國學者Fayol提出十一點管理原則（Fayol's Principles of Management）之精要，對於管理原理之發展有極為深遠之影響，摘要與矯正行政最密切相關之原則如下：

（一）**職業分工專業化**：此項原則強調犯罪矯正業務具有高度複雜性，非單獨之個人可從事許多決策並完成各項任務，須賴各層級甚至不同工作崗位之其他專業人員，始能畢竟其功。例如，除各層級戒護人員外，其他人事、會計、總務、教化或外界之組織皆對犯罪矯正業務之發展有著深遠影響。

3　參閱Max Weber (1964), Theory of Social and Economic Oraganization. New York: Free Press, pp. 324-330.

（二）**授權與責任承擔**：第二個管理原則為部屬必須被授予完成任務之必要權力，而負起成敗之責任，當然長官亦必須承擔責任，而不推諉。

（三）**紀律**：此項原則強調職員（含受刑人）皆須遵循機關各項規定，以使機構之運作趨於正軌。

（四）**命令統一**：即職員須接受單一上級之命令，以避免產生多重壓力。

（五）**控制幅度（Span of Control）**：強調監督長官只有在適量的部屬員額中，始能做有效管理，提升工作效率。雖然此項看法隨著工作之複雜性及部屬之勝任與否呈現差異。理想情況下，部屬以界於5人至12人間為最恰當，蓋控制之幅度倘過大，則可能導致缺乏效率、士氣低落；而控制幅度過狹隘，則容易造成過度之監督及欠缺適當之挑戰。

（六）**目標一致**：組織之目標須統一，尤需每位職員全力以赴，俾以達成任務。

（七）**理想之員工報酬**：矯正職員之薪資須與私人公司或其他政府部門之待遇相當。

（八）**集權與溝通管道**：決策權掌握於領導階層，並使命令下達至第一線同仁，暢通無阻。

（九）**公平**：所有組織內之職員或各部門皆應受到合理、公平之看待（處遇）。

（十）**員工之任期安定**：係指應採行各項措施，以鼓舞員工，安心服務，避免輕易離職。

（十一）**團隊士氣之強調**：提升團隊士氣為組織之重要任務，而領導之品質可視職員之士氣而定[4]。

4　Henri Fayol (1949), General and Industrial Management. London: Pitman and Sons, pp. 19-20.

三 Taylor之科學管理

科學管理學派（Taylor's Scientific Management）以F. W. Taylor為代表人物，其目標乃藉實證及實驗之方法，從事管理問題研究，以提高組織生產效率。Taylor之科學管理非常強調「時間與動作研究」（Time and Motion Study）。時間與動作的研究，係指對於人體構造的特性和動作的性能，像對機器一樣的予以分析，期以採取最有效的方法和最簡單的動作，進行最有效的生產過程。因此，科學管理學派的學者將工人的每件工作分成許多動作單元，再紀錄其所需時間，最後再訂定每件工作的標準動作和標準時間。據此，要求工人在某一標準時間單位內須從事某些標準活動，以達成生產目標。此一學說，把人體組織完全予以機械化，故亦稱為「機械模式」（Machine Model），且其因較重視人類的生理因素，故又稱為「生理組織原理」（Physiological Organization Theory）[5]。

此外，Taylor亦進一步指出科學管理原則尚包括：(一)權責明訂；(二)工作績效高者應給予金錢上之酬賞，工作不力者則應懲罰；(三)員工與管理者間須密切合作，共同發展事業；(四)強調專業化，管理者與員工間應做適當的分工[6]。

Taylor之科學管理在1900年代早期堪稱先進，隨著時間之推移，由於該理論過分強調「機械」與生理因素及重視工資之酬賞，忽略了員工之人格尊嚴與心理需求，因此備受學者批評，盛況已不復從前。

第二節 修正理論時期──人群關係組織理論

由於傳統組織管理理論之對人機械式處理並未促成組織效能的提

---

5 G. Fridman (1955), Industral Society. The Free Press, p. 56.
6 Frederick W. Taylor (1911), Shop Management. New York, Harper & Row; Frederick W. Taylor (1960), "The Principles of Scientific Management," in Harwood F. Merrill ed., Classics in Management. New York, American Management Association.

升，近代受到行為科學研究之多方影響，人群關係組織理論（Theories of Human Relations）乃竄起，成為組織管理理論之焦點。茲分述如下：

一 霍桑研究

人群關係理論主要源自於學者Mayo、Roethlisberger及Dickson在美國芝加哥西屋電器公司霍桑廠之研究[7]。霍桑研究（Hathorne Study）之一項為以工廠之照明強弱研究生產量，結果發現生產量之增加並非與物理工作條件（如燈光、休息時間、薪資和監督方式）直接相關，相對的員工之看法、態度與情緒之改變，才是關鍵所在。其次，以面談的方法研究員工之士氣問題發現，良好工作環境的定義因人而異，凡符合員工之特質、社會地位，即可能為一優良之工作環境。此外，Mayo等以觀察法研究社會因素對職員動機之影響，發現在團體中，存有非正式組織之現象，而非正式組織在促使員工遵循團體規範上扮演重要角色。最後，Mayo等之研究進一步指出，監督者之態度與團體內之士氣凝聚對組織目標的達成影響至鉅，此項研究為人群關係理論奠下基石。

二 X理論與Y理論

D. McGregor在1960年提出X理論與Y理論之分類，其發現在組織中有下列兩種迥異之管理哲學[8]：

（一）X理論

X理論強調：

1.工作之目的僅為存活而已。

2.一般人生性厭惡工作，並且設法逃避。

3.由於人類有厭惡工作之特性，大部分的人皆須加以強迫、控制、引導或

---

7 E. Mayo (1933), The Human Problems of an Industrial Civilization. Harvard University Press; F. J. Raethlisberger and W. T. Dickson (1939), Management and the work. Cambridge, Mass.

8 Douglas McGregor (1960), The Human Sides of Enterprise. New York: McGraw-Hill.

懲罰，以達成機構目標。

4.一般人喜好被督導，並且逃避責任，較無雄心壯志，並且企求舒適與安全。

（二）Y理論

Y理論主張：

1.人並非不喜歡工作，工作可能是一種滿足，也可能是一種懲罰，若工作是一種滿足，則人們願意自動自發工作；若工作是一種懲罰，則人們避之唯恐不及。

2.外在控制和懲罰並非達成組織目標的唯一方法。人們為達成組織目標，常加以自我控制及約束。

3.人們之所以願意貢獻其精力為組織目標而努力，係因為可以從他們的成就中獲得獎賞與滿足。滿足不僅包括生理需求的滿足，尚含心理需求與自我實現之滿足。

4.一般人在適當情況下，不僅願意接受責任，而且會自動地尋找並承擔責任。逃避責任，缺乏抱負，以及強調安全，並非人性之本質。

5.一般人都具有運用想像力、智力和創造力，來解決組織問題的能力。

6.在現代工業生活的環境裡，一般人之潛在能力並未充分利用。

　　至為明顯地，X理論認為人性本惡，需要嚴格的監督管理，Y理論則主張人性本善，需要加以激勵，以達成組織目標。McGregor指出，Y理論較符合人性之需求及達成任務，其因而主張民主式之領導，人人參與以滿足需求並發揮員工潛能。

　　揆諸當前犯罪矯正實務，吾人發現X與Y理論之部分原則皆被有系統地應用至矯正機構。在決策權力集中於少數高階監督長官之機構，部分職員因未有決策之權力而承擔責任，因而可能在工作上面臨挫折感，甚至推諉塞責。然而，部分員工卻亦可能因不必承擔責任而暗自高興，因為一切成敗皆與其無關，都是監督長官之職責。另外，在部分機構中，以民主化領導、決策參與為基石之Y理論領導機構亦可能出現，雖然矯正實務顯示此類管理方式並不必然比集權管理優點更多。在邁向21世紀現代化獄政之

同時，吾人仍預期以Y理論為架構之管理方式將受到更多的尊重與鼓舞，並且數目將增加。

■三 需求層次理論

需求層次理論（Hierarchy of Needs Theory）亦屬人群關係組織理論之一種，係由學者A. H. Maslow所提出，Maslow認為人類有五種基本需要，這些需要是由低而高循序漸進的，只有在低層次的需要滿足後，才會有高層次的需要產生。這五種需要由低至高其排列有如一階梯（Hierarchy），因此稱之為需求層次。此五種需要為：

（一）**生理需要**：如飢而食，渴而飲。

（二）**安全需要**：免於危險的需要或免於剝奪的需要。

（三）**歸屬感與愛的需要**：與他人維持友善的關係，渴求他人之友誼、情感等需要。

（四）**尊榮感的需要**：期望他人尊重自己，同時自己也尊重他人。

（五）**自我實現的需要**：期望在工作上有成就，獲得自我充分發展、發揮創造力以及自我表現欲[9]。

從Maslow之需求層次理論中，吾人獲得的啟示是，激勵員工士氣，達成組織目標，須對職員之各項需求加以辨識，並設法滿足其需求。例如，以一般行政實務為例，部分職員可能以物質上之報酬或安全上之需要為重，倘此項需求未獲滿足，不僅將造成士氣低落，其他屬較高層次之需求亦可能無法提升。而其他職員則可能認為被尊重或工作上獲得自我實現才是其人生奮鬥的重點。倘僅給與物質上之酬賞，恐仍無法激勵其工作意願。為此，對職員之需求做深入之瞭解為成功領導者之重點工作。值得注意的是，Maslow之理論並非毫無缺失。例如，少數職員可能在無法滿足高層次需求時（如受尊重、自我實現），轉而尋求低層次之需求（如生理或物質、金錢）。而其他職員在基本需求上（如生理需求）亦可能趨於無

9　A. H. Maslow (1970), Motivation and Personality (Rev. ed.). New York: Harper & Row.

限度，而停留在低層次之需求上，反之亦然。為此，人類之需求似乎因人、因事、因地而異，有賴各層領導人員之深入瞭解。

四 激勵、保健理論

激勵、保健理論（Motivation- Hygiene Theory）係由學者Herzberg所提出。在1950年代後期，Herzberg與其同事訪問了美國匹茲堡地區十一個事業機構的工程師和會計人員，請其列舉在工作中使其感到愉快和不愉快的因素。結果發現：

（一）不愉快的因素與「環境」有關，這些不愉快的因素稱為「保健因素」（Hygiene Factor）或不滿意因素（Dissatisfiers），包括：1.待遇；2.監督考核制度；3.工作環境；4.人際關係；5.公司管理政策；6.地位；7.保障。

　　缺乏這些因素，會造成員工的不滿，績效產生「負面情況」。惟倘能加以改善，即可消除不滿意的狀態，而恢復績效。

（二）愉快的因素與「工作本身」有關，稱之為「激勵因素」（Motivators）或「滿意因素」（Satisfiers），包括：1.工作本身；2.成就感；3.獲取賞識；4.責任感；5.升遷與發展。

Herzberg指出，保健因素只具有消極的維持作用，如欲促進員工發揮最大的工作潛力，必須運用具有積極作用之「激勵因素」。因為這些因素乃激發員工的工作意願，產生自動自發工作精神之關鍵[10]。

在矯正實務上，由於傾向於中央集權式之權威管理，加上工作環境較其他行業危險與繁重，因此充滿著許多潛在之不良保健因素，且因工作性質特殊，許多管理階層人員並未受到應有之重視，而未能充分發揮其潛能。為此，成功之領導者除應儘量設法排除保健因素外，更應積極地創設可激勵員工之環境，促使員工發揮最大工作潛能，達成組織目標。

---

10 F. Heyzberg (1966), Work and the Nature of Man. Cleveland: Word.

第三節　系統或功能組織管理理論

傳統理論偏重行為層面之探討，忽略了整體組織結構對於達成既定目標之影響力，學者Luther Gulick與Lyndall Urwick所提倡之系統或功能取向組織管理理論（Systems or Functional Organizational ）乃竄起成為另一組織管理之主流。系統或功能取向之組織管理理論強調組織各部門除須做適當之安置、調整以發揮組織效能外，各部門間並應互相協調合作，以促成組織目標之早日實現。

一　Urwick之管理原則

Urwick為系統或功能組織管理理論之代表人物之一，其提倡之管理原則有助於該理論之發展，簡述如下：

（一）組織之各部門必須有共同努力之目標。

（二）組織成員必須專業化以發揮組織功能。

（三）組織之各部門必須協調合作。

（四）權威必須合法化。

（五）監督長官必須對其成員之工作表現負責。

（六）工作權責劃分必須以法律明確定之。

（七）每項職務必須充分授權。

（八）監督之員工不宜超過5人至6人。

（九）組織之各次級部門必須保持均衡。

（十）組織必須有彈性地允許再重組[11]。

很明顯地，此項理論已朝向組織之功能層面發展，以協調各行政部門並予適當之結構安排為策略，這些原則為未來的系統或功能組織管理理論

---

11 Lyndall Urwick (1952), Notes on the Theory of Organization. New York: American Management Assoclation.

之發展，尤其是系統化組織過程提供了註腳[12]。

三　Gulick與Urwick之POSDCORB原則

Gulick與Urwick在1937年發表之論文提出POSDCORB之概念。POSDCORB即計畫（Planning）、組織（Organizing）、人員配置（Staffing）、導引（Directing）、協調（Coordinating）、報告（Reporting）及預算（Budgeting）之組織過程簡稱，分述如下：

（一）計畫：係指長期之規劃組織目標、方法與時間表。

（二）組織：係指提供必要之措施，將人員、物資及其他資源匯集起來，以達成組織目標。

（三）人員配置：涉及人員之聘用、訓練與維持功能之發揮，以促使符合資格之人員留任。

（四）導引：涉及決策、指導命令及領導之全部過程。

（五）協調：係指各部門聯繫功能之發揮。

（六）報告：即促使長官與部屬共同評估問題及工作進展，包括紀錄、研究與檢查功能之發揮等。

（七）預算：涉及預算規劃、分配、計算、控制及取得[13]。

POSDCORB原則指出了工作專業化之重要性。然而，員工最重要的須瞭解四項工作重點，即目標、過程、處遇之人與事、工作之環境。此項原則應用於矯正行政如下：

（一）每一犯罪矯正組織必須促使其員工瞭解該機構之目的及其本身工作之目標，監督長官有義務持續性地強化此項目標並且隨時督促員工。

---

12 William G. Archambeault and Betty J. Archambeault (1982), Correctional Superuisory Management: Principles of Organization, Policy, and Law. Prentice-Hall, Inc.

13 Luther Gulick and Lyndall Urwick (1937), Papers on the Science of Administration. New York: Institute of Public Administration; Urwick (1938), "Scientific Principles and Organization," Institute of Management Series, No. 19. New York: American Management Association.

（二）每一犯罪矯正組織必須協助其員工瞭解其於工作上可能遭遇之情況，管理人員尤須瞭解戒護之程序與抱持之應有態度，甚至諮商、輔導之程序。

（三）每一犯罪矯正組織必須協助其員工瞭解其於工作上所面臨之人與事，「人」當然包括：受刑人、職員及其監督長官；「事」則包括：法律、規定及公文程序。

（四）每一犯罪矯正組織必須協助其員工瞭解其工作環境，所謂工作環境，包括任何工作職掌，如崗哨、舍房、中央臺、戒護科……等。員工必須對其工作職責深入瞭解，使其能達成工作目標，工作項目包括：人員之管制、違禁品之檢查、洞察客觀環境之變化……等。

三 方案、規劃、預算系統

方案、規劃與預算系統（Program, Planning and Budget System, PPBS），為系統組織管理原理之分支，係指聯結管理過程與系統取向目標之組織、管理系統而言[14]。在PPBS中，對方案或組織之分析與評估，係從輸入階段（Input）、轉換處理過程（Conversion and Processing）、輸出（Output）及反饋（Feedback）四項過程著手，分述如下：

（一）輸入階段

係指受刑人受法院判決確定，由檢察官指揮至矯正機構或其他適當處所執行之階段。

（二）轉換處理過程

經由適當之刑事處分（如緩刑、自由刑……等），受刑人即在犯罪矯正之範疇中，接受適當之處遇（例如，作業、研習各項教育課程、參與宗

---

14 National Advisory Commission on Criminal Justice Standards and Goals (1973), Corrections. Washington, D. C., Superin tendent of Documents, pp. 446-448; P. L. Szanton (1967), "Program Budgeting for Criminal Justice Systems," in Task Force Report: Science and Technology. Washington, D. C.: Superinetendent of Documents, p. 84.

教教誨……等），其中因執行效果或其他因素（如違規），而有變更處遇之情形。

（三）輸出階段

係指受刑人之獲取釋放而言。在接受必要之矯正處遇後，受刑人被預期在行為、態度上做適當之改變，開啟嶄新人生旅程。

（四）反饋階段

係指外界環境對輸出產品（即受刑人）之反應（Response）。以犯罪矯正組織環境而論，外界之反應包括：

1.對累（再）犯之追蹤研究結果。

2.對犯罪矯正成本效益之研究評估。

3.可能導致矯正政策改變之民眾，以及民意機構的反應[15]。

簡言之，PPBS強調，刑事司法各階段之正確、有效決策與施行，為提升組織效率與產品品質之關鍵，而外界環境因素之回應則為督促矯正機構施政方針之重要來源。事實上，犯罪人之品性轉換工程以系統、組織化之過程加以評估為PPBS之鉅大貢獻。

第四節　目標管理[16]

當犯罪矯正人員未能認同機關之目標，因而形成工作倦怠，甚至在外從事多項兼差時，應如何因應？其次，當犯罪矯正機構上下溝通管道不暢通，造成組織僵化，缺乏活力生氣時，如何使其元氣再生？最後，傳統之管理型態偏重於服從權威之集權領導而非集思廣益之民主式領導所造成之弊端，應如何改進呢？本節介紹之目標管理（Management By Object,

---

15 同註12，頁84-86。

16 節錄自William G. Archambeault and Betty I. Archameault (1982), Correctional Supervisory Management: Principles of Organization, Policy and Law. Prentice Hall, Inc., pp. 91-93.

MBO），恰可針對前述缺失加以整治，並且在對人性尊嚴的充分尊重下，加強機關團結，善用人力，達成組織目標。

目標管理之觀念與方法係由學者Drucker首倡。目標管理是一嶄新的管理哲學，它乃由機關上下各階層人員共同協議，制定工作目標，從而鼓舞、激勵部屬的一種大家參與式的管理方法。目標管理常基於如下之假設：

一、當部屬瞭解下列四項重點時，其工作效率最高：

（一）他們在做什麼？

（二）為什麼做？

（三）應朝向什麼樣的方向？

（四）將可得到什麼樣的結果？

以犯罪矯正而言，目標管理可經由適當的管理方式加以推行。同時目標管理應適用及受刑人，其施行之問題可由管理人員、觀護人、假釋官等相關人員加以解釋與推廣。

二、目標管理強調員工之自我引導（Self-Direction）與自我控制（Self-Control）。以犯罪矯正之實際情形而言，此項假設必須在其他條件之配合下，始能發揮應有的效能。基本上，犯罪矯正人員與其他工作團體相同，在遵循各項規定與安全的環境下，經適當的調查、選拔、訓練、監督與給予薪俸的過程，他們可達到自我引導與控制的目標，即使在其他情況付之闕如下，許多犯罪矯正人員仍然展現出這些特徵。然而，令人遺憾的是，在戒護傾向濃厚的矯正機構中，許多第一線之管教人員並未授與自我引導與控制的契機。

相反地，觀護、假釋與其他專業人員之工作本質卻允許許多自我決定的機會。因此當我們比較這些人員與其他第一線戒護人員之轉業率時，不難發現後者轉業率之所以居高不下，與其工作是否能自我引導、控制存有密切相關。

對受刑人而言，不同的考量乃是必須的。自我引導與自我控制乃犯罪矯正珍貴的目標，但是很不幸地，犯罪矯正組織必須以更實際的做法去面對受刑人。揆諸許多事實，許多受刑人乃因缺乏自我引導與自我

控制才遭致入獄的命運。在中途之家（Half Way House）、預先釋放中心（Pre-Release Center）或矯正機構之特定區域，目標管理可加以採行。令人擔憂的是，在看守所或其他高度安全管理之矯正部門，似乎很難促使職員與受刑人積極地參與目標管理。

三、為使工作更具效率，俾以迅速達成目標，任何機構、組織必須使員工確認工作目標，並且願意全力以赴，朝目標邁進。這是非常合乎邏輯的，當人們認為這是一值得投資的工作時，他們將戮力不懈，以達成組織的目標。同樣地，此種情況亦可適用及受刑人。

四、監督長官在促使部屬積極地參與工作上，扮演著極為重要的角色。

對於員工而言，關鍵的人物為第一線之監督長官；相對地，對於受刑人而言，最為關鍵的人物則為第一線之管理人員。為達成組織任務，目標管理之實施過程必須從上面之長官肇始，經由中級幹部，並擴及第一線之管理人員。換言之，此意味著機構之各階層人員必須瞭解整體組織的需要，尤其中下階段人員必須參與制定各項工作的目標、規則、程序與規定。目標管理的精華在於促使各矯正同仁共同分享組織之決策權力，並且承擔各項責任。

目標管理成功關鍵之一，有賴於監督長官之優良品質與人格特徵。監督長官必須隨時可被部屬接近，並且願意接受員工之批評與建議。換言之，監督長官必須與員工分享權力而不是放棄之，更進一步地，監督長官必須具備彈性、願意接受各項變革，並且能夠適應新的情勢。

另一項對目標管理有決定性影響者，乃組織權力機構本身，與監督長官情形相同，它必須具備彈性以適應急切變化的各項挑戰。令人憂心的是，目標管理在許多較為老舊，並且戒護取向甚為濃厚的犯罪矯正機構中，並未獲取完全的支持。相反地，目標管理在較為新穎之機構或即將設立之新的矯正設施中，成功的機會較大。

失敗的原因經常是在開始施行時，行政管理本身無法獲得監督人員與第一線管教人員之全力支持。我們應瞭解發展一個組織殊屬不易，其需要瞭解、奉獻，以及對工作之熱忱與關切。而目標管理在施行前必須加以宣

導、推銷並化解阻力,以為邁向成功奠基。

第五節 區域管理

區域管理(Unit Management)係美國聯邦監獄體系所採行之最新管理計畫,此項嶄新策略由於兼顧及管理與受刑人處遇之需求,因此近年來為矯正實務界所青睞。

區域管理之哲學基礎為「較小之管理區域有利於人犯之掌握;罪刑同質受刑人之聚合適於處遇方案之進行」。依據嚴密調查分類之結果,區域管理原則上係將犯罪矯正機構區分為各獨立區域,各區域受刑人人數以不超過100名為原則,並在各區配備適任之專業人員,包括區域經理(Unit Manager)、心理學家、2名至3名教誨師、檔案管理人員及管理人員等,以進行分區管教。

一般認為區域管理具有下列特色:

一、受刑人與職員可產生較佳之互動關係,並減少摩擦。

二、受刑人之處遇需求可獲得滿足。亦即同類型受刑人之聚居,非常有利於教化人員發展獨到之處遇技術,俾以進行教化工作。

三、有助於暴行之減少並適合管理之需要。

目前在美國聯邦監獄體系之68個機構中,大多數機構均已採行區域管理計畫,其中以賓州李維茲堡監獄在減少人犯攻擊性暴力行為上最引人注目。區域管理可說是具處遇傾向之專業管理計畫。

第六節 矯正管理模式

本章已扼要介紹與犯罪矯正行政相關之組織管理原理與策略,其次擬對目前在矯正實務上實際存在之管理模式(Models of Correctional Management)做一扼要介紹。根據美國普林斯頓大學John J. Dilulio, Jr.教

授之分類，獄政管理模式以美國為例，可區分為德州之控制模式（Control Model）、密西根州之責任模式（Responsibility Model）及加州之共識模式（Consensual Model）三大類[17]。此三套管理哲學各有特色，並且為矯正實務所採行，茲分述如下：

一　德州控制模式

（一）沿革與發展

德州控制模式的創造者為George Beto博士，他曾經服務於伊利諾州假釋委員會，並且在美國刑事司法界異常地活躍。1962年至1972年間曾經擔任德州矯正局局長（Texas Department of Corrections），並曾任教於德州山姆休士頓州立大學刑事司法學院。由於Beto在擔任矯正局局長期間經常私訪各監獄，因此矯正工作同仁皆稱其為「Walking George」。對於Beto哲學影響最深者為著名之伊利諾州Stateville典獄長Joseph Ragen。值得注意的是，Ragen之管理哲學經常是安全取向的（Security Oriented）。Beto借用其管理技術與經驗，成功地促使德州獄政體系不僅安全、有秩序並且有助於各項處遇之推動。Beto特殊的社交手腕成功地穿越監獄的圍牆，且技巧地駕馭刑事司法其他部門。他不僅說服州長、議員、監獄委員會成員及新聞記者，並且促使州立法當局通過立法允許該獄政系統製造、銷售作業產品，無形中導致其作業蓬勃發展，受刑人自給自足有餘。Beto之繼任者為W. J. Esetlle，亦遵循控制模式之哲學，在其精心經營下，德州獄政體系因而更加地靜肅、安全並且具處遇取向。另外Estelle更成功地拓展各項作業、農業，使財力上更形豐碩。

（二）特徵與要素

德州矯正體系的結構瀰漫著濃厚監禁的氣氛；在監獄的四周可見醒

---

17 節錄自John J. Dilulo, Jr. (1987), Gorverning Prison: A Comparative Study of Correctional Management. The Free Press.

目的崗哨與聳然的圍牆。受刑人穿著白色的囚衣，管理人員則著灰色的制服，顏色呈現強烈對比，秩序井然。值得注意的是，受刑人與管理人員接觸時往往態度和藹、聲音放低、不敢放肆。在此獄政體系內，受刑人尊稱管理人員為長官或主管，倘受刑人對管理人員不敬則很容易被懲罰。一般而言，管理人員常以是否合法評估事理，機構之資源及受刑人權力在此控制模式中明顯地受相當的限制。

德州控制模式為一強調嚴明紀律、服從性、工作與教育之矯正模式。令人驚訝的是，在1963年至1983年間德州矯正體系內每一監獄皆被指定為高度安全管理機構；各監獄雖在實務上稍有差異，然監獄例行性之工作仍大同小異。監獄各級管理人員（含典獄長至基層人員）皆呈現類似軍事化之組織型態，紀律的維護甚為嚴密；受刑人作息與行動嚴加限制與規律，稍有逾越，多半將接受懲罰，例如高聲喧鬧即有被處分的可能。在此控制模式之獄政體系內，生活可稱甚為緊湊與規律，有關例行性之點名、搜身、物品檢查、作業及各項處遇計畫皆審慎並嚴格地被執行。

在控制模式之管理下，不僅受刑人嚴守紀律，管理人員亦具使命感與團隊精神，對於該體系之歷史沿革與哲學更是瞭若指掌。各項教化和處遇工作皆正常地運作，與戒護工作的衝突可稱微乎其微，囚情極為安定。受刑人倘觸犯監規時，移送獨居（Solitary Confinement）或酌予增加工作時數等處分，非常迅速並確實地被執行。對於遵守監規、默默的服刑者亦非常迅速地給予適當的獎賞。在實務上，德州控制模式對於獨居監禁及種種懲罰的運用，仍較其他獄政體系為少，惟對獎賞的運用在爭取受刑人遵循監規上，則產生獨特的功效。

另外，德州控制模式提供許多善時制度（Good Time），以協助人犯更生。例如在此獄政體系內，倘受刑人在工作及品性上有優良表現，每服刑一天可縮短二天的刑期，倘受刑人參加教育測驗之成績低於50分之層級，每週則必須被強迫參加一天的課程。在此體系內，受刑人在行為上有實質的進步，其獲得適度的獎勵是肯定的，但值得注意的是，倘受刑人觸犯監規，有關受刑人權益，如善時制度則有隨時喪失之可能。相當明顯地，德州控制模式此套高壓——獎賞的策略成功地控制了受刑人。1970年

代許多研究幫會暴行的學者皆相信德州獄政體系之所以能安全穩固，乃因受刑人之勢力未成氣候，而獄政單位採取有效措施以分化受刑人，免其形成具影響力的團體。在控制模式下，受刑人最重要的是靜心服刑、莫管閒事（Do your own time），禁止受刑人之不法結合，任何場所不意之集結均不被允許。在接收中心接受入監講習時，受刑人手冊大致載明下列規則，要求其遵守：

1.勿打架、威脅或勒索其他人。
2.勿與其他受刑人發生性行為。
3.勿對管教人員有不敬或傲慢之態度。
4.未經允許，禁止擅離舍房、工場或其他指定地點。
5.勿飲酒。
6.勿偷竊。
7.勿賭博。
8.勿違背管教人員之命令。
9.勿提供錯誤的訊息給管教人員，或企圖賄賂。
10.勿偽造或改變通行證。
11.勿在未經許可的地區抽煙。
12.對管教人員之工作指派必須認真執行[18]。

　　當受刑人被分配至新的部門時，他們得到更多類似之警告，尤其隸屬戒護管理之長官更將適時的傳達受刑人下列訊息：

　　　「各位目前正在德州矯正機構服刑，剛才發給大家的小冊子是最重要的文件，絕不可遺失，你有責任必須對其完全瞭解。假如各位需要就學、工作或者文康活動，我們都已有妥善安排，各位更可以享有縮短刑期的權益；服刑的最佳態度是莫管閒事，坐自己的牢，假如聽其他受刑人的話，你註定要倒楣，我保證你可能跟我一樣必須長久

---

18 Clemens Bartollas and John P. Conrad (1992), Introduction to Corrections (2nd ed.). NY: Harper Collins, pp. 396-397.

地住在監獄。現在你的親人、朋友正殷切地盼望著你,千萬不要讓他們失望,也不要讓自己失望,不要管閒事,坐自己的牢,你將高枕無憂,每項規定必須加以遵守……。」

總之,控制模式對於受刑人之行動嚴加監控,監規嚴加執行,每日課程極為緊湊與規律,懲罰迅速且確實,獎賞優渥,促使受刑人不敢違犯監規,防止受刑人形成幫派,屬安全取向之管理模式。惟仍提供作業、教育及其他各種處遇措施,監內各種行政措施以不妨礙受刑人參與各種矯治處遇所必須之行動與互動範圍為原則。

(三)控制模式之挑戰

控制模式至少面臨兩個潛在性危機,一為內在的,另一為外在的。內在之危機為Build-Tender(BT)制度,BT制度乃受刑人經由獄政單位審慎的遴選,以協助管理人員處理各項勤務。BT制度來自Beto之哲學,根據監獄社會學之研究,Beto相信受刑人間註定要有領導者的存在,因此監獄當局可以選拔適任之受刑人,給予一定之正式地位,運用他們防止具有攻擊性、嚴重暴力傾向之危險分子控制監獄。

Beto曾詳述其哲學:「當前監獄註定存有某些受刑人組織及其次文化……,問題是誰選拔領導者?受刑人或獄政機構?倘前者,獄政單位對受刑人之掌握將更鬆散,倘後者,事實正好相反。」

很明顯地,當BT制度具效率時可避免如Gresham Sykes所指受刑人與管理人員勾結腐化之局面,BT乃設計來防止監獄之生活品質為受刑人單方面所決定。在Beto領導期間,BT人員接受實質上的鼓勵與獎賞,而非僅指派較好的工作,不至於濫用特權以謀取非法利益,一旦此類受刑人有非法企圖,其迅速而確定之懲罰則是必然的。換言之,在Beto領導下,BT制度可避免類似「Con-boss」制度下某些受刑人享有特權、濫用權力之情形。Beto特別提及:「為避免造成Con-boss之不良情況,我們相當審慎地選拔BT,所有對BT之任命必須經過調查分類主管(Director of Classification)或我國人之嚴密審核,光憑典獄長的一句話不可能即任命

為BT。」

　　Beto之繼任者Estelle雖然表現尚佳，惟由於他沒有像Beto那樣神通廣大並具有吸引群眾之領導特質，因此中央集權之控制模式乃漸轉弱，至繼任者領導時，BT制度已形成Con-boss制度，在此獄政體系內到處可見幫會成員猖獗、秩序混亂之場面。

　　控制模式第二個潛在性危機為外在的（政治的）。事實上，德州獄政體系之發展皆有賴州矯正委員會在政策、財源上之配合，過去Beto不僅得到具影響力議員的全力支持，同時Beto亦藉機鼓勵議員訪問並研究監獄，其後之州長因而大力支持Beto之各項提案。惟在Estelle繼任的第二年，控制模式之鼎力支持者Coffield自州矯正委員會主席退休，民主黨籍Clements, Jr.擔任州長，由於政黨派系的不同，而任命許多自由派人士擔任矯正委員會成員，德州獄政體系控制模式乃逐漸動搖；加上新進許多受刑人控訴案件的發生，1980年William Wayne Justice大法官乃下令全面改變德州控制模式實質的每一部分，最後更由於德州石油歉收，許多民眾期望減少預算，因此箭頭指向監獄，Estelle未能獲得預算的支持乃黯然下臺。值得一提的是法官Justice下令要求控制模式做結構的改變似已產生許多副作用，許多工作同仁因而提早離開此體系，新進人員之離職率更高達90%。管理人員對於應如何執行法律似乎感到猶豫，士氣低落。事實變得異常冷酷，一個月前，管理人員還以在全國模範監獄中工作引以自豪，如今，卻認為這只是一份「工作」，目標是養家餬口，並且避免被傷害、控訴或謀殺。其後之繼任者如Procunier嘗試以加州獄政體系共識模式（Consensual Model）之經驗管理，然而類似加州、德州矯正機構幫會、暴行等問題仍日漸充斥與惡化，Procunier與Estelle相同，在1985年離開德州矯正局。

　　由上可知，政治之變革在德州獄政體系上產生巨大之影響，1983年至1986年間獄政體系結構性地改變，間接造成監獄幫會暴行之惡化及生活品質之降低乃是不爭的事實，而未能獲得州議員、州長、矯正委員會委員及民眾的支持，正是德州控制模式沒落的要因。

二 密西根責任模式

（一）沿革與發展

密西根責任模式（Responsibility Model）之主要創始者為Perry M. Johnson。他曾任Jackson監獄典獄長。1972年至1984年間擔任密西根矯正局局長。而與Johnson同為責任模式之最大貢獻者為William Kime，他曾擔任教化規劃部門之副首長。與Johnson相同，Kime為減少受刑人與管理人員間之衝突，而主張使用最低度安全管理監獄並降低軍事管理的層級。在此兩位領導者之前，密西根獄政體系由Gus Horrison經營了將近二十年，期間在安全分類上密西根有最為突出之表現，1958年並建立了全國第一個真正的中度安全管理監獄。惟責任模式在Johnson及Kime期間始正式施行。值得注意的是，密西根州長久以來有全國勢力最大之管理人員工會，基本上其成員極力地抗拒責任模式之非軍事化體系；他們認為在此模式下，許多例行性之行政控制皆已喪失。尤其近年來，由於法院之干預、不斷上升之暴力、政治支持的浮動及人犯過度擁擠等情況接踵而至，因此密西根獄政體系不免內外交迫。美國司法部甚至認為密西根監獄瀰漫著種族衝突之傾向、暴力充斥，並且在適當程序上有很大的瑕疵，要求責任模式變革之聲浪乃日益高漲。

（二）特徵與要素

當你走入密西根矯正局（Michigan Department of Corrections），你可能對該局類似政府或商業大樓的建築感到驚訝，其室內建築頗具現代感，閱讀黏貼於牆壁的引導指南，即可迅速地瞭解方向，不致擔心走入迷宮。在此獄政體系內，除非你曾參觀過，否則很難識別誰是管理人員或受刑人；即使花費相當多的時間停留在監獄內，你仍然無法識別誰是主任管理員或一般管理員；值得注意的是，管理人員並無特別的階章，他們大都穿著黑色的褲子及綠色或白色的飛行服，受刑人則大都著時髦、昂貴的衣服。他們經常替各級管理人員取了各類之綽號，倘管理人員是女性，則粗俗低級的字眼格外刺耳。在密西根監獄裡，管理人員與受刑人必須經常密

切地接觸，不像德州控制模式中管理人員與受刑人保持相當的距離，在此責任模式之獄政體系下，受刑人經常對管理人員嘻笑甚或諷刺，即使高級長官亦不例外，受刑人似乎比其他獄政系統更容易提出對管理人員的控訴。

　　瞭解密西根獄政管理模式之最簡易方法為比較與德州控制模式之不同。茲表述如表11-1。

　　總之，責任模式依據慎密之調查分類，將監獄分類為各類安全管理等級，監內生活管理寬鬆，主張給予受刑人最大之自由，不做太多之干預，非必要時不加予隔離監禁，惟受刑人應對其行為負責。受刑人享有各項權益，對違規行為主張並非每件均須予以正式處理，且不鼓勵受刑人彼此孤立，傾向於培養受刑人團體。

表 11-1　德州控制模式

	德州控制模式	密西根責任模式
1.	德州控制模式強調以行政措施嚴密控制受刑人，監內生活管理軍事化，每天經常實施點名、檢查等安全措施。	密西根責任模式則主張受刑人應對其行為負責，不強調對受刑人做太多的干預，非必要時不對受刑人加以隔離監禁，除非是最危險之分子，儘量給予受刑人最大的自由，尊重受刑人並期待他們有所回應，生活管理可謂非常寬鬆。
2.	控制模式中各監獄均為高度安全管理之監獄。	責任模式則設有各類安全管理等級之監獄，依調查分類之結果，將受刑人移送至最適切的監獄。
3.	控制模式強調遵守監規，違規者均依正式之方法處理。	責任模式主張並非每件違規都必須正式地予以處理，許多情況下，可以口頭訓誡方式替代懲罰。
4.	控制模式嚴禁受刑人結合，隨時粉碎受刑人團體之形成。	責任模式絕不強調受刑人「莫管閒事，坐自己的牢」，不鼓勵受刑人彼此孤立，傾向於培養受刑人團體。
5.	控制模式對受刑人之接見及其他權益常予各種限制。	責任模式允許受刑人經常接見及其他權益，如電話聯絡、擁有私人財物等。
6.	控制模式實施BT制（The Building-Tender System），BT受刑人協助管理人員處理各項事務。	責任模式實施舍監制（Resident Unit Managers），負責舍房事務，處理小紛爭及輔導其他受刑人。

（三）責任模式之危機

　　密西根責任模式之主要危機似乎為內在的，其牽涉層面甚廣，不僅

在於責任模式本身，行政上的缺失尤其至為明顯。責任模式似乎對於提升士氣並無多大助益，相反地，卻非常容易地促使管理人員對機構本身產生憎惡，蓋在此模式中既缺乏明確之使命感且管理人員經常受他人之冷嘲熱諷。一般而言，管理人員對於受刑人可擁有許多私人財物（如電視機、音響等）及被允許經常地接見而感到沮喪與厭煩，蓋管理人員除必須花費更多的時間、精力實施搜檢工作，間接對受刑人之隱私造成傷害外，更衍發下列兩項危機：首先，因受刑人易取得或隱匿違禁物品，致機構之安全面臨更多的考驗，更多之衝突及暴力不斷發生。其次，此類寬鬆政策極易造成特權階級。許多受刑人奢侈浪費、穿著華麗、毫無被監禁之感覺，家境清寒者因此而產生自卑感，甚至以偷竊之方法以獲取財物或衣服，徒增機構管理之困擾。最後，由於人犯過度擁擠，導致嚴密之調查分類工作乃因而產生動搖。例如在不得已的情況下，必須將危險性高、具暴力傾向之分子移送至低度安全管理機構，間接衍發許多戒護安全問題。密西根責任模式走向腐敗時，其舍房走道簡直就像美國紐約市的四十二街一樣，到處喧鬧，充滿粗俗、低級品味，並且蘊含暴力，形成類似社會學大師Durkheim所稱之無規範（Anomie）狀態。

三 加州共識模式

（一）沿革與發展

嚴格地講，加州獄政管理模式並沒有所謂「創始者」之說法，惟一般觸及加州獄政體系總不免提及兩人，一位是Richard A. McGee，他是第二次大戰後加州矯正局之父；另一位是Raymond Procunier，他是加州共識模式之代表人物，他在1967年至1975年間擔任加州矯正局局長的職務。Procunier的哲學為「假如你發現受刑人企圖逃脫，那你應立即開槍予以射擊；假如受刑人因事痛不欲生，你應伸出同情的雙手加以撫慰擁抱。」事實上，Procunier強調控制的重要，他曾說：「沒有控制即沒有良好的處遇，許多受刑人希望較為強悍者管理監獄，他們不期望其他受刑

人控制監獄。」Procunier進一步指出，讓受刑人覺得你是很強悍的，但卻很公平（Fair），是獄政管理的原則。加州監獄內幫會之問題一向很嚴重，1960年代後，益形猖獗。首先幫會之成員愈來愈年輕，勢力擴大並且夾雜著種族問題。其次，民眾之要求及法院之干預，使幫會問題更加惡化。Procunier辭職以後，加州獄政體系產生更多由幫會衍發之暴力事件，Procunier領導期間，許多典獄長則常為處理幫會問題之重要掮客。其後之矯正局長（Enomoto及Ruth Ruthen），並沒有特殊表現。1983年McCarthy繼任矯正局局長，其致力於改善監獄幫會問題（如成立專案小組研究對策等）。實際上，McCarthy力行改革之結果已初步發生功效，並促使加州獄政體系更加地專業化。

（二）特徵與要素

進入加州矯正局（California Department of Corrections），你不得不相信這是一座巨型的百貨大樓，並且可看到許多的顧客與銷售員（實際上，加州矯正局即為前著名之J. C. Penny百貨公司之所在地）。在加州矯正體系，管理人員大都著黃褐與綠色相間之制服，受刑人大都著牛仔褲及短袖衣，似顯散漫。受刑人與管理人員接觸時，常放肆地直稱其「先生」。換言之，加州共識模式與密西根大致相同，受刑人經常對管理人員諷刺，甚至提出各類之抱怨。

一般而言，加州共識模式屬大雜燴（Hodgepodge），其嚴密之調查分類程序及設立處理受刑人訴願之專責機構與密西根頗為類似，然加州仍較為自由開放，例如該獄政體系允許受刑人蓄留任何型態之髮式及任何長度之頭髮。受刑人甚至可以公開地展現其刺青（紋身），即使其明顯地吸收其他受刑人加入其幫會。惟加州獄政管理型態仍介於德州控制模式及密西根責任模式之間，其處理人犯問題仍不免流於形式。假如加州管理模式可稱得上有統一的中心原則，那就是獄政管理比較容易受到受刑人影響。加州管理人員大都同意受刑人隨時有能力控制監獄，假如他們要的話[19]。

---

19 受刑人亦大致認為，假如他們願意的話，其可隨時將監獄撕成兩半；但他們選擇了不這麼做，因為其已沒有多少東西能再失去，參閱前註，頁425。

因此如何爭取受刑人之合作乃成為共識模式之最重要課題，此類共識思想源自於加州獄政單位處理受刑人幫會問題時所面臨之冷酷事實。在加州，獄政單位必須經常地借重掮客遊說四至六個勢力甚大之幫會，以謀求監獄內受刑人之妥協與合作。其中以聖崑汀（San Quentin）及霍桑（Folsom）監獄內之幫會最為嚴重，許多幫會成員彼此在監獄內爭奪地盤，企圖控制違禁品（如麻醉品、私酒等）之銷售利益。換言之，在加州如何管理監獄即意味著如何對幫會做有效地掌握與控制，共識模式之倡導者認為控制幫會之最佳方法為展現戒護防護力並爭取受刑人之合作，單方面依靠控制模式或責任模式似乎註定要失敗的。一位獄政首長指出：「基於共存的需要，我們認為管理人員與受刑人間可保持均勢並相處融洽。任何一方獲取大量權力（包括職員及受刑人），暴力事件皆將激增。換言之，受刑人可能加速運輸違禁品，因而造成更多的暴力及管理人員與受刑人間之衝突。我們並非與受刑人妥協或者分享權力，相反地，我們設置諮詢委員會（Advisory Council）以協調其間之摩擦。」

簡言之，加州共識模式乃德州控制模式及密西根責任模式之中間模式，惟此系統已逐漸呈現分立狀態，例如有些監獄傾向於控制模式之管理，另有些則傾向於責任模式。

（三）共識模式之缺失

一般而言，加州共識模式不像德州或密西根獄政體系那樣具有獨特的矯正哲學與實務，因此對其管理哲學之批判似顯不易，惟加州共識模式內充滿著暴力幫會等問題，卻不容忽視，皆待獄政單位集思廣益，加以檢討改進。加州獄政體系內，各監獄管理間之差異似為探尋獄政缺失之重要指標。例如曾有受刑人自動要求移監至安全管理較為嚴密之監獄服刑，而不願待在較為自由對受刑人缺乏控制之監獄。因為部分受刑人認為在控制鬆散的監獄中，行動雖較為自由，惟隨時必須留意背後是否有人予以偷襲，相對地更缺乏安全感。此類問題並非單純，仍將衍發更多之戒護安全上的考量，其複雜情況頗值得進一步探究。另共識模式似乎過於依賴受刑人之合作，凡此仍待審慎之持續評估。

第七節　結　論

　　犯罪矯正行政與任何企業大致相同，其機關效能之提升與職員工作士氣之增進，皆與行政首長之管理手腕密不可分。慶幸的是，在犯罪矯正行政之領域中，已發展出許多珍貴之組織管理原理、原則與策略可供管理者運用，以協助組織成長並提升行政效能。傳統組織管理原理強調工作之專業分工、嚴密之管理控制、明確指揮體系，決策集中上層人員；人群關係學派則著重於職員工之態度、工作激勵、成就動機、心理需求滿足；系統或功能組織管理原則主張組織之各部門須做適當之安置、調整、相互合作，俾以發揮組織效能，在各時空、環境情境下各有其應用之價值。此外，在矯正實務上，強調由機構上下各階層人員共同協議，制定工作目標，從而鼓舞、激勵部屬之「大眾參與」目標管理策略及兼顧管理者與受刑人需求之區域管理策略，亦被有彈性、效率地應用，對於獄政管理之發展有著深遠之影響。而值得注意的是，當前存在於各犯罪矯正體系之管理模式，如控制模式、責任模式及共識模式，皆提供矯正體系管理之許多警惕與借鏡。筆者認為並無所謂「最佳之管理理論」，相反地，管理原理與策略功效之發揮，端賴管理者如何因時、因地、掌握契機加以彈性運用之。

第十二章　國際間犯罪矯正概況

1990年代，世界各國犯罪矯正已邁向嶄新境界，各國除因應該國需要而採行獨特犯罪矯正策略外，並在與其他國家積極交流、共同合作下，彼此切磋學習，交換心得，俾以達成矯正犯罪人之神聖任務。

由於受資料與篇幅之限制，因此無法對每一個國家做全面、詳盡之探討，僅能對犯罪矯正較具規模與特色之國家，如美國、日本、英國、德國、蘇聯、韓國、泰國、中國大陸、新加坡、瑞典、法國及義大利等，做概略之介紹。希冀藉此增進吾人對他國犯罪矯正現況之瞭解，進而吸收他國所累積之寶貴經驗，以促使我國犯罪矯正更臻於盡善盡美之境界。

第一節　美國犯罪矯正概況

一　沿革與發展

早期歐陸人民移入美洲大陸之殖民時期，美國之刑罰傾向於嚴酷，罪犯除接受非人道化之監禁外，鞭責、烙印、割截、腳枷、頭手連枷等之體罰經常可見[1]。在教友派信徒（Quakers）之奔走及大力疾呼改革下，殘酷之刑罰始獲得進一步之改善。由教友派信徒在Wanult Street Jail所試行嚴正獨居之賓夕凡尼亞制度（The Pennsylvania System）於1790年在費城（The Philadelphia）首先創辦。而強調沉默、嚴格紀律與雜居作業之奧本制（The Auburn System）於1815年亦在紐約實施[2]。這些蘊含獨特矯正哲學之獄政制度不僅對於美國犯罪矯正實務有著巨大影響，同時在其後更散播至世界各地。

1　丁道源著，〈美國獄政制度——中外獄政制度之比較研究〉，中華文化復興運動推行委員會主編，中央文物供應社，民國78年7月。

2　Vrnon Fox (1985), Introduction to Corrections (3rd ed.). Prentice-Hall Inc., Englewood Cliffs, New Jersey.

　　雖然如此，早期美國因採聯邦制，各州呈現半獨立狀態，加上地域廣闊，在獨制之經濟文化型態下，各州犯罪矯正制度乃至為分歧。直到1865年內戰結束後，各州之矯正實務始較趨向於一致。在經過一段漫長時間之發展，美國矯正事業已有顯著進步。1950年代，由於行為科學之突飛猛進，美國犯罪矯正偏向矯正模式（Rehabilitation Model），各矯正機構洋溢著教化與醫療氣息。1960、1970年代，監獄矯正由於被認為缺乏人道，並且製造出許多罪犯，因而受到無情的抨擊，而逐步走向運用社區資源，協助犯罪人與社會關係重建之社區性犯罪矯正型態。1980年代，由於犯罪率之高升，民間瀰漫著懲罰的氣息，矯正實務在其影響下，不僅許多嚴重罪犯被送至監獄隔離監禁，許多接受社區性處遇者亦受到嚴密與緊迫之監督。

二 組織與行政

　　美國犯罪矯正組織、行政之隸屬雖然呈現分歧，大部分州仍設有獨立之矯正機構，亦有些附屬於其他司法或社會福利部門，然而大致而言可區分為聯邦與州地方政府監獄二大類型。

（一）美國聯邦監獄

　　美國聯邦監獄局於1930年5月14日在一群國會議員之研究建議下，由總統Herbert Hoover簽署後而成立。聯邦監獄局以發展成一整合性之監獄體系，並基於受刑人之個別需求，提供各項管理與處遇服務為目標。

　　美國聯邦監獄局設於華府，置局長一人。局本部設有醫療服務處（Health Service Division）、社區處遇、羈押處（Community Connections Detention Division）、矯正計畫處（Correctional Programs Division）、人力資源管理處（Human Resource Management Division）、作業、教育及職業訓練處（Industries, Education & Vocational Training Division）、資訊、政策、公關處（Information, Policy & Public Affairs Division）、行政管理處（Administration division）、處遇評估處（Program Review Division）等，

負責各項活動之管理與推動事宜，各置處長一人（Assistant Director）。此外，聯邦監獄局更在全國設立六個分區辦事處，推展各項工作。例如，東北區之總部設於費城，中大西洋區辦事處設於安那波里斯，東南區設於亞特蘭大，中北區設於堪薩斯市，中南區設於達拉斯，西區則設於加州杜博林。

美國聯邦監獄則可區分為下列數種：

1. 懲治監獄（Penitentiaries）。
2. 聯邦矯正機構（Federal Correctional Institutions）。
3. 聯邦外役監獄（Federal Prison Camps）。
4. 大都會看守所（Metropolitan Detention Center）。
5. 外僑看守所（Alien Detention Center）。
6. 醫療中心（Medical Centers）。
7. 大都會矯正中心（Metropolitan Correctional Centers）[3]。

美國聯邦監獄之重要組織、興革與方案如後：

1.社區處遇中心

美國聯邦監獄之社區處遇中心，以協助案主找尋工作、安置住居及重建家庭繫帶為工作目標。其適用對象包括即將出獄者、短刑期者，參與審前服務方案之被告及需要社區監督輔導之保護管束人。1985年度，大約有3,200名聯邦受刑人被置於此相關機構中。

2.新式安全設計制度

美國聯邦監獄自1978年推行刑事矯正機構新式安全設計制度，將矯正機構區分為第一至第六安全管理等級（例如臺灣明德外役監獄即為第一等級，臺灣綠島監獄則為第六等級安全管理機構）。等級之劃分係依下列各點而定：

　　(1)機構周界安全設施狀況。
　　(2)崗樓之設置情形。

3　周殿修、方子傑、林健陽著，〈考察美國獄政報告〉，法務部，民國74年5月。

(3)外部巡邏情況。

(4)偵測設施。

(5)機構內房舍之安全程度。

(6)舍房之型式。

(7)職員勤務派遣。

3.聯邦監獄作業公司

美國聯邦監獄作業公司（UNICOR）係於1934年成立，由6位分別代表私人企業、勞工、農業、零售商與消費者、國防部及司法部長組成之指導委員會來管理，該委員會之委員均由總統任命且為無給職，由司法部長任主任委員，每半年開會一次。聯邦監獄作業公司係屬國營企業，聯邦監獄局局長兼該公司負責人，副局長兼該公司助理負責人，監獄局其他官員兼該公司有關職務。該公司總部設在華盛頓特區，下設有消費者服務與市場開發部、財務管理部、資訊系統管理部、材料管理部、計畫研究執行部、政策與方案部、品管與技術支援部及門市部等八個部門，以企業化經營管理之方式來有效運作公司之各項業務。每個工場都置有工場經理或總工頭負責全工場之有效運作，這些經理或總工頭都具有專長同時具備犯罪矯正之專業素養，他們同時負責工場戒護安全及工業安全。工場大部分均設商業辦公室，負責材料購置、成本會計、物料管理及品質管制等。

該公司之任務是有利益性地僱用與訓練聯邦監獄受刑人，並供應聯邦政府優良的產品與服務，目的在減少受刑人之惰性並傳授有用之技能訓練，以確保受刑人在自由競爭的社會制度下，能順利謀生適於社會生活。該公司完全是自給的，每年歲入營收完全由販售產品與提供服務給聯邦政府各機構得來，政府財務上並不予支持。其營運情形如下：

(1)該公司以能大量僱用在監受刑人從事有意義工作為目標，並避免與私人企業和自由勞工的強烈競爭。

(2)為加強受刑人職業訓練，經勞工部學徒訓練局、州教育局及公會之共同認可，於監獄附設學徒訓練計畫。

(3)為確保符合現代化及就市場之要求，對監獄進行整體規劃工場與設備更新計畫，並逐年陸續達成目標。

(4)為確保生產品質，推動品管計畫，注入優良品管圈概念，保證產品是經由合格之材料和工人製作。

(5)設置自動化生產評估與控制系統，隨時掌握各聯邦監獄之作業狀況並予以有效之分析、指導與管理。

(6)成立市場拓展部，介紹聯邦監獄作業公司給各政府機關瞭解，推動增加產品銷售機會。同時創辦商品展覽會，向客戶展示各種不同之產品，以拓展產品之銷售。

(7)為強化管理及業務改進，擴大辦理在職人員之在職訓練，除聘請私人企業指導人員主講產品設計課程外，對中高級經理人員也經常施予研習及訓練。

4.受刑人教育訓練

美國聯邦監獄提供各項教育、職業訓練的機會給受刑人。1986年通過一項規定，使學歷低於小學八年級者，必須參加為期至少九十天之成人基礎教育（Adult Basic Education）。此外，更提供許多在職訓練、職業教育及各項技能訓練給受刑人。政府每年大約撥款2,300萬美元贊助教育訓練方案。

5.職員之訓練

為提升工作品質，美國聯邦監獄局設有職員訓練運作處，並且分別在喬治亞州設職員訓練專科學校，科羅拉多州設有管理與專長訓練中心及德州設炊事訓練中心，所有之職員每年至少須接受四十小時之在職訓練。此外，聯邦監獄局之國家犯罪矯正專科學校（National Academy of Correction），亦為矯正行政各級人員舉辦多項之工作研討會。

6.研究發展部門

在聯邦監獄局之研究發展部門中設有13位專任之人員負責各項研究發展工作。1985年並出版研究回顧（Research Review）期刊介紹各項研究成果[4]。

4　Facilities (1984), The Federal Bureau of Prisons. U.S. Department of Justice, Highway Maps & Courtesy Rand McNally.

（二）美國地方監獄

美國監獄之組織行政隨著機構之戒護安全等級、目的與大小而有不同的呈現。大致而言，機構性之矯正機構大致設有典獄長1人，綜合管理監獄各項業務，副典獄長（或助理典獄長）2人，一位負責戒護，一位負責教化處遇。並在其下設下列部門，以處理受刑人各項工作：1.學校部門；2.調查分類部門；3.宗教師及其他宗教活動部門；4.醫院及牙醫部門；5.作業；6.農場；7.工程保養部門；8.商業管理部門；9.精神與心理衛生部門；10.康樂活動部門；11.圖書室；12.行政服務部門如人事、會計、檔案室等[5]。

當然，此乃典型傳統監獄之編制，因性別、年齡、對象之不同，各州亦設有獨立之女監、適合青少年之各處遇中心及醫療中心等。這些機構對於案主之改善甚有助益。此外，與其他國家大致相同，許多矯正機構亦提供有各項善時制度、假釋、返家探親、就學外出，及其他特殊之矯正處遇方案給受刑人，以協助其更生。

三 美國犯罪矯正之特色

（一）現代化、新穎、安全之建築格局

與舊式之監獄相較，新式之監獄建築不僅外觀亮麗，同時有現代化、完善之設備如電腦警報系統、電子控制門、中央監聽系統……等，以確保機構之安全。美國芝加哥大都會矯正中心即為一例。

（二）處遇多樣化

反映出美國文化，多樣化之處遇被廣泛地應用至矯正實務。例如，半軍事訓練之震撼方案（Shock Program）、創造性療法（Creative Therapy）、超自然冥想（Mediation）、行為矯正法（Behavior Therapy）、電子監控（Electronic Monitoring）、家庭監禁（House Arrest）、直接驚嚇方

---

5 同註2。

案（Scared Straight）……等之試行，即充分反映出前項特色。

（三）公正、公平之受刑人申訴程序

為確保受刑人權益，減少法庭之控訴及建立公平、公正之服刑環境，美國矯正機構對於受刑人之申訴特為重視。各監獄處理受刑人申訴案件之原則如下：

1.書面回覆。

2.申訴必須在一定的時間內回答。

3.聘請外界人士之仲裁。

4.受刑人以及監獄官員必須共同參與設計以及共同行使此項申訴程序。

5.所有受刑人都必須能夠運用這套申訴制度，而無受到監獄官員報復之可能。

6.申訴制度必須能運用到非常廣泛的各種事故上，並且有一套很明確的方法能夠決定哪些事件可否申訴[6]。

（四）民營化之監獄[7]

1980年代美國矯正機構擁擠問題非常嚴重，要求改變傳統矯正服務之聲浪高漲，以致政府開始考慮以各種機構性及非機構性之方法從事改革，諸如緊急假釋條款、選擇性監禁、社區處遇、中間性刑罰等，民營化亦是其中之一。1983年美國矯正公司（Correction Corporation of America, CCA）成立，由於公司同時具有資本、有經驗且頗負眾望之矯正官員轉任以及分工良好的公司組織結構，再加上創辦人畢斯利（Thomas W. Beasley）魅力型的強人領導，使美國矯正公司成為民營化矯正公司的開路先鋒。1986年全美矯正公司（U. S. Corrections Corporation）亦相繼成立。今日美國許多州都已立法通過矯正民營化，民營矯正機構之數目及收容人比率已不斷提高，時至1995年，全美已有19家民營矯正公司，80所矯正機構，收容人約4萬人。

---

6 吳正博譯，〈美國犯罪矯正機構如何處理受刑人申訴〉，第一屆中美防治犯罪研究會，Allen F. Breed主講，《獄政管理專刊論文集(一)》，法務部，民國78年4月。

7 David E. Duffee (1989), Corrections: Practice and Policy. Random House Inc.

四　結　語

美國犯罪矯正與該國文化相呼應，充分散發出多樣化之特色。尤其，在勇於創新、接受挑戰的思潮下，矯正部門不斷的變革並發展，採行嶄新處遇措施，以因應現況之各項需要。目前美國犯罪矯正事業正以現代化之企業組織型態呈現，專業化之人員、設備、建築與分工，充分的展現出其活力，或許此乃現代化犯罪矯正之先兆。

第二節　日本犯罪矯正概況[8]

一　組織行政

日本獄政體系係於法務行政最高機關之法務省下，設矯正局以掌理全國各項犯罪矯正事項。且為求便於適切指導監督，將全國劃分為八個區域，各設置矯正管區，以作為法務省矯正局之分支單位，以就近指揮監督刑務所、拘置所、少年院、少年鑑別所、婦女輔導院等矯正單位，每區置區長一人，其下分設三部，部之下再分課辦事。

日本監獄（刑務所）可區分如下：

（一）**懲役監**：拘禁被判處懲役刑者之場所。

（二）**禁錮監**：禁錮刑者之場所。

（三）**拘禁監**：拘禁被判處拘留刑者。

（四）**拘置監**：拘禁刑事被告、依拘禁狀或拘禁許可狀而拘禁於監獄、依引致（拘提）狀而留置於監獄者及被判處死刑者。惟拘置監得暫時拘禁被判處懲禁錮或拘留等刑者。

日本刑務官依其性質採行階級制，計分成：矯正監、矯正長、矯正副長、看守長、副看守長、看守部長及看守七級。

8　參閱〈韓日兩國獄政制度考察報告〉，中華民國法務部獄政考察團，民國80年5月。

二　分類處遇

日本矯正機構分類處遇之目的，以達成受刑人個別處遇為目標，計分兩步驟：

（一）分類調查

此項分類調查分三個時期進行：1.入所調查：於受刑人被判刑確定入所執行時辦理，其調查期間約一個月，但如收容於分類中心（全國8個矯正管區各指定一刑務所或拘置所為中心，使受刑人入所時負精密分類調查之責），則約二個月；2.定期調查：受刑人入所執行後，於其處遇過程中，因環境發生變化或受刑人本身之轉變，為修正處遇計畫之必要，再為定期調查。其刑期未滿八個月者約每二個月，其他為每六個月各再調查一次；3.臨時調查：於受刑人處遇上有必要時為之。

（二）分監管理

日本對受刑人之分監管理，除依其刑期、罪質、健康狀況、性別、年齡等因素外，更著重考量其犯罪傾向之顯著與否而予區分。倘區分後遇有情事變更，如原被認為有再犯之虞者，犯罪傾向降低或罹患疾病而康復者，亦得重新調整，移轉至適宜收容之刑務所。分監管理係依下列之分類而收容：

A　類：無再犯傾向者。

B　類：有再犯傾向者。

F　類：外籍人犯。

I　類：禁錮犯（主要為交通事故犯，情節較輕之受刑人）。

M　類：精神狀況不健全之受刑人。

P　類：罹染疾病或殘障之受刑人。

W　類：女性受刑人。

LA類：刑期在八年以上無再犯傾向者。

LB類：刑期在八年以上有再犯傾向者。

JA類：18歲以上未滿20歲之少年，無再犯傾向者。

JB 類：18歲以上未滿20歲之少年，有再犯傾向者。

YA 類：20歲以上未滿26歲之青年，無再犯傾向者。

YB 類：20歲以上未滿26歲之青年，有再犯傾向者。

三 受刑人教化

日本刑務所為促使受刑人改悔向上，對受刑人施以各項教化活動，茲分述如下：

（一）**入所教育**：以說明犯罪矯正之目的、處遇概要、所內規則，及日常生活應行注意事項等。入所教育通常與入所時之調查並行實施，其期間約為一至二星期。

（二）**學科教育**：對於尚未完成義務教育或低學力程度者，得施以國語、數學及社會等基礎學科之補習教育。而尚未完成義務教育之受刑人，亦得依據「就學義務猶豫免除者之中學畢業程度認定規則」，參加中等學校畢業程度認定測試。

（三）**函授教育**：以提升受刑人之一般知識與技能為目標，其所需費用之負擔可區分為公費與自費兩種。函授教育課程包括：電器、無線電信、汽車修護、語文、商業薄記及中等、高中、大學相關課程。

（四）**生活指導**：係指藉由諮商、會談、閱讀、集會、團體活動、演講會、體育、文康活動及社會服務等，對受刑人生活之各層面加以指導而言，以健全受刑人身心，培養優良情操為目標。

（五）**篤志（社會熱心人士）面會制度**：係指由社會富學識、涵養、熱心之人士親自與受刑人面晤，提供其寶貴意見，以適切指導受刑人生活並協助擬訂將來生活計畫之制度。

四 受刑人釋放前處遇

對於即將執行期滿釋放或假釋之受刑人，日本刑務所特於釋放前採行各項處遇，以協助其早日適應社會生活。通常刑務所於其二至三個月前即將該受刑人置於所內比較開放之處所，使其接受與一般社會相近似狀態之

處遇或准許其至外部之工廠通勤。而於其釋放日期迫近時，對之實施為期約一週之出所時教育，對於有關出所之各種手續、更生保護、職業安置、民生福利制度及出所前後之身心調整等項加以指導，或亦可在刑務所職員陪同之下，訪問保護觀察所及職業安置所等機構，及至各處參觀或購物等，俾以協助其逐漸適應社會生活。

五 外部監督機制與收容人申訴救濟權益

各矯正機構分別設置3人至7人之矯正機構視察委員會，成員包括法律專家、民代、公務員及當地士紳耆老，對矯正機構各項業務運作具有實質審查與監督之權限，亦可直接受理收容人之申訴案件。

收容人申訴制度主要有三：(一)審查及再審查之申請制度；(二)事實之申告制度；以及(三)委屈之陳情制度。此三種申訴制度均須遵守下列事項：(一)各依職權進行調查或確認等義務；(二)明定處理方式、程序及期間；(三)告知結果之通知義務。此外，矯正機構長官對收容人所提的三種申訴制度之內容，應採取必要措施，以防止管教人員知悉。管教人員亦不應以收容人申訴為由，對其採取不利之處遇。上述外部監督機制與收容人申訴制度可供我國未來修法之參考。

六 矯正研修所

日本矯正訓練機構，在中央設有「矯正研修所」，負責培訓中、高級矯正幹部；另於8個矯正管區所在地設置「矯正研修支所」負責初級矯正幹部訓練。

矯正研修所在中央設有所長、教頭、教官等編制；在8個矯正研修支所亦設有支所長、教頭、教官等，負責矯正職員訓練之各項事宜。

矯正研修所之訓練科別、期間及適用對象，詳如圖12-1。

（一）初等科研修係以初任矯正工作者為對象所必備之課程。

（二）中等科研修係初級幹部的養成課程。

研修科目

一般科目	專門科目	矯正實務	其他
憲法	矯正總論	訴訟	其他科目
行政法	行刑法	戒護	一般教養
民法	少年法	管理	班別研究
刑法	少年院法		個別研究
刑事訴訟法	更生保護法		體育
其他	刑事政策		參觀
	矯正處遇論		
	矯正心理學		
	矯正教育學		
	矯正社會學		
	統計學		
	矯正管理論		

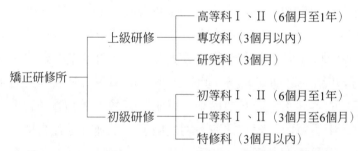

圖12-1 日本矯正研修所之訓練科別、期間及適用對象

（三）高等科研修係高級幹部的養成課程。

（四）修科及專攻科研修係特定範圍之專門課程。

（五）研究科研修係針對為研習矯正之學理、制度之運用，調查研究課程。

七　矯正協會

　　日本矯正協會之前身為大日本監獄協會，以促進矯正事業為目的。舉凡對受刑人矯正業務之推進、出獄人保護事業之獎勵皆貢獻至鉅。

（一）會　員

日本矯正協會會員，大部分係由現職之矯正職員所組成，會員可區分為三大類：

1.**普通會員**：即矯正職員或曾為矯正職員者。

2.**贊助會員**：認同該會之意旨而贊助該會之個人或法人。

3.**名譽會員**：贊助會員中，在經濟或文化上有特殊貢獻者。

（二）組織成員

1.理事

成員為14名至20名。由普通會員（即東京矯正管區內之監所首長）與矯正職員以外之富有學識經驗者中，經理事會推薦選任之。下列三職務，自理事中選任之：

(1)會長：由矯正職員以外，富有學識經驗者中互選產生。

(2)理事長：由法務省矯正局長兼任。

(3)常務理事：必要時由理事中推選2人充任之。

2.監事

成員2名，其中一人為監所首長，另一人為法務省會計長。

3.評議委員

由會員中選任若干名擔任之，通常係委囑下列之人員組成之：

(1)法務省矯正局總務課長及擔任總務工作之參事。

(2)非擔任理事或監事職務之監所首長。

(3)退職職員中，對該會著有功勳之人員。

(4)自名譽會員中委囑之。

4.顧問

顧問為會長之諮詢機關，置有12名，經理事會之推薦委囑之。通常係委囑下列之人員擔任：

(1)法務大臣（法務部長）。

(2)法務事務次官。

(3)曾為矯正協會會長者。

5.分會及分會長

該協會為因應業務之需，另於矯正機構所在地設置分會，並委請擔任理事、監事或評議員之矯正首長為分會長，全國共有190個分會。分會長每年至少出席由法務省召開之分會長會議一次，其性質相當於評議委員會。而對於監所作業之協助事項，則另於各矯正管區所在地，設置「地區專業部」以進行督導。

（三）職　掌

1.關於矯正事業與刑罰制度之調查研究。

2.關於矯正事業資料之蒐集及圖書、雜誌、新聞之刊行。

3.關於犯罪防治思想之推廣。

4.協助監所作業之營運。

5.協助前四項業務以外之矯正行政。

6.國際團體及外國矯正關係機構間之聯繫。

7.對於矯正事業著有功績者之表揚。

8.矯正職員福祉之增進。

日本矯正協會另於1989年成立中央研究所，協助犯罪矯正事業，其研究範疇如下：

1.犯罪、非行之社會生態研究。

2.犯罪、非行之發生與家族性及其療法之研究。

3.監所作業對社會經濟效果之研究。

4.犯罪、非行防止對策之研究。

5.交通犯罪特性之研究。

6.規範態度之研究。

第三節　英國犯罪矯正概況[9]

一　沿革與發展

　　英國在18世紀時，屬地方性之獄政充滿腐敗，1877年時監獄法案（Prison Act）通過，成立中央集權之監獄委員會（The Prison Commission）統籌管理地方監獄後，獨立之獄政體系始誕生。1963年，監獄委員會被解散，併入內政部。其後獄政由於受到受刑人罷工及全國受刑人行動聯盟（National Prisoners' Movement）之從事激烈刑罰改造影響，造成獄政動盪不安。1978年梅耶法官（Justice May）主持調查委員會以協助改善混亂之獄政，1990年由於曼徹斯特暴發了英國獄政史上最大的監獄暴動，因此沃夫法官（Justice Woolf）之調查報告強調英國獄政制度未來之發展應是監獄的戒護、控制與管理必須與公理、人道維持均衡。因此英國獄政之改革受其外部與內部之衝擊甚大，但幾次重要之調查報告，亦為英國獄政之興革指引了方向。

二　犯罪矯正行政與組織

（一）組織行政

　　英國獄政體系係於內政部之內設監獄局（The Prison Department）掌理全國之監所業務。監獄局是由監獄理事會（Prisons Board）、總部的職員、四個地區監督機構及各個監獄所組成。在此獄政體系中，每位獄政工作人員均是公職人員，並為監獄局之成員。

（二）犯罪矯正機構之類型

　　英國之犯罪矯正機構類型可區分為下列數種：

9　節錄自羅富英，〈英國獄政制度之研究〉，行政院法務部出國考察專題研究報告書，民國83年12月；丁道源，〈英國獄政制度〉，文載於《中外獄政制度之比較研究》，民國78年7月。

1.還押中心（Remand Centers）：還押、拘留嫌疑犯之機構。

2.地方監獄（Local Prisons）：類似我國之看守所，收容候審之被告及服短刑期之機構。

3.訓練監獄（Training Prisons）：包括開放（Open）及封閉式（Closed）兩種矯正機構。

4.青年犯矯正機構（Young Offender Institutions）：可細分為開放、封閉、短刑期及少年四類矯正機構。

（三）犯罪矯正機構人員

犯罪矯正機構之成員主要包括：

1.典獄長（Governors）：依監獄之大小分為五個層級，一、二、三級均是典獄長級，剩下兩級為副典獄長級。

2.監獄官（Prison Officers）：區分為四級。第一級監獄官（Chief Prison Officer）（科長級）、第二級監獄官（Principle prison officer）、第三級監獄官（Senior Prison officer）及第四級監獄官（Basic prison officer）（基層管理員）。

3.宗教師（Chaplains）：每一監所均有一名全職之神職人員。

4.醫療人員（Medical officers）：包括全職之醫官及兼職之醫師。

5.心理學家（Psychologists）：聘請心理學家協助受刑人矯治處遇與輔導工作。

（四）教育訓練機構

英國設有監獄學院（Prison Service College），以提供新近監獄官職前訓練，並對各級監獄官（含典獄長）進行在職訓練。

（五）犯罪矯正機構之監督單位

1.英國犯罪矯正機構之監督單位主要包括：

(1)監獄視察小組（Her Majesty's Inspectorate of Prisons）

英國在1981年以後，在內政部（監獄局以外）設有視察小組，視察委員由內政部長指派，任期三年，原則上每月開會一次。

(2)巡視委員會（Board of Visitors）

巡視委員會係另一個英國監獄之監督單位，每一所監獄在內政部長的指定下都設有巡視委員會（社區導向），其成員係由一般的民眾組成，但依法其中必須有2名以上的保安官（Justice of the Peace）。典型之委員會有12名至16名成員，每年指派一次，原則上每月開會一次。

2.監督單位之責任與任務

犯罪矯正機構之監督單位之責任與任務包括：

(1)定期巡察監獄。委員可於任何時間進入監獄管教戒護區，接近受刑人，並得於無管教人員監視、監聽下與受刑人接談。

(2)接受受刑人之請求接見，並聆聽其請求與申訴事項。

(3)對內政部長交辦調查與處理事項（諸如：監獄規則第51條、第52條重大與特別重大違紀行為之調查與處理等），應深入調查並做處置。同時向內政部長報告。

(4)巡察時，認為需典獄長注意之事項，應指示典獄長予以注意，並報告內政部長。

(5)對監獄凌虐受刑人事件，有權為緊急而必要之制止行動，並立即報告內政部長。

(6)定期察看受刑人飲食情形。

(7)應就受刑人因其遭受監禁而其健康、身心狀況似遭受有害影響之情形予以調查。

(8)委員依監獄規則行使職權前，應就可能影響監獄風紀或士氣之情形，與典獄長預為磋商。

三　受刑人調查分類

在英國受刑人按其刑期、戒護安全及身分加以分類，而身分部分可分為等待審判之被告、已判罪但在等待判刑者，及已判刑入監服刑者。此外尚依刑期加以分類，例如在英格蘭與威爾斯地區，男性服刑低於十八個月

者為短刑期（女性為未滿三年）；十八個月以上，四年以下者為中刑期；四年以上者為長刑期（女性為三年以上）。而在蘇格蘭地區，男性與女性刑期低於十八個月者為短刑期；超過十八個月者即為長刑期。另外，隨著對戒護安全之重視，受刑人並做以下四級之分類：

A類受刑人：此類受刑人之脫逃，將對社會大眾、警察或整個國家造成高度的危險。

B類受刑人：對此類受刑人不需要給予最高度的戒護措施，但亦要讓他們非常不容易脫逃。

C類受刑人：此類受刑人還不能將他們安置於開放式的監獄，但他們也不太可能脫逃。

D類受刑人：此類受刑人依據合理的推斷，可讓其在開放式監獄服刑者。

一旦進入監獄，每一位受刑人將被依前述A、B、C、D分類，受刑人無權過問，但其類別將被經常的檢視，以確認升級、降級或維持原級。

四 受刑人之處遇與管理

（一）教　育

教育在英國監獄係採自願參加的方式，協助受刑人參與基礎或較高等之教育課程。受刑人除在監研習外，亦可利用白天至大學去上課。除學科教育外，亦提供詩詞、戲劇之課程，以提升及改變受刑人氣質。

（二）作　業

英國監獄局成立監獄企業與農場公司（Prison Service Industries and Farm）協助受刑人從事具成效之工作。此外，為鼓勵受刑人參與工作與訓練，一項新的工資方案於1992年12月通過，授權典獄長根據當地之情形設定工資，並且引進私人雇主直接赴監挑選、僱用受刑人。

（三）特殊矯正方案

英國監獄提供各類矯正方案給各類型受刑人，包括性犯罪者之處遇方案、藥物濫用及酗酒戒治方案及認知處遇法、憤怒情緒之管理方案等，以協助受刑人更生，防止再犯。

（四）縮短刑期

受刑人執行逾一個月，行狀善良、作業原因得縮短刑期。縮短刑期之期間不得逾受刑人刑期之三分之一。

（五）暫行離監（外出制度）

受刑人基於特殊目的，或因從事作業受僱之需要，或因接受教育或訓練，或因協助本身自監獄生活轉向自由社會生活之需要，均得申請暫行離監。

（六）體　罰

受刑人有反抗行為，煽動其他受刑人為反抗行為，或對監獄管教人員為重大之個人暴行者得授權監獄對受刑人實施體罰。準予體罰之命令應載有鞭打之次數與方法，並須註明係依內政部長之指示辦理。

（七）禁用菸酒

受刑人禁止飲酒及吸菸。

五　監獄民營化之動向

英國鑑於美國監獄民營化之先例，於1991年通過刑事司法法案（Criminal Justice Act），給予私人經營監所之機會。但民營監獄配置有由內政部長指派之「督導官」（Controller），負責執行下列業務：(一)主持懲罰委員會；(二)違規隔離拘禁之批准；(三)特別房及戒具使用之許可；(四)有關監獄運作情形向內政部長之報告；(五)被收容人不服案件之調查。同時，一如公營監獄，民營化監獄亦有視察小組與巡視委員會之設立。1992年4月，民營之渥德看守所（Wolds Remand Prison）成立，另一

所民營化之布萊肯赫斯特監獄（Blakenhurst Prison）則於1993年5月成立。英國內政部部長並宣布，未來將有10%的監獄是由私人公司經營。

六　結　語

英國之犯罪矯正制度在內外之衝擊下，由早期的地方管理轉變為中央集權管理，並從政府運作之公營監所走到監所民營化。這些改革方向有其文化與社會之背景，並無法下是與非之定論。然而英國制度中，諸如設有監獄學院、視察小組、巡視委員會，對受刑人進行A、B、C、D級分類，採自願式之教育參與，並提供特殊處遇技術協助受刑人改悔向上等，卻值得參考與學習。

第四節　德國犯罪矯正概況

一　犯罪矯正行政組織

德國矯正行政並非採中央集權，聯邦政府無矯正局之設置，而由各州司法部負責管轄其所屬之矯正機構。矯正機構組織區分為總務部門（包括庶務、名籍、作業、營繕、會計等）、戒護部門及專業職（指醫師、教師、心理師及社工師等職員）。1994年全德國共有223所矯正機構，包括閉鎖機構199所與開放機構24所。

二　矯正管理與處遇之特色[10]

（一）外出假制度

1.有期徒刑受刑人服刑逾六個月，無期徒刑者服刑逾十年或當其被移至開放監獄執行時，始可核准外出假。受刑人一年可被給予二十一天之外出

---

10 林茂榮，〈各國矯正法規彙編〉，法務部矯正人員訓練所，民國95年11月，頁658-723。

假期。

2.受刑人釋放前三個月內，得准許一週之特別外出假。

（二）監禁費用

受刑人入監執行，應依司法部所訂之標準支付監禁費用。

（三）隱私權之維護

明文規定裸露檢身只在緊急狀況或典獄長因個別事件命令之，始能執行，且明定應在非公開之空間及其他受刑人不得在場時執行。

（四）監獄之逮捕權

脫逃或未經許可在監獄外停留之受刑人，監獄有權逮捕送回監獄。

（五）直接強制權利

當非受刑人從事使受刑人脫逃或非法闖入監獄領域或當其無權在監獄逗留時，監獄可使用直接強制力。直接強制力係透過身體武力、輔助工具（鐐銬）及武器對人或事之影響。

（六）釋放前管教區

為釋放準備，監獄應設置釋放前管教區，以利執行釋放前之寬和管教措施。

（七）接見之監視與書信之檢閱

1.明定監獄不得檢查辯護人所做之書面及其他資料內容；接見不受監視；通信不受檢閱。

2.受刑人與聯邦國會或地方議會及其成員、歐盟國會及其成員、歐洲人權法庭、歐洲人權委員會及聯邦或地方資料保護代表來往之書信，則不受檢閱。

（八）超額收容之禁止

監督機關應明定每個監獄之容額，除經監督機關之同意外，舍房不可超額收容。

三 結 語

　　德國之犯罪矯正概況仍趨於保守，並未有巨大之變革或採行嶄新措施，此或許與該國之民俗、文化息息相關。近年來，由於受刑人累犯之情形有惡化之趨勢，監獄之存廢再度面臨諸多爭議。然而在兼顧犯罪人、受害者、社會人士、人道主義者之意見，德國犯罪矯正已逐步產生一項結論，即促使受刑人接受更多以社區處遇為基礎之矯正，而僅將少數危險性之犯罪人置於高度安全管理監獄，接受傳統之機構處遇。此種矯正理念與先進諸國無異，或許可為其犯罪矯正增添光彩。

第五節　蘇聯犯罪矯正概況

一 沿革與發展

　　根據學者Finckenauer之看法，蘇聯[11]犯罪矯正之發展大致可區分為下列三時期[12]：

（一）革命時期（The Post-revolutionary period, 1917～1929）

　　此一時期蘇聯之刑罰思潮與19世紀、20世紀初葉歐洲各國相近，洋溢著與興革（Reform）之意念[13]。較為寬鬆之刑罰如罰金、延遲量刑等被廣泛的使用，許多犯罪人並無須至監獄服刑。即使須入監服刑，累進處遇、假釋等制度仍提供了罪犯許多早日釋放的機會。此一時間，刑罰並不嚴苛，矯正（Rehabilitation）仍為刑事處分之主要目標。

（二）史達林時期（The Stalin period, 1929～1959）

　　此一時期由於史達林認為刑事政策應以配合達成蘇聯之經濟轉換為目

---

11 蘇聯於1988年起解體為今烏克蘭等國家。
12 James O Finckenauer (1988), "Corrections in the Soviet Union," The Prison Journal 67(1).
13 Peter H., Solomon (1980), "Soviet Penal Policy, 1917-1934: A Reinter-pretation," Slavic Review.

標，蘇聯之犯罪矯正思潮乃面臨巨大蛻變。換句話說，受刑人被視為具有勞動剩餘價值之人，刑罰處分，遂可達成社會變遷的目的。在此一政策之推瀾下，各類型之勞改營（Labor's Camp）被廣泛的運用。根據一項非正式的估計，從十月革命至1959年止，大約有6,600萬人在勞改營工作[14]。

（三）庫倫斯基時期（The Khrushcher Period, 1959～1964）

1950年代末葉，庫倫斯基揚棄史達林之強迫勞動改造哲學，蘇聯之犯罪矯正思潮在此階段顯得較為溫和。此時期之主要特色為對於犯罪人之刑罰制裁較為寬鬆，有關監禁之使用亦大量減少，較嚴厲之刑罰僅限於重大犯罪者及較具危險性之累犯[15]。

從1960年代至1980年代，蘇聯之犯罪矯正雖不致脫離常軌（例如對於傳統典型犯罪人之處遇均顯得甚為開明），然而卻由於「政治犯」之加入而使其蒙上了巨大陰影。

二　矯正行政組織

蘇聯犯罪矯正行政之政策、規劃與立法係由國際事務部（Ministry of International Affairs）全權掌理。行政總署（Procurator General Office）內之一專業部門則負責監獄之督導業務[16]。

蘇聯有勞改營（Correctional Labor Colonies）、監獄（Prison）及區域安置所（Colony Settlement）等機構從事犯罪人再教育工作。勞改營計有四類：(一)標準型勞改營（Standard-Regime Colonies）：以初犯及其他犯罪情節較為輕微者為適用對象；(二)嚴格型勞改營（Intensified Regime Colonies）：以獨犯嚴重罪刑之初犯為適用對象；(三)嚴厲型勞改營（Strict-Regime Colonies）：以對國家安全特具有危險性之犯罪人或曾被監禁者為適用對象；(四)特別勞改營（Special Regime Colonies）：以具

14 Aleksandr, I. Solzhenitsyn (1980), The Gulag Archipelago, Two. New York: Harper & Row.
15 Ger P. Van Den Berg (1985), The Soviet System of Justice: Figures and Policy. Dordrecht, The Netherlands: Martinus Nijhoff Poblishers.
16 International Directory of Correctional Administrations (1987), American Correctional Association.

有特別危險性之累犯受刑人，及曾被判處死刑而未執行之重罪者為適用對象。監獄可區分為標準型及嚴屬型兩大類，大致而言，以特具有高度危險之累犯受刑人及獨犯異常重罪者為適用對象，此外，監獄亦具有審前羈押之功用。區域安置所，乃屬於低度安全管理之機構，以較不具危險性之犯罪人（如因疏忽或過失犯罪者），及在勞改營中表現優良的犯罪人為適用對象。一般而言，受刑人在此類機構中享有較多的權益，例如與眷屬同住、穿著自己攜帶的衣服，自由的行動等[17]。

三　特　色

　　蘇聯之犯罪矯正深受其政治、社會、文化與意識型態之影響。其主要特色如下：

（一）在蘇聯一般人犯鮮少被送至監獄服刑，而係被送至勞改營，從事勞動改造工作。其特別強調勞動之價值，而非完全視其為懲罰的一部分。

（二）勞動為蘇聯犯罪矯正之重要課目，除殘障與老年者外，所有的受刑人皆須參與[18]。

（三）對人犯進行勞改再教育，俾以嚇阻犯罪、阻絕再犯為犯罪矯正之主要目標。相對地，一般處遇與其他犯罪矯正措施則為次要目標。

（四）雖然許多國家認為蘇聯之刑罰非常的嚴苛，然而在少年轉向（Diversion），非機構性處遇及其他處遇方案上卻堪為先進國家之典範。

（五）由於俄羅斯民族強調集體性（Collectivism）與共責任性（Communal Responsibility），因此集體性之犯罪矯正意識與方案甚為盛行[19]。

（六）以「政治養成教育」的策略矯正受刑人，並激發其道德情操，為蘇聯犯罪矯正之另一特色[20]。

---

17 同註10。
18 Olga Kropova (1990), "Life Behind Bars: The Soviet Perspective," Corrections Today.
19 Harold J. Berman (1963), Justice in the U.S.S.R. Cambridge, Mass: Harvard University Press.
20 Walter D. Connor (1972), Deviance in Soviet Society. New York: Columbia University Press.

（七）受刑人在監獄內可組織各種委員會，俾以督導有關勞動、生產、教育文化活動、各項生活境況及申訴案件等。

四　結　語

綜觀蘇聯犯罪矯正概況，吾人認為雖然其仍有許多可議之處（如對政治犯之處置），然其獨特之勞動矯正哲學卻頗值深思。在當前中外矯正機構因為無法充分運用受刑人人力資源以從事國家社會建設時，蘇聯之做法似值參考。

第六節　韓國犯罪矯正概況[21]

一　犯罪矯正組織行政

韓國之獄政組織與我國酷似，矯正行政之最高監督首長為法務部長，其下設有矯正局（Correction Bureau）掌理全國矯正業務。除設有局長、副局長、教育副局長各一人外，矯正局設有七科各司所職，分別為矯正科（Correction Division）、戒護第一科（1st Security Division）、戒護第二科（2nd Security Division）、作業科（Prison IndustryDivision）、教化科（Education Division）、管理科（Management Division）、警衛科（Defense Division）及設備科（Facilities Division）。

韓國地方矯正機構計有四類，茲分述如下：

（一）矯導所（監獄）（Correctional Institution）：適用對象為被判刑入獄且年齡在20歲以上之罪犯。矯導所設有總務、戒護、作業、教化、給養及衛生科提供受刑人各項服務。

（二）拘置所（Detention House）：以收容刑事嫌疑犯及被告為對象。拘

---

21 參閱Correctional Administration in Korea (1988), Correction Bureau, Ministry of Justice, Republic of Korea；〈韓日兩國獄政制度考察報告〉，法務部獄政考察團，民國79年4月。

置所除設所長外，下設總務、戒護、檔案、保管、教化、給養、衛生及出庭課等。

（三）社會保護所（Social Protection House）：收容依社會保護法案而須予保護監禁者，接受教育及訓練者。其下設總務、戒護、調查分類、作業、給養、衛生及教化課等。

（四）內部安全保護所（Internal Security Protection House）：其適用對象為依據社會安全法令而須接受隔離安全監督者。內部安全保護所除置所長一人外，其下設總務、保護、教化及衛生課。

此外，在各矯正機構中，設有膳食、假釋、返家探視、分類處遇及紀律等委員會以督導各項工作。

二 處遇內涵

（一）分類審查（Classification Examination）

對於初入監之受刑人須以心理、社會、社會工作等方法對其刑期、犯罪原因、犯罪紀錄、智商、教育背景、職業、家庭概況、身體健康情形進行檢視評估，俾以研擬個別處遇之用。目前安陽、泰谷、光州及大江矯導所負責對人犯進行嚴密之分類審查工作，然後再將人犯送往適合其處遇之矯導所。其分類之層級計可區分為四類：

A組為較易矯正之受刑人如偶發、感情、意外事故犯者等。

B組為矯正可能有困難者，如習慣犯、職業犯罪者等。

C組為矯正極端困難者，如四次以上之累犯、左派分子等。

D組為等級以外而無須調查分類者，如刑期在六月以下，年滿70歲以上，懷孕之女受刑人，其他殘障者……等。

（二）教化措施

韓國之教化以啟迪受刑人善良性格、陶冶性情、鍛鍊受刑人身體與智力為目的，其教化措施包括：1.對初入監及即將出監者予以生活指導及

做各項講習；2.對受刑人施以愛國、精神教育；3.開辦專修班課程及空中函授教育給受刑人；4.推展宗教教誨活動；5.舉辦各項文康活動；6.出版《塞吉爾》月刊，鼓勵受刑人改悔向上；7.建立教育會員制，允許外界人士參與受刑人矯正服務等。

（三）處遇方案

韓國之矯正處遇方案包括：

1.累進處遇制

以漸進之方式，依人犯自省改悔程序，使其進列適當層級（最高級為第一級，可享受最為寬鬆之處遇，依此類推至限制較多之第四級），俾以引導其改悔向上。

2.假釋制

受刑人凡具有良好行為，並有改悔向上之心，並且合乎下列之執行期限者，則有獲取假釋之機會。

(1)成年犯（年齡滿20歲者）服刑超過其刑期三分之一（無期徒刑為至少十年）。

(2)少年犯（年齡未滿20歲者），服刑超過其刑期三分之一以上（無期徒刑為五年以上，刑期十五年以上者為三年以上）。

3.外出工作制

1984年以後，韓國允許模範受刑人外出做商務旅行、接受職業訓練及工作。1988年底，已有367人獲取該項榮譽，而外出工作。

4.返鄉休假制

刑期在一年以上，而所服刑期超過總刑期一半以上之模範人犯，可獲准返鄉休假，俾以重享家庭溫情，學習社會適應。

5.公共職業訓練

韓國為強化受刑人技能訓練，於全國30個矯導所中設立公共職業訓練中心，對受刑人進行為期三個月至一年不等期間之職業訓練。訓練之課程包括初級、中級、高級及輔助訓練，內容至為充實。

6.返家探視制

受刑人合於刑法第44條之規定者,其累進處遇三級以上,凡符合下列條件之一者:(1)親屬或子女死亡或病危時;(2)親屬或子女舉行婚禮時;(3)父母親之大壽或子女入伍時;(4)因天災或突發事情導致不可恢復之重大財產損失或將發生之隱憂時;(5)教化或為提高工作效率之需要被認可時,得准予返家探視。

三 戒護概況

韓國矯正機構之戒護以維護機構安全,確保教化處遇之施行為目標,其戒護概況如下:

（一）韓國矯正機構之戒護防護力甚為堅強,人犯與戒護人員之比例大約為3:1,戒護程度之比例甚高。

（二）韓國監所外圍之勤務係由役齡服警備役之人員所擔任,負責崗哨、門衛之監視與內外巡察勤務,並須擔任被告出庭、還押之戒護勤務。

（三）各矯正機構均有嚴密之出入安全檢查設備（如金屬探測器、X光等）,所有人員（含機關所長及貴賓）,皆須接受檢查不得例外。

（四）收容人之飲食皆由公家供給,不准家屬帶入。

四 職員教育訓練與培育

為培養矯正人員工作知能,提升矯正服務水準,韓國矯正部門採行下列措施,以達成前述目標。

（一）提供獎學金,吸取大專院校獄政相關科系優秀學生於畢業後從事犯罪矯正工作。

（二）對矯正人員施以一般之訓練及在職訓練,對新任命之幹部則給予三週至二十週之專業訓練。

（三）鼓勵矯正人員前往具有矯正管理課程韓國研究院選修碩士學位課程,或派遣至國外大學或研究所進修。

五　結　語

　　韓國之犯罪矯正近年來雖有突破性的發展，如採行開放處遇並有返家探視等先進之措施，然而其獄政制度與各項矯正活動仍屬傳統與保守，許多措施仍承襲日本舊制，缺乏獨創性，或許韓國在追求工商奇蹟的同時，矯正部門須做更多的變革以因應嶄新時代的需要。

第七節　泰國犯罪矯正概況[22]

一　組織行政

　　泰國矯正行政組織可區分為中央與地方兩部分。在中央，設有矯正局，其主要職掌1935年監獄法案規定之行政事務，包括散布於全國各地矯正機構超過8萬名成年受刑人、少年犯、被告之有關醫療服務、戒護及矯正等事項。在地方層級，計有114所刑事矯正機構，包括26所中央監獄（Central Prisons）、2個還押監獄（Remand Prisons）、15所矯正機構（Correctional Institutions）、1個刑事安置所（Penal Settlement）、1個職業訓練輔育院（Vocational T-raining Reformatory）、1個中央監禁所（Central House of Confinement）、1個驅逐所（House of Relegation）、52所省級監獄及16所地方監獄。

　　在1989年間，全國總計有9,306名犯罪矯正人員，大約有8,952名（或96.2%）係屬分布於全國監所之各階層矯正人員，餘則服務於中央矯正局。根據統計，1989年監獄職員與人犯之比率為1：9。

---

22 參閱1989年泰國內政部矯正局年報。

二 受刑人之處遇

（一）教育方案

泰國教育方案以提供受刑人在成人教育之範疇中，自願學習為目標。課程區分為兩個項目：正式教育與職業教育。受刑人在經過前項課程之訓練並通過考試，可獲取相關學位或由教育部所授予之同等學力證書。

（二）宗教服務

泰國受刑人之宗教信仰乃依其個人自由意願為主。其宗教活動之目的在陶冶受刑人正確價值觀與健全性格發展，促其瞭解宗教之意義與價值，並且發展受刑人接受基本宗教理念，俾以激發其成熟度、責任感與道德意識。

（三）康樂活動

泰國各矯正機構皆提供多項戶內及戶外之康樂活動，以抒發受刑人身心並培養正當休閒娛樂。其中包括電視、電影、音樂欣賞、圖書閱覽及各類型運動、遊戲等，參加與否完全係以自願為主。

（四）醫療服務

受刑人疾病之診療係由醫療部門依其實際病況診治。在泰國，每一矯正機構皆有簡易之醫療設備，對於需急診及進一步治療之嚴重病患或精神病患，則轉介至外界醫院或曼谷醫療中心。此外，泰國亦設有醫療服務隊，定期訪視各監獄，對病患進行檢查與治療。

（五）善時制度與假釋

泰國善時制度可區分為三層級：優良層級（Good Class）、非常優良層級（Very Good Class）及最優良層級（Excellent Class），隸屬於這些層級之受刑人每個月各可減免刑期三天、四天、五天。

受刑人於刑期執行滿三分之二以上，始可參加矯正委員會之假釋審核聽證會。被假釋者剩餘之執行期間必須接受更生保護。其接受保護期間須

遵守各項監督規定，否則仍可能再度入監服刑。

　　在泰國獲假釋之受刑人數目甚少，例如1989年在5萬8,133名受刑人僅有1,220名獲假釋（2.1%），此項措施乃欲確保假釋人能順利復歸社會，不再犯罪。

（六）開放性矯正機構

　　泰國已設立開放性矯正機構，以協助受刑人於服刑期滿前為其復歸社會鋪路。除在波特龍省之班納瓦及納柯宏瓦省之龍納崆兩地首先創設開放性矯正機構外，並已設立與眷屬同住之宿舍，便於家屬訪視之用。

（七）社區處遇

　　除了傳統機構監禁方案外，許多非機構性處遇方案亦被採行，俾以協助受刑人自傳統矯正機構回歸自由社會適應之用。此外，泰國更鼓勵民眾參與更生保護工作，其目的乃欲減輕更生保護專業人員短缺問題，並培養受刑人與社區之良好關係。據1989年資料顯示，計有1萬1,222名榮譽觀護人協助受刑人更生。

三　特　色

（一）王室恩赦

　　在泰國除了刑期期滿與假釋外，獲取王室之恩赦亦為受刑人獲取釋放之途徑。集體之特赦恩賜只有在國家慶典時，始可能施行，個別之特赦恩賜則在例行程序中授予。在1989年，計有36名受刑人因王室之恩赦而獲取釋放，其中包括5名泰國人及31名外國人，並有8名泰國受刑人獲得刑期免除。

（二）開放大學制度

　　除了正式教育及職業教育外，泰國各矯正機構亦提供開放大學系統（Open University System，即Sukhothai-Thammathirai），供受刑人進修之用，此項教育措施堪稱進步。

（三）監獄產品展示

泰國每年皆主辦監獄產品展示會，並將全國矯正機構所製造之產品銷售至外界。其中作業產品利潤的50%分享給參與產品製造之受刑人。此項措施除可鼓勵其努力工作外，釋放時，亦可依此提供部分就業基金給受刑人。

（四）公共建設參與

1936年泰國監獄法案規定（1980年第四次增修），監獄受刑人可至外界社會從事公共建設。符合條件並接受合法遴選之受刑人被指定參與包括：建築工程之維修、溝壕之清理、海灘之維護及運河疏浚等各項公共建設。受刑人每在監外從事公共服務一日則可依此減免（縮短）刑期一日。

四 結 語

泰國獄政與其他國度相同，各項措施正穩定成長與進步中，雖然其與先進諸國相較，並未有特別突出之處遇制度，但其致力於開放處遇制度，允許受刑人參與公共建設，並鼓勵加強作業等做法，仍值得我國借鏡。

第八節 中國大陸犯罪矯正概況[23]

中國大陸犯罪矯正工作是由司法部領導和管理，實行中央和省、自治區、直轄市雙重管理以地方管理為主之體制。司法部設置監獄管理局，從宏觀上指導、監督、管理各地之矯正工作；各省、自治區、直轄市之監獄管理局，直接管理轄區內之矯正工作。全國現有受刑人140餘萬人，監禁率為十萬分之一百一十；現有監獄約700所，負責有期徒刑、無期徒刑及死緩犯受刑人之執行刑罰；現有矯正工作人員28萬餘人，均為警察建制，

---

23 錄自林茂榮，〈中國大陸犯罪矯正概況〉，《矯正月刊》，第121期，民國91年7月，11-16版。

屬公務員系列。

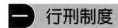 **行刑制度**

（一）監外執行制度

係指罪犯符合法定原因，因而暫時變更刑罰執行場所和刑罰方式之一種制度。監外執行期間委由當地公安機關代為執行刑罰。罪犯之刑期不因執行場所、執行方式之變更而中斷，當法定原因消失時，罪犯仍需收監執行。

1.刑事訴訟過程中之監外執行

人民法院在判決時，發現罪犯患有嚴重疾病需要保外就醫或者懷孕或正在哺乳自己嬰兒之婦女，不符合監獄法規定之收監條件時，直接判決該罪犯暫予監外執行；或者監獄對交付執行刑罰之罪犯進行身體檢查時，發現罪犯患有嚴重疾病需要保外就醫，或者懷孕或正在哺乳自己嬰兒之婦女，符合暫不收監之條件，因而拒絕收監，由人民法院決定該罪犯暫予監外執行。暫不收監之情形消失後，原判刑期尚未執行完畢者，由公安機關送交監獄收監執行。

2.刑罰執行過程中之監外執行

監獄對罪犯在執行刑罰過程中，由於罪犯具有法定得暫予監外執行之情況，因而由監獄決定對該罪犯暫予監外執行。

(1)監外執行之條件

①前提條件

依監獄法及其他有關法規之規定，罪犯具有下列情形之一者，得暫予監外執行。

A.患有嚴重疾病，短期內有死亡危險者；B.患有嚴重慢性疾病，長期醫療無效者；C.年老體弱，已失去危害社會可能者；D.身體殘廢，失去勞動能力者。

前揭監外執行之條件都與病殘有關，但病殘係由自傷、自殘行為所造

成的,則不能適用監外執行。

②刑種條件

適用監外執行之罪犯,其刑罰種類限有期徒刑和無期徒刑者,被判死刑緩期二年執行之罪犯,在其最終結果沒有確定前,不適用監外執行。

③可行條件

罪犯之親屬必須具有撫養條件除具有提供罪犯食宿之條件外,尚應具有可給罪犯治療疾病之條件。必須有保障罪犯安全之環境條件為罪犯之安全著想,凡罪犯民憤很大,當事人不諒解,群眾不同意者,不能適用監外執行。

④實質條件

所謂實質條件係指罪犯如果適用監外執行,必須是不會再對社會造成危害。因此,罪犯之主觀惡性、人身危險性,在監獄服刑期間之悔改表現及罪犯回歸社會之預後表現,就成為監獄必須做決斷之問題。

符合以上四條件之罪犯,應由省級政府指定醫院診斷鑑定,開具證明文件,經監獄提出書面意見,報省(自治區、直轄市)監獄管理機關核准適用監外執行。核准機關應將暫予監外執行之決定通知公安機關和原判人民法院,並抄送人民檢察院。人民檢察院認為對罪犯適用監外執行不當時,應自接到通知書之日起一個月內將書面意見送交核准機關。核准機關接到人民檢察院之書面意見後,應立即對該決定進行重新核查。監外執行並不影響對罪犯之減刑和假釋,罪犯在監外執行期間,如確有悔改或立功表現,符合減刑、假釋條件者,刑罰執行機關應當依照法律規定予以減刑、假釋。

(2)監外執行之中止

①監外執行之前提條件消失

罪犯之疾病在監外執行期間經過治療後已經痊癒,原來核准之前提條件已不存在,這時監獄當中止罪犯之監外執行,將罪犯收監執行。為防止罪犯偽病、詐病等方式,執行機關應隨時與指定就醫之醫療機構保持聯繫,瞭解罪犯治療進度,必要時得請醫療機構開具醫療鑑定。

②監外執行期間罪犯刑期屆滿

罪犯在監外執行期間刑期屆滿，執行機關應依規定辦理刑滿釋放手續，監外執行將自行中止。

③監外執行期間罪犯表現不佳

表現不佳之情形可分為兩種：一種是再犯罪；另一種是違反有關監督管理之規定。前者之監外執行自然中止，由原關押之監獄收監執行；後者若經查屬實，監外執行就應中止，而將罪犯收監執行。

④監外執行期間罪犯死亡

刑罰執行對象已不存在，監外執行自然隨著罪犯死亡而中止。

⑤檢察機關對監外執行決定之異議經核查有理，予以採納

人民檢察院接到監外執行決定後，應依法進行審查，經審查認為正確，則採取默許方式備案；如持有異議，應於期限內以書面意見通知核准機關。省級監獄管理機關進行核查後，可針對檢察機關之異議做出解釋與說明；如認為異議有道理，應予採納中止罪犯之監外執行，並將核查和處理結果通知該人民檢察院。

（二）減刑制度

係指罪犯在執行期間，認真遵守監規，接受教育改造，確有悔改表現，或者有立功表現，將其原判刑罰予以適當減輕之一種刑罰執行制度。所謂適當減輕包括刑種的減輕和刑期的減輕。依監獄法之規定，監獄中之減刑適用對象，只限無期徒刑及有期徒刑之罪犯。

1.適用減刑之條件

依據刑法和監獄法之規定，適用減刑必須符合下列條件：

(1)罪犯在執行期間認真遵守監規，接受教育改造，確有悔改表現或者有立功表現者

監獄法將減刑條件分為酌定減刑和法定減刑兩種情況。前者之條件是罪犯在服刑期間認真遵守規定，接受教育改造，確有悔改表現或者有立功表現者，罪犯符合上述表現之一，經監獄考核後，即可考慮對其適用減刑。後者之條件是罪犯在服刑期間有重大立功表現者，應當予以減刑。

(2)適用減刑必須要有一定之限度——制約條件

①減刑之次數和幅度

刑法和監獄法對減刑次數並無限制，一次減刑多適用於短期有期徒刑之罪犯，而多次減刑多適用於長期有期徒刑之罪犯。惟刑法規定，罪犯減刑後實際執行之刑期，有期徒刑不能少於原判刑期之二分之一，無期徒刑不能少於十年。罪犯如確實有悔改或者有立功表現者，有期徒刑一次可減一年以下有期徒刑，如確有悔改並有立功表現者，一次可減二年以下有期徒刑。被判處十年以上有期徒刑之罪犯，如悔改表現突出，或者有立功表現，一次最長可減三年有期徒刑。有重大立功表現者，得不受上述減刑幅度之限制。

②最低服刑期間和減刑間隔

刑期五年以上之有期徒刑者，服刑滿一年半才可考慮減刑，兩次減刑間以間隔一年以上為宜。被判處十年以上有期徒刑之罪犯，一次減刑二年或三年有期徒刑，再減刑時，其間隔不得少於二年。刑期五年以下之有期徒刑，可比照上述時間適當縮短。對有重大立功表現者，則不受上述時間之限制。

無期徒刑服刑滿二年，即可考慮給予減刑，對有重大立功表現者應當減刑不受服刑二年之限制。對確有悔改或者立功表現者，一般可減為十八年以上二十年以下有期徒刑；對確有悔改並有立功表現者，可減為十三年以上十八年以下有期徒刑，對有重大立功表現者，可以參照上述減刑幅度再予減輕。

2.減刑後之刑罰執行

有期徒刑之罪犯，在適用減刑前已經執行之刑期，應計算在減刑後所確定之刑期內；無期徒刑減為有期徒刑者，其刑罰之執行自裁定減刑之日起開始計算，在適用減刑前已執行之刑期，不計算在減刑後所確定之刑期內。

3.適用減刑之程序

無期徒刑之減刑，由罪犯服刑地之高級人民法院管轄；有期徒刑之減

刑，由罪犯服刑地之中級人民法院管轄。監獄應對符合減刑條件之罪犯提出書面意見，其中無期徒刑犯之減刑意見應報省（自治區、直轄市）監獄管理機關審查同意後，分別提請相應管轄之人民法院依法裁定；人民法院應自收到減刑建議書之日起一個月內予以審核裁定，案情複雜或者情況特殊者，可延長一個月。減刑裁定之副本應抄送人民檢察院。人民檢察院認為人民法院減刑裁定不當，應於法定期間內依法提出抗訴，對於人民檢察院抗訴之案件，人民法院應重新審理。

4.死緩犯之減刑

依刑法規定，死刑犯如果不必立即執行者，可以判處死刑同時宣告緩期二年執行，在監獄施予勞動改造和教育改造，以觀後效。死緩刑之減刑是依照法律之特別規定按期進行，不屬於刑罰執行制度中減刑之適用範圍，其具備之條件如下：

(1)須在緩期執行之二年期滿後才能考慮減刑——時間條件。

(2)須在緩期執行期間無故意犯罪或者有重大立功表現者才能獲得減刑——實質條件。

依刑法規定，死緩犯在緩期執行期間無故意犯罪，二年期滿後，減為無期徒刑；如有重大之立功表現，二年期滿後，減為十五年以上二十年以下有期徒刑。死緩刑減為有期徒刑時，其有期徒刑之刑期應自緩期二年期滿之日起算。

對死緩犯之減刑建議應由罪犯服刑所在之監獄提出，報請省（自治區、直轄市）監獄管理機關審核後，提請當地高級人民法院依法裁定。其他規定與普通減刑程序相同。

（三）假釋制度

係指被判處有期徒刑或者無期徒刑之罪犯，於執行一定刑期後，確有悔改表現，不致再危害社會者，附條件予以提前釋放之一種刑罰執行制度。

1.適用假釋之條件

(1)須執行一定刑期──形式條件

有期徒刑之罪犯須執行原判刑期二分之一以上，雖有期徒刑服刑期間獲得減刑亦不能按照減刑後之刑期計算。無期徒刑之罪犯須實際執行十年以上，所謂「實際執行」係包括判決確定後所執行之刑期和判決確定前羈押之期間。無期徒刑之罪犯減為有期徒刑，適用假釋時，仍須依原判之無期徒刑實際執行十年以上。如果有特殊情況，經最高人民法院核准，得不受上述執行刑期之限制，死緩刑犯減為無期徒刑者，死刑緩期二年之考察期限不能計算在實際執行之刑期內，至於判決前羈押期間，則應計算在實際執行之刑期內。

(2)須確有悔改表現，不致再危害社會──實質條件

具備形式條件，只是表明罪犯有適用假釋之可能性，只有確認罪犯認真遵守監規，接受教育改造，確有悔改表現，不致再危害社會，才能實際適用假釋。

(3)累犯以及因殺人、爆炸、搶劫、強姦、綁架等暴力性犯罪被判處十年以上有期徒刑、無期徒刑之犯罪分子，不能適用假釋──禁止性條件。

2.適用假釋之程序

有期徒刑犯之假釋，應由監獄提出畫面意見，提請當地中級人民法院依法裁定。交通不便之邊遠地區和監獄集中地區，得由派駐監獄之人民法庭依法裁定。無期徒刑犯之假釋，由監獄提出書面意見，報請省（自治區、直轄市）監獄管理機關審查同意後，提請當地高級人民法院依法裁定。人民法院自收到假釋建議書之日起，應在一個月內予以審核裁定，案情複雜或者情況特殊的，得延長一個月。人民法院應當將裁定書之副本抄送人民檢察院。人民檢察院認為適用假釋裁定不當時，應提出抗訴，對於人民檢察院抗訴之案件，人民法院應當重新審理。

3.假釋後之考驗

有期徒刑之罪犯，其假釋考驗期限為原判刑罰之剩餘刑期；無期徒刑

之罪犯，其假釋考驗期限為十年。被假釋之罪犯，由公安機關予以監督，公安機關應當依靠罪犯居住地之基層組織及有關之群眾共同負起監督之職責。罪犯假釋期間應遵守下列規定：(1)遵守法律、行政法規、服從監督；(2)按照監督機關規定報告自己之活動情況；(3)遵守監督機關關於會客之規定；(4)離開所居住的市、縣或者遷居，應報經監督機關核准。

4.假釋之撤銷

撤銷假釋之原因有下列三種情況：

(1)假釋考驗期限內再犯罪

不論是故意犯罪或者是過失犯罪，亦不論有無判處主刑，都應撤銷假釋。

(2)假釋考驗期限內發現在判決宣告前還有其他罪行尚未判決

(3)假釋期間有違反法律、行政法規和有關假釋監督管理規定之行為

依監獄法之規定，當發生上述情況時，公安機關可向人民法院提出撤銷假釋之建議，人民法院應自收到建議書之日起一個月內予以審核裁定。人民法院裁定撤銷假釋後，由公安機關負責將罪犯送交原所在監獄繼續執行未完畢之刑罰。

（四）返家探視制度

返家探視係指罪犯符合法定條件，准許離開監獄回家探視親屬之一種制度。依有關監管法規之規定，可分成下列二種：

1.因行狀表現之返家探視

依監獄法第57條第2項之規定，罪犯須具備以下條件，監獄得根據情況准其返家探視：

(1)只限於被判處有期徒刑之罪犯。

(2)已執行原判刑期二分之一以上。

(3)具有監獄法第57條第1項所列情形之一。

(4)服刑期間一貫表現好，離開監獄不致再危害社會者。

2.因特別事故之返家探視

罪犯符合下列條件，如遇有直系親屬病危、死亡或者其他重大家庭變故，確需本人親自回家探望或處理者，得准其返家探視。

(1)確有悔改表現，沒有現實之人身危險性者。

(2)原判五年以下有期徒刑或者原判十年以下有期徒刑已執行二分之一刑期者。

對不符合上述條件者，如確有特殊情況，需要返家探視，可准由其親屬接送或者由幹警帶領其回家。但死緩犯一律不准返家探視。罪犯返家探視，須有當地鄉以上政府或公安機關之證明，經監獄主管領導核准。返家探視之期限，一般為三天至五天，最多不得超過七天。

二 教育改造

教育改造係指對執行中之罪犯，以轉變罪犯思想、矯正犯罪惡習為目的，灌輸政治、文化、技術教育為主要內容之系統影響活動。

（一）教育改造之原則

依監獄法第61條規定：教育改造罪犯，實行因人施教、分類教育、以理服人的原則。可知教育改造之原則有三：

1.**因人施教原則**：依罪犯個體之不同情況，包括基本情況、犯罪情況、思想情況及罪犯之現實表現，進行有針對性之教育。

2.**分類教育原則**：根據一定標準將罪犯分成若干類型，施予相應之教育內容和教育方法。

3.**以理服人原則**：教育改造過程中，管教人員應擺事實、講道理，以耐心細緻的說服工作去教育罪犯，著重解決其思想認識問題，堅持疏通、誘導和說服之方針。

（二）教育改造之內容

1.**思想教育**：依監獄法第62條規定，包括法制、道德、刑勢、政策、前途等內容之思想教育。

2. **文化教育**：依監獄法第63條和第65條規定，文化教育包括掃盲教育、初等教育和初級中等教育。另第65條規定：監獄鼓勵罪犯自學，經考試合格者，由有關部門發給相應的證書。

3. **職業技術教育**：依監獄法第64條規定：監獄應當根據監獄生產和罪犯釋放後就業的需要，對罪犯進行職業技術教育，經考試合格者，由勞動部門發給相應的技術等級證書。

（三）教育改造之方法

1. 集體教育與個別教育相結合

集體教育是解決罪犯中存在之共同性或普遍性問題；個別教育是解決罪犯個體、特殊問題而進行之教育。兩者相輔相成，缺少那一種方法都會使教育改造工作蒙受損失。

2. 獄內教育與社會教育相結合

獄內教育是監獄依靠自己內部力量所進行之專門教育，是教育改造罪犯之主要方法。社會教育是監獄運用社會力量，對罪犯進行教育之形式。罪犯在改造過程中所表現之種種問題，僅靠獄內教育是不夠的。尚須依靠社會力量之有效配合，才能收到良好的教育效果。

3. 常規教育與輔助教育相結合

常規教育是有一定組織形式和固定時間，由專人對罪犯實施教育改造之一種主要教育活動。輔助教育是在常規教育之外，組織罪犯參加各種有助於常規教育目的實現之教育活動，如體育活動、文化娛樂活動等等。常規教育與輔助教育相結合，前者為主，後者為輔，前者是起主導作用之教育，後者是對前者非常必要之補充。

三　勞動改造

勞動改造是指監獄根據改造罪犯之需要，依法組織罪犯從事生產勞動，將其改造成為守法公民之法律活動。

（一）罪犯勞動之原則

1.有利於改造罪犯之原則

組織罪犯勞動主要目的是為了改造罪犯，而不是為了賺錢。因此，在制定生產計畫，提出生產指標，確定勞動定額和安排勞動時間時，都應低於同類國有企業，以保證罪犯勞動、學習和改造工作的正常進行。

2.勞動與教育相結合之原則

監獄法第3條明定，監獄對罪犯實行教育與勞動結合之原則，將罪犯改造成為守法公民。罪犯勞動既有改造之屬性，又有生產之屬性，前者必須始終居於第一位。

3.改造規律與客觀經濟規律相結合之原則

罪犯勞動首先必須遵循改造罪犯之客觀規律，為改造罪犯服務。同時亦必須遵循客觀經濟規律參與市場競爭，不斷提高經濟效益，這樣才能求得生存與發展。同時有利於罪犯刑滿出獄後適應社會化大生產對勞動力素質之要求。

4.勞動要求與罪犯特性相結合之原則

根據罪犯特性合理組織勞動，可使罪犯勞動與罪犯客觀情況相適應，充分發揮罪犯個人的生產技能和勞動能力，以激發他們勞動之積極性和改造之積極性。

（二）罪犯勞動保護與報酬

1.罪犯勞動保護

(1)勞動保健

監獄應當注意保護和改善罪犯勞動環境，防止和消除工業毒物、噪音等業性危害。

(2)勞動安全

監獄應建立健全之安全生產規章制度，進行安全教育、安全生產操作訓練和安全檢查，以及建立健全安全生產責任制。

(3)勞動時間

依監獄法第71條明定：監獄對罪犯的勞動時間，參照國家有關勞動工時的規定執行；在季節性生產等特殊情況下，可以調整勞動時間。罪犯有在法定節日和休息日休息的權利。

2.罪犯勞動報酬

1944年監獄法頒布前，監獄對罪犯勞動實行「假定工資」制度，罪犯主要是以實物之形式而不是以貨幣工資之形式獲得勞動報酬。監獄法第72條規定：監獄對參加勞動之罪犯，應當按照有關規定給予報酬並執行國家有關勞動保護規定。根據監獄法之規定，罪犯是以貨幣工資之形式，按勞取酬原則領取勞動報酬。

實行罪犯勞動工資制度，並不意味罪犯勞動已不再是強制勞動，罪犯勞動仍然是監獄行刑之基本內容之一，是一種強制性之勞動。一般而言，罪犯勞動報酬標準要低於社會上同類企業同工種工人之水平。同時，罪犯只能使用所得報酬之一部分，其餘部分由監獄代為存入銀行，刑滿釋放時發還。

四　戒護管理

（一）分押、分管制度

係指依據罪犯之性別、年齡、犯罪類刑、刑罰種類、刑期、主觀惡性程度、改造表現等情況，實行分別關押、分類管理及分級處遇之制度。

（二）警戒制度

係指為使監獄與社會相隔離，預防和打擊罪犯之違法犯罪活動，確保監獄安全之一項警衛和戒備制度。根據監獄法之規定，警戒制度包括內部警戒、武裝警戒和駐地周圍群眾監督（群眾聯防）三項主要內容。內部警戒由監獄人民警察負責；武裝警戒由人民武裝警察部隊負責；群眾聯防由監區、作業區周圍之機關、團體、企業事業單位和基層組織協助警戒。

（三）戒具和武器之使用

1.戒具之使用

監獄使用之戒具包括手銬、腳鐐、警棍、警繩等。依監獄法第45條規定，監獄遇有下列情形之一者，得使用手銬或腳鐐：(1)罪犯有脫逃行為者；(2)罪犯有暴力行為者；(3)罪犯正在押解途中者；(4)罪犯有其他危險行為需要採取防範措施者。對老年、患病、殘疾罪犯以及未成年犯在一般情況下禁止使用；對女犯除個別特殊情況外，也不得使用。

使用戒具需事先報請監獄主管領導批准。但緊急時，得先行使用，立即報告監獄主管領導。使用戒具時間，除經判處死刑等待執行者外，一般為七天，最長不得超過十五天。使用戒具原因消滅後，應予停止使用，不得以使用戒具為懲罰罪犯之方法。

監獄人民警察遇有制止罪犯脫逃行為遭到抗拒，或者在處理暴動、聚眾騷擾及群毆事件時警告無效，以及遭罪犯行兇報復或者襲擊需要自衛等情況時，得使用警棍。在追捕脫逃罪犯時，得使用警繩。在監獄內禁止使用警繩，也不准使用其他繩索捆綁罪犯。

2.武器之使用

依監獄法第46條規定：人民警察和人民武裝警察部隊之執勤人員遇有下列情形之一，非使用武器不能制止者，按照國家有關規定，得使用武器：(1)罪犯聚眾騷動、暴亂者；(2)罪犯脫逃或者拒捕者；(3)罪犯持有凶器或者其他危險物，正在行兇或者破壞，危及他人生命、財產者；(4)劫奪罪犯者；(5)罪犯搶奪武器者。

使用武器時，應先警告或鳴槍警告。罪犯不聽警告時，方可向其非致命部位射擊。罪犯一有畏服表示，應立即停止使用。使用武器後，應當保持現場，同時迅即向上級主管部門及有關部門報告情況。因錯誤使用武器造成嚴重後果時，則應依法追究刑事責任。

（四）禁閉室之使用

禁閉室適用對象為具有下列情形之一之罪犯：1.嚴重違犯監規紀律而

決定給予禁閉處分者；2.使用戒具後仍不能消除危險者；3.在監服刑期間
犯罪，正在偵審中者；4.死緩犯在死緩考驗期限內抗拒改造，情節惡劣，
報請核准執行死刑待批者。禁閉室由監獄之獄政科直接管理。受禁閉處罰
之罪犯，需由所在中隊填寫「申請關押禁閉審批表」，報監獄主管領導批
准禁閉期限，除死刑待批和正在偵審中之罪犯外，一般為七天至十天，最
常不得超過十五天。罪犯每日放風兩次，每次半小時至一小時。

（五）通信和會見

依據有關監管法規之規定，罪犯通信對象只限於親屬和監護人，如遇
特殊情況，需要與其他人通信者，須經監獄核准。罪犯發信次數，每月一
次，如有特殊情況時，最經監獄核准增加次數。罪犯來往信件應經檢查，
發現有礙罪犯改造內容之信件，得扣留之。罪犯寫給監獄上級機關和司法
機關之信件，不受檢查，監獄應及時轉遞，不得扣押。

依監獄法第48條規定，罪犯在監服刑期間，得會見親屬、監護人。但
確有特列理由時，得准其與其他人會見，罪犯會見親屬每月一次至二次，
每次不超過一小時，確有特殊情況，得延長之。每次會見親屬，原則上不
得超過3人，會見時須加監視。

五　少年犯之處理措施

中國大陸處理少年違法犯罪之措施，分為非刑事處罰措施與刑事處罰
措施。前者包括社會幫教措施、工讀教育措施、政府收容教養措施和勞動
教養措施；後者係指未成年犯管教所施予教育改造。

（一）社會幫教措施

對有違法或輕微犯罪行為之少年，經教育尚無悔過，有可能繼續從事
違法犯罪活動，但未達到刑事處罰、勞動教養、少年管教之處理者，依靠
基層組織和社會力量進行幫教。從事幫教人員一般都是志願工作者，不領
取報酬。目前各大中城市幾乎都建立各種形式之幫教組織。

（二）工讀教育措施

工讀教育是一種早期干預、早期預防措施，對有違法或輕微犯罪少年學生而言，是一種非刑事處罰之教育性措施。這種措施創辦於1955年，北京市海淀區工讀學校是中國大陸創辦的第一所工讀學校。現在工讀學校共有80餘所，全部設於大中城市。招生對象是已滿12歲至17歲有違法行為或輕微犯罪而不予刑事處罰之在校學生。工讀學生入學須經當地區、縣教育部門和公安部門共同審批。學習期限為二年至三年。凡未完成九年義務教育者；須接受九年義務制教育，經考試各門功課合格者，由原校發給畢業證書。

工讀學校從某種意義上亦可說是一種非司法的矯正教育。目前在招生上有下列重大改革：

1.工讀預備生

即有不良行為或輕微違法行為而又屢不改之學生，經學校當局和工讀學校派出教師定期予以轉導和教育。工讀預備生之期限為半年。經過教育後如果有悔改，則結束工讀預備生教育，仍繼續正常學習或升學；如果拒不改正錯誤，為防止其向違法犯罪歧途發展，得送入工讀學校學習，成為正式工讀生。這種既擴大工讀學校教育之職能與效果，又使有問題之學生不脫離原校學習之做法，深受家長、學生及普通學校之歡迎。

2.工讀生

即在工讀學校學習之學生。學習期限為二年至三年，學習期滿，經考試合格發給普通中等文憑，可繼續升學或進行職業培訓後參加工作。

3.託管生

即將普通學校和家長難以教育之不良品行之學生，在原校保留學籍，家長申請，由原校、家長、工讀學校三方簽訂協議之方式，將學生送到工讀學校作為託管生，實行寄宿制管理教育。託管生教育已逐步在中國大陸工讀學校推廣。

4.職教生

即工讀學校創辦職業高中，招收已完成九年義務制教育之工讀生及社會上之學生入職業高中學習。經過職業技術培訓且經考試合格者，發給職業高中畢業文憑及技術等級證書，得就業或應聘。

（三）政府收容教養措施

依刑法規定，犯罪少年因不滿16周歲不予刑事處罰者，責令其家長或者監護人加予管教；必要時，亦得由政府收容教養。收容教養之少年，應由省、直轄市、自治區地區一級公安部門核准。

如未滿14歲犯有嚴重危害社會行為之少年，確實需要收容教養者，則須經省、直轄市、自治區之公安機關核准。收容教養之期限為一年至三年，收容期間進行文化、技術、道德、法律教育，並輔以輕微勞動。

（四）勞動教養措施

勞動教養是對已滿16歲以上有違法或輕微犯罪行為之少年實行之一種行政性強制教育措施。勞動教養不是刑事處罰，不經法院判決，而由省市一級勞動教養委員會批准，期限為一年至三年。1994年中國大陸有勞動教養場所235個。

（五）未成年犯管教所教育改造措施

依監獄法規定，未成年犯管教所是未成年犯執行刑罰之機關，擔負著未成年犯矯正與康復之任務，實行以教育改造為主之原則。安排未成年犯之勞動，應當符合未成年人之生理心理特點，以學習文化和生產技能為主，並配合國家、社會、學校等教育機構，為未成年接受義務教育提供必要之條件。未成年犯年滿18歲時，剩餘刑期不超過二年者，仍可留在未成年犯管教所執行剩餘刑期。對男性和女性未成年犯實行分關分押制度。

六　結　語

　　中國大陸於1994年12月29日頒布新修正監獄法，對罪犯實行懲罰與改造相結合、教育與勞動相結合之原則，將罪犯改造成為守法公民作為犯罪矯正工作之最高目標。因此，有關監管法規和規章制度都貫穿這一目標，目前正朝向作業企業化、處遇技術科學化及設施現代化之目標邁進。

第九節　新加坡犯罪矯正概況[24]

一　犯罪矯正行政組織

　　新加坡於內政部（Ministry of Home Affairs）設監獄司（Prisons Department），置司長、副司長各一人，助理司長三人（分別負責戒護、財物管理及人事、教育訓練三個部門），另置各機構總監（Superintendents）若干人，掌理各監獄及其他機構之行政工作。新加坡犯罪矯正之任務，主要在於：(一)保護社會：確保受刑人在具人道化之環境中獲取安全之戒護；(二)藉著提供矯正之機會，協助受刑人復歸社會，成為善良公民。

二　犯罪矯正機構之類型

　　監獄司總共掌管18個機關，包括10個行刑機構（監獄）及8個戒毒中心（Drug Rehabilitation Center, DRC）。職員之人數約有1,690人，收容人則約有1萬8,000名，其中吸毒犯超過8,000名。

（一）監獄之類別

　　監獄之類型依人犯之類別，在戒護安全等級上區分成高度、中度及低度安全戒護管理機構三大類。

---

24 節錄自〈法務部新加坡考察報告〉，法務部，民國84年8月。

1.高度安全戒護管理監獄（4所）：收容對象為最輕本刑五年以上，屬頑劣幫派分子或涉及毒品運輸之高危險性犯罪者。

2.中度安全戒護管理監獄（4所）：收容對象為刑期未滿五年之受刑人。

3.低度安全戒護管理監獄（2所）：收容對象為觸犯輕微罪行，日間參與監外就業之受刑人。

（二）戒毒中心之類別

1.高度安全戒護管理戒毒中心（1所）：收容對象為女性毒犯。

2.中度安全戒護管理戒毒中心（6所）：係屬接收中心性質，收容對象為所有新入監之毒犯。

3.低度安全戒護管理戒毒中心（1所）：收容對象為參與「外出工作營」（Work Release Camp）（人犯於白天外出至特定工廠工作，夜間返營）之吸毒犯。

三　受刑人之戒護實務

（一）查禁違禁品之措施

1.新加坡監獄在舍房與工場及工場與舍房間各設有一間「更衣室」。受刑人從舍房進工場或從工場進舍房時，須先進「更衣室」脫光身上之衣物，將衣物置於指定之衣物架上，然後依序通過金屬探測門，詳為檢身後，再進入另一間「更衣室」換穿工作服或家居服。

2.接見室設有金屬探測門，以防止來監接見者挾帶槍械，不利於受刑人或危害監所戒護安全。

3.律師接見室與家屬接見室雷同，不但有玻璃阻隔，且使用對講機，僅設有一長形小縫口，以便傳遞訴狀。

4.新加坡監獄除書信外，一律禁止受刑人家屬送入飲食物品。獄方可代收容人向廠商洽購餅乾等食物，但管理人員並不經營合作社。

（二）安全監視系統之設置

　　新加坡監獄之中央監控室設置五種不同功能之監視功能，指派3位專人監視，雖然戒護人員與受刑人比例為1：10，但因有完備之安全監視系統與防範措施，故能輔助不足之戒護警力，即使夜間警力薄弱，亦能掌握全監之動向。

四 受刑人之矯正處遇

　　新加坡矯正部門工作人員認為犯罪行為係屬「行為上之問題」（Behaviourial Problem），因此矯正工作以改變犯罪人之行為為重點。其主要之矯正方案包括：

（一）工　作

　　透過工作勞動以促使受刑人養成勤勞習慣，賺得部分零用金以供生活開支，同時習得一技之長，以順利復歸社會。除監內之工作外，新加坡並於1985年8月為短刑期犯和長刑期犯引進工作外出方案，前者可從事為期六個月的監外工作，通常分配到無需熟練或半熟練的工作，主要是公園和苗圃的維護以及製造業。後者為十二個月的監外工作，通常被分配從事建築、製造以及工程工業方面的工作。

（二）教　育

　　品性良好並願意求學者，獄政當局提供從基本至相當大專程度之各項課程給受刑人，一般而言，倘上午工作，下午則進行進修教育。

（三）諮商服務

　　除前述二項矯正服務外，並提供各項諮商輔導服務，俾使受刑人順利解決生活適應問題。此項服務係由受過專業訓練而在矯正及諮商部門（the Rehabilitation and Counseling Branch）服務之官員所提供，其中並包括一般社會義工及宗教界人士之協助。

五　毒品犯之矯正處遇

（一）分類收容與處遇

依新加坡法律，吸毒者不經司法程序，即可監禁，但監禁之處所不是監獄，而是戒毒中心（Drug Rehabilitation Center, DRC），收容人也不視為犯人。為預防收容人不良習性相互感染，不但將純吸毒犯與非純吸毒犯（有犯罪及販賣毒品前科）分別監禁，對純吸毒犯亦依其犯案次數分別收容於不同之戒毒中心（DRC）。該國對吸毒犯之復健處遇方案，以初犯、二犯者為重點對象，對三犯以上者則處以較具刑罰色彩之處遇措施。

（二）定期尿液篩檢

新加坡吸毒犯從戒毒中心釋放後，須受二年之監督。在此期間受監督人第一年每週三次，第二年每週一次，須至指定的警察機關報到中心做定期的尿液篩檢，以確定他們未再施用毒品，如經檢測確定再施用毒品者，將再送至戒毒中心接受進一步的治療與復健。

（三）實施「日間外出方案」

新加坡對吸毒者實施機構性日間外出方案（Day Release Scheme, DRS），允許吸毒者早上離開「工作外出營」（Work Release Camp），至指定的工作地點工作，晚上工畢返回外出營住宿。為遏止吸毒者外出工作時受誘惑再施用毒品，每位吸毒者晚上工畢返回外出營時務須接受尿液檢驗。這種機構性工作外出方案已慢慢被「居家工作外出方案」（Residential DRS）所取代，吸毒者白天外出工作，但晚上工畢不必回到外出營，而可回自己家中或借住於「中途之家」（Halfway Houses），惟週末須返回外出營，接受諮商輔導及尿液檢驗。

（四）實施電子監視制度

新加坡於1991年9月，開始對「居家外出工作方案」之吸毒者實施電子監視制度，吸毒者必須在足踝上配戴電子追蹤器，並於其家中安裝監視器與電話線相連，以監視吸毒者在宵禁時間內之行動，每套設備價值約美

金3,000元。倘毒犯違反規定（如離開監視器之距離超過100公尺），監視器將自動透過電話向總監視中心（CISCO）發出警示信號，總監視中心或工作外出營將依其違規情節施予懲罰，亦可命其再回戒毒中心執行。雖然參加該方案者約有53.7%違反規定，被取消參與「居家日間外出方案」，但與其他沒有實施電子監視制度之吸毒者相比，失敗率還是較低，因此新加坡政府將逐步以「居家日間外出方案」取代機構性「日間外出方案」。

（五）使用拮抗劑拿淬松

由於已釋放的吸毒者在二年的強制監控期間，第一年再犯率高且快，新加坡乃於1993年8月開始實驗拮抗劑拿淬松處遇計畫，以期補強戒毒效果。拮抗劑拿淬松（Naltrexone Hydrochlride）是一種安全且無成癮性之藥物，能阻絕腦部感覺器官對麻醉藥品的作用，吸毒者只要使用這種藥物，就無法感受施用毒品所帶來的欣快感。該計畫為期二年，60位志願參與者，均為三犯和四犯之吸毒者。第一年實施「居家日間外出方案」，並裝置電子監視器，且每週須至指定之工作外出營三次，服用拿淬松藥丸及驗尿以確定未再濫用毒品；第二年每週一次須至警察機關報到中心做定期尿液篩檢，但不裝置電子監視器及服用拿淬松藥丸。資料顯示：第一年實施成果良好，成功率高達76.3%。

（六）普設「中途之家」

該國共設有14處中途之家（Halfway House），總收容額約1,200名，符合「居家日間外出方案」而卻沒有居住所的吸毒者，但准申請借住於中途之家，以便繼續接受治療及復健。中途之家多由民間宗教團體設立，但由政府提供廢棄之學校等公共設施，以資協助。

六 成立新加坡矯正企業公司

新加坡於1976年成立「新加坡矯正企業公司」（SCORE）負責推動矯正作業，該公司隸屬於內政部，其主要目的在提供收容人作業、職業與技能訓練以及更生保護工作，以協助收容人復歸社會，成為有用之人。該

公司除設有主任委員及執行秘書外，下設行政及會計部門、矯正服務部門及生產部門，其主管及職員中有公務員亦有民間人士，該公司由於組織完整及功能健全，無論在提供作業、職業與技能訓練及更生保護工作，均著有績效，值得我國參考。

七　結　語

　　綜觀新加坡之犯罪矯正工作概況，我們發現該國在各項獄政措施上勇於嘗試並引進新的制度，以充分發揮矯正成效。其中以成立專責機構推動矯正作業、戒護安全管理等級分類、實施外出制度、援用電子監控技術及運用拮抗劑拿淬松協助戒毒最具特色。

第十節　瑞典犯罪矯正概況

一　犯罪矯正行政組織

　　瑞典在法務部設有矯正保護局（Prison and Probation Administration, PPA）掌握全國矯正行政業務，該局下設有解送部門及7個地方矯正管區，前者專門負責國內矯正機構間之解送及驅逐出境者之遞解，後者指揮監督監獄、看守所及保護觀察所。另外，矯正保護局設有假釋委員會、保護觀察委員會。

二　矯正機構之現況

　　瑞典共有77所監獄及28所看守所，總收容額監獄為5,100名，看守所為1,478名，監所規模很小，平均收容額不滿100人。瑞典未設少年矯正機構，有關犯罪少年之保護業務，係屬社會福利機構之範圍。全國設有50個觀護管區，各觀護管區有主任觀護人負責管理運作，大約有15名社會工作者，負責實施觀護處分或緩刑等工作。

　　監獄依戒護程度分為四級，最高度戒護之第一級監獄有3所，其次第二級有11所，第三級有36所，第四級有38所（部分監獄具備二種等級，故數目會重複），第四級監獄為開放機構，酒醉駕駛者皆收容於此。

三　矯正處遇與管理之特色[25]

（一）建立導師制度

　　每一職員擔任1名或2名受刑人之導師，負責擬定該等受刑人之個別處遇計畫，並提供日常生活之建言。

（二）實施外出、外宿制度

1.監外通勤：包括工作外出、就學外出、職訓外出及釋放前外出，每年約有1,000名受刑人實施監外通勤制度。

2.監外活動：參與地方社團活動之外出。其目的再讓受刑人與其專注於犯罪或藥物，不如促其培養一些興趣，在瑞典每年大約實施2萬件監外活動制度。

3.返家探視：受刑人在監獄執行逾刑期四分之一後，即可申請返家探視。受刑人家庭有任何重大事故時，亦得申請返家探視。依1994年統計資料，前者約有1萬5,000件，後者約有3萬件。

4.監外治療：因社會復歸之特別理由，得許其外出至藥物濫用治療機構或家族治療機構過夜。1993年約有1,000名受刑人實施監外治療。

　　獲得上述四類型外出、外宿制度之受刑人，必須保持良好言行，同時，其尿液檢查也必須呈現陰性反應。

（三）違規附加刑期

　　受刑人第一次違反監規，將接受書面警告處分，第二次違規，典獄長得對違規受刑人的刑期追加，至於附加刑期之日數，對於長期受刑人，每

次最長增加十日，合計最長可追加四十五日的刑期。尿液檢查出現陽性反應，將附加三日至五日的刑期日數。

（四）受刑人會議

受刑人有權以某種適當方式，就受刑人共同關切之問題與監獄磋商，並有權以某種適當方式舉行受刑人會議，以討論類似問題。

四 結　語

瑞典政府為節省經費，除修正刑罰制度，實施社會服務命令（Community Service Order）外，並全面性引進電子監控器觀護處分，以大幅減少監獄收容額，根據資料顯示，電子監控器觀護處分之費用，每人每日為400克朗，尚不及監獄收容費用之三分之一。因此，從1997年瑞典政府即規劃逐年關閉幾所監獄。另外，為提高犯罪預防及矯正制度之生產性，瑞典正積極地嘗試著實施許多新的改革措施，這種精神值得我們學習。

第十一節　法國犯罪矯正概況

一 犯罪矯正行政組織

法國在1911年之前，矯正行政由內政部管轄，1911年之後，則轉由司法部管轄，司法部之矯正局設置有下列六個科室：

（一）**刑罰執行科**：主管業務為設定有關拘禁或拘禁代替刑之執行的基準。

（二）**復歸社會科**：主管業務為針對受刑人，擬定促進其職業、社會性復歸之對策，制定規則，實施復歸社會計畫。

（三）**人事科**：主管業務為管教人員之任用、研習訓練及福利等業務。

（四）**管理科**：主管業務為蒐集擬訂矯正局工作計畫、預算等資訊。

（五）**刑事機構查察科**：主管業務為矯正機構發生事故、暴動時調查，該科直接受矯正局長之指揮監督。

（六）**宣導、調查及國際關係室**：主管業務為矯正相關事宜之宣導，進行研究調查，同時與部會研究機構、其他國內外及國際組織附屬研究機構等之聯繫。

法國全國區分為9個矯正管區，管區長擁有調整該管轄地區之矯正業務。矯正機構分為看守所及監獄兩類，看守所有139所，主要收容對象為被告及殘餘刑期未滿一年之受刑人。監獄分為中央監獄（高度戒護機構15所）及拘禁中心（中度戒護機構47所）等兩類，除這些監獄外，矯正局尚有11所「半自由中心」（Semifreedom center）。

二 矯正處遇措施[26]

（一）機構外處遇

經指定為機構外處遇（Outside placements）之受刑人，得於機構外獲得雇用後，從事監外作業，並受矯正機構之監督。1993年約有6.4%受刑人接受機構外處遇措施。

（二）半自由處遇

受刑人於白天離開矯正機構，以從事就業、就學或參與公益活動等活動，並於夜間、假日及節日回到矯正機構服刑之處遇措施。在1993年，約有5,700名受刑人接受半自由處遇措施。

（三）暫時返家制度

暫時返家制度（Temporary Release）係指為維持家族關係或準備復歸社會，准許受刑人在短期內離開矯正機構之制度。中度戒護機構之受刑人，在刑期服刑三分之一時，即可成為暫時返家制度之審查對象，高度戒

---

26 林世英，〈法國的行刑問題〉，《矯正月刊論文選輯》，第1冊，頁342。

護機構之受刑人，則須刑期服刑到二分之一時，始可成為審查對象。再者，當親屬死亡或病重時，亦得申請暫時返家之處遇措施。

（四）假　釋

假釋（Conditional Release）是監獄生活與社會生活之間的橋梁，受刑人殘刑期間達到二分之一時，由監督法官主持之假釋審查會議決定之。

三　結　語

法國之行刑制度，併存著非常現代的層面與古老的層面。就增建之矯正機構即使在歐洲諸國中也是最現代化的機構，但在法令或實務上，甚至設備方面，卻顯得落後於時代。在最近十年間，矯正職員對政府未能充分考慮矯正工作的困難度，大幅增置管教人員大感不滿。社會上對矯正行刑之印象，依然是非常低，且存在偏差性錯誤。

第十二節　義大利犯罪矯正概況[27]

一　犯罪矯正行政組織

義大利司法部設有矯正局，局內共有12個單位，局下設有17個地方事務所，分別督導所轄之矯正機構、社區處遇中心、研修所及少年矯正機構。除少年矯正機構外，一般矯正機構分為四級，即收容一年以下受刑人及未決者之地方監獄、收容一年以上受刑人之一般監獄、收容對社會有危險之虞者之保安處分機構、以及專門實施心理調查之分類中心。保安處分機構又可分為刑務農場、刑務作業園區、醫療監獄及司法精神治療。

---

27 節錄自盧秋生，《各國矯正制度與矯正實務》，法務部矯正人員訓練所，頁27-31。

貳 矯正處遇內容

（一）作　業

舊監獄法將作業視為受刑人之義務，但新法則視為受刑人之權力，是受刑人社會復歸處遇之一環，矯正機構應依受刑人之適性配業及施予職業訓練。作業工資應給予社會上同一作業工資之三分之二以上，且享有一般工作之權利保障。相對地，受刑人作業工資應扣除社會保險費、稅金等。另外，監獄亦實施外部通勤制度，受刑人得外出到外面職場工作，被告如經法院許可亦得外出工作。

（二）教育及職業訓練

職訓對象以未滿25歲之受刑人為主。學科教育則依受刑人之需要，自義務教育至大學教育之各種課程兼具，其中義務教育由義大利教育部負責，課程與外面一般學校相同。此外，亦實施就學外出制度。

受刑人雖可自由選擇參加教育活動，但接受教育者，得享有各種優遇措施，諸如可提前轉向社區處遇；一年內參加教育活動超過一百五十小時者，可免除作業等。

（三）返家探視

受刑人家庭遇有緊急情況，得許可五天之返家探視，外出許可之權限屬刑事監督法官，而非屬監獄首長。受刑人返家探視不加戒護，但須事先照會警察機關，並且通報檢察官。

（四）不服申訴

受刑人對處遇不滿或權利受到侵害時，皆可提出申訴。申訴可分為兩種：1.對不合法之處遇提出告訴、告發；2.為獲得特定之利益或優待而提出申請。不服時得向監獄首長、法院或刑事監督法官提出申訴，所需費用由國家負擔。

（五）接見與通信

每月接見四次，接見須隔著玻璃窗，管理人員採視線內戒護，無監聽設備，受刑人得有隱私權。另有特別接見，即允許受刑人在特設房間內與家人共同進食。書信若無法官之特別許可禁止檢閱，但可檢查信封內有無夾藏違禁物品。若十五日內無接見時或探監時，可打電話與家人聯絡。外國受刑人亦可透過通譯，打電話回家，費用由受刑人負擔。

三　社區處遇

（一）判決階段之社區處遇

1.準監禁

係指宣判六個月以內之監禁刑，每日至少留監執行十小時之制度，在此期間禁止使用駕照與護照。

2.保釋

係指宣判三個月以內之監禁刑，每月須向警察機關報到一次以代替監獄服刑之制度。

（二）判決後階段之社區處遇

1.保護觀察

係指判決後先收容於矯正機構一定期間（一月以上）後，再裁定由機構處遇轉為社區處遇。保護觀察之對象為被判三年以下監禁刑者，先移送至分類中心或置於監獄分類部門之監督下，接收一個月之調查分類，再由刑事監督法庭（由刑事監督法官2人及心理學等行為科學家2人組成）裁定交付保護觀察，其期間為監禁刑之殘餘刑期，由社區處遇中心處理。

2.家庭監禁

係以刑期二年以下，非保護觀察對象之受刑人為對象，受刑人在自宅或社區處遇機構執行其殘餘刑期。家庭監禁之對象以孕婦、哺育幼兒之女

性、65歲以上之病人，以及20歲以下因健康、學業、工作上之需要者為對象。

3.夜間監禁

係指白天可至外面工作或上學，晚上則須返監服刑之制度。以刑期逾半之受刑人為對象，無期徒刑者須服滿二十年以上始可適用。

4.減刑

係指受刑人在監執行行狀善良者，每六個月可減刑四十五日，一年最多可減少九十日。

四 刑事監督法官

係屬刑事法院之法官，負責監督受刑人之行刑處遇與權利保護。典獄長是負責監獄運作之最高負責人，而刑事監督法官則依照情況需要，對典獄長之處遇變更予以核准或提出建議，刑事監督法官完全獨立於矯正局，是監督監獄處遇之監察官，專門監督刑之執行是否合法，可稱為「行刑監察官」，其任務繁多，諸如接受受刑人之申訴、監獄規則之擬定、移送醫院之許可、外出之批准、監獄檢閱書信之核可、機構處遇轉為社區處遇之准駁等等。

第十三節　加拿大犯罪矯正概況

一 組織行政

加拿大矯正業務原由司法部掌理，1966年劃歸內政部職掌，並成立矯正局（Correctional Service of Canada）。該國矯正系統劃分為聯邦級和省（地區）級，聯邦政府負責管理懲戒監（Penitentiaries），省級政府負責管理監獄及管教所（Person and Reformatories）。1868年頒布之懲戒監法（Penitentiary Act）規定，聯邦政府負責監禁刑期二年以上之犯人；各省

或地區負責監禁刑期未滿二年之犯人。從此，二年規則（two-year rule）成為加拿大聯邦政府和省級政府間劃分矯正責任之界限。

　　加拿大於1992年頒布矯正及有條件釋放法（Correctional and Conditional Release Act），代替懲戒監法及假釋法（Parole Act, 1959），成為指導加拿大成人矯正業務之主要法規，該法分為三部分，第一部分是關於矯正局有關事務之規定；第二部分是關於國家假釋委員會工作之規定；第三部分是規定矯正調查員事項。如圖12-2。

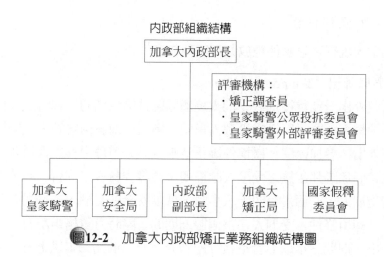

圖12-2 加拿大內政部矯正業務組織結構圖

二　重要制度

　　加拿大全國共有52所監獄（含6所女監）、17個附條件釋放犯人之社區矯正中心及90個假釋辦公室。監獄分為最高警戒度、中等警戒度、最低警戒度和社區矯正中心，並按此進行管理。矯正局在全國有5個地區分部，其重要制度分述如下：

（一）矯正調查員

　　加拿大於1973年成立聯邦矯正調查員辦公室（Federal Correctional

Investigation's Office），作為調查聯邦矯正官員舞弊腐敗的機構，矯正調查員針對申訴或其他案件實施調查後，認為矯正局或國家假釋委員會之處置不適當時，必須向首席司法官報告。同時，聯邦矯正調查員將對所有監獄和假釋辦公室進行定期調查，於每年會計年度後三個月內向首席司法官提交年度工作報告，首席司法官須於三十天內向國會遞交這份年度工作報告副本。因此，矯正調查員在保證犯人擁有一個獨立的申訴機制方面扮演著重要的角色。

（二）附條件釋放

加拿大現行之附條件釋放共有四種類型[28]：

1.暫時外出（Temporary Absence）

暫時外出是執行徒刑之受刑人逐漸回歸社區生活的一種方式。此制度分為需管教人員同行與無需管教人員同行兩種。前者由管教人員陪同單獨或集體外出，參加醫療、機構外矯正活動或因人道理由等獲得矯正局許可者；後者倘係聯邦監獄之受刑人應經國家假釋委員會之許可，中度與高度安全監受刑人，一個月有四十八小時，低度安全監受刑人一個月有七十二小時。其適用條件，受刑人在整個服刑期間，隨時有資格申請有人同行之暫時外出。刑期三年以上者須執行逾六分之一、刑期二年以上三年未滿者執行逾六個月，無期徒刑須達到完全假釋適格前三年，及不定期刑須已執行三年以上者，方能申請獨自暫時外出。

2.白天假釋

受刑人被允許白天參加社區活動，諸如就學、就業等特定目的之制度，受刑人白天到工作場所、學校，夜間則定時返回監獄、社區矯正中心或中途之家。合乎下列資格之一者，方可申請白天假釋：

(1)刑期二年未滿者，已服刑逾六分之一。

(2)刑期二年以上三年未滿者，已服刑逾六個月。

---

28 王增鐸，楊誠等，《中加矯正制度比較研究》，北京：法律出版社，2001年6月，頁173-174。

(3)刑期三年以上者，須於完全假釋適格前六個月。

(4)無期徒刑者，須於完全假釋適格前三年。

3.完全假釋

完全假釋係允許受刑人在社區監督下服完剩餘之刑期。有期徒刑之受刑人執行刑期逾三分之一或七年後，即有資格申請完全假釋，無期徒刑者第一級殺人須執行逾二十五年，第二級殺人須逾十年至二十五年，具體期間由法庭決定。刑期二年以上者之假釋，由國家假釋委員會掌管；刑期二年未滿者之假釋，除不列顛哥倫比亞省、安大略省和魁北克省，已建立省級假釋委員會，由省級假釋委員會負責審查外，其他仍由國家假釋委員會負責。

4.法定假釋

根據法律，聯邦監獄受刑人執行滿三分之二時，得在社區監督下予以釋放。被判無期徒刑和不定期刑者不適用法定假釋，省級監獄受刑人亦有同樣之制度。

三　結　語

加拿大聯邦監獄與州監獄由於監禁受刑人之不同，其所實施之處遇亦異，尤其後者，因收容期間短，幾乎未實施矯正處遇，故明顯出現短期自由刑之弊害。另加拿大為避免超額收容，因而過於氾濫實施附條件釋放制度，有違該制度之旨趣。

第十四節　結　論

對各國獄政制度現況進行探討後，吾人發現各國制度各具有不同風貌與特色。美國獄政反映出該國多樣化之文化特色，具有開創新局，勇於接受各項挑戰之活力。日本則在各項制度上趨於精緻、周密並具日本文化特色，英國致力於強化戒護安全，並維持人性化之管理，德國之矯正活動則

趨於保守，未有巨大之變革。蘇聯（獨立國協）、中國大陸之獄政則以犯罪人之勞動改造為重心。韓國、泰國之獄政現況仍趨於傳統保守，缺乏獨創性，儘管近年來該二國皆致力於開放處遇。新加坡及瑞典則走在時代尖端，勇於嘗試並引進新的矯正措施。法國在機構建築上雖稱霸歐洲，但其行刑相關制度與法令仍落後於時代，至於義大利則在社區處遇之實施上有較突出之表現。「見賢思齊，見不賢內自省也」，此似為我國獄政走向現代化、專業化之重要關鍵。

第十三章　犯罪矯正業務現況與展望

黃俊棠

　　矯正是刑事司法體系最後一道防線，肩負實現司法公義與關懷及矯正教化之重要使命，在處遇目標上，兼具「監禁、沉澱、蛻變、復歸」等四項功能，除消極拘束收容人身體自由，以維公平正義之「監禁」功能外，更使收容人因身心「沉澱」傾聽良知，復藉由各項處遇措施、技能訓練改變其認知行為，進而「蛻變」重獲新生，順利「復歸」社會。隨著監獄行刑法及羈押法修正施行，矯正體系邁入新紀元，矯正署及矯正同仁將秉持「信心、希望、真愛、幸福」四大核心理念，以「現代化刑事政策」、「人本化教誨教育」、「科技化收容環境」及「專業化矯正處遇」四大策略目標，致力於推動各項矯正政策及興革措施，從中尋求精進與創新之道，期回應社會各界對於犯罪矯正專業的重視與期待，展現矯正革新之成果。

第一節　矯正機關收容情形

　　近十年來，矯正機關多處於超額收容狀態，因臺北監獄、宜蘭監獄新（擴）建工程陸續完工，方獲得改善，依圖13-1所示，超收比率自101年底21.1%呈逐年下降趨勢，108年底超收5.9%，109年底始未超額收容。在收容人數方面，自101年底66,106人逐年減少至109年底之58,362人，為近十年最低點，其中以監獄受刑人數最多。

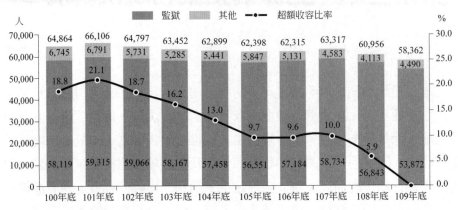

資料來源：法務部統計處。

圖 13-1 近十年矯正機關收容情形

　　109年底，矯正機關共計收容5萬8,362人，總核定容額5萬8,677人，相較於108年底減少約4.3%。其中監獄收容人計5萬3,872人，占所有收容人之92.3%；被告及被管收人2,245人占3.8%；受戒治人及待執行戒治人255人占0.4%；受觀察勒戒人790人占1.4%，由於最高法院刑事大法庭109年11月18日109年台上大字第3826號裁定改變過去實務對於毒品危害防制條例第10條規定關於已逾三年之見解，預估將影響受觀察勒戒及受戒治人數：受感化教育學生706人占1.2%、收容少年318人占0.5%及強制工作受處分人176人占0.3%（詳圖13-2及表13-1）。

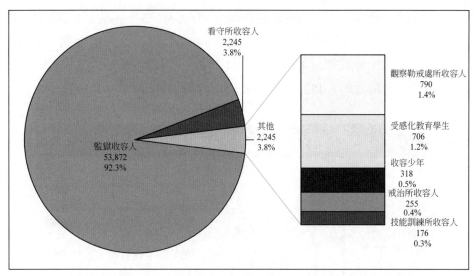

圖13-2　109年底矯正機關收容情形分布圖

表13-1　108年及109年矯正機關收容情形

項目別	收容人數							核定容額	超額收容	
	總計	監獄受刑人、受保安處分人及押候執行者	被告及被管收人	強制工作受處分人	受觀察勒戒人	受戒治人及待執行戒治人	受感化教育學生及收容少年			
	人	人	人	人	人	人	人	人	人	%
108年底	60,956	56,843	2,374	133	369	272	965	57,573	3,383	5.9
109年底	58,362	53,872	2,245	176	790	255	1,024	58,677	−315	−0.5
較上年底增減量	−2,594	−2,971	−129	43	421	−17	59		−3,698	
較上年底增減（%）	−4.3	−5.2	−5.4	32.3	114.1	−6.3	6.1		−109.3	

資料來源：法務部統計處。

在監獄受刑人方面，109年底在監受刑人53,493人，前三大罪名依序為違反毒品危害防制條例（25,937人，占48.5%）、公共危險罪（4,616人，占8.6%）、詐欺罪（4,141人，占7.7%）。女性受刑人共4,779人，占8.9%；非本國籍受刑人452人（占0.8%）（詳圖13-3）。

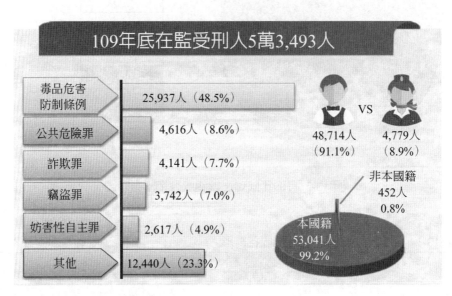

資料來源：法務部矯正署統計室。

圖13-3　109年底在監受刑人人數

第二節　重要施政績效

一　矯正法規修訂施行，人權保障更周延

矯正法規為矯正人員依法行政之基礎，為明確矯正機關與收容人間之權利義務，提升人權保障，經參酌聯合國在監人處遇最低標準規則（曼德拉規則）、聯合國保護所有遭受任何形式拘留或監禁的人的原則等國際公約，以及日本關於刑事設施及被收容人等之處遇法、德國聯邦監獄行刑

法等外國立法例，配合司法院釋字意旨，廣納各界建議，研修羈押法及監獄行刑法，並分別於108年12月10日及同年月17日經立法院三讀通過，109年1月15日經總統公布，同年7月15日施行，為上開法律自民國35年制定以來之最大幅度修正。修正後之監獄行刑法共計十七章156條，羈押法共計十四章117條及其32項授權子法，除使矯正制度更加完備與透明外，更與國際立法趨勢接軌，符合現代刑事矯治政策。

二　結合教育資源，挹注少年矯正機關

為精進少年輔導及特殊教育工作，矯正署110年度持續向教育部國民及學前教育署（下稱國教署）專案增核輔導教師5名、特殊教育教師5名以及特教助理員1名，俾強化少年個別化輔導及教育事宜；另申請12名專業輔導人員（心理師、社工師）配置於少年矯正學校及其分校，專責輔導學生及改善其問題行為。

為強化少年觀護所收容少年處遇推動，經矯正署積極與國教署研商，於108年5月20日修正發布「補助法務部矯正署所屬少年矯正機關相關教育事項作業要點」，除少年矯正學校及其分校可據以申請專業輔導人員、身心障礙教育、特殊教育、技藝教育等補助經費外，少年觀護所自108年起，亦可據以向國教署申請合適的教育、特殊教育或輔導資源，增進少年最佳利益，並充實處遇推動之資源。

三　配合少年事件處理法修正，建立少年鑑別制度

因應少年事件處理法修正，少年觀護所重啟鑑別工作，矯正署於108年7月9日邀請專家學者與相關部會，參考日本現行制度，共同研商少年觀護所鑑別工作流程及鑑別報告參考格式，並於同年9月19日函頒相關制度內容（詳圖13-4），納入案件概況、家庭現況、反應觀察、人際網絡、伴侶關係、就學史、工作情形、成長史及生活情形、安置或司法收容經驗、行為觀察（含每日生活紀錄及秩序情形綜合評估、學習反應觀察、溝通能

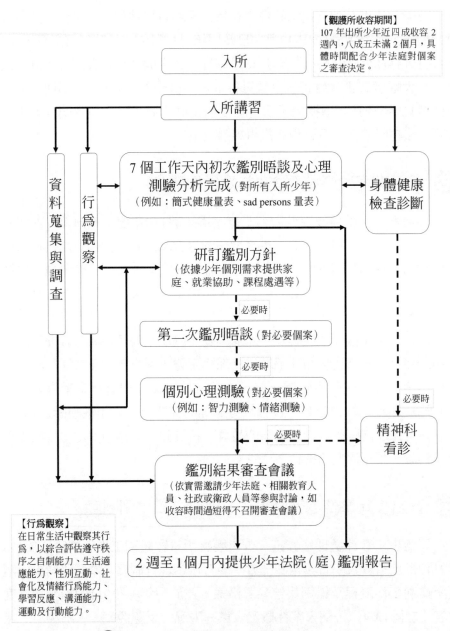

【觀護所收容期間】
107 年出所少年近四成收容 2 週內，八成五未滿 2 個月，具體時間配合少年法庭對個案之審查決定。

入所

入所講習

資料蒐集與調查

行為觀察

7 個工作天內初次鑑別晤談及心理測驗分析完成（對所有入所少年）
（例如：簡式健康量表、sad persons 量表）

身體健康檢查診斷

研訂鑑別方針
（依據少年個別需求提供家庭、就業協助、課程處遇等）

必要時

第二次鑑別晤談（對必要個案）

必要時

個別心理測驗（對必要個案）
（例如：智力測驗、情緒測驗）

必要時

精神科看診

必要時

鑑別結果審查會議
（依實需邀請少年法庭、相關教育人員、社政或衛政人員等參與討論，如收容時間過短得不召開審查會議）

【行為觀察】
在日常生活中觀察其行為，以綜合評估遵守秩序之自制能力、生活適應能力、性別互動、社會化及情緒行為能力、學習反應、溝通能力、運動及行動能力。

2 週至 1 個月內提供少年法院（庭）鑑別報告

圖 13-4 法務部矯正署少年觀護所鑑別流程圖

力觀察、運動及行動能力）等項目與健康檢查紀錄等資料，對於個案進行整合性需求評估、轉銜服務及處遇評估建議，依其需求連結服務資源，並提供少年法院（庭）參考，期強化少年觀護所組織功能，精進少年矯正處遇措施。

四 完善攜子入監處遇，保障兒童最佳利益

基於刑止於一身及實踐兒童權利公約之精神，矯正機關對於攜子入監收容人及其子女，提供生活照顧、醫療照護、育兒設施、親職與幼兒教育課程、家庭支持等處遇措施，矯正署106年4月起並與衛生福利部社會及家庭署建立隨母入、出監（所）轉介評估機制；106年11月起，矯正署結合中國信託反毒教育基金會合作辦理「強化攜子入監處遇措施方案」，逐步改善保育室設施設備，完備親職或育兒教具教材及書籍，強化親職教育與幼兒發展專業處遇及課程講座之質量，並延聘保育人員提供育兒照護示範，建置戶外遊樂設施，營造友善育兒環境；108年起，除延聘全時保育人員外，同年4月起更於桃園、臺中及高雄三所女子監獄，將2歲以上受攜幼兒日間送托幼兒園，接受與一般兒童無異的受教機會，指導生活常規及提供各項身心發展之學習，課後再回矯正機關由其母親照護，俾利回歸家庭之銜接，並展現政府對兒童照護的重視。

五 重塑親情連結，提升家庭支持力

國內外研究顯示收容人進入監所後，家庭支持程度影響其在監所之適應及出監所後之再犯情形（Petersilia, 2003; Hairston and Oliver, 2006; DeLisi and Conis, 2010；鄭麗珍，2012），為積極推展家庭支持方案，矯正署於108年3月19日函頒「『攜手同行・有愛無礙』～家庭支持與援助家庭推展計畫」（流程詳圖13-5）、109年4月7日函頒修正「及時雨一援助收容人高關懷家庭方案」、109年6月11日起進行「收容人家庭援助與關懷試行方案」，除發揮巧思賡續辦理現行之各項家庭支持及援助家庭方

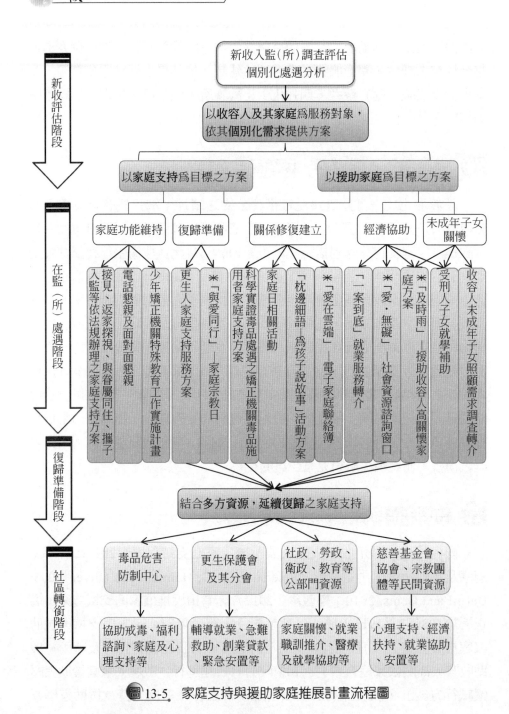

圖13-5 家庭支持與援助家庭推展計畫流程圖

案外，更研擬具延續性之創新方案，包含「與愛同行—家庭宗教日」、「愛‧無礙—社會資源諮詢窗口」、「愛在雲端—電子家庭聯絡簿」以及「及時雨—援助收容人高關懷家庭方案」等，其中及時雨方案結合民間資源辦理物資關懷、參與家庭支持活動之交通費補助及針對收容人未成年子女舉辦幸運草育樂營等活動，藉由矯正機關主動出擊，重塑收容人親情連結，並使其家屬獲致各項資源挹注，使收容人能感念外界幫助及政府政策美意而改過遷善，強化復歸社會之力量。

六　推展行動接見，提升為民服務品質

以往收容人家屬如欲與收容人見面，須親自前往矯正機關辦理接見，或到住家鄰近之矯正機關利用遠距設備接見。隨著行動裝置及網路使用的普及，為提升接見便利性，矯正署自108年起規劃開發行動接見系統並試辦行動接見，使收容人家屬能透過個人行動載具與收容人視訊接見。108年擇定離島地區之澎湖監獄、金門監獄及偏遠地區之泰源技能訓練所試辦，並以年邁、年幼或行動不便之收容人直系血親及配偶為優先試辦對象，109年除上開三所機關外，再加入臺東戒治所、岩灣技能訓練所、東成技能訓練所共計6所機關進行試辦，結果深獲肯定。

為優化試辦系統功能並整合相關作業系統，矯正署辦理行動接見暨便民服務系統（行動接見2.0版）委外建置案，優化上開試辦系統，增加身分辨識及語意分析功能，並進行不同系統之資料整併，109年底完成各矯正機關系統及硬體設備建置，建立便民服務網站及行動接見APP，110年1月18日上線供全國民眾使用，以減少因接見所產生之交通及時間成本，增加家屬接見意願，強化家庭支持力量，提升接見便利性及行政效率。

七　重視高齡受刑人處遇措施，提供全方位照護

高齡犯罪人口增加與長刑期受刑人自然老化，致矯正機關受刑人年齡結構亦呈現逐漸高齡化之趨勢。高齡受刑人因生理機能退化、罹慢性病或

重大疾病、較為孤獨與沮喪憂慮，生活適應異於一般收容人。矯正機關對於高齡受刑人給予較佳之收容環境，除在硬體設施設置無障礙空間、扶手等設施，並提供完善之舍房與老弱工場，降低意外發生風險；於醫療照護上，加強對於慢性病者之照顧，開設健保門診，照護其身心健康；於教化輔導面向，辦理懇親、家屬座談、推廣健康操，並視其個別宗教信仰提供宗教輔導，使其心靈有所寄託；在更生轉介安置輔導面向，針對出監後有就養與就醫需求者，連結社政單位、更生保護、民間慈善團體與醫療機構等，進行轉介與安置，提供全方位之照護。

八　發揚傳統工藝，展現創新風貌

　　矯正機關基於延續傳統工藝、深耕藝文教化之理念，積極傳承傳統技藝與工藝，如花燈、漆器、藍染、天目碗、藺草編織、原住民琉璃珠等等，並藉由參與臺灣燈會、臺灣工藝競賽及辦理各類作業技訓成果展示（售）活動，向社會各界展示嶄新風貌。以積極參與全國花燈競賽為例，所有作品由收容人從無到有投入製作，從發想、構圖、骨架、裱布、彩繪等，一絲一線親手完成，經由團隊合作，創作出一座座璀璨亮麗的大型創意花燈，參賽成績有目共睹。其中彰化監獄製作「順澤宮冠軍帽」成為熱門打卡景點，日本神戶市舉辦「LOVE TAIWAN 2019 IN KOBE」活動，向彰化監獄訂購「龍虎塔花燈」，創下矯正機關花燈銷售到國外首例，更有收容人復歸社會自組工作坊，經由發揚傳統技藝，讓夢想發光。

九　強化職能培力，增進更生復歸

　　為提升收容人職能培力，矯正機關除自辦技能訓練外，並結合勞動部勞動力發展署各分署、臺灣更生保護會各分會、企業廠商及社會資源，辦理多元且符合就業市場需求之實用技能訓練班，鼓勵收容人考取證照，如照顧服務員班、太陽能光電維運班、電銲班、裝潢木工班、起重機與堆高機操作班等，有效協助收容人自力更生，俾順利復歸社會。109年度共開

辦技能訓練439班次，參訓人數12,122人。

　　為響應政府推動長照2.0政策，擴大辦理照顧服務員技能訓練班，鼓勵收容人參加訓練及考取證照，取得結業證書之受刑人，部分獲選參加自主監外作業，平日到監外鄰近之安養機構工作，與社會接軌，並有出監後留任安養機構就業之成功案例；另於監內成立視同作業看護班，負責協助照顧病舍及住院之罹病收容人，以精進專業技能，為復歸社會做好準備。108年度結訓人數為239名，109年度則為164名。

　　為深化收容人復歸社會能力，矯正署以契約合作方式，引進民間參與投資、興建技訓工場，作為職業訓練場所，習得一技之長，出監後並可銜接就業，爰委由桃園市政府經發局代辦八德外役監獄招商，推動企業進駐興建作業技訓工場。經評選程序，已有一公司行號進駐，109年6月2日已順利簽約，契約期間為二十年，營運第一年至少提供13名收容人作業及技訓機會，並將逐年增加名額，增進收容人更生復歸之能力。

✚ 結合勞政機關，強化就業轉介

　　為精進就業轉介服務，即時提供出矯正機關後之就業協助，矯正署與勞動部勞動力發展署共同研商收容人就業協助相關事項，由各機關結合勞動力發展署、各縣市勞工局（處）、臺灣更生保護會，辦理技能訓練及就業輔導轉銜工作，並每月轉介即將出獄收容人至各地就業服務機構，結合勞動部一案到底就業服務，以提供更生人後續就業諮詢、轉介就業及職業訓練等服務，106年7月起，更配合勞動部訂定之「更生受保護人就業服務流程圖（詳圖13-6）」推動就業轉介服務，強化與公立就業服務機構之合作機制。

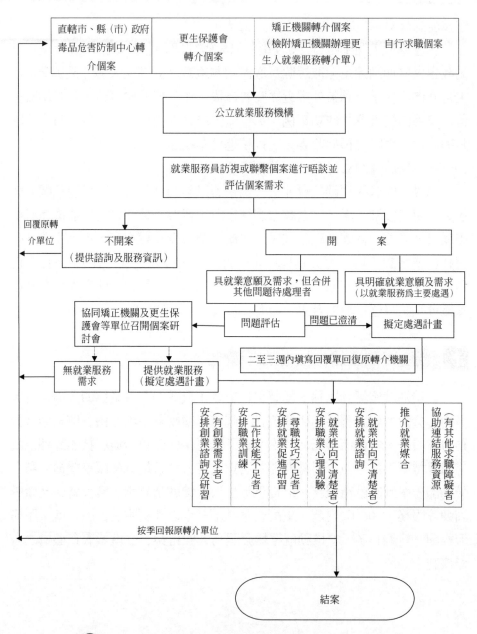

圖 13-6　更生受保護人就業服務流程圖（106年5月版）

十一 完備假釋審核機制，確保受刑權益

為提升假釋審查品質，法務部104年底函頒「假釋審核參考原則」及「假釋案件審核參考基準」，揭示假釋從寬、從嚴審核面向，鼓勵受刑人積極改悔向上，爭取儘早假釋之機會。其中廣納學者專家及實務工作者之意見，建構「犯行情節」、「犯後表現（含在監行狀）」及「再犯風險（含前科紀錄）」等審酌面向之「假釋審核參考原則」，並針對初犯、年老、病弱、再犯可能性低、危害及惡性輕微者從寬核准，再犯風險高、危害治安嚴重者，則從嚴審核。

為達個別化審查，並落實司改國是會議決議，矯正署函請各機關自107年1月起擴大辦理面談機制，並針對特定犯罪類型者加強實施，使假釋審查委員得深入瞭解受刑人悛悔情形，109年度共有2,064人參與假釋面談，達提報假釋審查會年度總案件量約7.0%。此外，請各機關落實徵詢被害人對假釋之意見，使其能透過犯罪被害人保護協會有陳述意見或參與假釋程序之機會，截至109年底，共有417人向犯罪被害人保護協會提出參與假釋程序之申請。

十二 建立外役受刑人遴選機制，遴選作業客觀公平

為增進外役監受刑人遴選作業之公開、透明及公平，自104年第一次遴選作業起，外役監受刑人之評比改採量化積分制，並由矯正署組成遴選小組，遴選審議決定應經出席委員二分之一以上同意行之。復為精進遴選作業之客觀及公平，自107年第三次外役監遴選作業起，外役監遴選委員之書面資料刪除受刑人呼號及姓名欄位，以去識別化方式進行審議。108年6月26日邀集所屬外役（分）監及各矯正機關召開「研商受刑人參加外役監遴選審查基準表會議」，通盤檢視並修正現行審查表之評分基準，期能增加審查基準表積分之客觀性，前開修正之評分基準自108年第三次外役監遴選作業起適用，使遴選作業更臻完備。

十三 靖安小組成軍，強化危機處理能力

　　為強化危機處理能力，矯正署每二年成軍一期靖安小組，成員精挑來自全國矯正機關優秀幹練之戒護同仁，每期由100名警力組成，經密集訓練後成為一支可快速集結與反應支援的部隊，遇矯正機關發生收容人滋擾事件、暴動、囚情不穩等戒護事故或超越風險指標時，即可在矯正署之調派下相互支援，協助機關整頓囚情及秩序，提升應變能力。

　　109年擇定臺北監獄、彰化監獄、臺南監獄及花蓮監獄等機關分區訓練「第十二期靖安小組」，藉由三個月分階段密集式訓練分區驗收訓練成果，於同年10月24日假嘉義監獄辦理成軍總驗收，驗收項目包含八極拳術、綜合逮捕術、警棍使用術及鎮暴隊形等各項戰技操演，以及模擬舍房、工場實兵鎮暴演練，輔以震撼彈、電擊槍、鎮暴手槍、眩光手電筒等精良防衛武器，展現靖安小組成員矯健體魄、純熟戰技及迅捷應變能力。

十四 毒品及酒駕處遇專業化，共同建構社會安全網

（一）推動系統性酒駕處遇計畫，精進專業知能

　　鑑於酒駕收容人數攀升，矯正署經參考世界衛生組織（WHO）歐洲區署對於矯正機關收容人酒精問題之建議方案，規劃三級預防處遇架構，107年3月函頒「法務部矯正署酒駕收容人處遇實施計畫」，採用國際認可之專業量表篩選收容人安排適性處遇，對於有酒精問題者實施二、三級處遇，二級處遇含括醫療衛教、生命教育、法治教育、性別平等與暴力行為預防、家庭支持等認知輔導課程；三級處遇則著重於病識感、動機增強、自我效能提升等團體治療，並聯結社區資源，安排轉介及追蹤關懷服務，期協助酒癮者改變生活方式，修正不當飲酒及酒後駕車行為（詳表13-2）。為提升處遇成效，對參與處遇者實施前後測分析，並每年舉辦研討會，提供醫學、公衛、心理各界與矯正機關交流平台，持續精進專業知能。

表13-2　酒駕收容人三級預防架構

方案架構	方案性質	實施對象	處遇項目
初級預防	發展性預防	全體收容人	酒駕防制宣導講座
二級預防	高風險預防	不能安全駕駛罪名收容人	認知輔導課程
三級預防	介入性預防	酒精成癮或成癮高風險收容人	個別諮商及團體治療課程

（二）精進科學實證毒品犯處遇，強化復歸轉銜

　　為貫徹以實證研究為導向之處遇策略，矯正署參酌美國藥物濫用研究所（NIDA）之「刑事司法系統13項藥癮治療原則」及專家學者諮詢意見，檢視毒品犯累再犯關鍵因子，於106年12月5日函頒「科學實證之毒品犯處遇模式計畫」，訂定包含成癮概念及戒癮策略等7大面向整合性處遇課程，配合個案管理制度之推行，以個案為中心，針對特殊需求之藥癮個案提供個別或團體輔導治療等進階處遇。為強化社會復歸轉銜機制，並與衛政、社政、勞政單位形成4方連結，結合勞動部「新世代反毒就業服務計畫」、衛生福利部「成人藥癮者家庭支持服務作業指引」及毒品危害防制中心追蹤輔導機制，共同協助藥癮者復歸社會及銜接社區戒癮服務，期達成終身離毒的1個終極目標（詳圖13-7）。

圖13-7　科學實證毒品犯處遇

　　依行政院107年11月21日核定修正之「新世代反毒策略行動綱領」，矯正署除推動上開計畫，以實務會議、處遇觀摩會、研討會等方式，持續精進處遇模式、發展分區督導制度外，為突破圍牆內外處遇不連續之困境，108年度起，運用毒品防制基金進用46名個案管理師，協助推動毒品犯處遇、個案管理及社會復歸轉銜等業務，以提升整體處遇效能，矯正署亦督導各機關經由個案研討、課程檢討、處遇觀摩及復歸轉銜共識會議等方式，邀請勞政、社政、衛政、更保及民間戒癮機構，經由建立交流平台，強化與後端社會資源之連結，將處遇自機關內延伸至社區，提供更具系統性、延續性及整合性的處遇方案。109年計辦理專業個案研討160場次、機關內整合之個案研討55場次、機關內外連結個案研討122場次，共辦理337場次。另出監之施用毒品犯約11,000人，依個別需求轉介相關單位之情形，分別為轉介勞政1,561人（14%）、衛政3,851人（35%）、社政1,822人（16%）。

　　110年起，推動「強化毒品犯個別處遇及復歸轉銜實施計畫」，朝向全面篩選、適性處遇及建立復歸轉銜連繫平台為目標，規劃復歸轉銜處遇服務方案，以利社區提前入監所提供銜接服務，精進毒品收容人處遇。

（三）精進毒品犯暨酒駕犯處遇，提升專業知能

　　為協助各矯正機關推動以實證研究為導向的毒品及酒癮戒癮處遇，強化分類處遇並朝個別化處遇發展，矯正署109年4月8日函頒「毒品犯暨酒駕犯處遇督導制度實施計畫」，邀集資深心理、社工專業人員進行工作任務編組，累積實務經驗，進行實證研究，持續滾動檢討修正處遇政策。同年7月至9月間辦理北、中、南三區毒品暨酒駕犯處遇人員教育暨督導訓練，以處遇知能講座、專題研討座談、實務專題研析三階段方式辦理，課程涵蓋矯正機關心理、社會處遇各面向，召集各機關心理、社工及個案管理師參訓，共計辦理40場次（參與人數488人次），期增進對收容人問題行為評估及處遇知能，協助收容人戒毒（酒）癮成功。同年11月至12月間辦理科學實證之毒品犯處遇及復歸轉銜研討會1場（參與人數164名）、毒品犯處遇觀摩會2場（參與人數284名），藉由毒品處遇研究報告、各分區

機關處遇執行、復歸轉銜、督導與教育訓練成果分享，提升毒品處遇規劃及執行之能力。

（四）跨域合作，推動專業處遇

鑑於矯正機關資源有限，專業藥癮醫療處遇有賴外部資源之引進，矯正署自103年起即持續與衛生福利部合作引進戒癮醫療資源，該部109年至110年申請「毒品防制基金」補助13家醫療機構辦理「矯正機關整合性藥癮治療服務暨品質提升計畫」，進入14所矯正機關針對施用毒品及反覆酒駕個案，開設戒癮門診及提供成癮衛教、心理治療、出監所前評估與輔導等服務。此外，跨域結合台塑企業社會公益資源，於6所矯正機關積極推動「彩虹計畫」、「向陽計畫」等毒品犯處遇，提供衛教、心理輔導、技職訓練及家庭支持等處遇課程，並由個管師辦理出監後追蹤輔導，持續提供心理支持。

十五　落實家暴及性侵犯專業處遇，降低再犯性

為貫徹家庭暴力防治法立法意旨，矯正署擇定10所矯正機關辦理家暴犯處遇業務，並頒定「家庭暴力罪或違反保護令罪受刑人之處遇計畫」，作為辦理之依據。處遇對象經調查分類結果疑有酒癮、藥癮、心理或精神異常者，指定機關應延請精神專科醫師、臨床心理師及相關專業人員實施精神、戒癮等治療，無異常者應由教誨師或相關專業人員實施認知教育、親職教育、心理等輔導課程，並加強日常生活輔導。另為提供法院命受刑人於保護管束期間完成加害人處遇計畫之參考，業函請各指定機關自109年1月起於家暴受刑人假釋時，將其獄中治療或輔導紀錄及未來處遇建議提供法院參考。

有關性侵犯處遇部分，矯正署指定10所矯正機關專責辦理性侵犯身心治療及輔導教育，並頒定「妨害性自主罪與妨害風化罪受刑人強制身心治療及輔導教育實施辦法」，以為機關執行之依據。指定機關除編列預算經費、配置專業人力，並延聘外部專業人員入監（校）實施身心治療相關處

遇。目前國內外性侵犯處遇係以再犯預防為架構之認知行為療法為主，使案主瞭解自身犯罪歷程，學習對高危險情境覺察與因應，透過內外控制，降低其再犯。性侵犯移入指定機關後，經參酌受刑人犯行、在機關情狀、家庭成長背景、人際互動關係、就學歷程、生理與精神狀態或治療及其他相關資料進行調查與評估後，提報篩選評估會議決議後續課程之規劃，治療輔導結束後再提報評估會議審查與決定個案是否結案。

十六 建置三級預防模式，強化自殺防治守門人角色

為使矯正機關儘早發現具自殺風險之收容人，協助適應收容生活，並能依其風險程度接受合適處遇，矯正署於109年函頒「矯正機關收容人自殺防治處遇計畫」，經檢視近年來收容人自殺事件進行案件分析歸類，釐訂自殺風險收容人對象分類，並建立自殺防治守門人角色，參考公共衛生「三級預防」模式概念，以預防性原則，提供適時照護及輔導，強化戒護、輔導及轉介衛生醫療單位治療之完整照護模式（詳圖13-8）。自110年起，矯正人員在職訓練課程中，將加入自殺防治課程，訓練管教人員如何辨別自殺風險因子，上開計畫並納入各機關內部控制管理機制，強化機關管控自殺風險者功能，持續給予是類收容人合適之資源及支持。

十七 持續辦理納保作業，提升醫療品質

自二代健保施行後，矯正機關收容人於102年起納入全民健康保險，矯正署與衛生福利部及衛生福利部中央健康保險署積極合作辦理收容人健保醫療，於機關內依收容人治療需求，開設內科、外科、精神科、皮膚科、牙科、眼科、耳鼻喉科、骨科及中醫等科別；除診療科別更為完整外，更與健保醫療院所合作改善戒護外醫流程及增建收容人戒護病房，提升外醫品質與效率，完善收容人健保醫療之可近性。

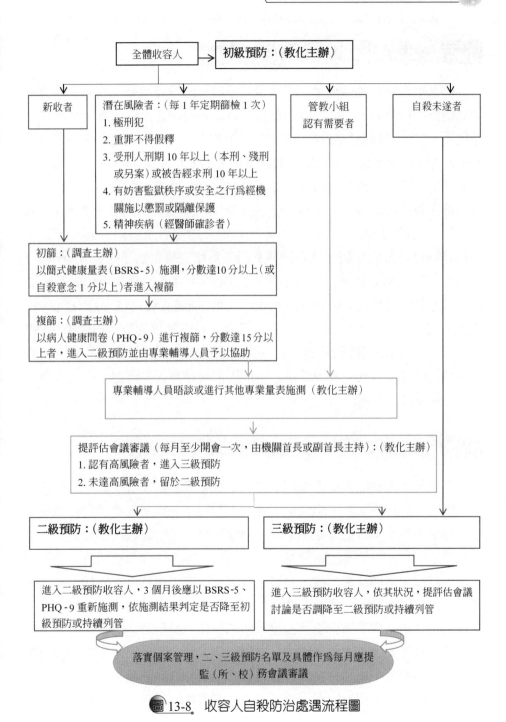

全體收容人　初級預防：（教化主辦）

新收者

潛在風險者：（每 1 年定期篩檢 1 次）
1. 極刑犯
2. 重罪不得假釋
3. 受刑人刑期 10 年以上（本刑、殘刑或另案）或被告經求刑 10 年以上
4. 有妨害監獄秩序或安全之行為經機關施以懲罰或隔離保護
5. 精神疾病（經醫師確診者）

管教小組認有需要者

自殺未遂者

初篩：（調查主辦）
以簡式健康量表（BSRS-5）施測，分數達 10 分以上（或自殺意念 1 分以上）者進入複篩

複篩：（調查主辦）
以病人健康問卷（PHQ-9）進行複篩，分數達 15 分以上者，進入二級預防並由專業輔導人員予以協助

專業輔導人員晤談或進行其他專業量表施測（教化主辦）

提評估會議審議（每月至少開會一次，由機關首長或副首長主持）：（教化主辦）
1. 認有高風險者，進入三級預防
2. 未達高風險者，留於二級預防

二級預防：（教化主辦）

三級預防：（教化主辦）

進入二級預防收容人，3 個月後應以 BSRS-5、PHQ-9 重新施測，依施測結果判定是否降至初級預防或持續列管

進入三級預防收容人，依其狀況，提評估會議討論是否調降至二級預防或持續列管

落實個案管理，二、三級預防名單及具體作為每月應提監（所、校）務會議審議

圖13-8　收容人自殺防治處遇流程圖

十八　提振工作士氣，維護同仁尊嚴

　　隨著矯正工作挑戰增加，工作量及戒護風險逐漸增長，為留住戒護專才並提振工作士氣，106年5月18日經行政院核復同意，在不增加編制員額總數下，主任管理員與管理員編制員額調整為1：5.5，調增主任管理員職務數計240人，暢通陞遷管道，激勵基層戒護同仁士氣。為應部分矯正機關新（擴）建及超額收容嚴重、戒護外醫勤務量增長等所需戒護及教化人力，矯正署持續請增人力，自100年起經行政院同意核增預算員額職員550人、約僱人員150人，合計700人。至於提升增支專業加給方面，行政院於107年8月17日同意調整矯正機關戒護人員增支專業加給，自108年起直接戒護人員原增支新臺幣（以下同）3,000元，修正後分為第一級及第二級，分別另按月增支4,500元及4,000元，間接戒護人員原增支2,300元，修正後另按月增支3,000元；108年起，日勤人員支給值勤費每日由350元提升至380元；隔日制夜勤戒護人員備勤費支給由560元提升至630元，藉由上開積極暢通基層同仁升遷管道、爭取人力爭補及提高待遇，提振工作士氣，並維護同仁尊嚴。

十九　推行矯正戰技，強化專業職能與執勤裝備

　　為強化戒護職能與危機處理能力，鑑於各機關辦理常年教育之戰技課程因內容及師資不一致，訓練無法連貫，間接造成戒護人員面對猝然攻擊之因應能力不足，矯正署爰制定統一訓練教材：「矯正戰技手冊」、「矯正戰技手冊——警棍及攻堅鎮暴篇」，內含八極拳、綜合逮捕術、警棍使用術等戰技，透過落實演練，除可強身健體，亦可達到反擊制伏、逮捕帶離之成效，期提升整體戒護人員應變能力。

　　為提升矯正機關面對重大戒護事故如挾持、暴行時之應變能力，矯正署培訓各機關人員危機處理能力及儲備談判人才。截至109年底已辦理4期談判人員訓練班，培訓117名專業談判人才；另辦理3期矯正戰技種子師資班，結訓合格之戰技教官納入矯正署「矯正戰技師資庫」，目前共60名，

每年不定期辦理回訓，精進戰技教官之矯正戰技。

　　為應戒護人員遭受收容人攻擊事件日漸增多，考量實務運作需求，矯正署於107年採購辣椒噴霧罐予各矯正機關使用；108年增編經費購置鎮暴槍、電擊槍、辣椒噴霧罐等非致命性、控制效果佳之安全裝備，發予各矯正機關；109年補助矯正機關購置防彈背心、盾牌、消防衣及其他安全設備，期藉由提升執勤裝備，達到安全有效控制之執勤需求。

二十　辦理國際交流，提升矯正視野

　　為瞭解世界各國矯正實務操作，並與國際接軌，矯正署自成立以來，持續辦理國際交流，除配合各部會接待國外團體，宣傳矯正制度並交流彼此經驗作為獄政興革之參考外，每年度依據當前重要刑事政策，派代表團前往他國矯正機關參訪，如104年前往澳洲考察矯正機關分級分類戒護管理模式；105年就美國德州與加州不同等級之矯正機關設施設備、生活處遇及管理模式等面向進行考察；106年前往加拿大矯正機關考察犯罪風險評估機制及相關管教措施；107年前往荷蘭，考察矯正機構管理實務、毒品犯處遇方式及荷蘭矯正機關內其他類型收容人之處遇及與民間機構合作之戒癮治療等；108年前往英國矯正機關就風險等級評估機制、犯罪人行為管理計畫及假釋制度進行考察，期作為我國相關政策之參考與借鏡。未來矯正署將持續辦理國際參訪交流，提升視野及矯正能量。

第三節　推動中之重點業務

一　持續修訂矯正法規，完善各項矯正處遇

　　為符合國際少年矯正思潮及兒童權利公約規定，矯正署刻正審酌監獄行刑法、羈押法及其授權子法修訂情形，將國際立法關於成少差別處遇及少年最佳利益之要求納入「少年矯正機關收容處遇實施條例」研訂之考

量，並邀請國內專家學者、司法院、教育部及衛生福利部等有關單位共同研商條文內容，期能強化並整合各類收容少年矯正機關（學校）之處遇及教育實施，培養適應社會生活之能力，並促進少年之自尊心、責任感及價值感，強化其對他人自由及權利之尊重。

因應新修正之監獄行刑法實施，相關矯正法規及制度均需配合調整，經衡酌行刑累進處遇條例自35年3月6日制定迄今，期間因權責機關更改、體制名稱異動及配合刑法修正，進行部分條文修正計7次，惟所規範內容於新修正之監獄行刑法施行後已不符時宜，包括通信接見、電器使用、教化給養權益等規範，爰有修訂之必要。109年7月24日成立修法小組，對於累進處遇制度規劃採宜修不宜廢之研修方向，將徵詢民間團體及矯正機關意見後，研提修法草案送行政院審訂。

■ 推動外部視察制度，管教措施公開透明

新修正施行之監獄行刑法及羈押法，參考日本及德國相關制度，增訂外部視察制度，並訂定監獄及看守所外部視察小組實施辦法，各矯正機關聘請具備法律、醫學、公共衛生、心理、犯罪防治或人權領域背景之專家學者，組成外部視察小組，針對獄政管理及收容人處遇提出建議，達成行刑透明化之目標。為增加視察小組委員之多元性，案經各人權團體、學校、律師公會、諮商心理師公會及醫療院所等機關推薦適任名單後，矯正署建立委員人才資料庫，供各矯正機關參考，109年12月3日已完成254位委員聘任程序且正式運作，並於110年2月初完成「109年第四季外部視察成果報告」，對外公開於矯正署網站，供民眾檢閱瞭解外部視察成果。

■ 少年輔育院改制，健全學生權益

為提升司法兒少之保護，矯正署研訂「少年輔育院改制矯正學校計畫」，以分階段為目標，推動桃園與彰化少年輔育院改制為矯正學校。上開計畫經行政院於108年7月3日函復核定，同年月31日揭牌成立誠正中學

桃園及彰化分校，並由教育部國民及學前教育署協請相關學籍合作學校，進用合格之專任代理教師81名（含輔導及特教教師），由專屬教師、專業輔導與特殊教育師資，提供完善教學、輔導與特教服務。

108學年度起，除將進修部之學制轉換為技術型高中為主之學制外，亦將原每週24節課增加至高中標準課程之35節，與全國學校同步實施新課綱，確保兒少不論於矯正學校或一般學校享有相同之教育內容，俾保障受感化教育學生受教權益。矯正署將依行政院核定之計畫內容，賡續推動後續矯正學校改制作業，並於110年7月成立獨立之矯正學校，完善司法兒少之保護。

表13-3　少年輔育院改制前後處遇對照表

項目	改制前	改制後
教育資源	進修部（每週24節課）	日校（每週35節課），提供平等教育權益
技職教育	進修部技職教育	完善技職課程，可考取丙級證照，且更易銜接科技校院
學分數	學分數不足，可能面臨補修學分，復歸校園阻力大	學分數正常化，減少降級或補修學分之情形，促進復歸校園
教學品質	無專屬師資	專屬師資，提供專業資源與品質
個別化教育	教師人數少，推動個別化教育有限	教師人數增多，較易發展個別教育措施
課程發展	無	設分校後，加入誠正中學課程發展委員會，強化課程發展

四　周延調查分類制度，推動受刑人個別處遇

依監獄行刑法第11條規定，監獄就新入監受刑人透過跨科室入監調查及需求評估，按其個別情形訂定「個別處遇計畫」，以使監獄之輔導教育、作業、家庭支持、心理處遇、社會資源連結等處遇資源分配至所需受刑人，另結合心理、社工人力及醫事人員提供專業處遇（例如性侵犯處遇、家暴犯處遇等），並透過每二年定期複查及出監調查之制度，評估處遇執行情形及後續社會資源（勞政、衛政、社政、更生保護會或民間機構

等）之銜接，以協助受刑人順利復歸。

　　為提升處遇成效，矯正署將進一步結合心理、社工人員之專業，擇定示範機關試辦「專業輔導人力於個別處遇工作模式」，如高齡、身心障礙、具自殺風險等收容人之評估、進階心理處遇及社會資源評估連結等措施，促進受刑人在監適應，強化復歸社會之資源連結轉介效能。

五　擴大推動自主監外作業，協助漸進復歸社會

　　為使收容人在有條件的支持下，逐步從事謀生工作、接軌未來職場及協助適應社會生活，矯正署於106年6月起推動受刑人自主監外作業，讓表現良好且即將假釋或期滿之受刑人，於白天外出工作，晚上返監，漸進式復歸社會與就業職能訓練。自開辦以來，在矯正機關及僱用廠商共同合作下，執行成效良好，深獲社會各界肯定，其中106年核准281名受刑人外出作業，107年核准579名，108年核准866名，109年核准1,881名，共計核准3,607名受刑人外出作業，出工人數逐年成長，且有出監受刑人留用原廠商並陞任公司主管階級之情形。未來將持續擴展監外作業規模，讓即將出獄之受刑人，均有機會在適當監控下，在外從事自主作業，俾利及早適應職場生活，順利更生復歸。

六　建構假釋審核評估量表，科學實證導向

　　為使我國假釋審核朝更具科學實證導向發展，因應國際趨勢及司法改革國是會議中之「假釋透明化」議題，矯正署經以「假釋審核參考原則」及「假釋案件審核參考基準」為基礎，參酌部分歐美國家之審核機制，量化評估受刑人假釋審查參考項目，且經蒐集相關文獻、專家學者及實務工作者意見、參考國外實務做法，進行前導性樣本測試分析，期發展並建構本土化之假釋審核評估量表，量化評估基準將配合新修正之監獄行刑法第116條第2項規定，及刻正進行之累進處遇條例修正案併同調整。俟修訂完成後，可提供假釋審查委員評估受刑人之假釋風險，並輔以面談機制及徵

詢被害人意見，客觀審核假釋案件。

七 科學實證為基礎，建構性侵犯專業處遇

　　為建構以科學實證為基礎之性侵犯處遇與評估模式，矯正署自106年9月起推動「指定矯正機關性侵犯處遇與成效研究計畫」，責成10所性侵專監就治療模式、處遇方案及風險評估等面向進行探究，經學者專家審查與修正後，108年4月12日辦理「矯正機關性侵犯處遇及成效自行研究成果發表會」，邀請性侵處遇專監及相關業務人員共同參與，藉由實務與學術界交流合作，就性侵犯治療模式、處遇方案及風險評估等面向發表研究成果，作為日後精進該類受刑人處遇規劃之參考。發表會中部分機關提出頗具發展性、創見性之議題（如本土化之再犯預測工具與處遇模式），爰請各專監延續既有之成果，持續精進發展，建構以科學實證為基礎之性侵犯處遇模式，提升處遇成效。

八 辦理實證成效評估，處遇模式更精進

　　為評估科學實證毒品犯處遇成效，滾動式檢討研提策進作為，矯正署規劃辦理三年期（109年至111年）研究計畫。109年委託國立中正大學犯罪研究中心執行第一期「科學實證毒品處遇模式實施成效評估與策進研究計畫」，研究成果報告指出，毒品犯在羅德島大學改變量表「沉思期」、「行動期」及「維繫期」平均得分顯著上升；進入團體或個別心理治療前後測驗「自我瞭解」、「人際自信」、「出監適應信心」、「戒癮成效信心」、「監所正向評價」、「整體自信」等因子，平均得分顯著上升，顯示改變意願及思考與行為程度獲得改善。所提建議包括：強制參與課程亦能獲得正面處遇成效；增加毒品犯對課程內涵的瞭解，以減少焦慮與防衛；降低毒品犯對處遇課程的負面刻板印象，以促進參與程度；提早規劃出監轉銜，以利後續追蹤與復歸等，均具作為策進毒品處遇之參考。

九 研究身心障礙者處遇需求，合理調整適當措施

依監獄行刑法第6條規定，監獄應保障身心障礙受刑人在監獄內之無障礙權益，並採取適當措施為合理調整，其中合理調整得包括設備設施、處遇管理內容、或程序流程上的調整。為協助身心障礙收容人適應矯正機關內之生活，矯正署將遵循身心障礙者權利公約宗旨，依身障種類合理調整其生活處遇，110年2月已研擬「矯正機關身心障礙收容人處遇計畫（草案）」並召集會議討論，俟修訂完成後將函頒提供各矯正機關參考。另為保障身心障礙收容人權益，110年特辦理「身心障礙收容人在監適應及特殊需求」委託研究案，期以客觀實證研究研析矯正機關內各類身心障礙收容人在監適應及特殊需求，作為後續處遇措施規劃之參考。

✛ 成立指揮中心並落實防疫措施，疫情防堵於矯正機關外

矯正署為因應新冠肺炎疫情，109年1月20日成立「矯正署因應嚴重特殊傳染性肺炎指揮中心」，每週召開防疫會議，持續關注中央防疫策略及疫情發展，滾動式調整相關防疫策略。同年2月26日配合中央流行疫情指揮中心指引訂定「法務部矯正署因應矯正機關發生嚴重特殊傳染性肺炎疫情預防及緊急處理計畫」，以「加強防疫觀念宣導、澈底執行防疫措施、確實管控防疫物資」三大面向要求各矯正機關落實辦理各項規範，計畫內容並適時依疫情變化滾動式檢討修正。109年3月份各矯正機關辦理「COVID-19疫情」防疫應變演練，以強化機關應變能力，並阻絕疫情入侵。

為因應自境外返國新收收容人隔離檢疫需要，110年2月24日正式啟用臺中防疫中心，臺北及高雄防疫中心刻正籌辦中，後續將視疫情指揮中心決議後啟用，確保全國矯正機關防疫不破口，以維護收容人及矯正機關同仁之身體健康。

十一　推動一人一床方案，改善居住品質

　　矯正機關囿於現有硬體設施限制，雖長期處於超額收容之窘境，矯正署仍研提「矯正機關收容人居住品質提升方案」，積極推展「一人一床」方案，本於務實可行及兼顧戒護安全下，分階段執行，期藉由提供收容人合宜睡眠設施，提升居住品質，彰顯人道處遇精神。本案採分年度逐步增設，各機關致力於在現有居住空間內，設置合理之床位數，並利用採購客製化床鋪、修改舍房空間配置等方式，提升床位可增設數；至未超額收容或空間足夠且屬低度管理機關，則列為優先完成「一人一床」設置目標。床位分配順序以老弱疾病、女性或少年等收容人為優先配置對象。

　　本方案自105年推動起迄109年底，合計有4萬7,107個床位供收容人使用，床位配置率達80.71%，已有23所機關（占矯正機關總數約45%）達成「一人一床」設置目標，未來將配合「監所新（擴）建計畫」進度，將舍房床位設置納入工程設計，賡續朝收容人「一人一床」設置目標努力。

表13-4　一人一床方案辦理期程

年度	計畫前	105	106	107	108	109	110	111	113
增設床位數		9,465床	8,328床	6,717床	3,797床	1,008床	「舊有矯正機關配合擴、改、遷建計畫完成，紓解部分超收問題，再行規劃可增加之床位數」		
新擴建工程增設床位			1,344床（北監）		1,080床（宜監）		1,360床（雲二）	2,271床（八德）	1,188床（彰所）
增設後總床位數	15,368床	24,833床	34,505床	41,222床	46,099床	47,107床	48,467床	50,738床	51,926床
床位配置率（占實際收容人數）	24.47%	39.80%	55.37%	65.10%	75.63%	80.71%	78.17%	81.84%	83.75%
床位配置率（占核定容額）	27.02%	43.66%	60.67%	71.60%	80.07%	80.28%	80.72%	81.43%	81.78%

說明：

1. 105年至109年實際收容人數採計年底收容人數，110年度以後預估為6萬2,000人。
2. 核定容額106年以前為56,877人，107年至108年為57,573人，109年為58,677人，110年為60,037人，111年為62,308人，112年為63,496人。

十二 推動全面自來水，保障用水品質

為保障人權並改善收容人用水問題，經矯正署所屬各機關與臺灣自來水公司所屬分區管理處評估管線設施及供水量後，除8所機關現無設施改善及增編水費需求，均已全面使用自來水，及7所機關囿於該公司供水量及水源不足等問題，短期內礙難辦理外，業經行政院108年5月21日核定「法務部矯正署所屬矯正機關收容用水改善計畫（詳表13-5）」，自109年起至113年止，陸續推動36所矯正機關全面改用自來水，經查109年底計有30所矯正機關全面改用自來水，較上開改善計畫預期進度超前，至113年止，預計有44所矯正機關全面使用自來水，保障收容人用水品質。

表13-5 矯正機關收容用水改善計畫推動表

目標	期程	109年	110年	111年	112年	113年
經與自來水公司評估後，除8所矯正機關現已全面使用自來水，及7所機關短期內因管線問題難以改善外，推動其餘36所矯正機關全面使用自來水，以完善收容環境。	109年至113年	7所	16所	10所	2所	1所
合計增加36所機關	現已全面使用自來水，8所 113年，1所 112年，2所 111年，10所 109年，7所 110年，16所					

十三 矯正機關擴改遷建，紓解超收擁擠

為紓解超收擁擠問題，除加強實行檢察及司法系統前門政策之轉向處遇及矯正系統後門政策之假釋制度以為因應外；矯正署另研提「矯正機關

擴、遷、改建評估方案」，盤點現有土地資源，篩選出具擴、改、遷建可能性之矯正機關分階段辦理，陸續推動各項中長程個案計畫，提供新的收容空間，俾維護收容人基本人權。已推動之個案包括臺北監獄新（擴）建工程已於106年10月落成，宜蘭監獄擴建工程於108年底啟用；另刻正推動八德外役監獄與雲林第二監獄等二所機關新（擴）建工程及彰化看守所遷建工程，預計自110年底陸續完工啟用後，共可增加4,819名容額，矯正機關整體超收比例降至0.28%（超收改善效果估算方式係依五年平均收容人數64,300人為基準），除有效紓解超收擁擠問題外，新建收容人舍房均配置床鋪及書寫桌椅，俾提供合宜的生活環境，維護收容人人權。

表13-6　矯正機關擴、遷、改建方案辦理期程

項目	臺北監獄新（擴）建	宜蘭監獄擴建	雲林第二監獄新（擴）建	八德外役監獄新（擴）建	彰化看守所遷建
計畫期程	101年至106年6月底止	103年至107年底止	106年至110年底止	106年至111年底止	107年至113年底止
效益	增加1,344名容額	增加1,080名容額	增加1,360名容額	新增2,271名容額	新增1,188名容額
預估總核定容額	58,221名	59,301名	60,661名	62,932名	64,120名
預估超收率	10.44%	8.43%	6%	2.17%	0.28%

說明：超額收容改善效果估算方式係依近五年平均收容人數（64,300人）為基準，視各該計畫結束當年度所增加之收容額，重新核算超額收容及其減少之比率，爰與上開實際收容情形不同。

十四　建置智慧監控系統，銜接智慧監獄計畫

　　為補強矯正機關戒護安全相關硬體設施及設備，並妥適運用科技設備輔助戒護勤務，矯正署於105年起分別向行政院國家科學技術發展基金管理會及科技部爭取預算，陸續推動「矯正機關智慧監控系統建置及影像資料庫分析應用計畫」及「矯正機關智慧監控系統建置計畫」三期計畫，除於矯正署建置影像資料庫雛型、遠端監控及指揮中心外，截至109年底已

完成臺北監獄等11所機關之智慧監控系統建置，使機關能運用該系統輔助值勤同仁判斷事發狀況，減輕工作壓力及減少戒護疏漏，強化安全防護機制。

　　為運用科技設備輔助矯正業務，矯正署於107年研提智慧監獄上位計畫，除向科技部申請建置經費外，並於108年積極進行試辦規劃，109年11月底於嘉義看守所，結合各項人工智能科技應用，建置「智慧安全監控系統」、「智慧辨識系統」及「智慧購物平台系統」，期將科技技術創新應用於矯正機關之管理，並運用其所蒐集之資料，作為收容人購物、看診掛號等申請之管控，取代過往繁瑣且重複的行政作業，將有限人力發揮更大效用；另運用行為分析以及科技辨識技術，強化戒護效能及監控品質，縮短警力反應時間，減輕執勤壓力。109年辦理成果將作為後續精進參考，並持續爭取預算推展至全國各矯正機關。

十五　建置太陽光電發電設備，落實綠能政策

　　為應收容人舍房燠熱及生活空間擁擠，矯正署研提「矯正機關太陽光電發電設備建置方案」，對具太陽光電發電資源之矯正機關，自106年起採太陽光電能源技術服務（PV-ESCO）模式，藉由公有屋頂公開招標出租裝設太陽光電板，隔熱降低房舍溫度，由業者負責建置太陽光電發電系統及後續營運與維護，獲得售電收入後，公部門則依合約收取租金或分享售電利潤，形成雙贏局面。迄今已20所機關（含矯正署）完成建置，設置面積達10餘萬平方公尺，年發電量估逾1千457萬度電量。矯正機關更藉以培訓收容人專業養護技術，參與太陽能設施維運之自主監外作業，如雲林監獄自107年起與勞動力發展署及廠商聯盟，簽訂契約成立太陽能光電設施維運技能訓練班，提供技能訓練，加值綠能產業，共創多贏局面。

十六　加強環境保護，廚餘去化減量

　　為落實非洲豬瘟防疫政策，「禁止廚餘養豬」已成未來環保趨勢，

有鑑於此，矯正署已預為因應準備，加強宣導所屬各矯正機關應落實廚餘「減量」措施：如請各機關確實掌控收容人伙食數量，加強宣導惜食觀念，避免食物浪費，改善收容人廚餘回收方式，生廚餘與熟廚餘應加分類等；另自108年起請各矯正機關加強廚餘減量，廚餘數量已從每日76公噸，減少至每日42公噸，減量約44.74%，頗具成效。同時，鼓勵各機關視環境設施發展合適之去化模式，以多元方式（如自製堆肥方式或以其他生物如黑水虻去化方式）逐漸取代由畜牧業者清運之去化管道。

第四節　擬將採行之精進措施

一　活化國定古蹟，傳承獄政文化

「國定古蹟－嘉義舊監獄」為全國目前保存最完整之日據時期監獄木造建築，具有不可取代的文化價值及建築特色，矯正署於100年協助嘉義監獄完成第一期古蹟本體修復工程後，對外開放民眾參觀。為維護古蹟建築及使用人之安全，藉以宣導獄政革新及法治人權之教育理念等核心價值，嘉義舊監獄園區刻正委由專業建築師事務所進行設計規劃，針對園區第二期整修及再利用計畫、園區因應計畫及舊看守所耐震評估等事項進行先期規劃，俟文化部核定後即著手辦理後續整修事宜。期藉由活化舊監，結合嘉義市木都觀光特色，打造獄政文化及法治教育之重要新據點，使更多民眾瞭解獄政文化從古至今的發展，身歷其境體驗自由之價值，以達到傳承獄政文化之效。

二　因應司法院第785號解釋，研提勤務規範

司法院大法官於108年11月29日做出第785號解釋，宣告公務員服務法、週休二日實施辦法、公務人員保障法第23條規定及相關法令，並未就業務性質特殊機關所屬公務人員的服勤時數及超時服勤補償事項，另設必

要合理的特別規定，與憲法第18條保障人民服公職權意旨有違，相關機關應於解釋公布之日起三年內檢討修正。矯正署將依司法院釋字第785號解釋意旨及權責機關所訂之相關框架性規範，凝聚同仁共識，研提具體可行之相關規範及勤務制度，並爭取人力及經費挹注，完備矯正人員勤務制度。

三 客觀實證研究，型塑矯正專業

為專業化矯正處遇，經由實證研究檢視當前處遇執行現況、方案內容及困境，研提策進作為，實有其必要性，矯正署將賡續以科學實證研究進行驗證，相關研究建議並將作為處遇政策檢討修正之依據。另為朝向矯正處遇專業化及加強科際整合之犯罪矯正研究，俾據以釐訂犯罪矯正政策，矯正署擬研議設立犯罪矯正研究中心，由矯正署相關單位及聘請署外法律、心理、社會、犯罪學或精神醫學等領域之專家學者，進行各項犯罪矯正研究工作，型塑專業化之矯正文化。

第五節 亟待解決之課題

一 建立符合基本生活需求之矯正環境，人權保障更周延

矯正機關多數興建於50年代至70年代，其設計理念與空間配置，已不敷當前行刑處遇所需，為符國際人權要求，矯正署參照「聯合國在監人處遇最低標準規則」（The United Nations Standard Minimum Rules for the Treatment of Prisoners）及聯合國2016年「監獄建築技術指引手冊」（Technical Guidance for Prison Planning）規範等，研議訂定「矯正機關建築設計參考原則」，囿於硬體設施限制，無法一步改善到位，但本務實可行之原則，以分階段執行方式，爰針對新（擴、遷）建之矯正機關收容空間明示群居房每人空間面積至少為3.4平方公尺（不含浴廁空間），略大

於1坪，未來配合「一人一床」之政策目標，將可視需要合理調降矯正機關之現有核定容額，輔以每年持續改善房舍、消防及戒護安全等設施及設備，強化收容人之生活照護，逐步建置適性、合理之處遇空間，維護收容人基本人權。

二 補充各類專業人力，提升處遇成效

近年刑事政策變遷，著重嚴刑峻罰，然輕罪轉向矯正機關外處遇之成效受限，致矯正體系負荷沉重，不僅超額收容且收容對象罪質複雜，撤銷假釋、重罪累犯不得假釋及長刑期受刑人人數均呈成長趨勢，潛在風險升高，戒護管理環境益形嚴峻。又為提升醫療照護需求，收容人自102年起納入健保後，戒送外醫及住院勤務大幅增加，耗費大量戒護人力，致原已不足之戒護人力更顯捉襟見肘，對於戒護勤務人力調派，無疑是雪上加霜，亦因而排擠其他戒護勤務之執行。經查110年1月底矯正機關戒護人力比約為1：10，相較其他國家戒護人力如德國（1：2.3）、香港（1：2.4）、加拿大（1：2.5）、英國（1：3）、韓國（1：3.5）、美國（1：5）、日本（1：5.5）等，戒護勤務負擔仍顯沉重，矯正署將賡續就人力缺口積極爭取，朝向戒護人力比1：8之目標邁進。

近年來立法院、司法院及監察院均促請矯正機關應補足心理、社工專業人力，又總統府司改國是會議及兩公約國際審查會議亦提出相同意見。矯正署為強化矯正機關專業處遇，自100年成立即規劃持續請增心理及社工專業人力，在未能補充正式編制預算員額下，積極爭取經費自108年起暫以「勞務承攬」方式補充專業處遇人力（108年66名、109年113名），以應實需，惟勞務採購難以累積經驗發展專業處遇模式，市場上亦絕少有廠商提供此類型服務，致衍生自然人承攬之不得已問題，為改善渠等進用方式，矯正署依行政院109年7月7日召集之「法務部矯正署勞務承攬心理社工人員改進措施事宜會議」會議決議研提「矯正機關充實心理及社工人員需求計畫書」，擬訂分階段之方式，逐步滿足矯正機關所需之專業人力，第一階段（110年至111年）以臨時人員替代勞務承攬人員，108年至

109年已補充至113名（66心理、47社工），預計110年累計補充至170名，並請增約聘人員；第二階段（112年至113年）調整部分約聘人員為預算編制員額；第三階段（114年至117年）逐年擴大專業人員編制，調整臨時及約聘人員改為編制員額與爭取預算進用，擬請增335名（加上原有81名，共計416名），達到專業人力與收容人數比達到1：300之目標，以兼顧其工作權益保障。為強化各機關處遇量能，編制正式人力有其必要，矯正署未來將持續爭取人力增補，期能改善用人方式。

第六節　結　論

　　隨著矯正模式轉變及人權意識提升，矯正工作挑戰日益艱鉅，矯正政策推動的良窳，有賴於所有同仁共同努力。矯正署及所屬同仁將賡續以「提升矯正專業效能，展現人權公義新象」之理念，持續堅守崗位並與時俱進，以宗教家的情懷、教育家的態度，規劃與制定相關政策，期以更專業的處遇與更人性化的收容空間，用心踏實地推動各項興革措施，協助收容人復歸社會，成為良民，共同實踐司法正義，增進社會祥和與安全。

第十四章　未來犯罪矯正之發展趨勢

犯罪矯正係刑事司法體系重要與不可或缺之一環，其運作不僅關係刑罰之有效執行，同時亦影響及整體之社會治安，為此，其未來動向頗值得加以正視。一般而言，未來犯罪矯正之發展與當前社會之現況息息相關。尤其社會急遽變遷、都市化、工業化之結果，人口結構改變、犯罪率升高等等，皆對犯罪矯正體系活動帶來巨大衝擊。加上近年來監獄受刑人權益意識之普遍覺醒，幫會分子之滲透與成長，人犯擁擠等問題，傳統矯正行政乃面臨諸多挑戰，亟待採行嶄新與前瞻性之策略加以因應。

本章參酌歐美諸國之發展現況與經驗，融合犯罪矯正學術研究之創見，試擬探討學者、專家對未來犯罪矯正之見解，分析影響犯罪矯正活動之內外因素，並勾繪及推測未來犯罪矯正之趨勢。

第一節　未來犯罪矯正之觀點

一　學者之勾繪

回顧犯罪矯正之文獻中，許多刑罰與犯罪學學者嘗試應用自己研究之心得，勾繪出未來犯罪矯正之遠景。換句話說，許多學者雖並不擬嘗試預測未來，但他們卻明晰地指出未來犯罪矯正應努力的方向。例如刑罰學者David Fogel倡導之正義模式（Justice Model）即清晰地指出刑事司法人員自由裁量（Discretion）之權力應降至最低，以避免不公平與濫權。同時，高度安全管理之監獄應儘量減少使用，只有犯罪情節嚴重者始應送監執行，大部分犯罪情節輕微者仍以在社區矯正機構執行為當[1]。Fogel另主張

---

1 David Fogel (1975), "We are the Living Proof..." in The Justice Model For Corrections. Cincinnati: Anderson.

刑罰應以定期刑為主，而非濫權不確定之不定期刑制；受刑人入監服刑後應即被告知服刑之期限；處遇方案之參與應完全以受刑人自由意願為主，同時獄方不可以參與處遇方案之績效作為釋放受刑人之考量。

其次，刑罰學者Norval Morris在其著作《監禁之未來》（*The Future of Imprisonment*）一書中，亦強調受刑人之矯正處遇方案應予擴充與改進，且參與方案應完全基於受刑人之自由意願。受刑人在入監以後應即被告知執行刑期之長短（含假釋日期），而不是在執行之後期始被告知。受刑人獲取假釋不應完全以其犯罪背景做考量，應視其善良行為是否持續。而犯罪人未來犯罪之危險性，不應作為決定刑期長短之基礎；刑期之長短亦不可比犯罪應得之適切應報更長[2]。綜合言之，Morris嘗試減少監獄之負面效應，而同時保有矯正改善之理念。

二 學者之預見

前述學者嘗試勾繪出未來犯罪矯正之理想雛型，其他之學者則以其專業素養預測未來犯罪矯正之走向。例如學者Richard McGee預測未來服長刑期之受刑人數目將減少；矯正機構之規模將縮小，並且將特別重視犯罪人出獄前之準備工作；同時電腦科技將協助許多犯罪矯正決策之進行，且將受到許多實證評估研究所協助[3]。

另外，學者Glaser則認為未來犯罪矯正將在許多矯正措施上加以修正，俾以與外界社會相近，包括適切之薪資層級；所有犯罪矯正職員將是具處遇傾向之人員，並且具有管理與處遇之雙重角色。許多人際關係之諮商工作將由第一線之人員所擔任，監獄建築格局將更加的縮小，職員與受刑人之互動關係將被有系統的運用以作為處遇之用[4]。

另一對未來犯罪矯正做較完善預測之研究係由學者Carter、McGee與

---

2 Normal Morris (1974), The Future of Imprisonment. Chicago: University of Chicago Press.

3 Richard A. McGee (1969), "Whats Past is Prologue," The Annals of the American Academy of Political and Social Science 381: 1-10.

4 Daniel Glaser (1970), Crime in the City. New York: Harper and Row.

Nelson所提出。在預測未來犯罪矯正動向前，這些學者首先檢視：(一)犯罪問題之變化；(二)犯罪人口之改變；(三)代替監禁刑罰之發展。學者們推測在西元2000年時，犯罪矯正哲學將更趨於明晰，對於不同之犯罪人，將有不同之矯正目標，而處遇方案亦將因不同犯罪類型而調整。高度安全管理之監獄將正式並更加具權威性，而基於決策參與之矯正取向機構亦將持續地增加，且將有更多之機構外之資源以協助犯罪人更生[5]。

第二節　影響犯罪矯正體系活動之外在因素

　　瞭解未來犯罪矯正之趨勢，有必要對影響犯罪矯正體系活動之外在因素予以探討。首先，今日之犯罪矯正已非往昔之封閉，其活動經常受到許多外界社會因素之影響。圖14-1概略地列出影響犯罪矯正活動之外在因素包括：人口變項因素（Demographic Factors）、社會進化因素（Social Progress Effects）、經濟情況、犯罪率、逮捕率、起訴率、政府之預算、民意機構及學者專家等。人口變項因素，如人口遷移、單身之比率、年齡變化等。一般認為這些因素與整體犯罪率之升降有關，進而可能對矯正體系造成衝擊。社會進化因素則包含逐漸增加之兩性平等、種族平等、貧窮情況之減少等，其與犯罪密不可分，自然亦波及犯罪矯正活動。其次經濟情況亦與整體犯罪現象有關，尤其經濟情況惡劣時，將刺激較嚴厲之刑事政策，而增加犯罪矯正活動。當然除了犯罪率之高低直接影響犯罪矯正各項活動外，刑事司法行政部門之強力干預與否亦對犯罪矯正活動產生激盪。例如，倘警方厲行逮捕罪犯，檢察機構加強追訴犯罪，則可能立即影響及實際之犯罪人口數量。此外，政府之預算亦明顯對矯正服務之品質產生影響，尤其在經費拮据下，許多必要之矯正措施即無法開展，間接可能帶來負面之後果。當然民意代表為支配預算之靈魂人物，在民意高漲之時

5　Robert M. Carter, Richard A. McGee, and E. Kim Nelson (1975), Corrections in American. Philadelphia: J. B. Lippincott.

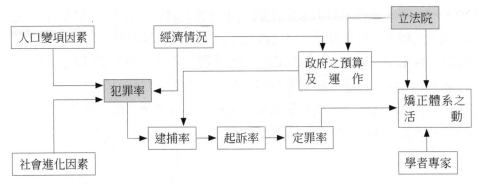

資料來源：節錄自Lee H. Bowker (1982), Corrections- The Science and the Art. Macmillan
　　　　　Publishing Co., Inc., p. 451.

圖14-1 影響犯罪矯正體系活動之外在因素圖

代，民意代表在充分地反映民意下，對犯罪矯正活動之行政運作、預算等
皆具有監督與指導之權限。最後，學者專家之研究心得與意見亦可能直接
或間接影響矯正政策之形成及實際矯正行政之進行，雖然在實務上行政部
門經常固執己見，真正來自學術之研究、評估並不多見。

　　大致而言，這些外在因素並未窮盡，惟其對犯罪矯正體系之活動將
有著決定性的影響，值得吾人進一步正視，並確實掌握其發展動態俾以因
應。

第三節　影響犯罪矯正活動之內在因素

一 監獄人犯擁擠問題

　　影響犯罪矯正活動之一重要內在因素為人犯擁擠問題。矯正實務顯
示，監獄人犯擁擠問題對於矯正行政之衝擊至少包括下列各點：(一)造成
矯正機構之舍房更加擁擠，人犯活動空間緊縮，各項服務品質降低，嚴重
剝奪受刑人應享有之權利；甚至可能醞釀成「殘酷與不尋常」之懲罰；
(二)極易引發受刑人間之暴力攻擊與自殺、精神異常行為等；(三)犯罪矯
正人員之工作負擔加重，壓力加大，影響矯正服務之品質與成效；(四)導

致政府必須花費巨額之預算興建監獄，浪費許多納稅人之金錢；(五)政府甚至必須採行必要之權宜（代替）措施，如擴大實施社區處遇、緩刑、羈押之放鬆、假釋等來疏通人犯擁擠現象，而付出巨額之成本。

　　無疑地，人犯擁擠問題將對矯正機構活動之各層面造成巨大衝擊。學者指出人犯擁擠問題與人口結構、犯罪率、刑事政策及刑事司法之回應密切相關。疏減擁擠之策略大致包括：(一)提前釋放；(二)非機構性監禁處分之採行；(三)擴大監獄容量及興建新監；(四)選擇性監禁危險性高之犯罪人；(五)採行民營監獄；(六)使用判決指南以調節人犯；(七)擴大實施縮短刑期、假釋、緩刑、減少起訴、增加保釋等[6]。

■二　受刑人權利意識覺醒問題

　　往昔對犯罪人之刑罰傾向於應報，犯罪人之權益往往受忽略，犯罪人除了享有生命與食物之基本權益外，其他權益則並未被加以考慮。隨著戒嚴令之解除與西方民主化思潮之衝擊，受刑人權利（益）意識之觀念及逐漸形成。亦即，受刑人除法令規定而限制其自由外，亦享有一般公民在自由社會中之相關權益。目前受刑人權益意識正逐漸蔓延至各矯正機構，且普遍影響犯罪矯正活動之各層面。

　　以美國為例，則於受刑人普遍要求改善獄政，擴增受刑人權益，法院乃由傳統之放任（Hand-off）態度，轉而以插手（Hands on）之態度處理各項受刑人權益問題。法院之介入，對於獄政具有不少正面之影響如：(一)改進監獄之現況，促使監獄更加人道化；(二)促使監獄首長依法得到更多之財源用以改善監獄行政；(三)引起大眾傳播媒體對受刑人權益之重視；(四)減少監獄對受刑人各項武斷或凌虐措施；(五)使監獄官員擔負起更重之責任，以減少監獄行政上之秘密做法。惟法院之介入，亦產生不

6　林健陽，〈淺談美國監獄擁擠問題及其因應措施〉，《法務通訊——獄政管理專刊》，第67期，民國81年3月。另參閱楊士隆、林健陽，〈監獄受刑人擁擠之問題與對策〉，文載於楊士隆、林健陽主編，《犯罪矯正——問題與對策》，臺北：五南圖書出版公司，民國96年11月。

少副作用，諸如：(一)製造社會大眾、立法機構、監獄首長與司法間的對立；(二)製造錯誤的假象，使大眾深信監獄之現況可迅速改變，而事實上監獄之改革顯非易事；(三)可能間接引發監獄職員製造更多暴力；(四)極易造成監獄管教人員士氣低落，影響戒護安全及管理[7]。

無論如何，受刑人權益意識之抬頭，已對犯罪矯正活動之各層面帶來顯著影響。然而，以美國為例，受刑人之生活情況及監獄行政運作卻因而有明顯改進。例如，在監獄內法律之圖書館及法律上之各項協助已妥善提供；受刑人與外界之溝通更加簡易；參與宗教活動亦受較多之保障；受刑人申訴程序更加公平並受適當之保護；適正程序（Due Process）更清晰地顯現於矯正實務；受刑人受獨居考核之情況不致被忽略。當然管教人員在受刑人各項處遇處理上愈加地審慎，同時採行較周延之行動，記錄各項可能引發受刑人提起訴訟行為以保護自己[8]。整體而言，受刑人權益意識之抬頭乃民主化社會無可阻擋的潮流，矯正主管當局縝密規劃各項矯正行政事宜，採行恰適與衡平之矯正政策以為因應。

三 管教人員品操與瀆職問題

管教人員品性不端與瀆職問題雖屬個人行為，惟對於犯罪矯正而言卻具有重大的負面涵義。尤其犯罪矯正工作乃一神聖之人性改造工作，倘若管教人員在品操、行為上有偏失或瑕疵，不僅未能有效達成化莠為良之教化目的，同時可能使犯罪矯正陷於萬劫不復。研究指出，在具封閉特性的犯罪矯正機構中，管教人員在面對犯罪人的同時，往往為了生存而放棄許多權威，並且被迫與受刑人妥協，產生腐化現象[9]。尤其在犯罪次級文化之耳濡目染下，部分把持不住的管理同仁極可能與少數不肖受刑人同流合污，做出違法情事；另一方面對於原本正直的管理同仁，或因受此環境之

---

7 林健陽，〈美國監獄受刑人權益問題之研究〉，《矯正月刊》，民國81年9月。

8 Todd R. Clear and George F. Cole (1986), American Corrections. Brooks/Cole Publishing Company p. 446.

9 Gresham M. Sykes (1958), The Society of Captives: A Study of a Maximum Security Prison. Princeton University Press.

壓力、顧及同仁情誼等因素，而採睜一眼閉一眼，或事不干己的消極態度從事矯正工作。整個矯正體系工作成效均因而大打折扣，不單受刑人的處遇產生許多的不公平，監獄管理亦帶來了更多的隱憂。

四　管理人員工作壓力問題

　　管理人員職司犯罪矯正之第一線工作，因此不僅擔負人犯管理之重責，同時亦為矯正人犯成敗之關鍵人物。然而在罪犯匯集且無法脫離之監獄中，其工作壓力問題乃不容忽視。學者Cullen等指出，管理人員至少面臨兩大壓力，包括：(一)工作之危險性；(二)角色扮演之衝突[10]。例如：除了髒亂、氣味欠佳及封閉外，監獄乃危險場所，管理人員隨時面臨被攻擊與挾持的危險。學者Lombardo在美國紐約州奧本監獄之研究指出，許多管理人員認為生理上之面臨威脅及心智、精神上之緊張，為工作壓力（不滿意）之主要原因[11]。另一壓力來自管理人員的角色扮演問題，尤其在肩負維持機構秩序與安全之基本任務下，管理人員亦經常被上級要求從事協助人犯輔導處遇工作。在此情況下，其意識到的角色扮演衝突問題亦為激發壓力之一部分，亟待加以正視[12]。

五　幫會問題

　　另一可能對犯罪矯正活動產生實質影響者為監獄幫會問題。不論監獄幫會之形成係受到人在監獄內因特殊環境或需求而形成，亦或原在自由社會中即已是幫會成員，其影響力均不容忽視。幫會製造之問題至少包括：(一)非法藥物、毒品、酒、現金等違禁品之流入，控制監獄內之地下經濟活動；(二)幫會衝突或利益鬥爭引發之監獄騷動及其他戒護事故；(三)恐

---

10 Frances T., Cullen, Bruce G. Link, Nancy T. Wolfe, and James Frank (1985), "The Social Dimensions of Officer Stress," Justice Quarterly 2(4): 505-533.

11 Lucien Lombardo (1981), Guards Imprisoned: Correctional Officers at Work. New York: Elsevier.

12 J. Hepburn and C. Albonetti (1980), "Role Conflict in Correctional Institutions," Criminology 17: 445-459.

嚇、勒索甚至謀害其他受刑人；(四)非法手段勾結或腐化管教人員，嚴重腐蝕司法正義；(五)除影響戒護管理之各層面外，亦阻礙行刑措施之推展[13]。而矯正實務亦顯示，監獄幫會之聚合、形成及權力利益鬥爭，不僅影響管理之各層面，同時嚴重腐蝕到司法正義。

一般而言，控制監獄幫會之策略可從下列管教措施著手。[14]

（一）**落實調查分類**：收容人入監所後，應加強素行調查，俾以辨識幫派分子。

（二）**列冊加強管理**：參加幫派之收容人應予列冊建檔，對其通信與接見來往對象及平時言行舉止、各項處遇實施情形，均應加強考核與記錄。

（三）**注意配房配業**：對幫派同夥分子應予打散，化整為零，分配於不同舍房和作業單位，以避免互通聲息，成群結黨，惹生事端，並對其於所配舍房之言行，嚴加考核。

（四）**隔離監禁或移監**：幫派首惡及頑惡分子入監所後，應即予以隔離獨居監禁，除運動與接見外，嚴禁在外逗留或與其他人接觸，執行中如發現有幫派分子嚴重對立爭鬥或其他不良影響之傾向者，對於領導分子，除即予隔離獨居考核外，必要時得移監適當之監所執行。

（五）**嚴禁調用為雜役、自治員（含房長）或視同作業人員**：各場舍單位於遴選雜役、自治員（含房長）或視同作業人員時，嚴禁調用幫派分子為前揭之人員；各場舍主管對於雜役、自治員（含房長）或視同作業人員之行狀，應嚴加考核，如發現有組織小團體或為龍頭傾向者，應即撤換。

（六）**防杜發展組織**：對幫派分子之保管金額及消費額，應嚴加管制；嚴禁幫派分子以金錢或其他物質資助其附合分子，吸收成員發展組織或幫派結盟。

---

13 United States Department of Justice (1985), Prison Gangs: Their Nature, Extent and Impact on Prisons. Washington, D. C.: U. S. Government Printing Office.

14 William Riley (1992), "Taking a Two-pronged Approach To Managing Washington's Gangs," Corrections Today: 68-72；參閱法務部85年函頒「監院所加強幫派分子管教應行注意事項」。

（七）**輔導脫離組織**：即對幫派分子應加強個別教誨，輔導其脫離組織，如宣誓並脫離組織者，得酌予獎勵；另應禁止與參加幫派之友人通信與接見。

（八）**加強在職訓練**：即對管理人員加以講習與訓練，俾以促其瞭解幫派分子之本質、類型與活動，以進一步掌握幫派分子之動態。

（九）**防杜掛勾**：加強管理人員之品德考核，防杜與幫派分子掛勾互相利用，對其幫派首惡及頑劣分子獨居監禁之舍房主管，應慎選優秀管理人員擔任。

（十）**注意幫派分子資料移送**：各監所對幫派分子考核及相關資料，對其移送執行或移禁他監所時，應即隨案移送。

第四節　未來犯罪矯正之趨勢

從前述之探討，吾人瞭解未來犯罪矯正之發展受到諸多內在與外在因素的影響，並且與一國的制度和文化密不可分。惟環顧歐美先進國家之發展概況與經驗，並參酌學者之真知灼見，未來犯罪矯正無論在各項制度與運作上似有走向「創新與平衡」之趨勢。茲分別從刑事處分、犯罪矯正組織、管理與處遇各層面加以論述。

一　刑事處分層面

（一）刑事處分趨於兩極

監獄研究大致指出了監禁刑罰其執行具有許多負面作用，例如自主性之剝奪及安全感之喪失等，受刑人尤其可能受到監獄化（Prisonization）的負面影響，而附和偏差次級文化[15]。晚近犯罪矯正理論與實務界乃強調對短刑期初犯者，宜儘量避免採行監禁刑罰，而以刑罰較寬鬆之社區性犯

---

15 Donald Clemmer (1940), The Prison Community. Halt, Rinehart & Winston.

罪矯正處分代之[16]。社區性犯罪矯正之所以成為未來刑罰執行之趨勢，除有助於分散及瓦解受刑人偏差次級文化之形成、減輕受刑人與管教人員之對立衝突狀態外，其似較機構性處遇經濟，可疏減部分監獄擁擠，並有利於人犯更生及復歸社會厥為要因[17]。

其次，與前述寬鬆刑罰走向背道而馳，卻在另一軌道同步運行者，為對屢次觸犯刑罰規章之犯罪人科以較嚴屬之長期監禁刑罰。古典學派學者認為犯罪之發生乃人類貪圖享樂、理性、邪惡抉擇之結果，唯有長期之自由剝奪，始有阻嚇此類犯罪之可能。1972年美國賓州大學學者Wolfgang等之研究則對此項強硬刑事政策之蔓延有推波助瀾之作用。渥夫根等對1945年出生之9,945名青少年追蹤至18歲止，統計發現占所有樣本數6%，累犯五次以上之所謂「慢性犯罪者」（Chronic Offender），或稱核心犯罪者（Hard-core Criminal）卻觸犯51.9%之所有罪行[18]。Wolfgang等之研究激起甚大迴響，辨識、掌握、隔離「慢性犯罪者」乃逐漸成為刑事政策之主題。晚近矯正實務受到類似研究之衝激，紛紛主張將此類核心犯罪者予以長期隔離[19]，儘管批評者不斷指出辨識犯罪者的確困難重重。無論是否仍有爭議，可預期的罪質輕、刑期較短、初犯之犯罪者，在未來犯罪矯正中將受到較寬鬆的刑事制裁（如社區性犯罪矯正處分或中間性刑罰）；而另一方面以犯罪為常業、再犯、危險性高之「核心犯罪者」則可能面臨較為長期監禁、隔離之刑罰。雖然目前北歐諸國如荷蘭、丹麥、挪威等之刑罰甚輕，未來刑罰處分仍有走向兩極化之趨勢。

（二）社區性犯罪矯正之持續擴大採用

雖然社會大眾對犯罪人恆保持一定之懲處態度，吾人預期社區犯罪矯正仍將急速擴張。學者指出，與機構性處遇相比較，社區性犯罪矯正之成本似較低廉，可避免監獄化（Prisonization）之負面效果而減少再犯，

---

16 蔡德輝，《犯罪學──犯罪理論與犯罪防治》，臺北：五南圖書出版公司，民國83年7月。
17 楊士隆，〈美國監獄社會學研究之探討〉，《警政學報》，第15期，民國78年。
18 Marvin Wolfgang, Robert Figlio, and Thorsten Sellin (1972), Delinquency in a Brith Cohort. Chicago: University of Chicago Press.
19 Peter Greenwood (1982), Slective Incapacitation. Santa Monica, Cal.: Rand Corp.

且較為人道，並可滿足案主之需求[20]。在社區性處遇蔚為潮流下，儘管其發展與應用並非毫無瑕疵[21]，但其仍將在犯罪矯正史上劃下光輝燦爛的一頁。

目前，社區性犯罪矯正如火如荼的在世界各國展開。以美國為例，目前實際在社區服刑的人犯比率，已占所有接受審判人士的四分之三，並且有持續擴大採行之趨勢[22]。

社區性犯罪矯正在先進諸國應用之主要類型，包括社區服務（Community Services）、中途之家（Half-way House）、觀護處分（Probation）、監外就業（Work Release）、寄養之家（Foster Home）（或稱少年之家）、青少年育樂營及野外生活訓練營（Camp Program）等。在美國由於民眾對犯罪人之懲處性態度日漸高漲，另一支以懲罰與社區保護並重之中間型懲罰方案（Intermediate Punishments），如密集觀護監督（Intensive Probation Supervision）、家庭監禁（Home Confinement）及電子監控（Electronic Monitoring）等代之而起，成為社區性犯罪矯正之主流[23]。此外，在社區性犯罪矯正充分推展而面臨刑罰過輕之批評時，另一屬於分離量刑（Split Sentence）之震撼監禁制度（Shock Incarceration）在瑞典、丹麥、美國興起，並有逐步擴大採行之趨勢。此項制度強調對於短刑期之受刑人，於實施社區性犯罪矯正處分前，先行入監執行一段時間（不宜過長），給予適度之警惕，避免其心存僥倖之心，以達到嚇阻並滿足部分應報民眾需求[24]。

總之，社區性犯罪矯正工作將在文明、現代化之社會中持續擴張，雖然其實施種類與方式可能略有改變。我國在此項方案之推展上並不積極，

---

20 同註16。

21 楊士隆，〈社區犯罪矯正之問題評估與新近發展趨勢〉，《警學叢刊》，第22卷第1期，民國80年9月。

22 United States Department of Justice (1992), Bureau of Justice Statistics.

23 Belinda R. McCarthy (1987), Intermediate Punishments: Intensive Supervision, Home Confinement and Electronic Surveillance. Willow Tree Press Inc.; Normal Morris and Michael Tonry (1990), Between Prison and Probation—Intermediate Punishments in a Rational Sentencing System. Oxford University Press.

24 Vernon Fox (1985), Introduction to Corrections (3rd ed.). Englewood Cliffs, NJ: prentice Hall.

因此此項方案未來除宜擴大採行，同時應考慮適用對象之選擇並顧及民眾的反應，以避免減損其應用價值。

二 犯罪矯正組織層面

一般預期，犯罪矯正組織與其他刑事司法機構（如警察、檢察機構、法院）相同，將趨於專業，獨立自主，尤其對犯罪矯正人員之教育訓練將更形重視，且受刑人之分監管理措施將更臻於嚴密，而矯正機構之建築亦將走向小規模、精緻化，茲分述如下：

（一）專業獨立之犯罪矯正行政體系

隨著犯罪質量的變化，各種犯罪類型之湧現，犯罪矯正明顯地受到強烈衝擊。例如：人犯之逐月增加，已使各矯正機構之收容顯得擁擠不堪，同時業務量大增；其次法務部接管流氓感訓事項，更使犯罪矯正各項業務日趨複雜繁重；此外，今日之犯罪矯正已邁入專業化之里程，它需要各類專業人員，如心理醫師、矯正行政人員、教誨師、社會工作員、管理員等，運用現代行為科學知識與輔導技術，對人犯進行人性改造，協助其更生。據此，犯罪矯正亦與其他專業機構相同如調查局、警政署等，同屬「專業性」之服務事業，應成立專業獨立體系，以為業務督導及統籌各項犯罪矯正事宜。日本之矯正局、美國之聯邦監獄局、香港、新加坡之獄政總署皆已樹立良好典範，其對錯綜複雜矯正行政業務之督導、協調與發展成效宏偉。

我國法務部有鑑於此，遂於民國100年1月1日正式成立法務部矯正署，以應業務之需要。

（二）專業矯正人員教育訓練機構之設立

鑑於犯罪人人性改造工程之複雜與浩大，且矯正人員之良窳影響犯罪矯正的每一層面，故較先進之犯罪矯正體系皆對矯正人員之教育訓練特予重視，並成立專責之教育訓練機構，以規劃、訓練、培育犯罪矯正人員。舉其舉舉大者，美國聯邦監獄之國立犯罪矯正研究所（National Institute of

Correction）負責矯正政策諮詢與教育訓練規劃；該局並分別在喬治亞、科羅拉多等州成立規模龐大的矯正人員訓練機構，成效斐然。日本之矯正研修所則在全國矯正人員之職前、在職及升職訓練上貢獻至鉅。大陸於中央設司法警官學院及各省成立司法警察學校，臺灣則於民國86年8月成立「法務部矯正人員訓練所」，以加強矯正人員之職前、在職及升職訓練並儲備人才。惟100年法務部矯正署成立，該所已併入矯正署。世界各國矯正部門皆已瞭解規劃專業矯正人員教育訓練之重要性，並且朝此方向邁進，以為犯罪矯正工作奠基。

　　大致而言，訓練對象除各基層管教及輔導人員外，對於領導幹部（含首長）亦施予各項專業講習，以期全面提升各階層矯正人員工作績效與專業知能。在邁向21世紀現代獄政之同時，也因此可預期矯正專業人員之培訓工作將加速進行，尤其矯正人員任用之教育水準及考試標準，乃至於工作所需在職訓練將進一步提升，此乃未來犯罪矯正事業無可阻擋之趨勢。

（三）嚴密之分監管理體系

　　借重現代化科學技術，透過嚴密之鑑別、分類程序將性質不同的犯罪人，按性別、年齡、初、累犯次、罪質、精神狀況、刑期等標準、分類監禁於專業監獄，接受妥善、專業化之處遇，以達成個別化矯正之需求，不僅為各先進諸國矯正實務之一致目標，且為一國獄政走向現代化之重要指標。

　　目前各國因國情略有不同，因而專業監獄之分類略有差異。以日本為例，其監獄分類制度則至為嚴密，例如其刑務機構乃依下列二基準而收容不同類型之人犯。

1.依受刑人之性別、國籍、刑名、年齡及刑期而分類。
2.依受刑人之犯罪程度及身心狀況而分類[25]。

　　其次，以美國聯邦監獄為例，除有一般傳統性監獄、外役監獄、大都

---

25 盧秋生譯，〈累進處遇與分類處遇〉，節譯自重松一義編，〈監獄法演習〉，《法務部獄政管理專刊》，第57期，民國80年5月。

會矯正中心、醫療中心（病監）之設置外，亦依安全等級之基準，將各矯正部門劃分為一至六安全管理等級而分類收容[26]。我國之專業監獄則大致係依受刑人之年齡、性別、罪名、刑期、犯次、行狀、違規情形、疾病情形加以區分，分類尚稱完善，惟因實務上之難處致未能充分達成目標。如何進一步強化專業監獄之人才培育、設備與處遇方案及做更精密之分類，似為努力之方向。

（四）矯正機構建築小規模、專業化

隨著刑罰思潮之威嚇、懲罰轉變為教化、改善，監獄已成為犯罪人洗滌罪嫌、再教育之場所。為達成犯罪人個別化專業處遇之目標，避免往昔應報主義下對罪犯做較非人道之監禁懲罰，矯正機構之建築則有詳細考量之必要。根據學者之看法，矯正機構之建築有走向小規模及專業化之趨勢，其容額以不超過六百名為原則[27]。

規模較小之矯正機構建築具有下列特點：1.分類趨於細密，有助於發揮個別處遇功效；2.可增加職員與受刑人之互動，建立互相信賴之親密關係；3.管教人員較能掌握被收容者情況，減少及防止戒護事故發生[28]。依據前項原則，在矯正職員與受刑人之比例合乎理想處遇基準下，矯正實務專家指出，一般監獄之容額以600名為上限，較為經濟與人道。少年輔育院、少年監獄則因著重收容少年之教育，其容額以400名以下為原則。看守所之建築容額亦不宜過多，以不超過500名為恰當。少年觀護所則以300名以下為適當[29]。至於專業化之監獄建築，則可依各犯罪類別（如毒品、交通過失犯）受刑人之特性（如年齡、性別）及刑罰理念等妥善規劃之[30]。

---

26 周殿修等，〈考察美國獄政報告〉，行政院法務部，民國74年5月：〈考察美國聯邦獄政制度報告〉，法務部，民國81年11月。

27 同註24。

28 吳憲璋，〈獄政現代化──歐美矯正思潮之動向〉，《警學叢刊》，第18卷第3期，民國77年3月。

29 周殿修等，〈我國監所現代化之研究〉，《法務研究選輯》，臺北：法務通訊雜誌社，民國78年6月。

30 吳憲璋、賈孝遠，《監獄建築概論》，臺東：群品股份有限公司，民國83年12月，初版。

　　環顧世界各先進國之發展趨勢，矯正機構建築之小規模及專業化乃為現代矯正行政之重要指標。雖然我國在客觀環境之限制下，無法反映出前述原則，但可在硬體建築上分成幾個不同功能或專業化之管教區，實施分區管教制度，同樣地可收前述原則之優點。

（五）矯正機構民營化

　　矯正機構民營化著重於機構管理，即由政府與民間業者訂立契約，負責管理監獄，有時甚至負責建造，其最大特色為付費方式以收容人數為標準，民間業者擁有較大的自主權，惟政府仍負有監督責任。目前實施矯正機構民營化之國家有美國、英國、加拿大、澳洲、紐西蘭等海洋法系國家，大陸法系國家有日本、韓國等亦相繼成立民營矯正機構。矯正機構應否民營化，爭議性頗大，茲擇其重點臚列如下：

1.憲法問題

　　政府將完整的機構管理責任交由私人部門是否違憲，因為矯正機構的管理與運作，係刑罰權之行使，公權力之行使是政府的權力而不容轉移。

2.受刑人權益問題

　　矯正民營化是否會影響受刑人的法定權益？私人企業以營利為目的，可能因而忽略了受刑人應有享用適當食物、醫療服務等權利？民營化是否會破壞受刑人的合法救濟途徑？矯正民營的契約是否允許私人擁有準司法權（懲罰、縮短刑期等）？

3.品質問題

　　私人企業是否能把特有的彈性及創發性帶入監獄經營中而能改善矯正品質？是否會為了減少成本而降低品質？政府能否有效的扮演品質控制機制？

4.戒護管理問題

　　民營監獄能否管理高度安全監獄，確保戒護安全？戒護層次愈高，愈須使用強制力，包括致命武器的使用，法律對致命武器授權使用的限制如何？民間企業的員工在戒護安全的訓練上和政府矯治人員是否可以匹敵？

是否有任何因應措施可以處理民營監獄因罷工或破產而導致的營運不善？

　　5.成本問題

　　民營監獄能否如其他公共服務的民營化一般節省成本？民營化可能造成出價報低，但後續的契約中無理地追加價格情形？民營化可能使政府增加其他邊際成本，如監督成本，反而不經濟。

　　儘管矯正機構民營化之爭議性大，常遭受質疑，但實證報告指出，其有提升矯正品質，減輕政府財政負擔及鼓勵社會參與矯正業務之成效。在各國政府積極推動公共服務民營化之政策下，矯正機構民營化應是未來之趨勢。

　　我國矯正機構民營化目前仍停留在討論階段，根據學者研究結果指出，矯正人員認為戒治所、少年矯正機構及外役監較適合優先實施民營化，至於民營化方式較為贊同部分業務外包，其中以醫療保健、作業或技訓及給養最為適合，以戒護管理、教化最為不適合[31]。由上揭研究結果得知，我國似可採循序漸進之方式，從部分業務外包試辦，並實施成效評估後，再依成效評估結果，決定擴大推廣之業務項目及範圍。

三 矯正管理層面

　　在矯正管理之面向，作者預期在嶄新民主時代來臨之同時，矯正行政之管理將更趨於人性化、民主化；受刑人之基本權益將獲得更深一層之保障；同時資訊技術將更普及地應用於矯正管理上。

（一）人性化、決策參與民主化之矯正管理

　　管理科學之相關研究陸續指出，對被管理者之人性化、民主化管理，有助於提升機構效能，達成工作目標[32]。事實上，將行為管理科學之研究

---

31 林健陽、黃蘭媖，〈美國矯正機構民營化之研究〉，《矯正月刊論文選輯》，第1冊，民國
　88年12月，頁220-230。

32 F. Herzberg (1966), Work and the Nature of Man. Cleveland: world; A. J. Maslow (1954),
　Motivation and Personality. New York: Harper.

心得應用至犯罪矯正管理上已逐漸被試行，同時亦將是未來犯罪矯正的重要趨向。傳統權威式控制（Bureaucratic Control）為導向之職員與受刑人管理，並不利於組織效能的提升與達成工作目標，蓋在權威、嚴格管理之取向下，被管理者的一切行為舉動皆處於消極被動，毫無自主性可言。相對地，研究卻指出適當運用較人性化、民主化的管理策略卻可激發職員士氣，提升工作滿足感，達成犯罪矯正目標[33]。因此，吾人預期矯正管理之人性化、民主化為必然之趨勢：

首先，在職員管理層級，對基層職員基本人性尊嚴加以尊重，重視其需求並鼓勵其參與決策，乃有效管理、達成目標之基本原則。而實務顯示第一線人員乃影響犯罪矯正的成功關鍵[34]。

其次，在受刑人管理層面，應致力於機構組織管理本身體質之改善，走向人性化、民主取向，自主性高、較少威嚇之管理[35]。因為權威、強制之管理導向，並不利於受刑人偏差行為之改善。相對地，人性化、民主化之矯正行政管理卻有助於維護受刑人權益，並孕育道德品行，進而有利於未來社會治安維護。

（二）受刑人基本權益之維護與保障

世界各先進國之獄政目前對受刑人的權益有日形重視，並予擴增之趨勢。例如，大部分國家存有假釋、縮短刑期、保外醫治、監外就業等制度，甚至允許受刑人外出就學、返家奔喪、返家探視、與眷屬同住等，以協助受刑人改悔向上，適應社會生活。此外，在1955年聯合國在監人處遇最低標準規則的指導下，受刑人在飲食、衣物、居住環境、工作、待遇、康樂與休閒活動上，亦因現代社會之進步有顯著改善，受刑人或收容被告甚至可擁有小型收錄音機、電視機。因此，目前獄政之現代化程度實非18、19世紀初葉之「黑獄」景象所能比擬。而事實上，對受刑人各項權益

---

33 Hans Toch and J. Douglas Grant (1982), Reforming Human Services. Sage Publications, Inc.

34 John J. Dilulio (1987), Governing Prisons: A Comparative Study of Correctional Management. The Free Press.

35 David E. Duffee (1980), Correctional Management: Change and Control in Correctional Organizations. Englewood Cliffs, NJ: Prentice Hall.

之擴增已是無可阻擋之趨勢。

　　除前述對受刑人各項權益之擴增外，受刑人基本申訴制度之明確、公正、公平處理亦為受刑人基本權益之保障更增添一層保護。聯合國犯罪處遇基本原則即有如是規定：「每位受刑人皆享受向犯罪矯正部門首長、法官或相關部門提出申訴之權利，除其申訴被證實不符法理外，任何申請皆須經適當程序之處理與回覆。」其次，學者Allen F. Breed則指出，申訴制度之建立具有下列四項主要功能：1.減少受刑人暴動之機率；2.減少受刑人之控訴；3.強化犯罪矯正之效果；4.實現正義[36]。

　　受刑人申訴制度以美國1967年法律執行與司法行政之總統委員會之一再強調建立公平、公正、合理之申訴程序最引人注目。近年來受刑人權利意識高漲，美國矯正部門已逐步確立下列申訴原則維護受刑人之權益：1.申訴皆須以書面為之；2.申訴須於一定期限內回覆；3.允許外界公正人士參與受刑人申訴程序之監督；4.接納受刑人代表及監獄官員共同參與監督、審核申訴程序；5.確保任何申訴之提出不受監方報復之可能；6.訂有明確申訴範疇與方式。其次，另以荷蘭為例，其不僅在各監獄設立審理與監督受刑人各項權益（含申訴）之監督委員會，同時亦在中央層級設有諮詢委員會，以進一步確保受刑人權利。整體而言，目前我國對於拓展受刑人權益可說是不遺餘力。2020年修正之監獄行刑法及羈押法，對收容人之陳情、申訴及訴訟之處理程序，已建立一套更趨於公平、合理、周延之救濟制度。

（三）資訊技術之廣泛應用於矯正實務

　　隨著資訊科技時代之來臨，電腦自動化已深入普及至各行各業。同樣地，電腦資訊之開發與應用未如警察機構與法院普及，但在第三波資訊之強烈衝擊下，為求節省人力及提高行政效率，矯正部門目前正積極朝此目標邁進。

　　以美國聯邦監獄之自動資訊系統（Automatic Information Systems）為

---

36 吳正博譯，〈美國犯罪矯正機構如何處理受刑人之申訴〉，Allen Breed 主講，第一屆中美防治犯罪研究會，民國76年。

例，此套電腦系統遍及於各矯正系統，對於受刑人各項訊息之提供及刑期之計算均發揮卓越功效。此外，聯邦監獄局之電子郵件傳遞系統亦與其他刑事司法部門連線，對於相關資料之傳送頗有助益。

　　法務部為因應電腦資訊科技潮流，已委託電腦資訊公司開發獄政調查分類管理系統、名籍、作業、金錢保管等系統，以期減少工作流程，提高行政效率。此外，更預期監獄受刑人之相關資料可與警察機構、法院之資料相互對照、驗證，對於整體刑事司法體系之資訊交換、整合將更具效率。

　　目前，先進諸國電腦系統業已應用於犯罪矯正各領域，包括受刑人調查分類、教化作業、累進處遇、假釋、刑期之計算、配業、糧食管理等，甚至管教人員之勤務編排、薪資核算等。因此電腦資訊技術之普及於犯罪矯正體系，為未來犯罪矯正之必然走向。

四　矯正處遇層面

（一）矯正處遇技術多樣化

　　雖然犯罪人之矯治處遇效果曾一度受到學術界強烈質疑，認定效果有限，甚至無效[37]。然而大多數之行為科學研究員卻抱持較樂觀之看法，認為透過適當的處遇與治療，受刑人將在品行及樣態上獲得成長與改善[38]。無論如何，刑罰思潮似已由威嚇應報走向教化、改善主義，對犯罪人進行各項輔導處遇措施，提供其自我改善的機會乃各先進國矯正實務的一致目標。目前，各國已開發出許多處遇技術與方法，並應用於矯正實務上，成效斐然。例如：美國密西西比州實施之創造性治療法（Creative Therapy），協助受刑人分析自己的行為，解決日常生活問題[39]。其次，

---

37 Robert Martinson (1974), What Works? Questions and answers about prison reform," The Public Interest: 22-54.

38 Ted Palmer (1978), Correctional Intervention and Research: Current Issue and Future Prospects. Lexington, Mass: Health.

39 楊士隆，林健陽編，《犯罪矯正——問題與對策》，臺北：五南圖書出版公司，民國86年7月，頁294。

英國及加拿大最近則採行認知處遇法（Cognitive Approach of Offender），教導犯罪人以較合乎邏輯、客觀、常理、理性之思考方式，妥善處理人際衝突避免再犯[40]。另外，日本另以其獨特之民族性與文化傳統，發展試行內觀法（Naikan Therapy），協助案主逐一反省，化解內心的束縛，激發其良心，進而孕育回饋之心而改悔向上[41]，此外諸如行為療法（Behavior Therapy）、現實療法（Reality Therapy）、心理劇（Psychodrama）、溝通分析（Transaction Analysis）、各類團體處遇技術如團體治療（Group Therapy）、環境療法（Milieu Therapy）……等亦為各先進國矯正實務所普遍採行。因此處遇技術之走向多樣化乃無可避免之趨勢。矯正實務除應開發、採行嶄新處遇方案外，對於國外適合國情之處遇技術與方案，似應加以測試採行，接受各項有益變革，使矯正處遇走向另一嶄新境界。

（二）個別化處遇

對犯罪人進行「品行改造」工作顯非易事，許多觸法者因特殊之行為樣態如智商不足、挫折忍受力低、道德感低落，加上特殊之犯罪類型如屬毒品犯、職業竊盜、幫派成員、心理病態人格犯罪人等，因而使得犯罪矯正工作面臨諸多考驗與挑戰。

降低處遇障礙並強化教化效果之一有效方法為個別化處遇策略。個別化之處遇嘗試鑑別犯罪者之基本特性與其內在心理之需求，俾以採行適切之處遇措施，協助案主更生。瞭解犯罪人之基本特性，可從犯罪者之罪名（毒品、竊盜、暴力犯罪……）、刑期（長刑期或短刑期受刑人）、犯次（初犯、再犯、累犯）、年齡（高齡受刑人、成年犯或少年犯）、性別（男性或女性）、智商（白領、經濟罪犯或智能不足者）及其家庭與社會環境背景等加以初步辨識。此外，吾人可從監獄社會之研究中，進一

---

40 Elizabeth A. Fabiano and Frank J. Porporino, and David Robinson (1991), "Canada's Cognitive Skills Program Corrects Offenders' Faulty Thinking," Corrections Today: 102-108; Edward Zamble and Frank J. Porporino (1900), "Coping, Imprisonment, and Rehabilitation: Some Data and Their Implications," Criminal Justice and Behavior 17(1): 53-79.

41 吳憲璋，〈內觀法——日本監獄受刑人教誨的特別方法——心理治療的探究〉，《法務通訊——獄政管理專刊》，民國77年9月。

步瞭解受刑人在監獄中之生活適應型態及角色扮演，俾以作為個別化處遇之參考。例如學者Irwin之自我改善型（Gleaning）、打混型（Jailing）之分類[42]。Goffman（1961）情境退化型（Situational Withdrawal）、殖民型（Colonization）、轉化型（Conversion）[43]，及Sykes之吃裡扒外型（Rat）、走狗型（Center Man）、強盜、流氓型（Gorillas, hoods）、強人型（Real man）、老實型（Square John）則為明顯之例子[44]。其次，為進一步鑑別出受刑人之性格及其內在心理動力，各類心理測驗之施測更有其必要。諸如：明尼蘇達多向人格測驗、加州心理成熟量表、加州人格測驗、基氏人格測驗、各類投射測驗等，皆被證實對瞭解受刑人智力、性向、人格、心理動力等甚有助益。

第五節　結　論

　　刑罰學者勾繪出心目中理想之未來犯罪矯正境界雖具有方向指導之功用，惟犯罪矯正實務並未全然反映出這些理想色彩濃厚之觀點。作者欲指出，今日之獄政，並非完全屬傳統封閉之型態，而係一具開放性之體系，其活動動向受到許多監獄內在因素（如人犯擁擠、受刑人權益意識抬頭……）與外在因素（如犯罪率之升降、經濟情勢、都市化、政治……）之多重影響，故一國未來犯罪矯正之動向隨著這些重要指標的變化而呈現不同風貌。雖然如此，參酌歐美獄政發展之經驗與研究心得，作者仍嘗試勾繪並預測未來犯罪矯正之趨勢。在刑事處分方面，我們推測刑罰將趨於兩極（亦即危險性高之犯罪者將被長期監禁，短刑期非暴力犯之刑罰將更趨於寬鬆），且社區性犯罪矯正將持續地成長；在犯罪矯正組織層面，專業獨立之矯正行政體系將逐步建立，同時在矯正人員之教育訓練及受刑人

---

42 John Irwin (1970), The Felon. University of California Press, pp. 67-80.

43 Erving Goffmann (1961), Asylums: Essays on the Social Situation of Mental Patients and Other Inmates. Doubleday.

44 同註9。

分監管理上將日趨嚴密；另在矯正機構之建築格局上亦有朝向小規模、精緻化、專業化之趨勢。在管理層面，將趨於管理人性化及決策參與民主化，受刑人之基本權益將獲取更多之保障，而資訊技術應用在犯罪矯正管理上將趨於普及；在犯罪處遇上，處遇方案將有更多樣化之趨勢，且個別化處遇原則將持續地被應用。

參考書目

一、中文部分（依筆劃排列）

丁景鐘等著，《監所戒護管理之研究》，法務部，民國79年6月。

丁道源，《中外假釋制度之比較研究》，臺北：中央文物供應社，民國72年。

丁道源，《中外獄政制度之比較研究》，臺北：中央文物供應社，民國78年7月。

丁道源，《各國監犯調查分類制度》，臺北：臺北監獄印刷工場，民國47年7月。

丁道源，《監獄學》，臺北：作者，民國76年，增訂8版。

丁道源，〈論美國監獄推行受刑人保健措施之原則〉，《刑事法雜誌》，第6卷第4期，臺北：財團法人刑事法雜誌社基金會。

丁道源譯，〈德國獄政制度〉，《法學叢刊》，第117期，民國74年1月。

司法院編，中華民國司法院簡介，民國81年。

吳正坤，〈宗教教誨在行刑矯治上「軟體技術」運作之研究〉，《獄政管理專刊論文集(一)》，民國78年4月。

吳正博譯，〈美國犯罪矯治機構如何處理受刑人申訴〉，第一屆中美防治犯罪研究會，Allen Breed主講，《獄政管理專刊論文集(一)》，法務部，民國78年4月。

吳憲璋，〈內觀法──日本監獄受刑人教誨的特別方法──心理治療的探究〉，法務通訊，《獄政管理專刊》，民國77年9月。

吳憲璋，〈獄政現代化──歐美矯正思清潮之動向〉，《警學叢刊》，第18卷第3期，民國77年3月。

吳憲璋、賈孝遠編，《監獄建築概論》，臺東：群品股份有限公司，民國83年12月。

吳憲璋等,〈高齡受刑人之處遇,如何強化受刑人教化工作之研究〉,法務部監所司,民國78年6月。

山本晴雄著,吳憲璋等譯,《內觀療法》,法務部,民國75年。

吳憲璋譯,〈中共犯罪處遇現況〉,《法務通訊——獄政管理專刊》,第1459期,民國79年3月,2版。

李甲孚,《中國監獄法制史》,臺北:臺灣商務印書館,民國73年6月。

李甲孚,《監獄制度之比較研究》,臺北:中央文物供應社,民國72年4月。

李清泉,《現代監獄學分析》,臺南:高長印書局,民國82年3月。

李清泉,《監所法規》,臺南:高長印書局,民國81年5月,第4版。

李誠、林明杰,《監所作業企業化評估之研究》,法務部監所作業基金管理委員會,民國89年6月。

沈政主編,《法律心理學》,臺北:五南圖書出版公司,民國81年2月。

周殿修,《監所建築之研究》,司法行政部,民國62年6月。

周殿修等,〈我國監所現代化之研究〉,《法務研究選輯》,臺北:法務通訊雜誌社,民國78年6月。

周震歐,〈監所事故之分析〉,《刑事法雜誌》,第10卷第3期。

周震歐譯,〈各國行刑設施之作業制度〉,《刑事法雜誌》,第1卷第8期。

林山田,《犯罪問題與刑事司法》,臺北:臺灣商務印書館,民國65年。

林山田,《刑罰學》,臺北:臺灣商務印書館,民國64年12月,初版。

林山田、林東茂,《犯罪學》,臺北:三民書局,民國79年9月。

林天德,《變態心理學》,臺北:心理出版社,民國82年2月。

林世英,〈美國的監獄管理體制〉,《獄政管理專刊論文集(三)》,民國81年2月。

林世英,〈英美的監外通勤制度〉,《法務通訊——獄政管理專刊》,第57期,民國80年5月,3版。

林世英譯,〈美國刑事司法的歷史和現況〉,《刑事司法雜誌》,第35卷第5期,民國80年10月。

林茂榮，《中國大陸犯罪矯正概況》，《矯正月刊》，第121期，民國91年7月，11-16版。

林健陽，〈美國監獄受刑人權益問題之研究〉，《矯正月刊》，民國81年9月。

林健陽，〈淺談美國監獄擁擠問題及其因應措施〉，《法務通訊──獄政管理專刊》，第67期，民國81年3月。

林健陽、黃蘭媖，〈美國矯正機構民營化之研究〉，《矯正月刊論文選輯》，第24期，民國88年12月。

林婉婷，〈性侵害犯處遇之現況與未來展望〉，《亞洲家庭暴力與性侵害期刊》，民國98年，第5卷第2期。

法務部全球資訊網，易服社會勞動，社會勞動處處送暖。

法院組織法，民國78年12月22日。

法務部，中華民國法務部簡介，民國98年5月。

法務部，〈犯罪狀況及其分析〉，法務部犯罪問題研究中心，民國98年12月。

法務部全球資訊網，法務統計電子書刊，法務部年報P.384。

法務部，〈考察美國獄政報告〉，民國74年5月。

法務部，〈考察美國聯邦監獄獄政制度報告〉，民國81年11月。

法務部，《法務部史實紀要》，民國79年7月初版。

法務部，〈韓日兩國獄政制度考察報告〉，民國77年6月；民國79年4月；民國80年5月。

法務部法務統計資訊網，法務統計摘要（110年2月），http://www.rjsd.moj.gov.tw/rjsdweb/book/Book_Detail.aspx?book_id=471，查詢日期：2021/2/22。

法務部全球資訊網，在監受刑人主要罪名（99年底-108年底），http://www.rjsd.moj.gov.tw/RJSDWeb/common/WebListFile.ashx?list_id=14&serial_no=2，查詢日期：2021/2/22。

法務部全球資訊網，新入所受觀察勒戒人及受戒治人人數（99年-108年），http://www.rjsd.moj.gov.tw/RJSDWeb/common/WebListFile.

ashx?list_id=15&serial_no=2，查詢日期：2021/2/22。

法務部法務統計資訊網，毒品案件統計分析，https://www.rjsd.moj.gov.tw/RJSDWeb/common/WebListFile.ashx?list_id=1679，查詢日期：2021/2/22。

法務部法務統計資訊網，暴力犯罪受刑人概況分析，https://www.rjsd.moj.gov.tw/https://www.rjsd.moj.gov.tw/RJSDWeb/common/WebList2.aspx?menu=AYA_SPECIAL_REPORT，查詢日期：2021/2/22。

法務部監所司，〈法務部各矯正機構附設補習學校簡介〉，民國80年6月。

法務部網站，http://www.moj.gov.tw/，查詢日期：2021/3/8。

法務部矯正署網站，http://www.mjac.moj.gov.tw/，查詢日期：2021/3/4。

宜蘭地方法院檢察署，社會勞動專區，檢察機關辦理易服社會勞動工作要點。

宜蘭地方法院檢察署社會勞動專區，社會勞動簡介。

金鑒主編，《監獄學總論》，法律出版社，民國86年12月。

查良鑑，《犯罪及刑罰學》，臺北：臺灣商務印書館，民國66年。

張甘妹，〈開放式犯人處遇制度〉，《法論月刊》，第13期。

張甘妹、高金桂、吳景芳，〈再犯預測之研究〉，法務部，民國76年1月。

張麗卿，《刑事法學與精神醫學之整合——精神疾病犯罪人之比較研究》，臺北：五南圖書出版公司，民國83年6月。

梅可望編著，《警察學原理》，中央警官學校，民國76年12月再版。

莊耀嘉、古明文，〈竊盜累犯之研究〉，法務部犯罪問題研究中心，民國72年9月。

許春金，《犯罪學》，臺北：三民書局，民國80年4月修訂新版。

許春金，〈論現代新古典學派〉，《法學叢刊》，第128期，民國76年10月。

許福生，〈強姦犯強制矯治處分之探討〉，《警學叢刊》，第24卷第3期，中央警官學校，民國83年3月。

郭利雄，〈中途之家與犯罪防治——兼述我國少年之家〉，《第一屆中美防治犯罪研究會論文集》，東海大學、中央警察學校、美國沙加緬度加州州立大學，民國75年7月。

陳賢財，〈矯正機構之消防設備與安全措施〉，《獄政管理專刊論文集(三)》，民國81年2月。

陳樸生，《實用刑法》，臺北：三民書局，民國77年8月，12版。

黃昭正，〈戒護事故之研究〉，文載於楊士隆、林健陽主編，《犯罪矯正——問題與對策》，臺北：五南圖書出版公司，民國97年11月。

黃書益、黃建裕、林世英，〈監獄作業之研究〉，法務部監所司，民國80年9月。

黃淑慧、陳美伶，〈女性犯罪之研究〉，法務部，民國75年3月。

黃富源，〈強姦犯之分類研究〉，《警學叢刊》，第19卷第2期，中央警官學校，民國77年12月。

黃德祥編譯，《諮商與心理治療的理論與實務》，臺北：心理出版社。民國79年9月，5版。

黃徵男，〈煙毒犯之矯治〉，《獄政管理專刊論文集(二)》，法務部，民國79年7月。

楊士隆，《犯罪心理學》，臺北：五南圖書出版公司印行，民國105年9月，6版。

楊士隆，〈受刑人生活適應問題之研究〉，文刊於楊士隆、林健陽主編，《犯罪矯治——問題與對策》，臺北：五南圖書出版公司，民國90年11月。

楊士隆，〈社區犯罪矯治之問題評估與新近發展趨勢〉，《警學叢刊》，第22卷第1期，中央警官學校，民國80年9月。

楊士隆，〈社區處理「監外作業」之介紹〉，《獄政管理專刊論文集(一)》，法務部，民國78年4月。

楊士隆，〈美國監獄社會學研究之探討〉，《警政學報》，第15期，中央警官學校警政研究所，民國78年。

楊士隆，〈避免收容人設陷與操縱——瞭解監所次級文化為有效收容人管

理之關鍵〉，《矯正月刊》，第17期，民國82年11月。

楊士隆，《竊盜犯罪防治——理論與實務》，臺北：五南圖書出版公司，民國105年8月，3版。

楊士隆、林健陽，《犯罪矯正——問題與對策》，臺北：五南圖書出版公司，民國90年11月，5版。

楊士隆、任全釣，〈臺灣地區監獄受刑人暴行之實證研究〉，《中央警察大學學報》，第39期，中央警察大學，民國91年。

楊士隆、曾淑萍、李宗憲、譚子文，〈藥物濫用者人格特質之研究〉，《中國藥物濫用防治雜誌(5)》，民國103年。

楊士隆、鄭瑞隆、許華孚、陳慈幸，《一百零九年全年度台灣民眾對司法與犯罪防制滿意度之調查研究》，國立中正大學犯罪研究中心，民國109年2月。

溫梅君，《女性非法藥物濫用者之人格特質研究》，國立中正大學犯罪防治研究所碩士論文，民國104年。

劉子瑄、楊士隆，〈毒癮司法戒治效果之性別差異研究〉，《藥物濫用防治》，臺灣藥物濫用防治研究學會出版，第1卷第1期。

劉作揖，《保安處分執行法論》，臺北：黎明文化事業公司，民國72年10月。

蔡保勛，《行刑累進處遇條例》，民國46年9月，初版。

蔡墩銘，《矯治心理學》，臺北：正中書局，民國77年7月。

蔡德輝、楊士隆，《少年犯罪：理論與實務》（修訂新版），臺北：五南圖書出版公司，民國102年1月。

蔡德輝、楊士隆，《犯罪學》，臺北：五南圖書出版司，民國103年10月，6版。

鄭麗珍，《更生人家庭支持系統建構之研究》，法務部委託研究報告，未出版，民國101年。

盧秋生，〈德國矯正情事近況〉，《矯正月刊論文選輯》。

盧秋生譯，〈日本矯正機構懲罰及其適當之執行手續〉，《獄政管理專刊論文集(二)》，民國79年7月。

盧秋生譯，〈累進處遇與分類處遇〉，譯自重松一義編，《監獄法演習》，刊於《法務部獄政管理專刊》，第57期，民國80年5月。

盧秋生譯，〈處遇技法簡介〉，《法務通訊──獄政管理專刊》，民國73年。

盧秋生譯，〈處遇技法簡介〉，《獄政管理專刊論文集》，民國79年3月。

戴伸峰，〈高齡化社會新衝擊：臺灣監獄高齡受刑人之處遇與評估研究成果報告〉，民國101年10月。

鍾志宏，〈收容人健保醫療制度與推行成效之探討〉，《矯政》，第4卷第2期。

羅富英，〈英國獄政制度之研究〉，行政院法務部出國考察專題研究報告書，民國83年12月。

羅富英譯，〈美國受刑人規則與懲罰〉，《獄政管理專刊論文集(二)》，民國79年7月。

二、外文部分（依字母序排列）

Aday, Ronald H.
1976 Institutional Dependency: A Theory of Aging in Prison. Ph. D. dissertation. Oklahoma State University.

Allen, Harry E. and Clifford E. Simonsen
1989 Corrections in American (5th ed.). Macmillan Publishing Company.

American Correctional Association
1974 Manual of Correctional Standards. N. Y.: The American Correctional Association.

American Friends Service
1977 Struggle for Justice. New York: Hill and Wang.

Antunes, George and A. Lee Hunt
1972 "The Impact of Certanity and Severity of Punishment on Level of Crime in American States: An Extended Analysis," Evanston III.: center for Urban Affairs, Northwestern University.

Archambeault, William G. And Betty J. Archameault
1982 Correctional Supervisory Management: Principles of Organization, Policy, and Law. Prentice Hall, Inc.

Austin, J. and B. Krisberg
1981 "Wider, Stronger, and Different Nets: The Dialectics of Criminal Justice Reform," Journal of Research in Crime and Delinquency 18: 165-196.

Bailey, Walter C.
1967 "Correctional Outcome: an Evaluation of 100 Reports," Journal of Criminal Law, Criminology, and Police Science 57: 153-160.

Bailey, William
1983 "Disaggregation in deterrence and death penalty research: The case of mumder in Chicago," Journal of Criminal Law and Criminology 74(3): 827-859.

Baird, S. Christopher
1984 Intensive supervision in probation. Washington D.C.: National Institute of Corrections, Mimeo.

Ball, Richard A., C. Ronald Huff, and J. Robert Lilly
1988 House Arrest and Correctional Policy-Doing Time at Home. Studies in Crime, law and Justice Vol.3 Sage Publications, Inc.

Bandura, A.
1974 "Behavior Therapy and the Model of Man," American Psychologist (29): 859-869.

Barnes, H. E. and Negley K. Tellers
1952 New Horizons in Criminology. N.Y.: Prentice Hall Inc.

Bartollas, Clemens
1981 Introduction to Corrections. New York: Harper and Row.
1985 Correctional Treatment: Theory and Practice. Prentice-Hall Inc.

Bartollas, Clemens and John P. Conrad
1992 Introduction to Corrections (2nd ed.). NY: Harper Collins

Bartollas, Clemens and Stuart J. Miller
1978 The Juvenile Offenders. Allyn and Bacon Inc.

Baunach, P. J.
1982 "You can't be a mother and be in prison...can you? Impacts of the mother child separation," in B.R. Price and N. Sokloff eds., The Criminal Justice

System and Women. New York: Clark Boardman.

1985　Mothers in Prison. New Brunswick, K.J.: Transaction Books.

Beck, Allen and Bernard Shipley

1987　Recidivism of Young Parolees. Washington D.C.: Bureau of Justice Statistics.

Bedau, Hugo A.

1978　"Retribution and the Theory of Punishment," Journal of Philosophy: 601-620.

Bellack, A. S., and M. Hersen

1977　Behavior Modification: An Introductory Textbook. Baltimore: Williams and Wilkins Co.

Berman, Harold J.

1963　Justice in the U.S.S.R. Cambridge, Mass: Harvard University Press.

Bernard B. Berk

1977　"Organizatvonal Goals and In Mate Organization," in Robert G. Leger and John R. Stratton eds., The Sociology of Corrections. John wiley & Sons, Inc, p. 38.

Berne, Eric

1961　Transactional Analysis in Rsychotherapy. New York. Groves Press.

Black, Donald

1976　The Behavior of Law. New York: Academic Press.

Blackmore, John and J. Welsh

1983　"Selective Incapacitation: Sentencing according to risk," Crime and Delinquency 29: 504-528.

Blackmore, John

1986　"Community Corrections," in Hass K.C. and G.P. Alpert eds., The Dilemmas of Punishment. Waveland Press Inc.

Blomberg, Thomas G., Gordon P. Waldo, and Lisa C. Burcroff

1987　"Home Confinement and Electronic Surveillance," in McCarthy, Belinda R. ed., Intermediate Punishments: Intensive Supervision, Home confinement and Electronic Surveillance. Willow Tree Press Inc., pp. 169-179.

Blumstein, Alfred

1983　"Selective Incapacitation as a means of Crime-control," American

Behavior Scientist 27(1): 87-108.

Bowker, Lee H.

1980 Prison Victimization. Elsevier.

1982 Corrections──The Science and the Art. Macmillan Publishing Co., Inc.

1985 "An Essay on Prison Violence," in Michael Braswell, Steven Dillingham, and Reid Montgomery, Jr. eds., Prison Violence in American. Anderson Publishing Co.

Breed, Allen F.

1986 "Correctional Problem Solving Through Grievance Procedure," papers presented to the Sino-American Institute in Criminal Justice, Taipei, Taiwan, R.O.C.

British Home Office, Her Majesty's Prison Services

1989 Life Sentence Prisoners: Procedures for the Management, Documentation and Review, and for the Eventual Release on Licence of Life Sentence Prisoners. Circular Instruction, No.2/89 London: Her Majesty's Priosn Services.

Byrne, James M.

1989 "Reintegrating the concept of Community into community-based corrections," Crime and Delinquency 35(3): 471-499.

Caldwell, R.G.

1956 Criminology. N. Y.: Ronald Press.

Carkhuff, R. R.

1971 The Development of Human Resources. New York: Holt, Rinehart, and Winston.

Carter, Robert M., Richard A. McGee, and E. Kim Nelson

1975 Corrections in American. Philadelphia: J.B. Lippincott.

Clear, Todd R. and George F. Cole

1986 American Corrections. Brooks/Cole Publishing Company.

Clear, Todd R., Suzanne Flynn, and Carol Shapiro

1987 "Intensive Supervision in Probation: A Comparison of Three Projects," in McCarthy, Belinda R. ed., Intermediate Punishments: Intensive Supervision, Home Confinement and Electronic Surveillance. Willow Tree Press Inc., pp. 31-50.

Clear, Todd R. and Vincent O'Leary.
1983 Controlling the Offender in the Community. Lexington, Mass: Lexington Books.

Clemmer, Donald
1940 The Prison Community. Halt, Rinehart & Winston.

Cohen, M. L., R.F., Garofalo, R. Boucher, and T. Seghorn
1971 "The psychology of rapists," Seminars in Psychiatry 3(3): 307-327.

Cohen, Stanley and Laurie Taylor
1972 Psychological Survival: the Experience of Long-term Imprisonment. New York: Pantheon.

Connor, Walter D.
1972 Deviance in Soviet Society. New York: Columbia University Press.

Conrad, John P.
1981 Justice and Consequences. Lexington, Mass.: Health., pp. 156-157.

Corey, Gerald
1991 Theory and Practice of Counseling and Psychotherapy. Brooks/Cole Publishing Company. Fourth Edition.

Correctional Administration in Korea
1988 Correction Bureau. Ministry of Justice, Rebublic of Korea.

Cross-Drew, Candice
1984 Project Jericho Evaluation Report: Final Report. Sacramento CA: Division of Program Research and Review, California Department of Youth Authority.

Cullen, Frances T., Bruce G. Link, Nancy T. Wolfe, and James Frank
1985 "The Social Dimensions of Officer Stress," Justice Quarterly 2(4): 505-533.

Curran, D. J.
1987 "Punishment Versus Rehabilitation: The Continuing Debate Is Community-based Corrections the Panacea of the Future?" paper Presented for the Fifth Asian-Pacific Conference on Juvenile Delinquency, Taiwan, R.O.C.

Decker, S. H.
1985 "A Systemic Analysis of Diversion: Net Widening and Beyond," Journal of Criminal Justice 13: 207-216.

DeCostanzo. E. T. and Valente, J.

1984 "Designing a corrections continuum for female offenders: One state's experience," Prison Journal 64(1): 120-128.

Del Carmen, R. V. and J. B. Vaughn

1986 "Legal Issues in the Use of Electronic Monitoring of Probationers," Federal Probation Quarterly 50(2): 60-69.

Delong, C. F.

1978 Changes in Prisoner Perceptions of Central Over Life Situations as a Result of Learning Decision-making Skills. Doctoral Dissertation, Temple University, Ann Arbor, Michigan: University Micro Film, No. 7817295.

Den Berg Van, Ger P.

1985 The Soviet System of Justice: Figures and Policy. Dordrecht, The Netherlands: Martinus Nijhoff Publishers.

DeLisi, M. and Conis, P. J.

2010 American Corrections: Theory, Research, Policy, and Practice. Sudbury, MA: Jones and Bartlett Publishers.

Dilulio, Jr. Hohn J.

1987 Governing Prisons: A Comparative Study of Correctional Management, The Free Press.

Duffee, David E.

1980 Correctional Management: Change and Control in Correctional Organizations. Englewood Cliffs, NJ: Prentice Hall.

1984 "Limitations on Citizen Involvement in Correctional Programs," The Prison Journal 64: 56-67.

1989 Corrections: Practice and Policy. Random House Inc.

Duffee, David E. and David Clark

1985 "The frequency and classification of the needs of offenders in community settings," Journal of Criminal Justice 13: 243-268.

Duffee, David E. and Barbara W. Duffee

1981 "Study the needs of Offenders in Prerelease Centers," Journal of Research in Crime and Delinquency 18(2): 232-254.

Duffee, David E. and Edmund F. McGarrell

1990 Community Corrections: A Community Field Approach. Anderson Publishing Co.

Ehrlich, Isaac
1975 "The deterrent Effect of Capital Punishment: A Question of Life and Death," American Economic Review 65: 397-417.

Etzioni, Amitai
1960 Complex Organization. New York: Free Press.

Fabiano, Elizabeth A., Frank J. Porporino, and David Robinson
1991 "Canada's Cognitive Skills Program Corrects Offenders' Faulty Thinking," Corrections Today 53(5): 102-108.

Fattah, Ezzat A.
1982 "Public Opposition to Prison Alternatives and Community Corrections: A Strategy for Action," Canadian Journal of Criminology 24(4): 371-385.

Fayol, Henri
1949 General and Industrial management. London: Pitman and Sons.

Finckenauer, James Q.
1988 "Corrections in the Soviet Union," The Prison Journal 68(1): 41-50.

Fishman, Joseph F.
1934 Sex in Prison. National Liberty Press.

Flanagan, Timothy J.
1990 Adaptation and Adjustment Among Long term Prisoners. Manuscript (unpublished).

Fogel, David
1975 "...We Are the Living Proof..." The Justice Model for Corrections. Cincinnati: Anderson.

Fogel, David and Joe Hudson
1981 Justice as Fairness: Perspectives on the Justice Model. Cincinnat: Anderson, p. 8.

Forst, Brian
1983 "Selective Incapacitation-An idea whose time has come," Federal Probation 47(3): 19-23.
1983 "Capital Punishment and Deterence: Conflict Evidence?" Journal of Criminal Law and Criminology 74(Fall): 927-942.

Fox, Vernon
1975 "Why Prisoners Riot," in David M. Petersen and Charles W. Thomas eds., Corrections: Problems and Prospects. Englewood Cliffs, N.J.: Prentice

Hall, Inc.

1977 Community-based corrections. Englewood Cliffs, NJ: Prentice Hall.

1972 Introduction to Corrections (1st ed.). Englewood Cliffs, NJ: prentice Hall.

1985 Introduction to Corrections (3rd ed.). Englewood Cliffs, NJ: prentice Hall.

Fox, Vernon B. and Jeanne B. Stinchcomb

1994 Introduction To Corrections (4th ed.). NJ: Prentice Hall.

Frazier, Robert L.

1974 "Incarceration Vs Probation, Cost Comparison," American Correctional Association.

Freud, S.

1949 An Outline of Psychoanalysis. New York: Norton.

1962 Civilization and its Discontents. New York: Norton.

Fridman, G.

1955 Industrial Society. The Free Press.

Fields, Richard, Drugs in perspective: A personalized look at substance use and abuse. McGraw-Hill.

Garofalo, J, and R. Clark

1985 "The Inmate Subculture in Jail," Criminal Justice and Behavior 12: 415-434.

Gebhard, P. H., J. P. Gagnon, W. B. Pameroy, and C. V. Christenson

1965 Sex Offenders: An Analysis of Types. New Yowk: Harper and Row.

Gendreau, Paul and Robert Ross

1979 "Effective Correctional Treatment: Bibliotherayp for Cynics," Crime and Delinquency 27: 463-489.

1987 "Revification of Rehabilitation: Evidence from the 1980s," Justice Quarterly 4: 349-470.

Gest, Ted

1987 U.S. New and World Report.

Giallombardo, Rose

1966 Society of Women: A Study of a Women's Prison. John Wiley & Sons.

Gibbons, Donald G.

1968 Society, Crime, and Criminal Careers. Englewood Cliffs, NJ: Prentice Hall.

Gibbs, Jack
1968 "Crime, Punishment and Detrence," Social Science Quarterly 48: 515-530.
Glaser, Daniel
1970　Crime in the City. New York: Harper and Row.
Glasser, William
1965　Reality Therapy: A New Approach to Psychiatry. New York: Harper & Row.
Glasser, William and L.M.Zunin
1979　"Reality Therapy," in R. Corsini ed., Current Psychotherapies (2nd ed.). Itasca, I11.: F. E. Peacock.
Goffman, Erving
1961　Asylums: Essays on the Social Situation of Mental Patients and Other Inmates. Doubleday.
Gordon, Robert
1976　"Prevalence: The Race Datum in Delinquency Measurement and its Implications for the Theory of Delinquency," in Malcom W. Klein ed., The Juvenile Justice System. Sage Publications, Beverly Hills, Ca... pp. 201-284.
Gottfredson, Michael R. and Don. Gottfredson
1988　Decision Making and Criminal Justice. Cambridge, MA:Ballinger.
Graham, M.G.
1987　"Controlling Drug Abuse and Crime: Recent Update," NIJ Reports March/April: 27.
Greenburg, David
1974　"Much Ado about Little: The Correctional Effects of Correction Processed," Department of Sociology, New York University.
1975　"Problems in Community Corrections," Issues in Criminology.
Greenwood, Peter
1982　Selective Incapacitation. Santa Monica, Cal.: Rand Corp.
Griffiths, C. T.
1987　"Community-based Corrections for Young Offenders: Past Lessons and Future Directions. Directions," paper presented for the Fifth Asian-Pacific Conference on Juvenile Delinquency, Taiwan, R.O.C.

Groth, A. N.

1979　Men Who Rape: The Psychology of the Offender. New York: Plenum.

Gulick, Luther and Lyndall Urwick

1937　Papers on the Science of Administration. New York: Institute of Public Administration.

Hahn, Paul H.

1975　Community based corrections and the criminal justice system. Santa Cruz, CA: Davis.

Hairston, C. F. and Oliver, W.

2006　"Women's experiences with men's incarceration and reentry," Women, Girl, and Criminal Justice 7(5): 65-80.

Hall, Jay, Martha Williams and Louis Tomaino

1969　"The Challenge of Correctional Change: The Interface of Conformity and Commitment," in Lawrence Hazelrigg ed., Prison Within Society. Garden City, NJ: Doubleday.

Halleck, Seymour L. and Ann, D. Witte

1977　"Is Rehabilitation Dead?" Crime and Delinquency 23: 375.

Ham, Joseph N.

1976　The Forgotten Minority-an Exploration of Long Term Institutionalized Aged and Aging Male Prison Inmates. Ph.D. Dissertation. University of Michigan.

Harland, Alan T.

1983　"One Hundred Years of Restitution: An International Review and Prospects for Research," Victimology 8(1-2): 190-203.

Harris, T.

1967　I'm OK You're OK. New York: Avon.

Hart, Phlip A.

1972　"Swindling and Knavery, Inc," Playboy, August.

Hart, William

1976　"Profile/New Mexico," Corrections Magazine 2.

Heffernan, E.

1972　Making it in prison: The Square, the cool, and the life. New York: Wiley-Interscience.

Hepburm, J. and C. Albonetti
1980 "Role Conflict in Correctional Institutions," Criminology 17: 445-459.
Hergberg, F.
1966 Work and the Nature of Man. Cleveland: World.
Hickey, Joseph E. and Peter L. Scharf
1980 Toward a Just Correctional System. San Francisco: Jossey-Bass.
Hingdelang, M. and Joseph weis
1977 "Forcible Rape: A Statistical profile," in Chappel, D. and Gilbert Geis eds., Forcible Rape: The Crime, The Victim, The Offender. New York: Columbia University Press.
Hirschi, Travis and Michael J. Hindelang
1977 "Intelligence and Delinquency: A Revisionist Review," American Sociological Review 42: 572-87.
Hodge, Billy J. and Hebert J. Johnson
1970 Management and Organizational Behavior: A Multidimensional Approach. New York: John Wiley and Sons, Inc.
Howells, K.
1981 "Adult sexual interest in Children: considerations relevant to the theories of etiology," in Cook, M. and K. Howells eds., Adult Sexual Interest in Children. Lon-don: Academic Press.
Huizinga, David H. Scott Menard, and Delbert S. Elliott
1989 "Delinquency and Drug Use: Temporal and Developmental Patterns," Justice Quarterly 6(3): 419-455.
Inciadi, J. A.
1980 "Youth, Drug, and Street Crime," in F.R. Scarpitt and S.K. Datesman eds., Drugs and the Youth Culture. Beverly Hills: Sage, pp. 175-204.
International Directory of Correctional Administrations.
1987 American Correctional Association.
Irwin, John.
1970 The Felon. University of California Press, pp. 67-80.
1980 "Community Corrections The Experts' Solution," in Prisons in Turmoil. Little Brown Company. The Changing Social Structure of the Men's Prison, pp. 153-180.
1977 Greenburg, Corrections and Punishment. Beverly Hills, CA: Sage, pp. 21-40.

Irwin, John and Donald Cressey

1962 "Thief, Convicts, and the Inmate Culture," Social Problem.

Johnson, Elmer H.

1990 Handling Difficult Inmates in the Land of Order. Corrections Today, July.

Jones, Maxwell

1962 Social Psychiatry in the Community, in Charles C. Thomas ed., Hospital and Prisons.

Kast, Fremont E. and James E. Rosenzweig

1974 Organization and Management. New York: McGraw-Hill.

Kazdin, A. E.

1978 History of Behavior Modification: Experimental Foundation of Contemporary. Baltimore: University of Park Press.

Kelsey, O. W.

1986 "Elderly Inmates Need Special Care," Corrections Today 48: 5.

Kendall, Glenn

1951 "Reception Centers," in Paul W. Tappan ed., Contemporary Correction. N.Y.: McGrall-Hill Book Company Inc.

Keve, Paul W.

1981 Corrections. N.Y.: John Wiley and Sons, Inc.

Kirkpatrick, A. M.

1970 "Corporal Punishment," Federal Probation 34.

Klein. M.

1979 "Deinstitutionalization and diversion of juvenile offenders a litany of impediments," in N. Morris and M. Tonry eds., Crime and Justice: An Annual Review of Research, Vol. 1. Chicago: University of Chicago Press, pp. 145-201.

Kobrin, S., and M. Klein

1983 Community Treatment of Juvenile Offenders: The DSO Experiments. Beverley Hills, CA: Sage.

Kolberg, Lawrence

1969 Stages in the Development of Moral Thought and Action. New York: Holt, Rinhrt and Winston.

Kropova, Olga

1990 Life Behind Bars: The Soviet Perspective. Corrections Today.

Kuether, Frederick C.
1951 "Religion and the Chaplain," in Paul W. Tappen ed., Contemporary Correction. N.Y.: McGraw-Hill Book Company Inc.

Lanza-Kaduce, Lonn nd John R. Stratton
1980 "Organization Vs. Content in Correctional Programming: Policy Implications," paper given at the Annual Meeting of the Midwest Sociological Society.

Latessa Edward J.
1987 "The Effectiveness of Intensive Supervision with High Risk Probationers," in McCarthy, Belinda R. ed., Intermediate Punishments: Intensive Supervision, Home Confinement and Electronic Surveillance. Willow Tree Press Inc., pp. 99-112.

Lauen, Roger J.
1984 "Community Corrections? Not In My Neighborhood!" Corrections Today 46(3): 117.

Lerman, Paul
1975 Community Treatment and Social Control. Chicago: University of Chicago Press.
1984 "Trends and issues in deinstitutionalization of youths in trouble," Crime and Delinquency 26: 281-298.

Lester, David and Michael Braswell
1987 Correctional Counseling. Anderson Publishing Co.

Lichtman, Cary M., and S.M. Smock
1981 "The effects of social services on probationer recidivism: A field experiment," Journal of Research in Crime and Delinquency 18: 81-90.

Lockwook, Daniel.
1982 "The Contribution of Sexual Harrassment to Stress and Coping in Confinement," in N. Parisi ed., Coping with Imprisonment. Beverly Hills, CA: Sage, pp. 45-64.

Lombardo, Lucien
1981 Guards Imprisoned: Correctional Officers at Work. New York: Elsevier.

Loveland, Frank
1951 "Classification in the Prison System," in Paul W. Tappan ed., Contemporary Correction. N.Y.: McGraw-Hill Book Company, Inc.

Loving, W.S., F.E. Stockwell and D.A. Dobbins
1959 Factors Associated with Escape Behavior of Prison Inmates, Federal Probation, X III.

Lundman, R.
1984 Prevention and Control of juvenile Delinquency. New York: Oxford University Press.

Lynch, Michael J. and W. Byron Groves
1986 A Primer in Radical Criminology. Harrow and Heston Publishers.

MacNamara, Donald E. J.
1977 "The Medical Model in Corrections: Requiescat in Pace," Crminology 14(1): 439-448.

Mannocchio, Anthony J. and Dunn, Jimmy
1970 The Time Game. Beverly Hills, Cal.: Sage.

Martinson, Robert
1974 "What works? Questions and answers about prison reform," The Public Interest 35: 22-54.

Mallow, A. H.
1954 Motivation and Personality. New York: Harper & Row.
1970 Motivation and Personality (Rev.ed.). New York: Harper & Row.

Mayo, E.
1933 The Human Problems of an Industrial Civilization. Harvard University Press.

McCarthy. Belinda R. (eds.)
1987 Intermediate Punishments: Intensive Supervision, Home Confinement and Electronic Surveillance. Willow Tree Press Inc.

McCarthy. Belinda R. and Benrard J. McCarthy, Jr.
1984 Community-based corrections. Brooks/cole Publishing Company.

McGee, Richard A.
1969 "What's past is Prologue," The Annals of the American Academy of Political and Social Science 381: 1-10.

McGregor, Douglas
1960 The Human Side of Enterprise. New York: McGraw-Hill.

NIDA
2018 Principles of Drug Addiction Treatment: A Research-Based Guide (3rd

ed.).

Minnesota Department of Corrections, Research and Information System
1977 The Effect of the Availability of Community Residential Alternatives to State Incarceration on Sentencing Patterns: The Social Control Issue. St. Paul, MN: Department of Corrections.

Mitchell, Barry
1990 Murder and Penal Policy. New York: St. Martin's Press.

Moeller, H.G.
1975 "The Continuum of Corrections," in D.M. Petersen and C.W. Thomas eds., Corrections: Problems and Prospects. N.J.: Prentice Hall Inc.

Moreno, J.L.
1969 Psychodrama. Beacon, N.Y.: Beacon House.

Morris, Normal
1974 The Future of Imprisonment. Chicago: University of Chicago Press.

Morris, Normal and Michael Tonry
1990 Between Prison and Probation- Intermediate Punishments in a Rational Sentencing System.

National Advisory Commission on Criminal Justice Standards and Goals
1973 Corrections. Washington D.C. Superintendent of Documents.

New York State Department of Correction
1962 Introductory Course for Correctional Employees.

O'Leary, Vincent and David Duffee
1971 "Correctional Policy: A Classification of Goals Designed for Change," Crime and Delinquency 17(4): 3373-3386.

O'Leary, Vincent, Michael Gottfredson and Art Gelman
1975 "Contemporary Sentencing Proposals," Criminal Law Bulletin 11: 555.

O'Leary, Vincent and Todd R. Clear
1984 Directions for community corrections in the 1990s. U.S. Department of Justice.

Palmer, Ted.
1975 "Martinson Revisted," Journal of Research in Crime and Delinquency 12: 133-152.
1978 Correctional Intervention and Research: Current Issue and Future Prospects. Lexington, Mass: Health.

Park, James W.

1975 "The Organization of Prison Violence," in Albert K. Cohen, George F. Cole, and Robert G. Bailey eds., Prison Violence. Lexigton, Mass: Lexington Books.

Pellissier, Bernadette and Barbara Owen

1989 "BOP Programs Fight Drugs, Recidivism," Corrections Today, June: 90-94.

Pepper, Claude

1972 "Prisoners in Turmoil," Federal Probation 36.

Peter G. Garabedian

1963 "Social Rules and Process of Socialization in Prison," Social Problem 11(2): 139-152.

Petersilia, Joan

1987a. "Georgia's Intensive Probation: Will the Model Work Else-where?" in McCarthy, Belinda R. ed., Intermediate Punishments: Intensive Supervision, Home Confinement and Electronic Surveillance. Willow Tree Press Inc., p. 16.

1987b. Expanding Options for Criminal Sentencing. Santa Monica, Calif.: Rand Corporation, p. 11.

2003 When Prisoners Come Home: Parole and Prisoner Reentry. New York, Oxford University Press.

Quinney, Richard

1977 Class, State, and Crime: On the Theory and Practice of Criminal Justice. New York: David McKay, pp. 16-17.

Raethlisberger, F.J. and W.T. Dickson

1939 Management and the Work. Cambridge, Mass.

Reed, Monika B. and Francis D. Glamser

1979 "Aging in a Total Institution: The Case of Older Prisoners," The Gerontologist 19: 354-360.

Reiman, Jeffrey H.

1984 The Rich Get Richer and The Poor Get Prison (2nd ed.). New York: Macmillan Publishing Company.

Riley, William

1992 "Taking a Two-pronged Approach To Managing Washington's Gangs,"

Corrections Today, July: 68-72.

Robin, Gerald D.

1980 Introduction to Criminal Justice System. New York: Harper and Row.

Robbins, I. P.

1987 "Privization of corrections: defining the issues," Federal Probation 51: 24-30.

Ross, Jr. and Elizabeth Fabiano

1981 "Time to Think, Cognition and Crime: Link and Remediation," Department of Criminology, University of Ottawa.

Rothman, David

1980 Conscience and Convince: The Asylum and Its Alternatives in Progressive American. Boston: Little Brown.

Ryan, T. A.

1984 Adult Female Offenders and Institutional Programs: A State of the Art Analysis. U.S. Government Printing Office, Washington, D.C., p. 29.

Sandhu, Harjit S.

1981 Community Corrections: New Horizons. Charles C Thomas Publisher

Santamour, Miles and Bernadette West

1977 The Mentally Retarded Offender and Corrections. Washington, D.C.: Government Printing Office.

1985 Sourcebook on the Mentally Disordered Prisoner. Washington, D.C.: U.S. Department of Justice.

Schmidt, Annesley K., and Christine E. Curtis

1987 "Electronic Monitors," in McCarthy, Belinda R. ed., Intermediate Punishments: Intensive Supervision, Home Confinement and Electronic Surveillance. Willow Tree Press Inc., pp. 137-152.

Schneider, Hans Joachim & Sebastian Scheerer

1979 "Corrections in the Federal Republic of Germany," in International Corrections, D.C. Health & Company, pp. 39-53.

Schone, Kenneth F.

1972 "Port: A New Concept in Community-based Correction," Federal Probation 36: 35-40.

Schrag, Clerence

1961 "A Preliminary Criminal Typology," Pacific Sociological Review 4: 11-

16.

Selke, William L.

1984 "An Empirical Analysis of the Ideological Barieer in Community Corrections," Journal of Criminal Justice 12(6): 541-549.

Serafaian, Robert A.

1963 "Treatment of the Criminally Dangerous Sex Offender," Federal Probation 27(1).

Sheehn, Susan

1978 A Prison and a Prisoner. Boston: Houghton Mifflin, p. 91.

Siegel, L. and J. Senna

1985 Juvenile Delinquency: Theory, Practice and Law. St. Paul, MN; West Publishing Co.

Simon, Rita

1979 "The forgotten offender: The Women in Prison," in F. Adler and J. Simon eds., The Criminology of Deviant Women. Boston: Houghton Mifflin.

Sluga, W.

1977 "Treatment of Long Term Prisoners Considered from the Medical and Psychiatric Points of View," in Council of Europe, Treatment of Long-Term prisoners. Strasbourg: Council of Europe.

Smith, Freddie V.

1984 "Alabama Prison Option: Supervision Intensive restitution program," Federal Probation 47: 32-35.

Solomon, Hasim

1976 Community Corrections, Holbrook Press.

Solomon, Peter H.

1980 "Soviet Penal Policy, 1917-1934: A Reinterpretation," Slavic Review.

Solzhenitsyn, Aleksandr I

1980 The Gulag Archipelago, Two. New York: Harper and Row.

South Carolina Department of Correction.

1973 Collective Violence in Correctional Institutions: A Search for Causes. Columbia, SC: State Printing Co.

Stanton, Wheeler

1961 "Socialization in Correctional Community," American Sociological Review 26: 697-706.

Studt, Elliot.
1972 Surveillance and services in Parole. Los Angels: University of California at Los Angels, Center of Public Affairs.

Sutherland, Edwin H.
1937 The Professional Thief. Chicago: University of Chicago Press.

Sutherland, Edwin H. and Donald R. Cressey
1955 Principles of Criminology. New York: J.B.Lippincott.

Sykes, Gresham M.
1958 The Society of Capatives: A Study of a Mazimum Security Prison. Princeton University Press.

Sykes, Gresham M. and Sheldon L. Messinger
1960 "The Inmates Social System," in Richard A. Clowarrd et al. eds., Theoretical Studies in the Social Organization of the Prison. Social Science Council.

Szanton, P. L.
1967 "Program Budgeting for Criminal Justice Systems," in Task Force Report: Science and Technology. Washington, D.C.: Superintendent of Documents.

Taylor, Frederick W.
1911 Shop Management. New York: Harper & Row.
1960 "The Principles of Scientific Management," in Harwood F. Merrill eds., Classics in Management. New York, American Management Association.

Taiwan, David
1983 Creating Change in Social Settings: Planned Program Development. New York: Praeger.

The President Commission on Law Enforcement and Administration of Justice
1967 Task Force Report: Corrections. Washington, D.C.U.S. Government Printing Office.

Thomas, Charles W.
1987 Corrections in American: Problems of the Past and Present. Sage Publication, Inc.

Toch, Hans
1977 Living in Prisons: The Etiology of Survival. New York: Free Press.

Toch, Hans and J. Douglas Grant

1982 Reforming Human Services. Sage Publications, Inc.

Travis III, Lawrence F., Martin D. Schwartz, and Todd R. Clear

1983 Corrections: An Issues Approach (2nd ed.). Anderson Publishing Co.

Treating Sex Offenders in New Jersey.

1974 Corrections Magazine 1:13-24.

United States of American

1987 United States of American: The Death Penalty. Amnesty Internation.

United States Department of Justice

1984 Facilities, The Federal Bureau of Prisons. Highway Maps &Courtesy Rand McNally.

1985 Prison Gangs: Their Nature, Extend and Impact on Prisons. Washington, D.C.: U.S. Government Printing Office.

1988 "Report to the Nation on Crime and Justice," U.S. Department of Justice, p. 81.

1992 Bureau of Justice Statistics.

United States President's Commission on Law Enforcement and Administration of Justice

1967 Task Force Report: Juvenile Delinquency and Youths Crime.

Urwick, Lyndall

1938 "Scientific Principles and Organization," Institute of Management Series, No. 19. New York: American Management Association.

1952 Notes on the Theory of Organization. New York: American Management Assocition.

Van den Haag, Ernest

1975 On Punishing Criminals. New York: Basic Books

1982 "Could Successful Rehabilitation Reduce the Crime Rate?" Journal of Criminal Law and Criminology 73(3): 1022-1035.

Vito, Genaro and Deborah Wilson

1985 "Forgotten People: Elderly Inmates," Federal Probation 49: 18-24.

Von Hirsch, Andrew

1976 Doing Justice. New York: Hill and Wang.

1990 "The Ethics of Community-based Sanctions," Crime and Delinquency 36(1): 162-173.

Von Hirsh, Andrew, M. Wasik, and J. A. Green
1989　"Punishment in the Community and the Principles of Desert," Rutgers
　　　Law Journal 20: 595.
Vorrath, Hrry H. and Larry K. Brendtro
1974　Positive peer Culture. Chicago: Aldine.
Waller, Irvin
1979　Men Released From Prison. Toronto: University of Toronto Press.
Ward, David A.
1973　"Evaluative Research for Corrections," in Loyd E. Ohlin ed., Prisoners in
　　　American. Englewood Cliffs, N.J.: Prentice Hall.
Weber, Max
1947　The Theory of Social Economic Organization, trans. by A.M. Henderson
　　　and Talcott Parsons, ed. by Talcott Parsons (Hardcover – 1964). New
　　　York: Free Press.
Weihofen, H.
1956　The Urge to Punish. New York: Farrar. Straus and Cudahy
Whisenand, P.M.
1977　Crime Prevention. Boston: Holbrook Press.
Wilkins, Leslie
1965　Social Deviance. Englewood Cliffs, NJ: Prentice-Hall.
Williams, Virgil L. and Mary Fish
1974　Convicts, Codes, and Contraband. Cambridge, Mass: Ballinger.
Wilson, James Q.
1975　Thinking About Crime. New York: Basic Books.
Wilson, O.W.
1963　Municipal Police Administration (2nd ed.). New York: McGraw-Hill,
　　　p.37.
Wolfgang, Marvin and Franco Ferracuti
1967　The Subculture of Violence. London: Tavistock.
Wolfgang, Marvin, Robert Figlio, and Thorsten Sellin.
1972　Delinquency in a Birth Cohort. Chicago: University of Chicago Press.
Wolpe, J.
1958　Psychotherapy by Reciprocal Inhibition. Standard, Calif: Stanford
　　　University Press.

1969 The Practice of Behavior Therapy. New York: Pergamon Press.

Wormith, J.S.

1984 "The Controversy Over the Effects of Long-Term Imprisonment," Canadian Journal of Criminology 26: 423-437.

Yang, Shu-Lung

1989 "An overview of the research on American Sociology of Correction," Journal of Police Science, Graduate School of Criminal Justice, Central police University, Taiwan, R.O.C.

Yochelson, S. and Sameonw, S.E.

1976 The Criminal Personality, Volume 1 and Volume 2: A Profile for Change. New York: Jason Aronson.

Young, Warren

1978 Community Service Orders. London: Heinemann.

Zamble, Edward and Frank J. Porporino

1990 "Coping, Imprisonment, and Rehabilitation: Some Data and Their Implications," Criminal Justice and Behavior 17(1): 53-79.

Zimbardo, Phillip G.

1972 "Pathology of Imprisonment," Society 90676: 4-8.

Zimring, Franklin

1974 "Measuring the impact of pretrial diversion from the criminal justice system," University of Chicago Law Review 41: 221-241.

國家圖書館出版品預行編目資料

監獄學：犯罪矯正原理與實務／林茂榮，楊士
　隆著. -- 十版. -- 臺北市：五南圖書出版
　股份有限公司, 2021.06
　　面；　公分
　ISBN 978-986-522-666-4（平裝）

1.獄政　2.犯罪矯正

589.8　　　　　　　　110004947

4T16

監獄學──犯罪矯正原理與實務

作　　者 ─ 林茂榮（128）、楊士隆（312）

發 行 人 ─ 楊榮川

總 經 理 ─ 楊士清

總 編 輯 ─ 楊秀麗

副總編輯 ─ 劉靜芬

責任編輯 ─ 黃郁婷

封面設計 ─ 姚孝慈

出 版 者 ─ 五南圖書出版股份有限公司

地　　址：106台北市大安區和平東路二段339號4樓

電　　話：(02)2705-5066　　傳　　真：(02)2706-6100

網　　址：https://www.wunan.com.tw

電子郵件：wunan@wunan.com.tw

劃撥帳號：01068953

戶　　名：五南圖書出版股份有限公司

法律顧問　林勝安律師事務所　林勝安律師

出版日期　1993年6月初版一刷
　　　　　2003年9月三版三刷
　　　　　2006年3月四版一刷
　　　　　2007年1月五版一刷
　　　　　2008年8月六版一刷
　　　　　2010年4月七版一刷
　　　　　2014年6月八版一刷
　　　　　2016年9月九版一刷
　　　　　2021年6月十版一刷

定　　價　新臺幣640元

經典永恆・名著常在

五十週年的獻禮——經典名著文庫

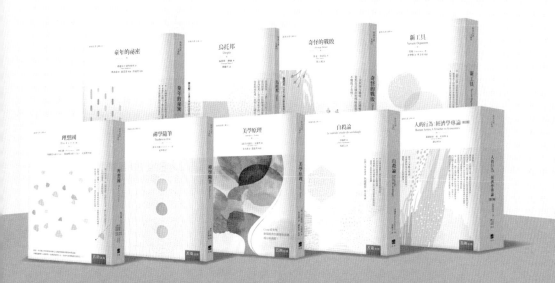

五南，五十年了，半個世紀，人生旅程的一大半，走過來了。

思索著，邁向百年的未來歷程，能為知識界、文化學術界作些什麼？

在速食文化的生態下，有什麼值得讓人雋永品味的？

歷代經典・當今名著，經過時間的洗禮，千錘百鍊，流傳至今，光芒耀人；

不僅使我們能領悟前人的智慧，同時也增深加廣我們思考的深度與視野。

我們決心投入巨資，有計畫的系統梳選，成立「經典名著文庫」，

希望收入古今中外思想性的、充滿睿智與獨見的經典、名著。

這是一項理想性的、永續性的巨大出版工程。

不在意讀者的眾寡，只考慮它的學術價值，力求完整展現先哲思想的軌跡；

為知識界開啟一片智慧之窗，營造一座百花綻放的世界文明公園，

任君遨遊、取菁吸蜜、嘉惠學子！